农业可持续发展理论与实践

王龙昌　主编

科学出版社
北京

内 容 简 介

本书主要涵盖了农业可持续发展概论、农业可持续发展的理论基础、农业可持续发展环境资源保护、农业可持续发展与科学技术、农业可持续发展与农村社会管理、农业可持续发展规划设计、农业可持续发展的综合评价、国外农业可持续发展的实践、中国农业可持续发展的实践、中国不同区域农业可持续发展的模式和对策等内容。

本书有机地贯穿了生态学、农学、资源环境学、经济学和社会学的科学理论，汲取了农业可持续发展领域的最新研究成果，结合国内外农业可持续发展的生产实践经验，以及我国不同区域农业可持续发展的技术模式，形成了一套全新、独立而完整的课程体系。旨在使学生通过本课程的学习，能够比较系统地理解农业可持续发展的基本理论，掌握从不同角度促进农业可持续发展的技能和方法，为指导农业生产实践和制定区域农业发展战略提供科学依据。

本书可作为高等院校农学、农业资源与环境、农村区域发展、农业经济管理等专业本科生，以及生态学、作物学、农业推广学等专业领域研究生的课程教材，也可作为广大农业科技人员的参考书。

审图号：GS 京（2022）0733 号

图书在版编目（CIP）数据

农业可持续发展理论与实践 / 王龙昌主编. —北京：科学出版社，2015.1

ISBN 978-7-03-041765-7

Ⅰ. ①农… Ⅱ. ①王… Ⅲ. ①农业可持续发展-中国-高等学校-教材 Ⅳ. ①F323

中国版本图书馆 CIP 数据核字(2014)第 194178 号

责任编辑：丛 楠 / 责任校对：朱光兰

责任印制：张 伟 / 封面设计：铭轩堂

科 学 出 版 社 出版

北京东黄城根北街 16 号

邮政编码：100717

http://www.sciencep.com

北京科印技术咨询服务有限公司数码印刷分部印刷

科学出版社发行 各地新华书店经销

*

2015 年 1 月第 一 版 开本：787×1092 1/16

2025 年 8 月第八次印刷 印张：19

字数：450 000

定价：79.80 元

编写委员会名单

主　编　王龙昌（西南大学）

副主编　张　雯（沈阳农业大学）

宁堂原（山东农业大学）

雍太文（四川农业大学）

吕长文（西南大学）

编　者（按姓氏笔画排序）

王　胜（西南大学）

王龙昌（西南大学）

王贵彦（河北农业大学）

宁堂原（山东农业大学）

吕长文（西南大学）

衣　莹（沈阳农业大学）

吴永成（四川农业大学）

张　雯（沈阳农业大学）

张　赛（西南大学）

张云兰（广西财经学院）

侯立白（沈阳农业大学）

段巍巍（河北农业大学）

隗　溟（西南大学）

韩惠芳（山东农业大学）

雍太文（四川农业大学）

主　审　王立祥（西北农林科技大学）

前　言

农业是与自然资源、生态环境关系最为密切的产业，是国民经济的基础产业，是人类社会赖以生存的生活资料的重要来源。随着近现代科学技术的进步及工业化、城市化的不断发展，农业产业对国民经济和人类社会发展做出了重大贡献。与此同时，欠发达地区落后的农业生产方式，高消耗、高投入、低效益的农业发展模式及日趋频繁的自然灾害，造成林地、草地、水资源、生物资源、矿产资源等农业资源快速退缩，资源质量及生态环境不断恶化，水土流失和土地荒漠化蔓延，工业污染和农业污染不断加剧等一系列资源环境问题，对农业生产持续健康发展和农产品质量安全构成严重威胁。要解决农业当前面临的困境，必须走可持续发展道路，这已成为各国政府和学术界的广泛共识。可持续农业是针对传统农业发展模式的非持续性而提出来的，它强调经济、社会、资源环境、人口、科技等多方面的协调发展，并逐渐成为国内外农业发展的一种必然趋势。

农业可持续发展在理论上和实践上都是一个新兴而又长期的课题。虽然学术界在这方面的研究取得了一定的成绩，但总体上看，这些成果都较为零散，尚未形成完整的、理论与实践密切结合的科学体系。近年来，有关农业可持续发展方面研究成果的学术性著作已有不少，这些著作从不同侧面对农业可持续发展的理论或区域性技术模式进行了探讨，具有一定的学术价值或生产应用价值，但由于在内容上缺乏系统性，不适合作为高校教材使用。

“农业可持续发展理论与实践”是我国高等院校农学、农业资源与环境、农村区域发展、农业经济管理等本科专业的主干课程，也是生态学、作物学、农业推广学等专业学术型或专业学位研究生的主要课程之一。然而，迄今为止在国内尚未形成成熟的“农业可持续发展理论与实践”方面的教材体系，这为我们编写本教材提供了机遇。

本书共 10 章，内容包括：农业可持续发展概论、农业可持续发展的理论基础、农业可持续发展与环境资源保护、农业可持续发展与科学技术、农业可持续发展与农村社会管理、农业可持续发展规划设计、农业可持续发展的综合评价、国外农业可持续发展的实践、中国农业可持续发展的实践，以及中国不同区域农业可持续发展的模式和对策。本书有机地贯穿了生态学、农学、资源环境学、经济学和社会学的科学理论，汲取了农业可持续发展领域的最新研究成果，结合国内外农业可持续发展的生产实践经验，以及我国不同区域农业可持续发展的技术模式，形成了一套全新、独立而完整的课程体系，这是在科学发展观指导下对“农业可持续发展理论与实践”课程教学的一种有益探索。本书旨在使学生通过学习，能够比较系统地理解农业可持续发展的基本理论，掌握从不同角度促进农业可持续发展的技能和方法，为指导农业生产实践和制定区域农业发展战略提供科学依据。

本书的编写分工：第一章由张云兰、王龙昌编写；第二章由吴永成编写；第三章由吕长文、隗溟编写；第四章由衣莹、侯立白、王龙昌编写；第五章由张雯编写；第六章由雍太文编写；第七章由段巍巍、王贵彦编写；第八章由宁堂原编写；第九章由韩惠芳、宁堂原、张赛编写；第十章由王龙昌、王胜、王贵彦、衣莹、侯立白、韩惠芳、宁堂原编写。

全书由王龙昌、张雯、宁堂原、雍太文、吕长文进行统稿和修改，王龙昌负责总体设计和最后定稿。

本书初稿完成后，承蒙中国农学会耕作制度分会原副理事长、西北农林科技大学教授、博士生导师王立祥先生审稿，并提出许多宝贵意见。本书在申请立项、编写和出版的全过程中，得到了西南大学农学与生物科技学院、西南大学教务处和科学出版社等单位的大力支持。在此，一并表示衷心的感谢。

此外，在编写过程中参考了大量前人的研究成果，有些已在文中标出，有些由于各种原因未能标注出来，在此对他们的研究成果和辛勤工作表示感谢和钦佩。由于编写者水平所限，不足及疏漏之处在所难免，恳请同行专家和读者不吝指正。

王龙昌

2014 年 10 月 30 日

目　　录

第一章　农业可持续发展概论

学习目标

掌握农业可持续发展的内涵与特征；熟悉农业可持续发展的基本原则；了解可持续发展和可持续农业产生的背景、兴起和发展；在实践中，能够运用可持续发展眼光评价区域农业生产方式。

第一节　可持续发展思想的产生背景

环境与发展是当今国际社会普遍关注的两个最大问题，经济的发展给人类带来了丰富的物质财富，提高了人类的生活水平。然而，正如100多年前恩格斯发出的忠告："我们不要过分陶醉于我们对自然界的胜利，对于每一次这样的胜利，自然界都报复了我们……"随着经济发展和人口增加，人口、资源、环境与食物的矛盾已成为人类社会共同关注的全球性问题。可持续发展的思想正是在这种背景下提出的，其宗旨就是促进人与自然的统一，促进经济发展与资源、环境的和谐。农业是自然和经济双重再生产的产业，作为直接利用自然资源、生态环境依赖性最大的第一产业，其可持续发展对整个国家和地区的可持续发展起着至关重要的作用。可持续农业则是人们在对农业发展过程中的自然农业、传统农业、石油农业、替代农业等一系列农业理论和实践的反思中提出的新的发展农业模式。

一、现代农业带来的弊端

（一）现代农业的概念

现代农业（modern agriculture）是相对传统农业而言，是广泛应用现代科学技术、现代工业提供的生产资料及科学管理方法进行的社会化农业，即向农业大量输入机械、化肥、燃料、电力等各种形式的工业辅助能，用现代科技武装，以现代管理理论和方法经营，生产效率达现代先进水平的农业。

（二）现代农业的内涵

现代农业实际上指的是"现代西式农业"或"西式现代农业"，是以廉价石油为基础的高度工业化的农业的总称。它是一种将建立在牛顿机械力学基础上的机械的、线性的现代技术运用于农业生产活动中，大量使用高强度耕作系统，并普遍采用高水平无机化学农用制品进行大规模单一品种连续耕种的工厂式规模化农业生产方式。因此，现代农业在当代西方又被简称为石油密集农业、化学农业、无机农业或工业式农业。

（三）现代农业的特点

现代农业是继传统农业之后，世界农业发展的一个重要阶段，是以美国为代表的高投入、高产出的农业现代化模式。现代农业大量地使用以石油产品为动力的农业机械，大量使用以石油制品为原料的化肥、农药等农用化学品，具有机械化和化学化的特点。以美国为例，从1920年到1990年，美国的拖拉机数量增加了18倍，农用卡车增加了24倍，谷物联合收割机增加了165倍，玉米收获机增加了67倍。1970年农用化学品的使用量是1930年的11.5倍。1990年化肥的使用量为1946年的6.1倍。与此同时，美国农业的投入结构也发生了很大的变化。1920年农业投入中劳动、不动产、资本三者之间的比例为50∶18∶32，这一比例到1990年变为19∶24∶57。第二次世界大战后，现代农业所带来的短期高速增长的生产能力曾令世界惊喜，尤其是20世纪50年代以来，现代农业得到更快发展，多实行企业化和集中式经营，耗用大量以石油为主的能源和原料，具有高产、高效、省力、省时、不施粪肥、经济效益大等特点，提高了农业生产效率和农产品产量，解决了因人口激增而引起的世界粮食需求矛盾尖锐等问题，且在经济发达国家的农业发展史上起过重要作用。但由于现代农业竭泽而渔式的生产方式，其在促进农业生产力巨大飞跃的同时，自身的发展局限和蕴含的危机也日益凸现出来。

（四）现代农业的弊端

1. 现代农业对资源的榨取　现代农业产品大幅度的增长是以物质和能量的高投入为代价的。现代农业对农业资源过度利用，使其遭到严重破坏，走向衰竭。现代农业是一种高投入、高产出农业，它依靠大量地消耗石油、森林、淡水、土地、动植物物种等人类赖以生存和发展的重要资源来维持生产的运转和当前的消费水平。人类为此付出昂贵的代价，表现为森林面积的逐步减少、水资源枯竭、生物物种资源濒危、土地沙漠化、表土流失等。以土地为例，有研究者根据美国水土保持局公布的数字作过形象的描述：假如将美国每年表土流失量装入火车车厢内，这列火车的长度将绕地球18周。有资料表明，受现代农业影响，在20世纪最后20年，中国台湾农田土壤90%遭到破坏，土壤品质下降，毒性升高，有些农田甚至因污染严重而不得不永久休耕。现代农业一方面对土地残酷掠夺而毫无敬意，另一方面对石油高度依赖且欲壑难填。石油是一种不可再生资源，一旦石油短缺或枯竭，将给现代农业带来无法想象的灾难。例如，占全球人口6%的美国人口，消耗着占全世界33%的石油资源，其中20%直接或间接用于美国现代农业。著名可持续农业先驱温德尔·贝瑞（Wendell Berry）曾说过，“不论日常生活有多么都市化，我们的躯体仍必须仰赖农业维生；我们来自大地，最终也将回归大地，因此，我们的存在，是基于农业之中，无异于我们存于自己的血肉。”所以，现代农业对资源的榨取不只关系到农民的生存，对城市居民的影响也是巨大的。

2. 现代农业对生态环境的破坏　生态环境是生物存在和发展的内在条件，特别是人类生存和农业生产的基础。但生态环境问题困扰着当今世界，全球变暖、臭氧层破坏、酸雨增加、淡水资源减少、资源能源短缺、森林锐减、土地荒漠化、物种加速灭绝、垃圾泛滥成灾、有毒化学品污染，凡此种种，无不触目惊心。生态环境破坏究其责任，尽管现代工业是罪魁祸首，工业化的现代农业也难辞其咎。由于世界人口的增长，对耕地、牧场的需求量日益增加，现代农业导致森林受到前所未有的破坏。目前全球荒漠化的土地已超过3600万km^2，占地球陆地面积的1/4。地球上生存着500万～1000万种生物，它们正在以每年数千种的速度灭绝。农药大量施用后，在杀死一些害虫的同时，也造成以害虫为食或控制害虫的天敌被杀害，食虫的鸟类也受到毒害，农药还导致害虫的抗药性增强。在美国以农业生产为主的加利福尼亚州，据称在有些地方的居民饮用水中，可以闻到农药的气味，一些居民甚至不得不买水喝。大量施用化肥是造成环境污染的又一重要原因，过量地施用化肥破坏了土壤结构，使本来松软的土壤变得板结，从而丧失了保水保肥和供水供肥的能力。

3. 现代农业对人类健康的隐患　医学研究表明，现代疾病起源于饮食与生活的不正常。早在 20 世纪 30 年代，美国首位获得医学诺贝尔奖的卡奈尔（Carrel）医生就已提醒世人："日常供应的食物中所含的营养成分已大不如前。食物虽然保持了原来的外形，但受大量生产的影响，品质已变。化学肥料只能提高作物的产量，却无法补充土壤中枯竭的'全部元素'，因此影响到食物的营养价值。"现代农业造成土壤地表流失、土地品质退化、化学污染严重，加上基因改造工程，直接影响农作物营养价值，并使农产品安全受到威胁，造成对人类健康的极大隐忧。现代农业生产过程中，含有铅、砷、汞的农药和有机氯杀虫剂等化学性质稳定，不易分解，在环境中或在农作物产品中残留期长，脂溶性高，污染危害严重。它除了直接污染土壤外，对大气、水体都有不同程度的污染。农药施入农田后，在环境各介质中迁移转化，其中土壤是农药的贮藏库和集散地，大气和水是扩大农药污染范围的媒介，作物是直接受污染者，动物是间接受污染者，动物的富集能力强，受污染程度最严重。环境中的农药通过各种渠道进入人体，如果人体摄入量超过允许的限度，则会诱发癌症，严重威胁人类的生命安全。

二、替代农业的出现

替代农业是 20 世纪 70 年代中后期人们在高度发达的科学技术基础上重新审视人与自然关系的结果，只有遵循生态学规律，提高系统的自我调节能力，发挥系统整体功能，才能实现生态平衡。20 世纪 70 年代以来，越来越多的人注意到，现代常规农业在给人类带来高度的劳动生产率和丰富的物质产品的同时，由于大量使用化肥、农药等农用化学品，使环境和食品受到不同程度的污染，自然生态系统遭到破坏，土地生产能力持续下降。正是由于现代农业存在着诸多弊端越来越引起人们的关注和担忧，为探索农业发展的新途径，学者们纷纷提出了现代农业的替代模式——替代农业。替代农业是对现代农业的发展和完善。

（一）替代农业的概念

替代农业（alternative agriculture）又称更迭农业，是努力克服现代常规农业弱点和问题的农业体系的统称，是以系统观及整体论为依据，强调自然界的内在联系，保护生态环境，合理利用自然资源，实现农业生态系统生产力的持久发展。替代农业主要内容是反对大量使用农用化学品，并具有较广泛的目标，包括减少对大工业经济的依赖、农场分散化并自给、保护环境、通过保护有限的资源和保持土壤肥力使农业持久发展，生产出无公害食物。但由于这类农业本身仍不可能解决常规农业所面临的全部生态经济和环境问题，以致在西方农业中的发展一直十分迟缓。

（二）替代农业的主要类型

1. 生态农业　生态农业（ecological agriculture）是指在保护、改善农业生态环境的前提下，遵循生态学、生态经济学规律，运用系统工程方法和现代科学技术，集约化经营的农业发展模式，是按照生态学原理和经济学原理，运用现代科学技术成果和现代管理手段，以及传统农业的有效经验建立起来的，能获得较高的经济效益、生态效益和社会效益的现代化农业。生态农业是相对于石油农业提出的概念，是一个原则性的模式而不是严格的标准。生态农业实际上就是运用生态学原理和系统科学方法，把现代科学成果与传统农业技术的精华相结合，而建立起来的具有生态合理性、功能良性循环的一种农业体系。与有机农业相比，生态农业更强调生态平衡和物质循环。主要是利用森林、灌木、牧草、绿萍及农作物来增加土壤中有机物质的积累，提高土壤微生物的活力，提高土壤肥力，并要求把农场一切废弃物和厩肥，以及城市垃圾和粪便等物质都用到农业生产中去，甚至把种植业、畜牧业和农产品加工业结合起来，形成一个物质大循环系统。

生态农业一词最初是美国土壤学家威廉姆·奥伯特（William Albreche）于 1970 年提出的，其内涵是“生态上能自我维持，低投入，经济上有生命力，在环境、伦理和审美方面可接受的小型农业”。20 世纪 80 年代初，生态农业作为现代农业发展的新模式在我国开始提出并进行了广泛的实践。据初步调查，各地开展生态农业试点后，粮食总产平均增幅 15% 以上，单产较试点前增长 10% 以上，分别为全国平均增长水平的 4.5 倍和 9.2 倍，人均粮食比试点前增加 21.4%。同时还改善了生态环境，增强了农业发展的后劲。在实践过程中，我国把传统农业的精华和现代科学技术有机结合在一起，形成了具有中国特色的农业新模式，它既重视农业生态系统建设，实现高产稳产，保证农业效益的提高，又加强对全部土地资源的合理开发利用和建设；既重视农业生态系统的良性循环，保护生态环境，又不排斥现代科技成果的合理使用，从而促进经济发展的需要；既有适合不同区域自然条件的农业生态类型，又有适合不同技术层次经济文化水平的生态农业模式。

2. 有机农业　有机农业（organic agriculture）是指在生产中完全或基本不用人工合成的肥料、农药、生长调节剂和畜禽饲料添加剂，而采用有机肥满足作物营养需求的种植业，或采用有机饲料满足畜禽营养需求的养殖业。

有机农业的理论最初是由美国学者罗德尔（Jerome Irving Rodale）提出的。1945 年，他出版了《堆肥农业与园艺》一书。他从土壤生物学的肥力概念出发，论证了大量使用化肥和农药的害处和有机肥在培养地力上的优越性能。1980 年，美国农业部一个调查小组给有机农业下了一个定义：“所谓有机农业是指完全不用人工合成的化学肥料、农药、生长调节剂和饲料添加剂的生产制度。它在可能的范围内，尽量依靠轮作、作物秸秆还田、施用家畜粪尿、种植绿肥、利用外来的有机废弃物、机械中耕、施用含有无机养分的矿石及生物防治等方法，保持土壤的肥力和易耕性，供给作物养分，防治病虫杂草危害。”有机农业的制度包括以下内容：一是实行有机农业的农场虽然规模大小不等，但都具备较高的生产水平和经营水平，所以有机农场不是过去的小农经营或传统农业的农民经营；二是个别有机农场在特殊情况下施用少量化肥或农药；三是所有的有机农场都使用农业机械，因为发达国家农业劳动力短缺，离开农业机械是不能耕作的，这也表明有机农业不是恢复手工劳动的传统农业；四是有机农业在耕作制度上，注意采用轮作和种植豆科作物，注意种植业与畜牧业结合，注意适时中耕锄草，注意水土保持；五是有机农业需要较多的劳动力，农业生产费用较高，加之要多种作物轮作，特别是种植产量较低的豆科作物面积较大，所以有机农场的经济效益比一般农场要低。

3. 自然农业　自然农业（natural agriculture）源于日本，是日本的福冈正信于第二次世界大战后提出的，指与自然秩序相和谐的农业，受中国道家“无为”思想影响，主张农业走与自然合作的道路，遵循自然格局和自然过程，而不是征服自然，形成不翻耕、不施化肥、不中耕、不施化学农药的种植方法。自然农业采取的基本原则和技术是：免耕为主要特点；

以有机肥（如绿肥、秸秆还田、粪肥）替代化肥；不中耕，以生物措施（铺秸秆，种三叶草、紫花苜蓿、菊苣）替代化学和机械除草；靠培育壮苗、稻鸭共生和自然调节替代化学农药，以控制有害生物。这种方法使田间作业大为简化而有序，用工少，农田保水培肥能力改善，农田环境处于自然相对平衡状态，水稻产量接近传统农业和施用化学物质的平均产量。

自然农业是不污染环境的可持续发展的生态农业。自然农业遵循自然规律，用身边的天然物质制作所需的生产资料，尊重植物和动物的基本权利。自然农业能恢复因使用化肥、农药、除草剂及机械耕翻而被破坏的土壤，也能改良盐碱地，还能应用到沙漠化防治。应用自然农业的区域，土壤和水得到净化，生态环境得到恢复。目前，自然农业在日本、韩国、中国、美国、蒙古国、泰国、菲律宾、越南、马来西亚、刚果民主共和国、坦桑尼亚等30多个国家得到应用和发展。

4. 生物农业 生物农业（bioagriculture）是根据生物学原理建立的农业生产体系，靠各种生物学过程维持土壤肥力，使作物营养得到满足，并建立起有效的生物防治杂草和病虫害的体系。生物农业按照自然的生物学过程管理农业，适当投入能量和资源，维持系统最佳的生产力。生物农业强调通过促进自然过程和生物循环保持土地生产力，用生物学方法防治病虫害，实现农业环境的生态平衡。这是欧洲的常用提法，同美国有机农业近似。生物农业包括转基因育种、动物疫苗、生物饲料、非化学害虫控制和生物农药几大领域，其中，转基因育种是发展最快、应用最广、发展最有潜力的一个领域；非化学方式害虫控制和生物农药是保证农产品与食品安全的重要手段。

5. 设施农业 设施农业（facility agriculture）是指利用人工建造的设施，为种植业、养殖业及其产品的贮藏保鲜等提供良好的环境条件，以期将农业生物的遗传潜力变为现实的巨大生产力，获得速生、高产、优质、高效农畜产品的农业形式。

设施农业是个综合概念，首先要有一个配套的技术体系作支撑，其次还必须能产生效益。这就要求设施设备、选用的品种和管理技术等紧密联系在一起。设施农业是个新的生产技术体系，它的核心设施就是环境安全型温室、环境安全型畜禽舍、环境安全型菇房。它采用必要的设施设备，同时选择适宜的品种和相应的栽培技术。先进的生产工艺与技术是通过一定的生产设施作为载体来体现的，现代化设施可调节光、热、水、气、矿质营养五大生活要素，能把外界环境的不良影响减少到最低限度，同时还可以对内环境加以补充，如加温、增加CO_2浓度等，一反常规生产方式，在一定程度上克服了传统农业难以解决的限制因素，使得资源要素配置合理，加强了资源的集约高效利用，从而大幅度增进了系统生产力，形成高效益生产。它使单位面积的生产能力成倍乃至数十倍地增长。应该说，设施农业在我国古已有之。为解决环境低温和作物喜暖矛盾，民间曾广泛应用有机废弃物等酿热材料，冬春季节生产药黄、韭黄及时鲜蔬菜；利用风障、阳畦、酿热温床，提前培育瓜菜苗，促使蔬菜尽早定植大田生产，提前应市等，可谓在欠缺现代设施农业材料与手段条件下的简易设施农业，谓之保护地栽培。近年来，随着工业进步，设施农业飞速发展，从简单的地膜覆盖栽培到具有现代化自动控制光温设备的大型工厂化设施，都取得了不少成功经验。设施农业打破了传统农业的时季、地域之“自然限制”，创造了速生、优质、高产、均衡、低耗的现代化农业，对农村脱贫致富，丰富城乡居民“菜篮子”和提高人民生活水平都起到了特殊的重要作用。

6. 集约持续农业 集约持续农业（intensive sustainable agriculture）是以现代工业和科学技术为基础，充分利用传统农业的有效技术精华，实现持续增长的生产率，持续提高土壤肥力，持续协调的农村生态环境，持续利用农业自然资源，实现高产、优质、高效、低耗，逐步建立起一个采用现代工业装备、现代科学技术和现代经营管理方法的农业综合体系。

集约持续农业具体内容包括：一是在现代食物观念的引导下，确保国家食物安全和人民健康；二是进一步依靠科技进步，以继承和发展中国传统农业技术精华和吸收现代高新科技相结合；三是目前仍以技术和劳力密集型现代农业生产体系为主；四是保护资源和大力保护农村生态环境；五是重视提高农民素质和发扬中华民族农业文化的精华；六是切实保证农民收入持续稳定增长；七是发展多种经营方式、多种生产类型、多层次的农业经济结构，注意逐步走向新的集体化、集约化和发展农村适度规模经济；八是在决不放松粮食生产与积极发展多种经营的基础上，从不同层次上优化农业和农村经济结构，促进乡镇企业与农林牧渔、种养加、贸工农相结合，把农业和农村发展联系在一起，从而推进农业向专业化、社会化、商品化和产业化发展，逐步实现农业现代化、农村工业化、农村城镇化、农民文明化和城乡一体化的高层次结合。中国农业大学刘巽浩教授认为，集约持续农业有三个特点：一是集约农作。即将土地利用率放在首位，努力提高年单产，力求变低产为中产、中产变高产、高产更高产；力争有田皆绿、四季常青，高度集约地多维利用每一块土地，实行精耕细作，间作套种复种，除种植业外，畜牧业、水产业、林业也都要提高单位面积产量与质量。二是高效增收。即要将提高经济效益增加农民收入放在重要位置；力争高产高效或高产不低效，积极提高劳动生产率；要因地制宜调整结构，适当增加园艺作物与养殖业比重，适当增加高价值作物与动物及出口创汇的比重；积极发展农产品加工业与其他二三产业；实行劳动力密集、科技密集与适当增加投入的有机结合与相互置换。三是持续发展。即要强调自然生态与人工生态相结合，保护资源、改善生态环境、搞好水利与农田基本建设、改善生产条件、提高农业综合技术生产能力。要强调产量持续性、经济持续性与生态持续性的结合，避免只片面强调一个方面。力争在高产、高效的同时不破坏资源环境，甚至有所改善。

三、可持续农业的兴起和发展

（一）可持续发展思想的建立

20 世纪是人类物质文明史上最突飞猛进的时期，同时也是生态环境和自然资源遭到破坏最为严重的时期。人类不计后果地只追求经济增长的行为迫使自己生存与发展面临严峻挑战。这一阶段全球发生了影响深远的三大变化：一是社会生产力的极大提高、经济的快速增长和物质财富不断扩张；二是人口几何级数式的爆炸增长；三是自然资源的过度开发与消耗，环境污染和生态破坏。各种报告调查触目惊心，人类面临着生死存亡的重要抉择。“增长即发展”这种传统认识导致了人类对资源的掠夺性开发和粗放式利用，加速了环境污染和生态系统破坏。人们逐渐意识到，财富的增长并不能从根本上消除贫困，反而导致分配不均、两极分化严重等社会不公平问题。在所付出的惨重代价基础之上，人类开始审视和反思工业经济中普遍奉行的“不可持续”发展战略，并开始批判单纯过度追求增长的错误思路，逐步开始研究和探索人类社会可持续发展道路。

发展是人类社会的永恒主题，从发展到可持续发展，经历了由实践—认识—再实践—再认识的动态演进上升的递增过程。20 世纪中叶，人类开始反思并孕育了可持续发展思想。1962 年，美国海洋生态学家蕾切尔·卡尔逊（Rachel Carson）出版了《寂静的春天》，书中作者详细地描述了在农业生产中，由于过多地使用农药、杀虫剂给生物及人体造成的危害情况，并对农民这种行为进行了批评，号召人们要保护环境。1972年，罗马俱乐部发表了《增长的极限》报告，报告中阐述的主要内容就是地球上蕴藏的资源是有限的，人类促进经济增长的活动必将受到有限资源的限制。他要求在一定时期内，经济的发展、人口的增加不能超越一定的极限，一旦超越了极限就会带来全球的崩溃，唤起了人们对人类社会可持续发展的关注。1972年，在瑞典首都斯德哥尔摩召开了联合国第一次人类环境会议，正式提出了可持续发展这一概念，并提供了重要的背景材料《只有一个地球》，这也是联合国第一次环境会议的理论基础。"可持续发展"理论在20世纪80年代初形成之后，立即得到迅速传播，从生态环境研究领域扩展到整个社会发展研究领域，并成为左右制定发展决策制度的强有力理论体系。1987年，联合国相关组织在经过3年多调查研究提交了一份题为《我们共同的未来》的报告，报告中包含了两个重要内容，一是对传统发展方式的反思和否定；二是对规范的可持续发展模式的理性设计。报告指出，过去人们关心的是发展给环境带来的影响，而现在人们则迫切地感到了生态环境的退化给发展带来的影响，以及国家之间在生态学方面互相依赖的重要性，报告以"可持续发展"为基本纲领，论述了当今世界环境与发展方面存在的问题，并提出了处理这些问题的具体的和现实的行动建议，对可持续发展概念的形成起了推动作用。1992年，联合国环境与发展大会以"可持续发展"为指导方针制定并通过了《21世纪议程》等重要文件，详尽而深刻地阐明了环境与发展的关系，正式确立了可持续发展是当代人类发展的主题，丰富了可持续发展战略，提供了落实可持续发展战略的行动方案，为人类改善环境、完善发展展示了广阔前景，标志着可持续发展理论升华到可持续发展战略，是可持续发展研究道路上的一座里程碑。国内外专家也都在各自的著作中对人类社会发展过程中资源的过度消耗及对环境的污染表现出担忧，并号召人们思考人类经济、社会发展、自然环境三者的关系，采取适合的发展道路，能使人类社会保持快速发展，同时减少环境污染，降低资源消耗，实现人类社会和自然环境的协调发展。

（二）可持续农业的兴起与发展

农业是支撑国民经济和社会发展的基础产业，发展农业必须遵循其自身的客观规律。可以毫不夸张地说，全世界经济和社会发展都有赖于农业发展而产生的"关联效应"。然而长期以来，人们总认为农业资源是大自然赋予人类取之不尽、用之不竭的财富，造成了人类对其没有节制地开发和利用。世界农业经历了从原始农业、传统农业到现代农业的发展历程，各国的农业生产水平和发展模式产生了明显的分化。第二次世界大战后，发达国家先后进入农业现代化阶段，为了进一步扩大财富，更加疯狂地征服自然、掠夺自然，以实现其高水平的农业现代化，逐步发展了"高投入、高产出、高能耗、高污染"的经济发展模式。至于发展中国家，为了生存和发展，仿效发达国家，也大规模地毁林开荒、滥垦滥伐、广种薄收，致使出现大面积水土流失、土地沙化、耕地盐碱化和荒漠化。通过近30年的实践与反思，人类终于悟到了不珍惜自然、不保护环境、一味地征服改造，反受自然之力报复的真谛。在农业工业化过程中，同样表现出工业文明制约农业发展的征兆与端倪，化肥的长期使用造成了土壤的板结，降低了土壤肥力；石油农业等造成的大气污染，使农作物的产量降低了5%；被称为"白色革命"的塑料地膜已积累成严重的"白色污染"；象征文明的烟囱排放的大量废气，不仅污染了大气，危害了人体健康，而且形成众多的酸雨，影响农作物的生长；工业废水影响农业生产的事件更是比比皆是；地下水过度开采，造成地下水位下降及水资源减少，不仅影响了农业生产的发展，而且造成土地的沙化、盐碱和沉降变形。近半个多世纪以来，给农业生产造成的严重灾害与工业文明有着不可分割的关系。这促使人们反思，生存和发展问题成为世界各国政府和人民最为关心、最为迫切需要解决的头等大事。如何通过有效途径解决现代农业给环境和社会带来的问题，未来农业之路将何去何从，人们开始重新审视现代农业发展模式，许多国家开展了一系列的讨论和研究。面对现代农业发展中出现的种种问题和弊端，西方发达国家开始反思传统农业的发展模式，并提出了"有机农业"、"生物农业"和"自然农业"等替代农业发展模式，这些模式反对使用化肥、农药等化学物质，以降低化肥和农药带来的环境问题，但导致了农产品产量下降，生产成本提高。农业可持续发展思路逐渐浮出水面，并为世人所关注。

农业可持续性这个概念是 20 世纪 80 年代逐步兴起与形成的，它起源于发达国家。1980 年，世界自然与自然资源保护联盟首次提出"持续农业"的要领。可持续农业（也称农业与农村可持续发展）是在继承和发扬传统农业与现代农业优点的基础上，以可持续发展的观点来解决发展所面临的资源与环境问题，协调人口、生产与资源、环境之间的关系。通过控制人口增长速度、科学配置资源、保护生态环境和遵循客观规律，制定相关法律、政策，完善社会保障和教育服务体系等措施来发展农业和农村经济。农村经济不仅是由土地、资本、劳动力三个要素组成，也涉及科技进步、农业投入和生态资源储量等内容。1981 年，美国农业科学家莱斯特·布朗（Lester Brown）在其 *Building a Sustainable Society* 中，系统阐述了"可持续发展观"，是对农业可持续性的较早思考；1984 年，哥尔丹·道格拉斯（Gordan Douglas）编辑出版了 *Agricultural Sustainability in Changing World Order*，明确提出了"农业可持续性"问题。农业可持续发展一经提出就得到国际社会的响应。1987 年，世界环境与发展委员会（WCED）提出了"2000 年转向持续农业的全球政策"；1988 年，联合国粮食及农业组织（FAO）制定了"持续农业生产：对国际农业研究的要求"文件；1991 年，FAO 在荷兰丹波召开的农业与环境国际会议，发表了著名的"丹波宣言"，拟定了关于农业和农村持续发展的行动纲领；1992 年，WCED 在巴西召开的环境与发展会议上通过了著名的《21 世纪议程》，将农业与农村的可持续发展作为可持续发展的根本保证和优先领域，写入第 14 章；1993 年，FAO 在罗马召开第 27 届国际会议，强调到 2010 年世界各国要逐步建立起持续农业生产体系；1994 年，《中国 21 世纪议程》吸收国际农业与农村发展的经验教训并结合中国实际而提出：农业与农村的可持续发展是中国可持续发展的根本保证和优先领域。自此以后，农业可持续发展不仅成为一种农业发展的新思潮达成全球的共识，而且也得到了最高级别的政治承诺，这使农业可持续发展在世界范围内开展成为可能。

可持续农业是在总结有机农业、生物农业、自然农业、生态农业等替代农业模式，在农业生产中贯彻可持续思想的基础上产生的。它强调农业发展必须合理地利用自然资源，保护和改善生态环境，并在此基础上不断提高农业的生产水平和农民的收入水平，降低农村贫困比例，以使农业和农村经济得到持续、稳定、全面的发展。农业可持续发展思想虽在世界范围内得到广泛传播，但由于各国国情不同，对其理解有异。发达国家由于生产力水平相对较高，其农业功能已扩展到环境美化、食物生产以质量目标为主并重视食品安全与营养，因而更多地强调资源环境保护，这是一种农业现代化后的思路。而对于大多数发展中国家而言，农业投入水平低、经营粗放、农产品从数量上还满足不了消费需求，因而注意力更多地集中于数量增长，希望通过发展，以求解决温饱，所追求的是以发展为主要目标，同时兼顾环境保护的策略。发达国家和发展中国家所追求的共同点是合理开发资源和保护环境，促使农业可持续发展。

第二节 可持续发展概述

一、可持续发展的概念和内涵

（一）可持续发展的概念

可持续发展是20世纪80年代提出的一个新概念。1987年，世界环境与发展委员会在《我们共同的未来》报告中第一次阐述了“可持续发展”的概念，得到了国际社会的广泛共识。可持续发展（sustainable development）是指既满足现代人的需求又不损害后代人满足需求的能力。换句话说，就是指经济、社会、资源和环境保护协调发展，它们是一个密不可分的系统，既要达到发展经济的目的，又要保护好人类赖以生存的大气、淡水、海洋、土地和森林等自然资源和环境，使子孙后代能够永续发展和安居乐业。也就是江泽民同志指出的：“决不能吃祖宗饭，断子孙路。”

可持续发展的核心是发展，但要求在严格控制人口、提高人口素质及保护环境和资源永续利用的前提下进行经济和社会的发展。可持续发展的观点包括可持续发展的系统观、可持续发展的社会平等观、可持续发展的全球观、可持续发展的资源观和可持续发展的效益观。可持续发展所要解决的核心问题有：人口问题、资源问题、环境问题与发展问题（简称PRED问题）。可持续发展的核心思想是：人类应协调人口、资源、环境和发展之间的相互关系，在不损害他人和后代利益的前提下追求发展。可持续发展的目的是保证世界上所有的国家、地区、个人拥有平等的发展机会，保证子孙后代同样拥有发展的条件和机会。它的要求是：人与自然和谐相处，认识到对自然、社会和子孙后代应负的责任，并有与之相应的道德水准。可持续发展的意义是有利于转变经济增长方式，走出一条新型的发展道路；有利于促进经济社会与人口资源环境协调发展；为农业和农村经济结构的调整提出了更高的要求——进行战略性调整。

（二）可持续发展的三要素

可持续发展的三要素包括：①环境与生态要素，指尽量减少对环境的损害，尽管这一原则得到各方人士的认可，但是由于目前人类科学知识的局限性，对于许多具体问题会产生截然相反的认识，例如核电站，支持人士认为它可以减少温室气体排放，是环保的，反对人士认为核废料有长期放射性污染，同时核电站存在安全隐患是不环保的；②社会要素，指仍然要满足人类自身的需要，可持续发展并非要人类回到原始社会，尽管那时候的人类对环境的损害是最小的；③经济要素，指必须在经济上有利可图，这有两个方面的含义，一是只有经济上有利可图的发展项目才有可能得到推广，才有可能维持其可持续性；二是经济上在亏损的项目必然要从其他盈利的项目上获取补贴才可能收支平衡正常运转，由此就可能造成此地的环保以彼地更严重的环境损害为代价。

（三）可持续发展的内容

首先，可持续发展肯定需要发展，只有发展才能摆脱贫困，提高生活水平。特别是对于发展中国家，生态环境恶化的根源是贫困。只有发展才能为解决生态危机提供必要的物质基础，才能最终打破贫困加剧和环境破坏的恶性循环。因此，承认各国的发展权十分重要。

其次，可持续发展显示了环境与发展的辩证关系，即环境和发展两者密不可分，相辅相成。环境保护需要经济发展所能够提供的资金和技术，环境保护的好坏也是衡量发展质量的指标之一；经济发展离不开环境和资源的支持，发展的可持续性取决于环境和资源的可持续性。可持续发展从伦理角度提出了代际公平的概念。人类历史是一个连续的过程，后代人拥有与当代人相同的生存权和发展权，当代人必须留给后代人生存和发展所需的必要资本，包括环境资本。虽然不能确切判定后代人需要什么，但后代人肯定还将生活在这个地球上。因此，保护和维持地球生态系统的生产力是当代人应尽的责任。

再次，可持续发展还包括代内公平，这是在全球范围内实现向可持续发展转变的必要前提。发达国家在发展过程中已经消耗了地球上大量的资源和能源，对全球环境变化的贡献最大，并且至今仍然居于国际经济秩序中的有利地位，继续大量占有来自发展中国家的资源，继续大量排放污染物，造成一系列的环境问题。因此，发达国家应对全球环境问题承担主要责任，理应从技术和资金方面帮助发展中国家提高环境保护能力。

最后，可持续发展要求人们改变“高投入、高产出、高消耗、高污染”的生产和消费模式，提高资源利用效率，从思想到行动要有改变。

（四）可持续发展的内涵

可持续发展既不是单纯的经济发展，也不是单纯的社会发展，而是指以人为中心的自然与经济复合系统的共同发展。因此，可持续发展是能动地调控自然与社会的复合系统，在不超越资源与环境承载能力的条件下，促进经济健康良性发展、保持资源永续和生活质量提高。可持续发展没有绝对固定的衡量标准，因为人类社会的发展是永无止境的，所以可持续发展反映的是自然和社会这个复合系统的运作状态和总体发展趋势。可持续发展这一定义涵盖了丰富的内容，它在表明可持续发展的本质是“满足需要”的同时，又为处于不同发展阶段的国家留下了阐释空间：发达国家的物质科技水平已经能满足人们生活的基本需要，因而可持续发展的主要任务是增进社会公平和改变人们生产、消费方式。而绝大多数发展中国家发展程度较低，收入不高，人民生活贫困，从总体上看，其创造财富和满足需要之间还要较大差距，因此，发展中国家可持续发展的主要任务是在减少贫困和保护生态环境的同时促进经济和社会的全面发展。可持续发展的定义可以包含以下几点：第一，发展要以保护资源环境为前提；第二，要能促进经济发展；第三，发展的结果是提高人们的生活质量，创建美好社会。总之，可持续发展提倡公平分配，以满足当代和后代全体人类的基本需求为目的，主张建立在保护地球自然系统基础上的持续经济增长，达到人类与自然和谐共处的目的，是为谋求新的发展模式而建立的新发展观。

综上所述，可持续发展的内涵如下。

第一，可持续发展的主题是人，既要依靠人，又是为了人，由于人不断生产与创造，才使发展得以发展；也是由于人不断进行生产消费和生活消费，导致消费与资源发生矛盾，才使能否发展成为问题；还必须依靠人不断克服和排除障碍，才能实现持续发展。

第二，可持续发展在时间上，不仅着眼于眼前，更着眼于永久的未来；在空间上，不是着眼于一部分人，而是着眼于全体人类。也就是说，对资源的享用，可持续发展不仅要求当代人与后代人之间的公平，还要求当代人相互之间的公平，尤其是要保障穷人的基本需要。

第三，可持续发展不是限制发展，而是为了更好地发展，因此发展是前提。正如《中国

21 世纪议程》指出的："可持续发展对于发达国家和发展中国家同样是必要的战略选择，但是对于像中国这样的发展中国家，可持续发展的前提是发展。"

第四，可持续发展以生态、环境和资源为基础。人是生态系统中的一部分，人和生态相依存；人以环境为活动空间；人以自然资源为劳动对象，没有资源就无法发展经济。因此，生态、环境和资源是可持续发展的基础，人必须善待自然，实现"天人合一"。

第五，可持续发展追求人口、生态、环境、资源、经济、社会的相互协调和良性循环，而以人的全面发展和社会全面进步为永恒目标，力争实现物质文明、精神文明和生态环境文明的统一。

二、可持续发展的基本特征

（一）发展性

所谓发展性，是指保持增长、提高经济增长的质量和较好地满足就业、粮食、能源、饮用水和健康的基本生存需求，从这三方面去满足人类不断增长的需求和生活质量的不断提高。

（二）协调性

可持续发展的协调性，主要由调控人口数量的增长、不断提高人口的素质和调控环境与发展的平衡这两方面来体现，以此达到人与自然之间的协调，以及人与人之间的协调。可持续发展应强调合理优化资源的配置、调控经济的增长方式，采取合理的财富积聚政策，建立财富的公平分配制度，同时对人们获取财富的行为规范进行约束。

（三）互补性

环境保护与经济发展具有明显的互补性。可持续发展思想认为环境与发展不是孤立的，而是紧密相关的，发展并不一定带来环境的破坏，关键是采取什么样的经济方式；经济停滞和衰退不但不能解决环境问题，还可能加重环境危机。

（四）开放性和相互依赖性

人类社会的进步与经济的发展具有开放性和相互依赖性。可持续发展强调，在全球范围内进行真诚合作与联合行动，建立一种新的伙伴关系和新的国际政治经济秩序，以产生更加平等及与环境更加一致的贸易、资本和技术流动。

（五）持续性

可持续发展的持续性包括生态持续、经济持续和社会持续，它们之间互相关联而不可侵害。孤立追求经济持续必然导致经济崩溃；孤立追求生态持续不能遏制全球环境的衰退。生态持续是基础，经济持续是条件，社会持续是目的。人类共同追求的应该是自然-经济-社会复合系统的持续、稳定、健康发展。

1. 经济持续性　可持续发展鼓励经济增长，因为它体现国家实力和社会财富。可持续发展不仅重视增长数量，更追求改善质量、提高效益、节约能源、改变传统的生产和消费模式，实施清洁生产和文明消费。

2. 生态持续性　可持续发展要以保护自然为基础，与资源和环境的承载能力相协调。因此，发展的同时必须保护环境，包括控制环境污染，改善环境质量，保护生命支持系统，保护生物多样性，保持地球生态的完整性，保证以持续的方式使用可再生资源，使人类的发展保持在地球承载能力之内。

3. 社会持续性　可持续发展要以改善和提高生活质量为目的，与社会进步相适应。可持续发展的内涵均应包括改善人类生活质量，提高人类健康水平，并创造一个保障人们享有平等、自由、教育、人权和免受暴力的社会环境。

三、可持续发展的基本原则

（一）公平性原则

公平性是指机会选择的平等性，它具有三方面的含义：一是指代际公平性，二是指同代人之间的横向公平性，可持续发展不仅要实现当代人之间的公平，而且也要实现当代人与未来各代人之间的公平。三是指人与自然，与其他生物之间的公平性。这是与传统发展的根本区别之一。各代人之间的公平要求任何一代都不能处于支配地位，即各代人都有同样选择的机会空间。可持续发展所追求的公平性原则，包括四层意思：一是本代人的公平，即同代人之间的横向公平性。当今世界一部分人富足，而另一部分人特别是占世界人口 1/5 的人口处于贫困状态，这不可能实现可持续发展。因此，要给予不同国家和地区公平的分配和公平的发展权，要把消除贫困作为可持续发展进程中特别优先的问题来考虑。二是代际间的公平，即世代人之间的纵向公平性。要认识到人类赖以生存的自然资源是有限的，本代人不能因为自己的发展与需求而损害人类世世代代满足需求的条件——自然资源与环境。要给世世代代以公平利用自然资源的权利。三是公平分配有限资源。目前的现实是，占全球人口 26% 的发达国家消耗的能源、钢铁和纸张等，占全球的 80%。四是人与自然、与其他生物之间的公平性。联合国环境与发展大会通过的《关于环境与发展里约热内卢宣言》(简称《里约宣言》)，已把这一公平原则上升为国家间的主权原则。

（二）可持续性原则

持续性是指生态系统受到某种干扰时能保持其生产率的能力。人类生存的物质基础是自然资源，人类对自然资源的耗竭速率应考虑资源的承受能力，可持续发展不应损害支持地球生命的自然系统：大气、水、土壤、生物等。资源的永续利用和生态系统的可持续性的保持是人类持续发展的首要条件，因而要求人们根据可持续性的条件调整自己的生活方式，在生态可能的范围内确定自己的消耗标准。人类应做到合理开发和利用自然资源，保持适度的人口规模，处理好发展经济和保护环境的关系。可持续性原则的核心指的是人类的经济和社会发展不能超越资源与环境的承载能力。

（三）和谐性原则

可持续发展的战略就是要促进人类之间及人类与自然之间的和谐，如果我们能真诚地按和谐性原则行事，那么人类与自然之间就能保持一种互惠共生的关系，也只有这样，可持续发展才能实现。

（四）需求性原则

人类需求是由社会和文化条件所确定的，是主观因素和客观因素相互作用，共同决定的结果。传统发展模式不仅使世界资源环境随着前所未有的压力而不断恶化，而且人类的一些基本物质需要仍然不能得以满足。而可持续发展则坚持公平性和长期的可持续性，要满足所有人的基本需求，向所有的人提供实现美好生活愿望的机会。如果以人类需求系统作为参照系，那么任何一种需求因子未能得到满足都将意味着一种贫困，因此贫困不仅影响穷国也影响富国，只不过是贫困的内容和范围不同，这有别于传统经济学中的贫困。

（五）高效性原则

高效性原则不仅是根据经济生产率来衡量，更重要的是根据人们的基本需求得到满足的程度来衡量，是人类综合和整体发展的高效。

（六）阶跃性原则

随着时间的推移和社会的不断发展，人类的需求内容和层次将不断增加和提高，所以可持续发展本身隐含着不断地从较低层次向较高层次的阶跃性过程。

（七）共同性原则

尽管世界各国历史、文化和发展水平有差异，可持续发展的具体目标、政策和实施步骤不可能一致。但是，可持续发展作为全球发展的总目标，所体现的公平性和可持续性原则，却是共同的。并且，实现这一总目标，必须采取全球共同的联合行动。从广义上说，可持续发展的战略就是要促进人类之间及人类与自然之间的和谐。如果每个人在考虑和安排自己的行动时，都能考虑到这一行动对其他人（包括后代人）及生态环境的影响，并能真诚地按“共同性”原则办事，那么人类内部及人类与自然之间就能保持一种互惠共生的关系。

第三节 农业可持续发展概述

一、农业可持续发展的概念和内涵

（一）持续农业的概念

持续农业是20世纪80年代酝酿提出的农业发展新方向，目前国际社会较为普遍认可的含义是：持续农业（sustainable agriculture）是一种不造成环境退化、技术上适当、经济上可行、社会上能接受的农业。概括地说，它是经济、社会、技术与环境协调发展的农业。

可持续农业的概念，最早是由世界银行于1981年提出来的，到20世纪80年代中期才逐渐被公认。鉴于世界人口不断增加、化学农药对环境造成的污染日益严重、全面机械化对资源消耗加剧、水源质量下降、水土流失严重等问题和生态退化问题，为了寻求对策，在“可持续发展”思想指导下，提出了可持续农业这种新型的农业生产模式。可持续农业是指通过管理和保护自然资源，调整农作制度和技术，以确保获得可持续地满足目前和今后世世代代人们需要的农业，且是一种能维护和合理利用土地、水和动植物资源，不会造成环境退化，同时在技术上适当可行、经济上有活力、能够被社会广泛接受的农业。可持续农业的核心是“可持续”，是指不会耗尽资源和损害环境的农业生产体系。开发这种新的农业生产模式，是为了在保持农业生产水平与农民纯收入水平的同时，减少农业生产对环境的影响；在以生态环境可接受的条件下来满足未来对食品和纤维需求的同时，保持自然资源基础。因此，可持续农业与环境保护有着密不可分的关系，它是一种综合农业生产模式，它能够合理利用自然资源，保护和改善环境，使农业和农村经济得到可持续、稳定全面发展的生产模式。

国内外对持续农业和农业可持续发展有各种各样的诠释，比较常见的有：①可持续农业系统是一种经营战略的体现，它帮助生产者选择品种，确定土壤肥力对策、种植制度、耕作方式、轮作方法及病虫害防治策略，其目的在于降低成本，减少对环境的压力，保证生产与赢利的可持续发展。②可持续农业是在不破坏甚至提高农业所依赖的资源基础的同时，满足人类不断增长的需求的农业系统。③可持续农业是一种有利于充分挖掘资源使用价值，促进资源更有效利用的发展战略和行动方案。④可持续农业是在一个长时期内有利于改善农业所依环境与资源、提供人类对食物与纤维的基本需求、经济可行并提高整个社会生活的一种做法。⑤可持续农业是一种能满足社会需要、能不断发展而又不破坏环境的农业。⑥可持续发展农业是一种帮助农业生产者科学地选择优良品种、土肥措施、灌溉制度、病虫害综合防治、栽培技术与作物搭配方式，农业与相应工业合理配置，降低经营成本，增加农业产业和净收入，以及永续利用资源和保护生产环境的农业。⑦农业资源的可持续利用必须满足三个基本条件：一是粮食生产总量应满足人口总规模达到“零增长”时的最低需求；二是农业资源“消耗”与“再生”，随着世代的更替，应保持相对平衡；三是通过区域的自然与资源优化种植，达到空间分布上的均衡，逐步消除贫富之间的过分差异。⑧农业可持续发展是一个由农业经济、农业技术、农业生态环境和农村社会等四方面相互作用、相互影响所组成的有机整体系统，其实质是实现上述四个方面之间及其内部的高度持续。

FAO 及我国学者将农业可持续发展的基本定义概括为五个方面。

第一，农业可持续发展首先是加快发展，这对发展中国家尤为重要。它不仅包括农业经济的发展，还包括保护和科学利用农业资源，建设良好的生态环境及促进农村社会进步。

第二，农业综合生产能力持续稳定增长，确保国家食物安全。既要增加农产品数量，还要提高质量，使农产品不断满足当代人和后代人对食物产量和质量日益增长的需求。

第三，农业可持续发展要以保护自然资源为基础，同农业生态环境相协调。通过转变农业增长方式，使农业生产经营活动和农民生活尽可能减少对农业资源及环境的破坏。把农业发展与保护资源和合理开发利用资源结合起来，与控制环境污染、保护农业生态环境结合起来。

第四，农村人口得到有效控制和人口素质明显提高。既要把过快的人口增长速度降到最低限度，减轻农产品需求和农业环境压力，又要大力发展科技教育，提高农村人口素质，培养具有较高科技文化素质的现代农民。

第五，农业效益和农民收入水平不断提高。农业生产经营规模适度，技术措施先进，结构合理，品种多样化，品质优良化，实现高产、优质、高效、低耗。

（二）农业可持续发展的内涵

概括地讲，农业可持续发展的内涵是：在满足当代人需要，又不损害后代满足其需要的发展条件下，采用不会耗尽资源或危害环境的生产方式，实行技术变革和机制性改革，减少农业生产对环境的破坏，维护土地、水、生物、环境不退化，技术运用适当，经济上可行及社会可接受的农业发展战略。

农业可持续发展的基本内涵在于运用可持续发展的原理和方法，寻求农业生物与其环境的最适关系，建立相应的农业技术体系和农业资源综合管理战略，以提高农业的综合生产力、稳定性和持续性，实现农业可持续发展。农业可持续发展不仅强调环境保护、生态平衡，而且有更深远、更广阔的含义，它重在强调发展的可持续性。具体含义有以下几点。

（1）资源可持续性。资源问题是可持续发展的中心问题，可持续发展要求保护人类生存和发展所必需的资源基础，使之能够永续利用，而非持续现象（如生产力的下降）的发生正是由于资源的不合理利用，引起生态系统衰竭导致的。

（2）环境可持续性。可持续发展要求在发展过程中维护和保护生态环境的整体性及不受污染，并把环境保护与环境建设列为实现可持续发展的重要内容和衡量发展质量、发展水平的主要指标。

（3）经济可持续性。发展经济，改善人类的生活质量，是人类共同的目标，也是持续发展要求达到的目的。农业经济的持续发展，意味着确保当代及其后代对农产品需求的不断满足，也意味着能为从事农业生产的所有人提供充分持久的就业，足够的经济收入和不失尊严的生活、工作条件，彻底消除贫困。

（4）社会可持续性。可持续发展不仅关注人类如何与自然和谐相处，而且重视发展中的社会公平性问题，如世代之间、地区之间、国家之间的平等；认识人类的生产活动对人类生存环境可能造成的影响，从而提高人们对当今社会及后代的责任感，并为改善人们的生活质量提供必要的社会条件。

总的来说，农业可持续发展是“可持续发展”概念在农业发展领域的延伸，是一种全新的农业发展观的代表。其内涵是十分丰富的，首先，农业可持续发展仍然强调发展的持续性、高效性、协调性和公平性。持续性一方面强调发展的必要，另一方面强调的是农业发展的可持续性，避免单纯追求短期的经济增长，要树立长远观点，不能以牺牲发展能力为代价换取暂时的经济增长高速度，不能以牺牲后代人的利益为代价来满足当代人的利益；高效性的前提是发展，发展也不仅仅追求量的增长，而是在于质的提高，所以农业可持续发展应遵循“高产、优质、高效、低耗”的原则；协调性强调农业的发展要以自然资源的可持续利用、生态环境的不断改善为前提；公平性既强调当代人的公平，解决贫富差距悬殊、两极分化问题，又强调代际间的公平，要求当代人不要为自己的需求和发展而损害后代人满足其需要的自然资源和环境条件。其次，农业可持续发展在于保持生态环境的良性循环。即减少现代农业中大量使用的合成化肥、农药等化石资源的使用量，合理利用生态自我修复功能提高农业单位资源生产效率。具体的措施有：尊重生态环境的客观性、生物物种的多样性原则，合理促进各物种之间相互制约、相互促进的机制，使生态环境尽可能按照自然循环功能去循环。结合不同地区的生态环境特征，设计使用具有促进生态环境迅速恢复的经济模式，以提高农业生产效率。

二、农业可持续发展的系统构成及其功能

（一）农业可持续发展的系统构成

农业可持续发展系统的构成极其复杂，涵盖了农村社会本身及其相关的各种基本要素、关

系及行为等，可将其概括为农业经济、农村社会、农业资源、农业环境及农业科技五个子系统。

1. 农业经济子系统　农业可持续发展的核心是发展，而农业经济发展又是当前发展的主要内容。经济的快速发展为解决“三农”问题提供了物质基础，为实现社会、资源、环境和科技等方面的协调发展提供了保证。社会发展水平的提高、资源的有效利用、生态环境的保护都有赖于经济的快速发展。要实现农业可持续发展，就要大力发展农业经济，最大限度满足人们的基本需求；就要改变传统的农业经济发展方式及生产方式，提高农业经济发展效益与质量。农业经济子系统主要反映农业经济发展的规模、质量、效益。

2. 农村社会子系统　农业可持续发展的最终目的是实现以人为主体的社会发展系统的可持续发展。农村人力资源、物质生活、精神生活、社会组织、保障体系、社会道德、社会环境等诸多方面都是影响农业可持续发展的关键因素。社会子系统主要反映农村社会发展潜力、质量与生活水平。

3. 农业资源子系统　农业自然资源的永续利用是确保农业可持续发展的物质基础。资源的数量、质量、类型等特征是农业发展方向及模式的重要依据。社会经济发展离不开资源的支持，合理配置资源是实现农业可持续发展的关键；反之，资源的不合理利用将会使资源基础受到削弱，从而阻碍农业可持续发展。

4. 农业环境子系统　环境是人类赖以生存的基础，良好的生态环境是实现农业可持续发展的基础和必要条件。生态环境以提供资源及容纳废弃物等形式为人类活动提供支持，但这种支持能力是有一定限度的，人类的经济社会活动都应在这个限度以内进行。一旦超出这个限度，将破坏其动态平衡，造成种种环境问题，影响农业可持续发展。

5. 农业科技子系统　农业科技是农业可持续发展的重要支柱和保障。农业科技进步可以提高农业经济发展效益、促进农业可持续发展管理水平提高、加深人类对自然规律的理解和认识、开拓新的可利用自然资源领域，还可以有效提高现有自然资源的综合利用效率，增强生态环境自我净化能力，为自然资源合理开发利用和生态环境保护提供有效手段。

农业经济、农村社会、农业资源、农业环境及农业科技五个子系统相互作用、相互影响、相互制约，共同影响着农业的可持续发展。

（二）持续农业体系的基本功能

持续农业体系具有以下五个基本功能。

（1）提高劳动生产率，形成高商品率的农产品，使剩余劳动力有转移的可能。

（2）提高土地生产力，主要是提高单位面积的产量。

（3）改善农产品品质，满足人们的膳食营养和健康需求。

（4）生态良性循环，缓解人地矛盾，确保持续发展的自然基础。

（5）提高抗重大自然灾害的能力，确保社会、经济、政治稳定，建立农业的风险保障体系。

三、农业可持续发展的基本特征

（一）农业生产发展的持续性

可持续性强调的是资源与环境是人类生存与发展的首要条件。人类的发展和需求要以生物圈的承受能力为限度，要保持农业生态系统的动态平衡。农业可持续发展要求不损害支持人类生存的自然系统：大气、水、土壤、生物链等，核心是人类谋求农业经济发展不能超越自然资源与环境的承载能力，反对滥采滥伐、盲目开垦和过度开发而造成水土流失、土地沙化、环境恶化和生态失衡等后果，强调农业发展速度与效益的统一。农业可持续发展的持续性特征还表现为排斥农业经济的大起大落和极不稳定现象，以及为了追求眼前的、局部的和短期的利益而牺牲长远的和整体的利益，或者为了一时发展速度而造成农业经济发展的极大波动，这种短期行为是违背可持续原则的。

同时，农业可持续发展还要求尽可能地克服农业生产受自然因素的影响而表现的弱质性，追求平稳、健康和持久的良性循环和发展。此外，农业可持续发展不但要求生产的可持续性，而且还要求分配、流通、消费的可持续性，以及有关农业决策和政策方面的可持续性。强调农业发展要确实能合理利用和保护农业自然资源，特别是可再生的农业自然资源，减少对农业生态环境的破坏与污染，以便在当代农业发展的同时，为后代农业的发展留下公平利用农业自然资源与环境条件的机会，使农业经济和农村社会具有长期、稳定、持续发展的能力。

（二）农业资源与收益分配的公平性

农业发展的目标是满足人类的消费需求，但人们的消费需求方面存在着很多不公平因素。农业可持续发展要求公平分配有限的农业资源，给世界以公平的分配和公平的发展权。可持续发展的公平性涵义包括代内公平和代际公平，即可持续发展既要满足全体人民的基本需求，给全体人民平等的机会以满足他们要求较好生活的愿望，又要注意当代人不要因为自己的发展与需求而损害下代人满足需求的自然资源与环境，要给后代人以公平利用土地、水源、生物等农业资源和环境的权利。它要求农业资源利用及其收益不仅要在国家、地区及不同的社会利益集团之间进行公正而合理的分配，而且要保证后代人能够获得与当代人同等的资源利用与收益分享的机会，以保证代际间的公平。

（三）农业发展效益的系统性

农业可持续发展将农业生产环境看成是社会、自然、经济、文化、人口等多种因素组成的复合系统，它们之间相互联系、相互制约。并且农业可持续发展目标是提高农业产品的产出率、产品质量和农业经济效益，它特别注重生态效益和社会效益，把社会进步和资源环境保护放在首位。农业可持续发展目标是追求经济效益、社会效益和生态效益三者统一的多目标系统，这就要求在农业发展过程中注重农业生产发展与土地资源、动植物资源和环境相协调，保护生物多样性，保护地球生态的完整性，保证以持续的方式使用可再生资源，积极实现人与自然的协调发展。农业可持续发展的系统性和协调性要求人类采取共同的联合行动，打破封闭与分割的界限，相互合作共同发展，保证农业持续稳定发展及其对全人类生存的基本保障。

（四）农业部门之间的协调性

在进行农业生产经营活动和农民生产过程中，农业可持续发展不仅要注意提高农业产出率、产品质量和经济效益，而且要把促进科技进步、社会进步和保护资源与环境放在重要位置，要追求经济效益、生态效益和社会效益的协调统一。不仅要协调当代人之间的利益关系，也要协调当代人与后代人之间的关系。不仅要协调农业内部各部门之间的关系，也要协调农业与非农业之间的关系。要提高各种因素的互联性，用整体、全面的观念，统筹考虑，协调解决各种因素当前和长远发展的矛盾，实现良性循环。

（五）农业科学技术的有效选择性

不同国家、不同地区具有自己的地域特点，其地理环境、气候条件、资源分布、环境污染程度和农业生产力水平都不同。要实现农业经济的可持续发展，就必须充分考虑该地区土地资源、气候、水资源、农作物种类和农业生产习惯，选择适合该地区的农业生产方式和农业科学技术，才能保证增产增收，提高经济效益。

（六）农业增长方式的集约性

科学技术是农业可持续发展的动力源泉，农业科技特别是农业高新技术的推广和应用，能使农业增长从单纯依靠资源和环境，转移到依靠科技进步和提高劳动者素质提高农业增长的科技含量上来，即农业发展的高效性。农业可持续发展不仅追求农业经济发展的数量，更强调农业经济发展的质量，强调以现代高新技术为基础，追求高产、优质、高效、生态、安全，实现农业的持续增长。因此，农业生产方式要从粗放经营转变到依靠科技和提高劳动者素质上来，以提高农业资源的利用率和生产效率。

（七）农业资源开发利用的合理性

可持续发展的思想直接来源于发展的持续性要求与资源环境的有限性的矛盾。因此，可持续发展应以资源环境的承载力为前提，对资源的开发利用应保持适度原则，注重保护和合理开发利用农业赖以发展的自然资源，如土地资源、水资源、森林资源、物种资源等，努力使农业资源尤其是不可再生资源如耕地资源、水资源等总量保持相对稳定，并且不断提高资源的质量和利用率，确保资源环境不发生不可逆转的永久性破坏。保护农业生产条件，使农业具有长期、稳定、持久、永续增长和发展的能力。

（八）农业人口规模的适度性

人既是生产者，又是消费者，作为生产者，是重要的经济资源，作为消费者，又给农业资源、环境带来巨大压力。必须控制人口过快增长，保持农村人口规模适度，并努力提高人口素质，增加人力资本存量。

（九）农业发展目标的多元性

农业可持续发展不仅要提高农业产品的产出率、产品质量和农业经济效益，而且要注重生态效益和社会效益，把社会进步和资源环境保护放在首位，追求经济效益、社会效益和生态效益三者的统一。具体有以下四个目标：①保持农业生产率稳步增长，提高农产品产量和粮食的安全保障；②保持农村经济的持续稳定增长，大幅度地增加农民的收入，消灭贫困，彻底改变农村落后状况；③建立起农业和农村经济系统有效运转及良性发展的生产经营机制；④保护和改善农业生产环境，维护生态平衡，合理持续地利用农业生产资源，实现生产、经济、社会和生态环境的协调发展。

（十）农业持续发展的可行性

强调农业的持续发展必须在技术上适当、经济上可行，且能为社会所接受。技术上适当，是指技术的选择与应用应该有助于增强可持续发展的能力；经济上可行，是指必须控制投入成本，提高经济效益，使农业经营有利可图，以增强农业的自我维持、自我发展的能力；为社会所接收，是指农业生态环境变化、农业制度与技术变革所引起的社会震荡应当控制在人们可以承受的范围内。

四、农业可持续发展的基本原则

根据农业可持续发展的内涵及其特性特征，在实施农业可持续发展战略过程中，一般要求坚持以下原则。

（一）需求性原则

需求性既包括物质需求，也包括精神需求和生态需求；既包括当代人的需求，也包括子孙后代的需求。

（二）公平性原则

公平性指机会选择的平等，主要体现在：①时间上公平性，它要求体现代际公平与平等；②空间公平，它要求体现代内公平与平等。

（三）限制性原则

农业生产总是面临各种各样的限制因素，其中生态因素的限制是最基本的。发展必须以保护生态环境为基础，不能超越环境的承载力。

（四）共同性原则

共同性原则就是指发展的总目标和公平性原则及持续性原则是相同的，并且要实现总目标必须采取全球性联合行动。所采取的基本思路则是：①要转变农业发展目标。即要从近期目标向长远目标转变，从单一化目标向多元化目标转换。既注重当代人的利益与当代农业发展，又注重后代人的利益与后代农业发展；既注重农业发展的经济与社会目标，又注重农业发展的生态目标；②要转变农业发展方式。从注重以高资源消耗与高污染为代价换取高产出、高效益的农业发展方式，向注重节约资源消耗、提高资源利用效率的集约型农业发展方式转变；③要推进农业科技进步。使农业发展从主要依赖于土地、资本、劳动等有形要素向主要依赖知识要素方向转变；④完善政府宏观调控。主要从注重对经济总量的平衡与经济利益的调整，向既注重对经济总量的平衡与经济利益的调整，又注重对农业资源与环境保护的政府宏观调整，为农业可持续发展提供组织与制度保证。

五、农业可持续发展的本质和目标

（一）农业可持续发展的本质

农业作为社会再生产活动中最基础的产业，是一个投入产出的生产系统，农业系统受到包括自然生态和社会经济两方面的影响，有着自下而上的层次，在不同的层次上，受生态、经济和社会因素的影响也各不相同。第一层是最低层次，最直接受生态因素的制约，自然环境是其存在和发展的基础，生态化生产可以使基础层次的农业生态系统处于良性的循环之中。第二个层次是中间层次，受生态因素和社会因素、经济因素制约并重，必须通过经济政策和社会措施来协调好因素间的相互制约关系。第三层次是决策层次，起决定性作用的因素是经济和社会因素，受国家政策、法规和市场的影响。因此，农业可持续发展的本质包括四个方面：①农业生态系统的可持续性；②土地利用方式的可持续性；③农业生产投入、产出的可持续性；④农业自然资源利用的可持续性。

（二）农业可持续发展的目标

1991 年 4 月，在荷兰丹波召开的国际农业与环境会议上，不仅明确提出了农业可持续发展的定义，同时更明确地提出了可持续农业的三个战略目标。

（1）积极增加粮食生产，既要考虑自力更生和自给自足的基本原则，又要考虑适当调剂与储备，稳定粮食供应和使贫困者获得粮食的机会，妥善地解决粮食问题，保障粮食安全。

（2）促进农村综合发展，开展多种经营，扩大农村劳动力的就业机会，增加农民收入，特别是努力消除农村贫困状况。

（3）合理利用、保护与改善自然资源，创造良好的生态环境，以利于子孙后代生存与发展的长远利益。

这些战略目标具有较好的普适性，它蕴含了可持续农业的“需求”、“发展”和“限制”三个重要准则。“需求”，即人类生存的基本物质需求。要求可持续农业发展的新战略模式，必须把最大限度地满足人口对农产品（主要是粮食）的需求放在优先重要地位来考虑。“发展”，即可持续农业必须首先强调发展这一重要前提。农业可持续发展以农业、农村和农民这一有机联系体为着眼点，要求合理利用并改善自然资源，开展多种经营方式，满足粮食等农产品需求；提高农民素质，扩大就业途径，促进农村经济发展，增加农民收入。“限制”，即有度的发展，以自然资源的承受能力为阈值，确保资源的良性循环和世代永续利用，以达到公平性、持续性的目的。根本目的就是要实现农业的集约性、高效性、持续性和多样性，保证经济效益、社会效益和生态效益兼优，促进农业的持续发展。

本章小结

在分析现代农业、替代农业的产生发展及其缺陷的基础上，回顾了可持续发展与可持续农业产生的背景。根据可持续发展的内涵、特征和基本原则，进一步提出农业可持续发展的系统包括农业经济子系统、农村社会子系统、农业资源子系统、农业环境子系统和农业科技子系统，分析了持续农业的本质、目标和基本功能，得出持续农业具有农业生产发展的持续性、农业资源与收益分配的公平性、农业发展效益的系统性、农业部门之间的协调性、农业科学技术的有效选择性、农业增长方式的集约性、农业资源开发利用的合理性、农业人口规模的适度性、农业发展目标的多元性和农业持续发展的可行性等基本特点，同时应遵循需求性、公平性、限制性和共同性等基本原则。可持续农业是未来全球农业发展的最佳选择。

思考与练习

1. 名词解释：
   可持续发展 可持续农业 现代农业 替代农业 有机农业 生态农业 自然农业 生物农业 设施农业 集约持续农业
2. 可持续发展思想是在何种背景下产生的？
3. 可持续发展的基本原则有哪些？
4. 可持续发展的基本特征有哪些？
5. 如何理解农业可持续发展？
6. 农业可持续发展的基本特征有哪些？
7. 农业可持续发展的基本原则有哪些？
8. 试比较石油农业与可持续农业。

主要参考文献

芭芭拉·沃德，勒内·杜博斯. 1997. 只有一个地球.《国外公害丛书》编委会译. 长春：吉林人民出版社
陈厚基. 1994. 持续农业和农村发展——SARD 的理论与实践. 北京：中国农业科学技术出版社
程序，曾晓光，王尔夫. 1997. 可持续农业导论. 北京：中国农业出版社
国务院. 1994. 中国 21 世纪议程——中国 21 世纪人口、环境与发展白皮书. 北京：中国环境出版社
蕾切尔·卡逊. 1997. 寂静的春天. 吕瑞兰，李长生译. 长春：吉林人民出版社
王道龙，杨文超，任天志，等. 2004. 可持续农业概论. 北京：气象出版社
王治河. 2011. 第二次启蒙. 北京：北京大学出版社
杨友孝. 2002. 中国农村可持续发展区域评价与对策研究. 北京：中国财政经济出版社
张坤民. 1997. 可持续发展论. 北京：中国环境科学出版社

第二章　农业可持续发展的理论基础

学习目标

掌握农业生态系统的组成、物质循环与能量流动及生物多样性等生态学基础知识；理解资源经济学、环境经济学、经济外部性和循环经济等基本概念、内容与内涵；理解财富代际的基本思想、三种生产理论和农业产业化理论等社会学知识；了解农业可持续发展的主要影响因素；学会运用多学科综合理论知识，更好地分析和实践农业可持续发展的理念。

第一节　生态学基础

人类社会需要一种与自然和谐相处的可持续发展模式，这是对扩张型的工业化发展模式进行反思后得到的共识。今天，自觉应用生态学规律指导农业可持续发展已经是一个公认的原则。当今的农业之所以提出可持续发展问题，是因为整个常规的现代农业系统结构在变革过程中出现了相当大的偏差，为此必须对其进行重新设计。农业生态学的基本理论对于实现农业可持续发展具有重要指导意义。

一、农业生态系统的组成及其特点

（一）农业生态系统的组成

生态系统由生物组分和环境组分构成，其中生物组分可分为生产者、消费者和分解者三大功能群；环境组分则分为能量环境、有机物环境和无机物环境三大部分。农业生态系统是指人们在一定的时空范围内，利用农业生物与非生物环境之间，以及生物种群间的相互作用建立起来的，并在人为和自然因素共同支配下进行农副产品生产的综合体。农业生态系统和一般生态系统一样，是在一个同质区域中或一个有限范围内，通过能量流动和物质循环把生物及其环境联系起来的系统。

但是，农业生态系统的组成又具有特殊性，它是以农业生物为主要组分、受人类控制、以农业生产为主要目标的生态系统。农业生态系统中，生物组分是以人工驯化和选育的农业生物为主，生物组分中人是最重要的调控力量，在自给农业中人还是系统产物的重要大型消费者；环境组分中，与自然生态系统相比多了人工环境组分，如排灌渠、地膜、温室、禽舍和道路等。农业生态系统中的气体、土体和水体也受到了人类活动的深刻影响。

（二）农业生态系统的特点

农业生态系统是一个自然、生物与人类社会生产活动交织在一起的复杂的大系统，它是一个“自然”再生产与经济再生产相结合的生物物质生产过程。农业生态系统的主要组成成分是人工种养的生物，抗逆性（抵抗不良环境的能力）较差。除按人们的意愿种养的优势物种外，其他物种通常要予以抑制或排除，导致生物种类大大减少，营养结构简单。因此，农业生态系统的抵抗力稳定性比较低，容易受到旱涝灾害和病虫害的影响，需要人为的管理调节。与一般生态系统比较，农业生态系统具有以下特点：①系统受人类的调控；②系统自身稳定性差；③系统净生产力较高；④系统的开放性更强；⑤系统受自然、社会双规律支配。

二、农业生态系统物质循环与能量流动

（一）能量及其来源

在生态系统中，能量指的是系统内以有机物质形式存在的化学潜能。能量是生态系统的动力基础，生命活动过程中都存在着能量的流动和转化。农业生态系统中能量的最主要来源是太阳能。除太阳能外，输入生态系统的其他形式的能量统称为辅助能，可分为自然辅助能和人工辅助能，用以辅助以太阳能为起点的食物链能量转化。自然辅助能是指风能、潮汐能、地热能、水流能和降雨能等。人工辅助能包括生物辅助能和工业辅助能两种：生物辅助能是指来自生物有机物的能量，如生物质燃料、劳力、畜力、有机肥、饲料、种子和种畜等；工业辅助能又称商业能、化石能，包括直接工业辅助能和间接工业辅助能，其中，直接工业辅助能是指石油、煤、天然气、电等形式直接投入农业生态系统的能量，间接工业辅助能是指化肥、农药（兽药）、机具、生长调节剂、农用设施和农用薄膜等产品形式投入的辅助能。

（二）能量流动的途径

生态系统的生产者——绿色植物吸收太阳能，同时吸收主要来自土壤的营养物质和来自空气的气体，进行光合作用，把太阳能转化为化学能，贮存在它们制造的有机物中。这些有机物所蕴含的能量在生态系统中通过食物链和食物网，自一个营养级传递到另一个营养级，实现能流。生态系统能量在各营养级传递过程中逐级递减。生态系统的能流和物质循环是通过食物链或食物网进行的。农业生态系统中的能量流动和转化，同样遵循基本的热力学定律，即热力学第一定律——能量守恒定律；热力学第二定律——能量效率和能流方向定律。根据热力学基本定律，在农业生态系统能量流中，只有少部分转化成有机形态的化学潜能贮存起来，大部分转化成热能而耗散。人们应该尽量减少能量的无谓消耗，提高能量的转化效率。能量流的流动方向是不可逆的，能量只能转化或转移，而不能循环。为了维持农业生态系统的稳定，应不断地向系统输入能量，减少熵。

生态系统中能量流动的一般过程如图 2-1 所示，其主要路径包括：①太阳辐射能通过光合作用进入生态系统，成为生态系统能量的主要来源；②以植物有机物质形式贮存起来的化学潜能，沿着食物链和食物网流动，驱动生态系统完成物质流动、信息传递等功能；③化学潜能贮存在生态系统的生物组分内，或者随着产品等输出，离开生态系统；④植物、动物和微生物有机体通过呼吸作用释放热能，并散失；⑤辅助能对以太阳辐射能为起始点、以食物链为主线的能量流动起辅助作用。

进入农业生态系统中的无机辅助能（工业辅助能）一般不能直接转化为生物化学能，大多在做功之后以热能形式散失。此外，进入农业生态系统的人力和畜力是一种特殊的生物能，它们在系统中的流动路径与上述无机能流动路径相同。由于生态系统中往往具有复杂的食物网营养关系，辅助能的输入又是多途径的，因此生态系统的能量流动也是多路径进行的。能量在流动过程中是不断耗损的，当能量从一个营养级传递到相邻的下一个营养级时，其耗损

是多方面的：如未能被利用、利用（消费）了而未被同化、同化后被呼吸消耗掉，以及变为生产量后又因多种原因减少了。

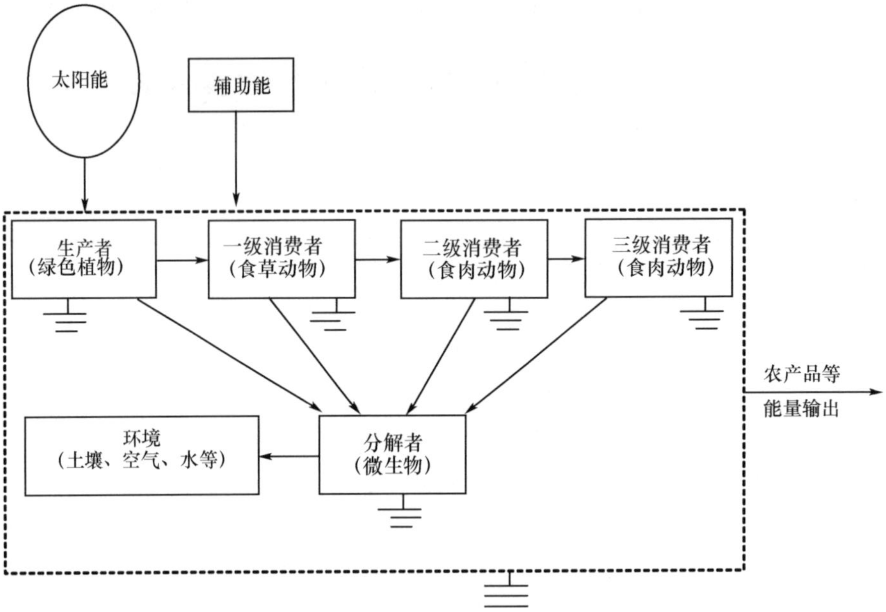

图 2-1　生态系统中能量流动的一般过程

（三）农业生态系统的物质循环及其特点

生物地球化学循环是物质循环的基本形式，是指各种化学元素和营养物质在不同层次的生态系统内乃至整个生物圈里，沿着特定的途径从环境到生物体，从生物体再到环境，不断地进行流动和循环。生物地球化学循环可分为地质大循环和生物小循环（图 2-2），物质的不断循环是实现物流平衡的基础。生物小循环是维持生态系统的基本机制之一。地质大循环范围大、时间长，是闭合式的循环，它是指物质或元素经生物体的吸收作用，从环境进入生物有机体中，然后生物有机体又以死体、残体或排泄物形式将物质或元素返回环境，开始新的循环；而生物小循环时间短、范围小，是开放式的循环，是指环境中化学元素经生物体吸收，在生态系统中被相继利用，然后经过分解者的作用，再为生产者吸收、利用。根据物质的主要贮藏库不同，物质循环可分为水循环、气体循环和沉积物循环三大类型。

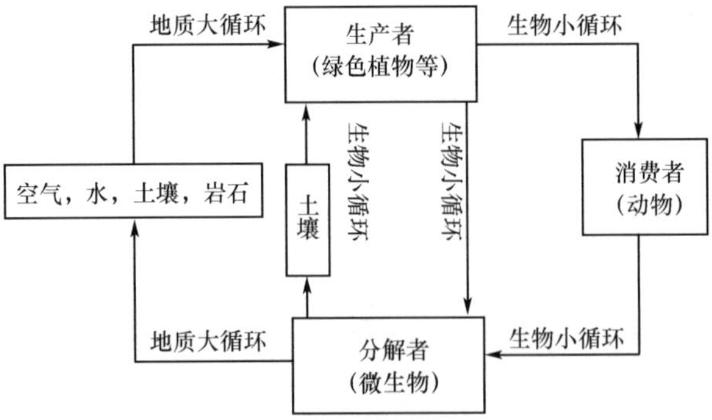

图 2-2　陆地生态系统中的生物小循环与地质大循环

与自然生态系统相比，农业生态系统的物质循环带有较强的人工调控的特色。农业生态系统是一个能量和物质的输入与输出量大且比较迅速的开放系统。随着农业生产资料的投入与产品的输出，农业生态系统的能量流动和物质循环不单发生于“生物-环境”系统中，而是进行于“生物-环境-社会”系统之中，其途径多、变化大。

（四）生态系统中能流与物流的关系

生态系统内，同时存在着能流与物流，它们相伴而行，相辅相成。能流是物流的动力，物流是能流的载体。物质的循环过程，是物质由简单无机态到复杂有机态再回到简单无机态的再生过程，同时也是系统的能量由生物固定、转化和消散的过程。物质、能量都遵循守恒的原则，但能量（太阳能）是无限的，物质却是有限的，分布也是很不均匀的。能流单向流动并且在转化过程中逐渐衰变，有效能的数量逐级减少，最终趋于全部转化为低效热量，离开生态系统；同时能量只能被利用一次，不能被再利用。而物流是往复循环，可以重复利用，在流动的过程中只是改变形态而不会消灭，可以在系统内永恒地循环，不会成为废物。

三、生物多样性与生态平衡

（一）生物多样性及其与生态平衡的关系

生物资源是地球生命的基础和人类赖以生存的基本条件。但是，由于技术进步和人口数量不断增加，人类加速了对自然资源的开发和对环境的破坏，导致目前生物多样性正以惊人的速度消失。生物多样性（biodiversity）是指地球上所有生物及它们所包含的基因，以及由这些生物与环境相互作用所构成的自然综合体。或者说，生物多样性是指一定范围内多种多样活的有机体（动物、植物、微生物）有规律地结合所构成的稳定的生态综合体。这种多样性包括动物、植物、微生物的物种多样性、物种的遗传与变异多样性，以及生态系统的多样性。其中，物种的多样性是生物多样性的关键，它既体现了生物之间及环境之间的复杂关系，又体现了生物资源的丰富性。

当一个生态系统发展到一定阶段，它的结构和功能较长时间地保持不变，各种成分之间维持着一种既相互制约又相互协调的相对稳定状态，这种状态就叫生态平衡。生态平衡的基本特征有阶段性、稳定性、平衡性、动态性。生物多样性与生态平衡密切相关，从生物多样性的三种类型（生态系统多样性、物种多样性、遗传多样性）来考虑，无论哪种类型的生物多样性受到损失，都会破坏生态平衡。如果一个生态系统遭到破坏，所有与之相适应的生物也可能遭到破坏；如果一个物种消失，其他所有与之相互作用的物种也可能随之消亡，如果这个物种是科学家所说的“基础”物种，它更是整个生态系统生存的依托；如果某个基因库消失或减少，那么就有可能使物种适应生存环境变化的基因消失。

（二）农业生物多样性及其服务功能

据估计，地球上有500万～5000万种物种，至今被人类认识的仅有140万种。而在已知的物种中，尤以农业经营和利用的物种显得意义重要。农业生物多样性的意义在于它是种质资源库和国家生物安全的重要组成部分。正是由于人类利用自然生物多样性而形成的农业生物多样性，丰富了生物多样性的内涵和价值。农业生物多样性（agro-biodiversity）是指与食物及农业生产相关的所有生物多样性的总称。其组成包括：①高等植物，农作物、作为食物而管理的野生植物、庭院树木、草场或牧场物种。②高等动物，家禽家畜、作为食物而狩猎的野生动物、野生及养殖鱼类。③节肢动物，大多数昆虫包括自养生物（如蜜蜂、蝴蝶）、异养生物（如黄蜂、甲虫）、害虫（如蚜虫），以及土壤中生活的昆虫（如白蚁）。④其他土壤生物，如蚯蚓。⑤微生物，如根瘤菌、真菌、病毒等。

农业生物多样性为维持人类社会的生产、消费、流通、还原和调控功能提供有形或无形的自然产品、环境资源和生态公益，形成农业生态系统的一种产出和功效，即生态服务功能。农业及相关景观中的生物多样性为农业提供并维持极其重要的生态系统服务。农业生物多样性服务可以体现在物种层次、生态系统层次和景观区域层次。物种层次的服务包括：提供生态服务功能（土壤保持、固氮、病虫防治、授粉、寄主等）、经济服务功能（作为食物和收入来源的可持续利用的鱼类、菌类、水果、蜂蜜、木材等，传统中药材，交通或畜力工具，遗产资源）和社会服务功能（宗教、民俗等）。农业生态系统层次的服务包括：管理病虫害；营养物循环，如有机物分解等；营养物分离和转化，如固氮细菌提供的服务；管理土壤中的有机物和保持土壤中的水分；维持土壤肥力和生物区；通过蜜蜂和其他野生动物进行授粉。景观区域层次上的服务包括：物种的栖息地与避难所；关键生态系统的留存与功能维护；区域粮食安全；农产品市场开发；区域农业的可持续发展；区域及全球气候变化乃至整个人类的可持续发展。

四、资源生产潜力与人口承载力

在资源与环境经济学中，资源的概念是特定的，专指自然资源。通常所说的资源生产力是指光、温、水、土等自然资源的生产潜力，即初级物质生产能力。

（一）自然资源生产潜力的层次

对于特定区域的自然资源生产潜力即生物生产力的考察，可以依据光、温、水、土等因素的不同划分为以下四个层次。

（1）光合生产潜力，作物的光合潜力是在假设各种环境因素均处于最适宜条件下高光合效能作用组成的群体所能产生的生物量（干物质），即仅把光照作为唯一的考察因素，而假设其他因素都不起任何限制作用。

（2）光温生产潜力，是土地生产潜力的上限，需要在光合生产能力的基础上进行温度衰减（乘以温度订正系数），即得到光温生产潜力。

（3）光温水生产潜力，又称气候生产潜力，对光温生产潜力进行水分衰减（乘以水分订正系数），即得到光温水生产潜力。

（4）光温水土生产潜力，又称农业生产潜力或气候-土壤生产潜力，对光温水生产潜力进行土壤衰减（乘以土壤订正系数），即得到光温水土生产潜力，也称作土地自然生产力，即现实条件下人类对土地植物生长无负面影响，也无正作用条件下的土地生产力，它是现实条件下可达到的最低生产力，是土地生产潜力的下限。

（二）资源人口承载力

“承载力”一词最早是在生态学的研究中发展的，早期应用范围也仅限于生态领域。随着土地退化、耕地减少、环境污染和人口膨胀等现象的出现，承载力概念被应用到人类生态学，产生了生态承载力、土地承载力。特别是工业革命以后，环境污染与资源短缺问题更加明显，因此资源承载力（如水资源承载力、土地资源承载力等）概念应运而生。资源承载力（resource carrying capacity）一般是指地球生物圈或某区域资源对人口增长和经济发展的支持能力。它主要包括可供开发利用的自然资源的数量和环境对生产和生活过程所产生的各种废弃物的最大负荷量。联合国教育、科学及文化组织对一个国家或地区的资源人口承载力所做的定义为：在可预见的时期内，利用当地的能源和其他自然资源，以及智力、技术条件等，在保证与其他社会文化准则相符的物质生活水平下，所能持续供养的人口数量。自然资源承载力及环境容量是资源承载力研究的两个重要方面。自然资源和生态环境是人类赖以生存和发展的物质基础，人类社会经济发展模式必须建立在资源可持续利用基础上，开展资源承载力理论与应用研究，对于人们转换经济行为方式，树立科学发展观具有重要理论意义和实践价值。

生态足迹法是目前分析计算资源综合承载力的一种重要方法。生态足迹法（ecological footprint）又称生态空间占用分析法，是加拿大生态经济学家威廉·里斯（William Rees）等于1996年提出的一种衡量人类对自然资源利用程度，以及自然界为人类提供的生命支持服务功能的方法。该方法通过估算维持人类的自然资源消费量和同化人类所产生的废弃物所需要的生态生产性空间面积大小，并与给定人口区域的生态承载力进行比较，来衡量区域的可持续发展状态，它可在不同的地域空间尺度及社会领域应用。

五、生态学原理在农业可持续发展中的应用

生态学的基本原理是发展生态农业的主要理论基础。运用生态学规律指导人类社会的生产活动，实现低开采、高利用与低排放，将人类活动对自然环境的破坏降到最低程度，是实现农业可持续发展的一条重要途径。可供借鉴的生态学原理有以下几个。

（一）能量流动和物质循环原理

生态系统中能量多级利用和物质循环再生是生态学的一条基本理论。生态循环链是生态系统能流和物流的主渠道，它既是能量转换链，也是物质传递链，从经济学角度看还是一条价值增值链。遵循这一原理，就能合理设计生态循环链，使生态系统中的物质和能量被分层次多级利用，使生产一种产品时产生的有机废物成为另一种产品的生产投入，废物资源化提高能量转化率，减少环境污染。例如，南京市古泉村生态农场将养鸡、养猪、养鱼、沼气工程、养鸭、养蚯蚓、种蘑菇和种果树等生产环节合理地组合在一起，形成良性循环，比常规农业具有明显的优势。

（二）种群关系原理

生态系统中的各种生物种群之间存在着相互依存、相互制约的关系。在农业生态系统中，人们可以利用生物种群之间的关系，对生物种群进行人为的调节。在生态系统中增加有害物种的天敌种群，可大大减轻有害物种的危害，这就是对种间关系和捕食关系原理的运用。例如，我国广东省利用放养赤眼蜂来防治水稻纵卷叶螟，基本上已经代替了化学防治，从而防止了农药的大量污染。

（三）生物多样性原理

生态系统中，一个群落的自动平衡能力随着物种多样性的增加而增长。物种多样性的增加，使食物网上有更多的环节和更多的有丰富功能的有机体。生物群落的复杂性越大，则所具有的自动调节能力越大，高多样性伴随着低的浪费（包括物质和能量），因为它是由占据着不同生态位的大量物种所组成的群落。在成熟和高度多样化的生态系统中具有高效率的能量利用，很少形成资源废物。多物种复合经营，它的多样性要高于单作系统，而且还有助于提高相邻的生态系统的生物多样性。因此，农业可持续发展应遵循这一原理，合理组织生产，采取相应的对策，争取在获得较好经济效益的同时，避免破坏生态平衡。

（四）生态位原理

生态位是指生物种群所要求的全部生活条件，包括生物与非生物两部分，由空间生态位、时间生态位、营养生态位等组成。在农业生态系统中，生态位可以被描述为一个多维的超体积，那么两物种的生态位在任何一维上的分离，都会导致它们生态位的分离，避免竞争的发生。在生态农业经营中，可利用这一规律，把竞争激烈的物种在时间或空间上合理配置，分化其生态位，弱化它们的竞争，从而提高农业生态系统的生产力。另外，在特定的生态区域内，自然资源是相对恒定的，如何通过生物种群的合理匹配，使有限资源得到合理利用，减少资源浪费，是提高人工生态系统效益的关键。在实际的农业生态系统中，经常会存在一些未被充分占用的生态空间，这实际上造成了空间和资源的很大浪费。在生态农业设计中，可根据不同物种在空间生态位和时间生态位上的差异，在水平方向、垂直方向和时间上科学布局，以求充分地利用各种环境资源，获得最大效益。还应充分利用植物多层布局形成后所产生的新的生态位，满足某些物种的特殊要求。例如，在我国西北地区，沙棘是适宜干旱、半干旱环境条件的耐旱植物，当以沙棘为主的林分形成后，丰盛的果实和多刺的树冠便给雉类创造了一个适宜生态位。再如，“果-菇”套种，就是利用果树下阴暗、潮湿的环境条件栽培蘑菇，而蘑菇采摘后余下的废料又可为果树的生长提供养料，可取得很好的生态效益。

（五）生物与环境的协同进化原理

生态系统中生物不是孤立存在的，而是与其环境紧密联系，相互作用，共存于统一体中。生物与环境之间存在复杂的物质、能量交换关系。一方面，生物为了生存与繁衍，必须经常从环境中摄取物质与能量，如空气、水、光、热及营养物质等；另一方面，在生物生存、繁衍和活动过程中，不断地通过释放、排泄及残体归还给环境，使环境得到补充。环境影响生物，生物也影响环境，而受生物影响得到改变的环境反过来又影响生物，使两者处于不断地相互作用、协同进化的过程中。就这种关系而言，生物既是环境的占有者，同时又是自身所在环境的组成部分。作为占有者，生物不断地利用环境资源，改造环境；作为环境成员，则又经常对环境资源进行补偿，能够保持一定范围的物质贮备，以保证生物再生。因此，在安排农业生产项目与技术时，必须遵循此原理，因地、因时制宜，合理布局，才能使农业生产走向可持续发展道路。

第二节 经济学基础

一、资源经济学理论

资源经济学是以经济学理论为基础，通过经济分析来研究资源的合理配置与最优使用及其与人口、环境的协调和可持续发展等资源经济问题的学科。它是一门应用经济学，主要以自然资源为研究对象，研究自然资源的优化配置问题，即如何使自然资源在不同用途之间、在同一用途不同使用者之间、现在和未来之间配置最优；研究采用哪种经济机制来缓解资源的有限性问题，实现自然资源与社会经济的协调发展；研究哪种自然资源政策能够不损害后代人的利益，实现可持续发展；研究自然资源及其利用的评价和宏观管理方法，以便为相关部门改进既有资源政策、制定新的资源政策提供理论依据和方法。

（一）资源稀缺原理

资源最本质的属性之一就是有限性，在经济学上表现为稀缺，它涉及资源的供需关系和价值、价格。资源稀缺是伴随着资源的有限性而被提出的。资源的有限性是自然界赋予资源要素在数量和质量上的自然属性；而经济学上的资源稀缺是相对于无限多样化的需求，从资源的供求关系与经济、技术因素的角度来看的。因此，稀缺主要是一个经济学概念。资源稀缺是针对所有的资源而言，是经济社会中资源的一般内在性质，即由于量的有限性而使得人们不能无限地占有和使用资源，是引起资源价值存在及活动的基本特征。其实，资源稀缺是一个动态的概念，它是有时间属性的。很久以前，人们认为许多资源如水、森林、空气等都是充裕或不稀缺的，但是随着人口增加和资源开发速度加快，人们改变了对资源的认识，如今森林和水等成为稀缺的资源。而且伴随着大气等环境要素的污染与破坏，使得人们将清洁的空气和优美的环境也当成是重要的资源——环境资源。

（二）资源经济学的基本问题

历史的经验表明，若要实现自然资源的可持续利用，就必须加强对人类自身经济行为的约束，必须在生产部门提高生产效率，在消费部门改变消费模式，以达到最高限度地利用资源和最低限度地产生废物。在资源经济研究与决策中，资源资产问题、资源产权问题、资源价值问题、资源核算问题、资源产业问题及资源市场问题是资源经济学研究的基本问题，也是实施可持续发展战略的重要制约因素。

1. 资源资产问题 一般经济学理论认为，能够带来收益的物品称为资产。资源资产是指受人类直接或间接影响的、实际或潜在的自然资源存量，其中包括一部分在经济活动参与下形成的资源存量。自然资源要成为资源资产，首先必须是稀缺的，这是资源转化为资源资产的重要前提；其次是能够产生效益；最后则是具有明确的产权，只有产权关系明晰，资源才有可能转化为资源资产。资源资产可以表现为实物形态，各种自然资源的实物存在形式如土地、森林、水、海洋、矿山等，都是资源资产。资源资产也可以表现为价值形态，体现为一定数量的货币，通过货币形式就可以进行统一计量，资源资产的价值形态即资源资本。资源资产还可以表现为一定的权利，即财产权，这就意味着资源资产可以在不同经济主体之间进行流动。把自然资源视为资源资产具有重要意义，可使人们不仅承认资源的实物形态，同时也重视资源的价值和资源的产权，从而使资源资产发挥其应有的效益。

2. 资源产权问题　现代经济学认为，产权是一种通过社会强制而实现的对某种经济物品的多种用途进行选择的权利。资源问题与产权理论密切相关，资源产权理论的发展为资源的有效保护与可持续利用指出了一条可以尝试的途径。有人认为，资源产权理论起源于科斯的产权理论，因为科斯的著作《社会成本分析》对产权的研究就是从资源问题入手的。资源产权是一组权利或者权利束，国外称为“产权束”，它包括所有权、使用权、收益权等。财产所有权是指所有人依法对自己的财产享有占有、使用、收益和处分的权利。

我国的资源所有权属于国家所有，其理论定位为公共财产权。所谓自然资源使用权，是指为了自然资源的有效和持续利用，使用权人在依法取得自然资源主管部门批准后，所拥有的对自然资源使用收益的权利。按照产权理论，所有权主体拥有对“物”的收益权。产权是以所有者为基础的各种行为性权利的总和，是一种排他性拥有的价值形态的财产收益，最终体现和根本标志在于财产收益权。资源资产与其他资产一样，也存在产权管理问题。自然资源产权是国家、集体或个人对于某种自然资源（或某一地域范围内的自然资源）形成的一组排他性的权利。自然资源资产化的核心问题是资源产权的可流动性。我国现行的自然资源产权制度体系是以公有产权为特征的。但是由于我国的市场经济体制尚不完善，整个社会的市场化进程还没有最后完成，从而使这种最终的资源产权所需要的具体实现形式没有最终建立起来，致使资源管理、资源产权配置、产权流转和产权保护处于比较混乱的状态，同时资源所有权与使用权混淆，产权界定不清，致使管理所有权的经济权益得不到实际体现，结果是资源粗放经营、低效配置、资源质量下降、资源供需矛盾突出。因此，只有明确资源产权关系，改变资源无偿占有和无偿使用制度，建立资源产权交易市场，重视资源产权界定的制度建设，才有可能从根本上实现资源优化配置和资源的合理开发利用。

3. 资源价值问题　自然资源，包括未经人类劳动参与或未参与交易的天然的自然资源，都是有价值的。自然资源的价值是资源所有权经济权益的具体体现，这种价值取决于自然资源对人类的有用性、稀缺性和开发利用条件。一般来说，自然资源的价值或价格包括两部分，一是自然资源本身的价值，二是社会对自然资源进行的人力、财力、物力投入的价值。资源的价值或价格不仅要从其为社会增加的财富来计算，而且还要从耗竭程度来计算。资源价格是由资源效用和稀缺双重决定的自然物质的价格。在资源价格的形成上，效用是前提，稀缺是关键，交易是基础。资源价格随其稀缺度的上升而调整，有利于强化人们对资源的珍惜，导致需求相对减少；随供求紧张程度调整，有利于促使人们对替代物的开发，促使资源综合利用水平的提高；随开发条件难易度调整，有助于矿藏资源的深度开发，提高利用率。

4. 资源核算问题　资源核算是完善资产管理、实现资源价值和促进资源产业发展的重要手段和分析工具。自然资源核算是指对一定时间和空间内的自然资源，在合理估价的基础上，从实物、价值和质量等方面，统计、核实和测算其总量和结构变化并反映其平衡状况的工作。自然资源是国家的重要资产，是可持续发展的物质基础，通过自然资源核算把自然资源由非核算财富变为可核算财富，将其纳入国民经济核算体系，并据此作出自然资源现状、消长变化、未来趋势和对社会经济发展保证程度的态势预测，可为国家宏观经济调控提供重要依据。

5. 资源产业问题　产业是某种同一属性企业的集合，它既是社会分工的结果，也是科学技术发展的结果。资源产业是指通过社会投入进行保护、恢复、再生、更新、增殖和积累自然资源的生产事业。资源产业是整个国民经济基础产业的基础，它在社会产业领域中应排在首位，是处于“社会和自然界”毗邻的上游产业，其次才是农业、采掘业、加工工业、运输业和建筑业。一般地，资源产业包括资源培育（生态农业、生态林业、草业、水产养殖业等）、资源勘探（矿产、能源、水资源等）、资源保护（国土整治、农田水利建设、自然保护、环境保护等）和资源重复利用（综合利用、废品收购等）四个方面，从而构成资源产业结构。资源转变为产业的条件首先在于该种资源的开发能够满足人们的需要，能够运用这种资源生产出满足人们需要的产品。但是，要把资源转变为资源产业还必须在开发过程中获益，即收益大于成本。只有这样，资本和其他生产要素才能流入，产业才能形成。资源产业形成的前提条件是一个国家或地区的资源禀赋，由于资源分布极不均衡，通常影响甚至决定了一个国家或地区的产业结构。但是，资源优势并不一定必然会转化为产业优势和经济优势。资料表明，经济较发达的地区，资源产业在经济中的比例较低。经济越发达，资源产业的链条越长，在整个社会总产出中，资本、人力资源、技术等所占的比例就会越大，资源的附加值就越大，而来自自然的资源价值比例就会相对降低。因此，资源优势转化为产业优势和经济优势，需要资本的注入、技术创新和进步、人力资源开发及相应的制度创新。资源产业是通过社会投入进行保护、恢复、更新、增值和积累自然资源的生产事业，是协调经济系统、社会系统与自然系统关系，完善资源资产管理，实现自然资源可持续利用的重要措施之一。资源产业是国民经济的重要组成部分，合理有效的资源产业政策既能够促进资源产业的良性发展，也能够促进整个国民经济的持续发展。就整个产业政策来说，应通过“高加工度化”来减轻以至最终摆脱经济发展对自然资源，特别是能源的过分依赖，促进国家产业的“高加工度化”，提高加工深度和增加加工层次，促使产业重心后移。

6. 资源市场问题　　我国宪法规定，土地、矿藏、水资源、森林资源等均属于全民所有。与此同时，我国还存在着大量的以资源为开发对象的经济实体。无论这些经济实体是国有的、集体的，还是个人的，在市场经济条件下，都有其自身相对独立的经济利益，从而决定了必然存在资源的国家所有权或集体所有权与开发企业资源使用权相互分离的状况，因此所有权的转让、租赁是不可避免的。由此，资源的有偿使用和资源市场的形成就是必然的。建立资源市场不仅可以通过市场的调节作用调控资源的优化开发与配置，而且也将有助于国家利用资源市场进行宏观调控，强化资源系统管理，有利于建立起一套行之有效的、充分利用市场机制的资源开发利用程序、法规和技术经济政策。

二、环境经济学理论

环境经济学是研究如何运用经济科学和环境科学的原理和方法，分析经济发展和环境保护的矛盾，以及经济再生产、人口再生产和自然再生产三者之间的关系，选择经济、合理的物质变换方式，以便用最小的劳动消耗为人类创造清洁、舒适、优美的生活和工作环境的新兴学科。环境经济学的研究对象是环境经济系统，核心问题是环境与经济的协调关系。由于环境经济问题研究涉及自然生态、社会经济和技术各个方面因素，具有多学科交叉性质，就其理论基础来说较为丰富，主要包括外部性理论、环境资源价值理论、公共物品理论、物质平衡理论、经济效率理论、发展战略理论及经济制度理论等。

（一）外部性理论

外部性理论是资源与环境经济学中最重要的理论基础之一。它揭示了市场经济活动中一些资源配置低效率的根源，同时为解决资源环境问题提供了可供选择的思路或框架。对外部性理论和市场失效问题的分析，不仅有利于在市场经济体制改革中更多地采用环境经济手段保护环境，且有利于政府在行使宏观调控职能时更有效地配置资源，改善和提高环境质量。

1. 外部性的概念与特征　在环境经济学中，外部性（externality）又称外部效应，是指在实际经济活动中，生产者或消费者的活动对其他生产者或消费者带来的非市场性的影响。从最初的含义来看，外部性是私人收益与社会收益或私人成本与社会成本不一致的现象。也可以说，外部性是指不通过影响价格而直接影响他人的经济环境或利益，转移自己行为的后果，没有由自己完全承担这种后果的经济现象。外部性的重要标志在于行为的结果是市场之外的，没有定价的。外部性具有以下一些特征：外部性独立于市场机制之外；外部性产生于决策范围之外而具有伴随性；外部性具有一定的不可避免性；外部性不可能完全消除。

2. 外部性的类型　外部性是伴随着生产或消费活动而产生的，可带来积极或消极的影响。一般把外部性分为以下四种类型。

（1）生产的外部经济性。当一个生产者在生产过程中给社会或他人带来有利的影响，而生产者却不能从中得到补偿，这种现象称为生产的外部经济性。从效益的观点看，生产外部经济性体现的是企业生产的私人效益与社会效益存在差值，社会效益大于私人效益。

（2）消费的外部经济性。当一个消费者在消费过程中给社会或他人带来有利的影响，而消费者本身不能从中得到补偿时，便产生了消费的外部经济性。

（3）生产的外部不经济性。当一个生产者在生产过程中给社会或他人带来损失或额外费用，而生产者又不对社会或他人给予补偿时，就产生了生产的外部不经济性。一般来说，生产的外部不经济性随着生产数量的增加而增加，而所引起的外部费用就是企业生产的社会费用和私人费用之差。

（4）消费的外部不经济性。当一个消费者在消费过程中给社会或他人带来损失或额外费用，而生产者又不对社会或他人给予补偿时，便产生了消费的外部不经济性。例如，在公共场所随意吸烟或乱丢废物，这种外部不经济性所产生的费用，一般是由他人或社会负担的。

在环境保护领域，更多见到的是外部不经济性，或简称环境外部性。例如，假设一条小河的流域内有一个造纸厂和一个游乐场，造纸厂在河上游，游乐场在河下游。造纸厂和游乐场都在利用河道水资源，造纸厂往河里排放废水，游乐场利用河水吸引游客休闲娱乐。由于造纸厂不需要承担因其排放废水使流域欣赏功能下降所造成的损失，致使游乐场必然减少收入（是损失的具体体现），这就是环境外部不经济性的典型例子。

3. 外部不经济性的内部化方法　外部不经济性的内部化，就是使生产者或消费者产生的外部费用，进入生产或消费决策，由它们自己来承担或消化。这就是当前环保界普遍接受的“污染者负担”或“污染者付费”原则。目前采用的外部不经济性内部化方法大体分为两类。

（1）直接管制。直接管制就是指有关当局根据相关的法律、法规和标准，直接规定当事人产生外部不经济性的允许数量及其方式。管制可以是对污染物的排放（浓度或排放量）直接进行控制，也可以是对生产的原料和能源投入进行控制。管制的前提则是要有一系列污染控制法律。管制的方法在消除外部不经济性方面有较大的确定性。

（2）经济刺激。虽然管制手段在一定程度上体现了社会公平，但它必须要牺牲掉一部分的经济学效率，因此还必须发展一些更有经济效率的经济手段进行补充。经济刺激方法主要有损失赔偿（直接赔偿法）、排污权的市场交易和非市场性的经济手段（排污收费、产品收费、使用者收费、管理收费、税收减免、押金制及补助金制等）。其中，损失赔偿是通过法律补救和纠正外部不经济性的一种方法，它不同于直接管制和其他经济手段，是一种事后补救性的手段，但它可以对类似事件起到警告和预防作用。排污权交易则是依据科斯定理理论模型，运用市场手段解决外部不经济性的一种具体办法。排污权这个概念并不受环境保护主义者和环境管理者所推崇，因为他们认为污染者不应具有污染环境的权力。但在现实社会中由于生产者和消费者不可能实现污染的零排放，所以排污权成为一个实际存在的利用环境资源的权力。问题的关键在于政府如何规定和限制排污权的大小，以及如何在生产者和消费者之间分配这种权力。在完全发育的市场中，通过排污权的交易，可以实现资源的合理配置，使外部不经济性内部化。只要这种权力是明确的，不管交易的结果怎样，交易收入归谁，都能实现社会资源的高效率配置。

（二）环境资源价值理论

环境资源是否有价值是环境经济学最核心的问题之一。环境资源无价，是我国传统经济学和传统价值观的一个重要缺陷。在这种观念指导下，对环境资源实行无偿利用成了经济工作的一项准则，由此造成了资源耗竭、环境污染和生态破坏的严重后果。根据环境经济学理论，环境资源是有价值的，而且人们已经认识到环境资源价值是不以人的意志为转移的客观存在。改变传统的环境资源无价值的观念，确立环境资源有价值的观念和理论，并对环境资源价值加以科学计量，是当代经济社会发展的迫切需要。国内外对环境资源价值的构成有两种分类法。

第一种是把环境资源价值（称为总经济价值或环境总价值）分为使用价值（或有用性价值）和非使用价值（或内在价值）。使用价值是指当某物品被使用或消费的时候，满足人们某种需要或爱好的作用或功能。非使用价值是指环境资源的一种内在属性，它与人们是否使用它没有关系。非使用价值又分为存在价值和遗赠价值。普遍认为，存在价值是非使用价值最主要的表现形式。就是说，人类不是出于任何功利的考虑，只是因为环境资源的存在而表现出的支付意愿，即是该环境资源的存在价值。而遗赠价值是指人们为保护某种环境资源而愿意作出支付，不是为了自己，而是为了让后代人享用其使用价值和非使用价值。

第二种分类是将环境资源价值分为两部分：一部分是比较实的、有形的物质性的商品价值，另一部分是比较虚的、无形的舒适性的服务价值。

（三）公共物品理论

与私人物品相对应，现实经济中还存在着大量公共物品（如灯塔、河流、海洋、空气等），它们不具备明确产权特征，形体上难以分割和分离，消费时不具备专有性和排他性。许多环境物品几乎都是公共物品，或者具有明显的公共物品性质，如空气环境质量、地面水和土壤环境质量等。公共物品理论也是环境经济学的理论基础之一。研究环境质量公共物品主要是分析作为公共物品的环境质量与一般物品或商品的差异，确定环境质量这一特殊公共物品的供给与需求，同时提出使资源配置最佳或经济效率最高的环境质量公共物品的提供方式或途径。

（四）物质平衡理论

物质平衡理论源于环境经济学家对环境与经济相互关系的考察。由于环境污染这种经济活动所产生的外部不经济性，不能通过价格机制自觉地反映在市场运行的过程中，导致了环境物品（资源）的“市场失灵”。要解决这一类问题必须将人们的经济活动纳入环境系统中，去进行物质平衡关系的分析研究，建立环境系统的物质平衡模型，揭示环境污染的经济学本质，从而为政府制定、完善环境资源管理体制和环境保护政策提供理论依据。20 世纪 70 年代初期，尼斯、艾瑞斯和德阿芝在他们出版的《经济学与环境》一书中，依据热力学第一定律的物质平衡关系，对传统的经济系统进行了重新划分，提出了著名的物质平衡模型，并利用一般均衡模型分析了包括环境要素在内的投入产出关系。物质平衡理论的主要思想包括以下内容。

（1）一个现代经济系统由物质加工、能量转换、残余物处理和最终消费 4 个部门组成，这 4 个部门及由它们组成的经济系统和自然环境之间存在着物质流动关系。

（2）如果这个经济系统是封闭的，没有物质净积累，则在一个时间段内，从经济系统排入自然环境的残余物必然大致等于从自然环境进入经济系统的物质量。这一结论的推论是经济系统排放的残余物量大于生产过程利用的原材料量，因为生产和消费过程中的许多投入（如水和大气）通常是不被作为原材料考虑的。

（3）上述思想同样适用于一个开放的、有物质积累的现代经济系统。

（4）现代经济系统中虽然越来越多地使用污染控制技术，但是“治理”污染物只是改变了特定污染物的存在形式，并没有消除也不可能消除污染物的物质实体。这表明，各种残余物之间存在相互转化关系。

（5）为了保证经济不断发展的同时，减少经济系统对自然环境的污染，最根本的办法是提高物质和能量的利用效率和循环使用率，以此减少自然资源的开采量和使用量，降低污染物的排放量。

物质平衡思想表明，由于物质流动关系的存在，外部不经济是现代经济系统的固有现象。如果把环境也作为稀缺资源，就有必要对一般均衡模型作出某些修正，即环境也作为一个部门，加入经济系统的投入产出分析，找出这一系统的物质平衡关系。正是这种关系，向人们揭示了环境污染的经济学根源是环境资源的免费使用或环境资源是没有价值的公共物品。而解决环境污染的经济学方法就是环境资源的合理定价和有偿使用。

物质平衡理论从物质、能量守恒的角度，分析考察了经济中的生产活动与消费活动。根据物质流动关系和物质平衡理论可以推断，为了维持社会经济系统具有一定的生产能力与消费水平，必须不断地从自然环境中挖掘新的资源，但是新资源（物质）的投入完全可以通过高效的物质循环利用来提高资源利用率和能量转换率，从而可以从源头上减少污染物的排放，减缓影响环境质量的负熵流的流速。按照物质平衡的一般规律，要减少现代经济系统对环境的污染，除了对各种废弃物进行回收、利用外，还要治理生产过程中的污染，而治理污染并不能彻底消除污染，污染物的处理只是改变了其存在的形态。因此，最好的办法是节省资源，节制消费，环境与经济协调发展，积极推行清洁生产工艺，步入循环经济轨道，提高自然资源和再生资源的利用水平，从物质流动的源头进行预防和消除环境污染。可以说，循环经济与清洁生产作为环境经济与可持续发展研究中的重要理论实践，很典型地体现了物质平衡理论的原则和思想。

（五）经济制度理论

经济制度理论主要探讨不同经济制度下环境问题的共性和特性，揭示经济制度与环境问题之间是否存在必然的联系，以及环境问题的经济本质。环境政策的公平与效率问题也与经济制度有较大的关系，主要包括环境政策造成的收入分配影响及环境费用分担合理化研究。联合国《里约环境与发展宣言》明确要求各国重视经济政策，把环境费用纳入生产和消费决策过程。

在市场经济体制下，环境经济政策是实施可持续发展战略的关键措施。环境经济政策是指按照价值规律的要求，运用价格、税收、信贷、收费、保险等经济手段，调节或影响市场主体的行为，以实现经济建设与环境保护的协调发展。环境经济政策主要有环境税、排污收费、排污权交易、生态环境补偿费、信贷政策、环境污染责任保险、生活污水与垃圾处理费、押金-退款制度、使用者收费和产品收费、执行鼓励金、补贴和污染赔款等，具有经济刺激、筹集资金、协调环境与经济及兼顾公平与效率等功能。市场经济制度，对环境保护既有有利的一面，也有不利的一面。我国应加强社会主义市场经济条件下解决环境问题的方法与途径。

（六）经济效率理论

在经济学中，经济效率是评价政策导向有效性的衡量准则。但从可持续发展的角度来看，真正意义上的经济效率，既不是传统生产理论中所说的“产出最大化”，也不是传统消费者理论中所描述的“效用最大化”，而是将单纯经济效率包容在内的社会经济效率最佳化。环境经济学意义上的经济效率就是社会经济效率，所寻求的是个人经济效率、企业经济效率和社会经济效率的协调与统一。实际上，经济效率和社会公平一直是一种紧密联系的社会与经济发展之间的矛盾，需要环境经济学站在人类可持续发展的立场上去加以协调和解决。环境经济学家认为，至少能够使一个人受益，同时又不使任何人受损害的政策改进才可以称为“帕累托改进”。在现代生产经营活动中，可以通过实行清洁生产、循环经济和节省消费等环境手段来实现帕累托改进，以达到提高生产效率和消费者效用的同时又可以避免环境损害和减少废弃物排放的目的。

（七）发展战略理论

发展战略理论从过去主要研究经济发展与环境保护协调发展战略理论，已转向以研究可持续发展战略理论为主，主要涉及效率问题与公平问题。前者是研究经济发展与环境保护的内在运行机制；后者包括国家之间、地区之间的公平问题和代际公平问题，主要研究它们之间如何合理分担环境成本（费用）和如何合理分享环境效益问题。关于代际公平问题则主要是在有关环境资源的开发建设项目中，通过选择合适的社会体现率来实现。

三、循环经济理论

循环经济的思想萌芽可以追溯到环境保护兴起的 20 世纪 60 年代，其中以美国经济学家鲍尔丁（Kenneth Boulding）提出的“宇宙飞船理论”为循环经济的早期代表。到了 20 世纪 90 年代，发达国家为提高经济效益、避免环境污染而以生态理念为基础，重新规划产业发展，提出循环经济发展的思路。特别是在可持续发展战略成为世界各国的共识后，源头预防和全过程污染控制才逐步成为西方发达国家环境与发展政策的真正主流。人们在不断探索和总结的基础上，以资源利用最大化和污染排放最小化为主线，逐渐将清洁生产、资源综合利用、生态设计和可持续消费等融为一套系统的循环经济战略。

（一）循环经济的概念与内涵

循环经济（circular economy）是物质闭环流动型经济（closing materials cycle）的简称。循环经济是指以生态学理论为指导，以资源的高效利用和循环利用为目的，以“减量化、再利用、资源化”为原则，以物质闭路循环和能量梯次使用为特征，按照自然生态系统物质循环和能量流动方式运行的经济模式。

循环经济是把清洁生产和废弃物综合利用融为一体的经济，本质上是一种生态经济，即实现废弃物资源化，以最小资源消耗和环境代价实现经济利益的最大化。王青华和李金华（2004）研究认为，循环经济的内涵至少包括三方面的内容：环境和资源是循环经济的核心；循环经济是一个经济活动过程；对资源的节约、环境的保护是循环经济的主要特征。

循环经济与传统经济的比较见表 2-1。可以说，循环经济相对于传统经济而言，是一场革命，首先是生产关系领域里的一场革命，是保护资源、保护地球生态环境的一种现代文明行为。循环经济所倡导的生产过程，要求将资源作为一种循环使用的原材料，重复使用或者重复多次使用。因此首要的问题是要强化对资源生命周期的管理，即要管理好资源的开发过程和资源的生产加工过程，努力做到最大限度地保护资源、爱护资源，减少浪费，提高其利用率，同时还要求生产厂家，在产品生产和产品使用过程中不发生或少发生污染（即不产生或少产生废气、废水和废渣），不向社会投放有毒或有污染的产品。也就是说，在经济发展过程中要努力做到少投入、多产出，少污染或无污染，实现“资源—产品—再生资源—再生产品”的循环式的经济发展模式。

表 2-1 循环经济与传统经济的比较（崔兆杰和张凯，2008）

比较项目	传统经济	循环经济
运动方式	物质单向流动的开放性线性经济（资源－产品－废物）	循环型物质能量循环的环状经济（资源－产品－再生资源－再生产品）
对资源的利用状况	粗放型经营，一次性利用；高开采，低利用	资源循环利用，科学经营管理；低开采，高利用
废物排放及对环境的影响	废物高排放；成本外部化，对环境不友好	废物零排放或低排放；对环境友好
追求目标	经济利益（产品利润最大化）	经济利益、环境利益与社会持续发展利益
经济增长方式	数量型增长	内涵型发展
环境治理方式	末端治理	预防为主，全过程控制
支持理论	政治经济学、福利经济学等传统经济理论	生态系统理论、工业生态学理论等
评价指标	第一经济指标（GDP、GNP、人均消费等）	绿色核算体系（绿色 GDP 等）

（二）循环经济的基本原则

在现实操作中，循环经济遵循的基本指导原则包括三大原则（3R 原则），即“减量化（reduce）、再利用（再使用，reuse）、资源化（再循环，recycle）”原则，每一原则对循环经济的成功实施都是必不可少的。

（1）减量化原则，要求用较少原料和能源，特别是控制使用有害于环境的资源来达到既定的生产目的或消费目的，从而在经济活动的源头就注意节约资源和减少污染。在生产中减量化原则常常表现为要求产品小型化和产品轻型化。减量化原则针对的是输入端，旨在减少进入生产和消费过程中的物质和能源流量。换句话说，对废弃物的产生，是通过预防的方式而不是末端治理的方式来加以避免。

（2）再利用（再使用）原则，要求制造的产品和包装容器能够以初始的形式被多次使用和反复使用，而不是用过一次就丢弃。因此，再利用原则要求生产者应该将产品及其包装当作一种日常生活器具来设计，以达到再三使用的目的。再利用原则还要求制造商应尽量延长产品的使用期，而不是非常快地更新换代而淘汰原产品。再利用原则属于过程性方法，目的是提高产品和服务的利用效率。

（3）资源化（再循环）原则，要求生产出来的产品在完成其使用功能后能重新变成可以利用的资源而不是不可恢复的垃圾。按照循环经济的思想，生产者的责任应该包括解决废弃产品的处理问题，即生产出一件产品只能算是完成了一半任务，关键的任务是要提供产品的使用功能耗尽后如何处理的设计。资源化（再循环）原则是输出端方法，能把废弃物再次变成资源以减少最终处理量，也就是通常所说的废品回收利用和废物综合利用。资源化能够减少垃圾的产生，制成使用能源较少的新产品。资源化有两种，一是原级资源化，即将消费者遗弃的废弃物资源化后形成与原来相同的新产品。例如，将废纸生产出再生纸，废玻璃生产玻璃，废钢铁生产钢铁等；二是次级资源化，即废弃物变成与原来不同类型的新产品。与资源化过程相适应，消费者应增强购买再生物品的意识，来促进整个循环经济的实现。

（三）农业循环经济的基本原理

农业循环经济是可持续发展理念在农业领域应用的重要产物，它强调和注重将传统生态农业技术与现代科学技术和管理方法相结合，力求自然资源的高效利用和能量的梯级利用，从而把农业发展与环境保护有机统一起来。目前，农业循环经济已逐渐成为世界农业发展的一股潮流和趋势，是21世纪农业发展战略的选择。

农业循环经济以农业资源的循环利用为特征，以农业资源消耗、农业污染排放最小化与农业废物利用最大化为目标，涉及企业清洁生产、农业资源循环利用、生态农业、绿色消费等一切有利于农业环境发展的循环系统经济，实质上属于农业生态经济。农业循环经济同样遵循“减量化、再利用、再循环”原则和无害化原则。无害化原则要求将农业生产过程中产生的废物进行无害化处理，这也是发展农业循环经济的最终目标。

农业循环经济的基本原理主要有以下几个方面。

1. 能量耗散低熵原理　农业是开放系统，其功能由热力学第二定律决定，只有通过外界能量的投入，才能降低系统熵值，提高系统的功能。因此，合理投入是人类对农业系统加强控制的关键途径，不能将循环农业理解为低投入甚至不投入的农业。那种认为只要依靠循环就可以实现耗散系统平衡的认识是非科学的。

2. 资源循环再生原理　农业系统是一种在自然生态系统基础上的人工生态系统，其资源类型可以分为四种类型：一是光热水等自然资源，需要周年高效循环利用；二是化肥、农药、机械等系统外购买性资源，需要尽量减少不合理投入并提高效率；三是秸秆、粪便等农业生产中间废弃资源，需要再生利用；四是农业系统排放到大气和地下的有害物质和温室气体等，需要实现可预见、可控制，减少无效排放。通过农业系统内循环和系统外反馈循环相结合，提高能量转化率和物质循环利用率。

3. 物质组链加环原理　在农业系统中，物质沿着不同环节上的食物链营养级传递和转移，利用不同营养级的动物和微生物，分级、分次反复循环和利用，使上一级循环转移到下一级的物质，再次转化为能够为人们直接利用的生物产品和生物质能。因此，通过食物链加环、组链，减少非生产循环，增强生产循环，提高物质循环周转率，生产出更多的产品，减少废弃物排放。

4. 生物互相作用原理　农业系统中拥有植物、动物、微生物等多种生物。生物与生物之间具有互利互惠、原始合作、竞争干涉、捕食、寄生等多种生态作用。发展循环农业产业体系，要充分利用这种复杂的生态作用，合理配置生物的生态位，利用生物之间自身的相互作用，采用有利于资源高效利用的立体种植、生物固氮、生物防治、生物干预等生态化技术，实现循环农业的目标。

5. 生态经济协调原理　农业是生态经济系统，其产业目标既要获得生产力和经济效率，又要维护生态协调。在特定条件下，农业的经济功能往往和生态功能处于矛盾之中，因此，需要按照生态经济协调的原则设计循环农业产业体系，既要获得合理的生产力，又要将其建立在资源环境可承受范围之内，形成一种“经济高效、技术可行、生态安全、环境友好、社会认可”的可持续农业模式。

四、效益理论

通常效益理论包括经济效益、生态环境效益和社会效益三个方面，在现代经济社会中不同主体在开展活动时，有的可能更关注经济效益，有的可能更关注社会效益或生态效益，但总的来说，应对三大效益进行综合考虑。经济效益、生态环境效益和社会效益三者之间的关系是辩证统一的。生态环境效益是经济效益和社会效益的基础，经济效益和社会效益是生态环境效益的影响结果。

（一）经济效益

经济效益是指人们从事经济活动所获得的劳动成果（产出）与劳动消耗（投入）的比较，也就是人们在生产活动中所获得的经济利益。经济效益有两种形式：一是差式，可以表述为经济效益=劳动成果−劳动消耗=产出−投入=所得−所费；二是商式，可以表述为经济效益=劳动成果/劳动消耗=产出/投入=所得/所费。经济效益还有货币形态、实物形态和混合形态三种形态。讲求经济效益，就是要在一定的消耗或占用情况下，尽可能生产出符合社会需要的有效成果；或者是在产出水平一定的情况下，尽可能减少投入。环境保护的经济效益则是指为实现某一环境目标所付出的劳动消耗或劳动占用和因环境改善所获得的综合社会经济效益之间的对比关系。

（二）生态环境效益

生态环境效益是指经济活动包括生产活动排放的废弃物和开发利用环境资源活动而引起的生态环境的变化。这些变化可能是好的影响，也可能是不好的影响。例如，向环境中排放污水会造成环境污染，而植树种草会使环境质量趋于改善。

（三）社会效益

社会效益是指某项经济社会活动所产生的社会效果。社会效益是从社会角度来评价人类活动的成果，也有正负之分。

（四）农业三大效益的关系

农业的社会效益、经济效益和生态效益是相互依赖，又相互矛盾的关系。三大效益的相互依赖表现在：①满足社会的基本需求是追求经济效益和生态效益的前提；②经济效益好才能吸引更多的社会资源，从而使农业能够长期提供丰足的农产品，使农业经营者能够获得足够的资金投入到环境保护和生态建设；③只有良好的生态环境和资源状况才能保证持续的高产出和高经济回报。

三大效益相互矛盾的关系主要表现在：①片面追求社会效益可能导致不惜成本和对生态环境

的破坏，如大规模毁林开荒、围湖造田等；②片面追求经济利益则可能忽视社会的基本需求，以及可能置生态环境于不顾，造成水土流失、化肥农药污染和养殖污水横流等现象；③片面追求生态环境的改善可能忽视人们最迫切的生活需求和致富追求，最终还是不能改善生态环境。

第三节　社会学基础

一、人类活动与社会发展的关系

人类的实践活动是人类社会发展的根本动力。人类的实践活动是社会唯一的、现实的能动因素，它贯穿于整个人类社会。从整个人类发展史来看，人类从事的有目的地改造自然、社会和人本身的一切实际活动，总是要推动社会向前发展的。

在原始社会初期，由于生产力还处于确立的阶段，人类制造工具和使用工具去改造外部世界都是非常有限的，人类与自然界的矛盾是主要的社会矛盾，人类的实践活动完全依赖于自然条件和自然规律。但当生产力在人类的不断实践活动中得到确立、提高和发展以后，社会内部的各种矛盾丰富起来。这时，人类的实践活动除了仍然要依赖于一定的自然条件和遵循一定的自然规律以外，还要依赖一定的社会条件和遵循一定的社会发展规律。

人类活动的能动性与社会发展规律的必然性、客观性是既对立又统一的，对立是因为它们属于两种不同性质的社会现象，统一是因为它们都是人类实践活动的产物，统一在人类的实践活动之中。社会发展规律是在人类的活动过程中形成的，社会规律离不开人类的实践活动。但社会发展规律一旦形成，就成为客观的、必然的东西反过来制约人类的实践活动，而人类又在实践活动中不断地认识规律、利用规律，使人类的能动性得到充分的发挥。所以，既不能片面地夸大社会发展规律的必然性、客观性而贬低人类活动的能动性，也不能片面地夸大人类活动的能动性而贬低社会发展规律的必然性、客观性。

二、财富代际的基本思想

（一）什么是公平

在内涵上，公平有许多不同的定义，难以统一。18 世纪和 19 世纪初思想家边沁（Jeremy Bentham）认为“所有社会成员的总效用最大化”是公平；马克思认为“社会成员得到他们劳动所产生的全部实现价值”是公平；而在罗尔斯（John Rawls）的眼中，公平的原则是“使社会境况中最差的人效用极大化”；自由主义者则认为“提供给每一个人自由选择的机会”是公平。

依据挪威前首相布伦特兰（Gro Harlem Brundtland）的定义，从财富在代际之间分配的公平性角度建立一个新的理论体系，就成为可持续发展的基本理论之一。其核心仍然是如何看待自然和看待后代人的利益，以及用什么样的态度和方式去采取今天的行为。可持续发展的公平针对的是当代人和后代人这两大群体，公平的原则是当代人和后代人拥有同样的发展的选择机会和能力。至于用什么来表示“发展的选择机会和能力”，布伦特兰的报告并没有给出确切的解释。有的学者认为布伦特兰的公平涵义应指包括人造资本和自然资本在内的国家财富总额的不降低。这样，从道义上讲，如果当代人留给后代人的财富总额不少于上代人留给当代人的财富总额的话，当然就可以认为是代际公平的体现。因此，这些学者把“公平”理解为国家财富在代际之间分配的公平。新古典经济学的目标是寻找资源的最优配置途径，因此他们认为财富在代际之间的公平分配，实质上就是要使“资源”这种东西在各代人之间“公平”地分配。故公平的准则就应是“福利的不递减”。据此，财富代际公平理论主要沿着以下两个方面来发展。

（二）财富论与代际公平

人们已意识到经济领域和环境领域有极强的联系。在经济活动中开发环境而使环境退化，可能造成后代人的福利水平降低。因此可以认为，可持续发展本质上是一个创造并保持和管理财富的过程。为了不使后代人的福利水平降低，财富的概念必须有所扩展。世界银行专家在前人的研究工作基础上，重新规定和估算了国家财富的三种主要资本成分：产品资本（人造资本）、自然资本和人力资源。这里，人力资源的概念和社会财富论中人力资本的概念不同。人力资源包括初级劳动力、人力资本和社会资本。人力资本是教育的产物，人力资源同时包括对教育和初级劳动力的收益，以及社会资本。所谓社会资本，是社会利用和连接物质资本、自然资本和人力资本的“介质”。

世界银行专家认为自然资源有价值，而人力资源更有价值。人力资源包括人和社会两大部分，二者相互补充，是决定整个国家财富最重要的要素。人力资源中的“社会资本”这一概念，涉及个体和社会如何进行组织并相互影响。它的提出得益于近年来“新制度经济学”的发展。诺斯和奥尔逊的研究表明，各国人均收入上的差异并不能仅由土地、自然资源、人力资本和产品资本（包括技术）等的人均占有量来解释。因为许多条件和水平在这些领域相似甚至相同的国家，其经济运作的效果截然不同。显然，这一事实为“社会资本”的存在提供了有利的论据。国家财富的概念是针对“机会”一词的内涵提出的。既然“社会资本”使这种“机会”的大小产生了显著的差异，那么，“社会资本”这一概念就应该包含在国家财富的组成中。这是国家财富“资本化”必然导向的结论。

世界银行用“国家财富”来衡量财富总值及其组分的主要动机在于对可持续发展的关注，特别是对作为维护和加强后代发展机会的可持续发展概念的关注。这导致传统的强调建设基础设施的发展模式向新的财产目录管理式发展模式转换。其意义在于：①总的来说，在国家的财富增长过程中，人力资源、产品资产和自然资产相辅相成，共同在起作用。②出于自然资产在低收入国家的国家财富中占的份额较大，因此如何管理好自然资源，使其与社会资本相结合以增加更多的财富，从而促进低收入国家的发展，是一个需要十分注意的问题。③由于人力资源是国家财富的主要组成部分，因此如何提高这方面的投资也是一个亟待研究的问题。对人力资源而言，政府的投资是非常重要的，尤其是基础设施、教育，以及各种制度结构方面的投资。④国家财富的 3 项组成之间存在着微妙的平衡关系，如何在对社会资产投资的同时，也对自然资本和产品资本进行投资，是一个需要协调的政策方向。⑤国家财富的分析揭示了这样一个道理，即自然资产对于可持续发展是必要的，但并不必然导向后者，必须与良好的人力资源相结合，才能转化。这与过分强调自然资产重要性的观点有很大的差异。显然，国家财富论的提出，使可持续发展的研究从单纯的就资源论资源扩展到社会、经济制度层面的研究成为必然趋势。

财富代际公平分配理论有两个特点：其一，财富概念的范畴较广，无形、有形的资源都包括在内；其二，代际公平分配实际上只是强调财富人均占有量不随时间变化而减少，实际上还是没有或较少涉及资源如何在代与代之间分配的问题。在实际操作中，尤其进行公共项目决策时，国家财富代际公平分配的解释模型由于上述两个特点，较难把握。虽然国家财富代际公平分配的理论在微观上缺乏操作性，但作为宏观指导策略，还是有借鉴启迪作用的。

（三）自然资源有效配置与代际公平

从概念上理解“人均财富拥有量不随世代的更替而下降”是比较容易的事，但这一准则在实际经济生活中如何操作却是一个难题。为将公平原则整合到经济增长战略中，经济学家对经济增长理论和模型进行了一系列的改造。与国家财富理论从宏观上把握代际公平不同，新古典经济学派着重于资源配置的微观分析，认为自然资源也是经济学意义上的“资源”，它的最优配置仍以帕累托最优（Pareto Optimality）为标准。即如果不能通过资源的重新配置，使至少有一人受益而同时又不使其他任何人受到损害，那么就可以说已经达到了资源的最优配置。对于代际资源分配问题，这一派经济学家认为也可以在这个框架内进行解释。解决的办法就是把静态效率的概念扩展为动态效率的概念。即不仅考虑成本和效益，而且还要考虑时间对成本和效益的影响。

从经济学的角度看，资源配置有多种方案，决策需要在多种方案之间进行选择。决策人决策的原则是净收益最大，净收益实际上就是收益（效益）减去损失（成本）。使得净收益最大的资源配置方案就是满足了资源配置静态效率的配置方案。如果一个横跨 n 时期的资源配置方案在各种替代的资源配置方案中使 n 时期中得到的净效益的现值最大，那么这一资源配置方案就是动态有效的。这是新古典经济学派解决资源代际分配问题的基本思路。

三、三种生产理论

人和环境组成的世界系统，在基本的物质运动的层次上，可以抽象为由三种“生产活动”（物资生产、人的生产和环境生产）呈环状联结在一起的结构（图 2-3）。这三种生产活动呈环状联结成一个整体，物质在这个环状结构中循环流动。如果任何一种物质在这个系统中的流动受阻，都会危害世界系统和谐运行与持续发展。或者可以反过来说，人与环境的和谐程度取决于物质在三种生产之间流动的畅通程度。

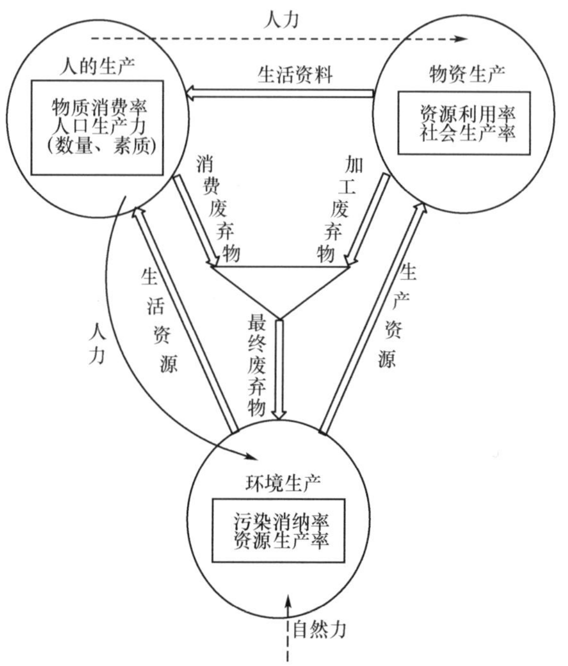

图 2-3　人与环境系统概念模型（叶文虎，2006）

（一）物资生产

物资生产的含义近乎通常所谓的劳动生产，主要指人类从环境中索取生产资源并将它们转化为生活资料的总过程（当然，如果存在的话，也包括将从人的生产环节中接受的消费废弃物转化为生活资料的部分）。该过程产生生活资料去满足人类的物质需求，同时产生加工废弃物返回环境。

物资生产环节的基本参量是社会生产力和资源利用率。社会生产力代表的是生产生活资料的总能力，资源利用率表示的是从环境中取出的资源转化为生活资料的比例。资源利用率高，则意味着在提供同等生活资料的前提下，物资生产过程所消耗的生产资源少，加载到环境中的加工废弃物也少。在原始文明时期，人类以狩猎和采集方式直接从自然环境中获取生活所需。随着文明的演进，环境的自然品质越来越低，生活资料的属性越来越复杂，使加工的链节也越来越多。虽然单个加工链节的技术水平在不断提高，但整体的资源利用率反倒不断降低。到了工业文明时代，甚至连人类赖以生存的许多最基本的生活资源也必须以生活资料形式提供，如清新的空气和干净的水等，都需要经过物资生产环节加工。总的说来，社会生产力无限增大，加工链节急剧增多，资源利用率急剧下降，是工业文明在物资生产方面的基本特征。

（二）人的生产

人的生产是指人类生存和繁衍的总过程。该过程消费物资生产产出的生活资料和环境生产所提供的生活资源，产生人力资源以支持物资生产和环境生产，同时产生消费废弃物（如果没有被再加工为生活资料的话）返回环境。在人的生产环节中，基本参量是人口生产力和物质消费率。

人口数量是人口生产力的一个组成部分，是三个生产环状运行的基本动力。它和消费方式一起决定了社会总消费，而社会总消费的无限增长（表现在人口数量和消费水准的增长上）则是世界系统失控的根本原因。因为环境所能支持的人类“自然”人口（即不能以医疗克服死亡或控制生育并且限于一定社会经济生态环境中的人口），有一个确定的总量，这个总量可以称为环境的人口承载力。随着环境状态的变化，环境的人口承载力会相应地有所增减，但大体总是一个相对稳定的有限量。人口素质是人口生产力的另一个重要组成部分，它涵盖人的科学技术知识水平和文化道德修养，它不但决定了人参加物资生产与环境生产的能力，而且还决定着人调节人口数量和消费方式的能力。因此人口素质的提高，不仅要体现在单种生产上，如物资生产、环境生产的提高和人口数量的控制，更重要的是应体现在提高调和 3 种生产的能力上。

物质消费率指人类消耗生活资料和生活资源的总量和速度，它包含消费水准、消费人口比和消费出口比三个基本分量。消费水准指在单位时间内（如年）人均消费物质资料（包括生活资源和生活资料）的多寡，它在决定社会总消费上与人口数量居于同等重要地位。消费水准的提高对世界系统物质流动所增加的负担等同于人口数量的增加。消费人口比表示在个人生活所消耗的物质资料中，生活资源与生活资料之比。消费人口比高，即意味着社会总消费中取自环境生产的生活资源多于取自物质生产的生活资料。消费出口比表示生活资料经人的生产环节消费以后，回用于物资生产的部分与直接返回环境生产的部分之比。消费出口比高，意味着消费废弃物转化为物资生产资源的比例大，成为环境污染物的比例小。显然，提倡“朴素消费”和“清洁消费”有利于提高“消费人口比”和“消费出口比”，进而有利于减少对环境生产（资源生产力和污染消纳力）的压力。因此，消费方式的“革命”是适应三种生产和谐运行需要的又一个十分重要的方面。

（三）环境生产

环境生产则是指在自然力和人力共同作用下环境对其自然结构和状态的维持与改善，包括消纳污染（加工废弃物、消费废弃物）和产生资源（生活资源、生产资源）。环境生产环节，其基本参量是污染消纳力和资源生产力，也是环境承载力的两个基本分量。

环境接受从物资生产返回的加工废弃物和从人的生产返回的消费废弃物，其消解这些废弃物的能力（总量、速度）有一个极限，称为污染消纳力。当环境所接受的废弃物的种类和数量超过其污染消纳力后，环境品质就会急速降低。类似地，环境产生或再生生活资源和生产资源的速度，也有一个极限，称为资源生产力。当物资生产过程从环境中索取生产资源的速度超过了环境的资源生产力时，就会导致作为生产资源的这种环境要素的存量降低。如果这一要素为不可再生的，则由于它与其他要素的关联性，可能导致整体环境状态的失衡。当然，随着人类科学技术水平的提高，有可能用新的环境要素来代替这种生产资源，但从根本上来说，人类从环境中索取生产资源，就应当考虑在可再生环境要素的资源生产力、不可再生环境要素的储量和开发替代这一要素的能力建设等方面取得一个综合平衡。显然，随着社会总消费的提高，仅仅保护环境是不够的，人类还必须主动地去建设环境，以加强环境生产、提高环境的污染消纳力和资源生产力。

四、农业产业化理论

（一）农业产业化的概念与内涵

农业产业化是农业发展到一定阶段的必然产物，是现代农业发展的方向和一般途径。发达国家的农业产业化通常称为农工商综合经营（agribusiness）或农业产业一体化（integration）或产加销一体化（vertical integration）。所谓农工商综合经营，是指以农业生产为中心，把农业生产同产前部门（农业生产资料的制造和供应）和产后部门（农副产品加工、保鲜、贮存和销售）组成一体，综合进行生产经营活动的一种体系。西方发达国家的农业产业一体化起源于第二次世界大战以后的农业振兴时期，美、英、法等国相继建立了农工一体化组织，把农业产前生产资料供应和产后农畜产品的加工运输等环节组成一个统一整体，形成农业产业一体化。

在我国，农业产业化的雏形被认为是 20 世纪 80 年代中期出现于东南沿海等地的农工商综合经营、贸工农技一体化经营等。20 世纪 90 年代中后期，国家明确提出了要大力发展贸工农一体化，积极发展农业产业化经营。1997 年全国农业产业化会议上提出的农业产业化定义为“以市场为导向，以农户为基础，以龙头企业或农民自主决策的合作社等中介组织为纽带，通过将农业生产过程的产前、产中、产后诸环节联结为一个完整的产业系统，实行种养加、供产销、农工商一体化经营的经济运行方式”。对于农业产业化的内涵，可以从两个角度来理解：①作为一种过程，即农业由农、工、商割裂的弱质产业，变为农工商一体化协调发展的强质产业的过程；②作为一种经营形式（手段、体系），可以称为农业产业化经营或农工商一体化经营，是指农业生产部门与其关联部门（工业、商业、服务业），在专业化和协作的基础上紧密联系在一起，互相协调发展，在经济上和组织上联结为一体的经营形式。

也有学者认为，可以从狭义和广义、静态和动态多角度来理解农业产业化。首先，狭义上的农业产业化是“农业产业系列化”，就是把一个农产品升格为一个系列，使农业成为包括生产、加工、流通在内的完整的产业系列。农业产业化也可理解为一种新型的农业生产管理体系和经营方式，即以生态学原理、经济学原理、市场机制功能和系统工程为指导的多功能、多目标、多层次的农业产业经营系统。其次，广义上就是从农业产业的角度来考察农业产业化，即产前、产中和产后三个领域全部内容的总和。由此，农业不仅是第一产业，而且包括第二、第三产业。再次，从静态角度理解，农业产业化是一个发展目标，即理想模式，是人们对农业发展方向的一种设计。最后，从动态角度理解，农业产业化是一个发展过程，即实践模式，是人们对农业方向的一种探索。因此，农业产业化的实质是通过龙头企业、合作社或中介组织把大市场与小农户连接起来，把农户带进市场、把市场引进农户，是连接市场与农户的桥梁与纽带。农业产业化的核心是一体化经营；农业产业化的目的是以市场为导向，立足资源优势，将地方优势产业实行区域化布局、专业化生产、一体化经营、社会化服务和企业化管理，提升为当地农业的支柱产业。

（二）农业产业化的基本特征和基本条件

尽管关于农业产业化有不同的表述，但从各地实践来看，其基本特征表现为生产专业化、布局区域化、经营一体化、服务社会化、管理企业化和产品市场化。农业产业化与传统农业的区别主要表现在基本内涵、生产组织形式、生产管理方式、产品形式和销售等方面的不同。因为传统农业是一个（初级）产品生产部门，是人类特别是农民谋生的物质生产部门，而不是产业，其本质特征是自给性和封闭性。

农业产业化是社会主义市场经济发展的产物。实施农业产业化需要具备以下基本条件：①要具有符合市场需求的主导产业和产品；②主导产业要具有相对资源优势，包括具备一定的规模和区域特色，并具有较高的商品率；③一个主导产业要有系列的开发项目，通过深度开发延长产业链条，增加科技含量，提高产品的附加值；④要有运作灵活的农业产业化经营组织；⑤要建立农业产业化的运行机制；⑥政府要有引导和扶持农业产业化的意识，要有发展农业产业化的规划和配套的措施。

（三）农业产业化的理论基础

农业产业化作为一种来自于实践的农业生产经营组织形式，其产生和发展必然遵循一定的经济规律。农业产业化经营也是我国传统的农业经济向社会主义市场经济转变时期开始发生的真正意义上的农村产业革命。因而，正确认识和理解农业产业化的相关理论，有利于加速其健康发展。

1. 社会分工协作理论　在社会分工基础上进行协作，是生产社会化、一体化和社会生产力发展的标志。而协作是分工的客观要求，它有创造集体生产力、提高个体与整体劳动效率、降低交易成本的作用。农业产业化是根据生产社会化的需要，客观上要求其内部各环节、各领域、各经营主体进行分工与协作。农业产业化经营的分工就是这样展开的，首先，以部分农户从生产以粮食为主的农业初级产品的农业生产中分离出来，专门从事市场所需要的经济作物农产品生产，逐步发展成为专业村、专业片，形成区域化生产，促进商品农业的专业化。其次，商品性农业再生产过程中的各个环节分工更加细化，出现了专门从事生产资料供应、技术信息服务、农产品加工运输服务的公司企业、合作社、专业协会等。发达国家的生产专业化，已使其农业产业化的分工与协作水平达到了很高的程度。我国农业目前大部分仍是传统生产方式，分工协作水平低，与关联产业缺乏有机联系，因此很有必要走农业产业化道路，形成科学的产业结构与生产体系。农业产业化内部分工与协作的大体思路是：农户主要搞种养，基地把千家万户联系起来，再由龙头企业负责加工与销售，协会、合作组织等服务机构提供产前、产后全过程的系列化服务，形成“一条龙”的经济格局。

2. 组织创新与制度变迁理论 制度是促进与他人合作，管束人们行为，将外部效应内部化的规则。制度是内生的，它对经济增长的影响重大。舒尔茨认为，制度是某些服务的供给者，它们应经济增长的需求而产生。由体制改革引起的组织、制度、机制的变化，叫作制度变迁。从政治经济学角度看，农业产业化及其所伴随的农民重新组织化、农业经营方式和产销制度的创新，是社会生产力发展要求与生产关系矛盾运动的必然产物。从制度变迁的角度来看，农业产业化是经济发展内在动力所引起和推动的经济组织形式及产销制度的演变，是一种更合乎经济发展规律的制度创新。这种自发性制度创新，属于诱致性制度变迁，并不是政府强制实行的变革，但政府的相关制度供给将有利于农业产业化经营的健康顺利发展。实践证明，农业产业化在当前适合于现代农业发展的需要，具有科学性和合理性。同时，其发展特点是历史过程的渐进性，即由点到面、由起步到普及，要经过相当长的渐进演化过程。

3. 交易费用理论 最先在经济学中引入交易费用概念的是美国经济学科斯，他在其成名作《企业的性质》中分析企业代替市场的原因时指出，使用价格体系组织生产是有成本的，这种成本就是交易费用。所谓交易费用，就是使用价格体系时所发生的发现相对价格、进行谈判、签订契约、实施监督、设立解决纠纷的安排等费用。正是由于交易费用的存在，才产生了一些用于降低这些费用的不同制度安排和组织。科斯认为，企业与市场是两种可替代的资源配置方式。由于市场机制在诸多方面是不完善的，利用市场机制要支付很高的交易费用，而企业的建立可以将原来通过市场的交易内部化，通过企业组织的指挥与协调来减少市场交易费用，这样在资源配置中内部一体化企业组织就成了市场的替代物。从交易成本的角度来说，企业就是市场的一种代替，它把原来在市场上进行的交易变为在企业内部进行交易，以此来节省交易费用。农业产业化经营的基本模式就是以一个龙头企业来支配资源配置，将农产品的市场交易内部化，节省交易费用。在实践中，这个“龙头”企业往往通过农户的中介组织，与众多分散的农户打交道，这样可以避免直接与众多农户打交道所带来的交易成本的上升。

4. 利益共同体理论 利益驱动是农业产业化的动力源泉，是由计划农业向市场农业、由传统农业向现代农业过渡的基本价值取向转变的重要特征。它是市场经济的一般规律，社会主义市场经济也不能抹杀利益原则，同样需要发挥利益驱动机制的作用。这种作用在构建农业产业化时显得尤为重要。多元参与者主体结成“风险共担，利益共享”的经济利益共同体，是农业产业化经营系统赖以生存和发展的基础。一体化系统内“非市场安排”与系统外市场机制相结合，是一种特殊的资源配置方式，也是经济利益共同体最基本的运营特点。农业产业化经营系统内的非市场安排是共同体内的特殊服务机制，也是“龙头”企业与签约农户之间的特殊利益关系，其内容包括资金支持、无偿或低偿服务、低价供应或赊销生产资料、保护价格（也是一种制度）、风险基金制度等。只有“龙头”企业与多元参与者主体结成了“利益共同体”才算是真正实现农业产业化，强调这一点在我国非常重要，因为农业产业化的本质在于利益一体化。

5. 规模经济理论　规模经济是指在投入增加的过程中，产出增加的比例超过投入增加的比例，产品的平均成本随产量的增加而降低。西方经济学认为，规模经济是由技术进步为主体的生产诸要素的集中程度决定的。农业生产技术和生产工具的进步，必然引起农业生产规模不断扩大。农业产业化经营是实现农业规模经济的一条重要途径，它采用集中化、专业化、一体化生产形式，不仅有利于扩大经营主体的规模，实现内部规模经济；而且有利于形成关联的产业集群，形成外部规模经济，因而是实现农业规模经营的一条重要途径。目前，我国农业经营规模很小，与日益发育的大市场之间的矛盾渐趋尖锐，因此我国农业实行适度规模经营显得尤为紧迫。

6. 比较效益理论　一般认为，农业相对于其他产业，其比较效益低，这是由其自身和社会的双重弱质性所决定的，即农业不仅受制于社会生产力，而且还受制于自然力的作用。在农工商脱节、供产销分离和农业劳动力过多的情况下，传统农业部门仅限于原料性初级农产品生产，与制造业和商业相比，其比较效益低表现为比较劳动生产率低、单位投入比较收益率低、在市场竞争中处于不利地位、难以分享市场交易利益，因为加工和运销环节的增值利润流归了工业和贸易部门，不能获得社会平均利润。但是，马克思在研究不同历史发展阶段上农业生产率与工业生产率的关系时发现，农业生产率低于工业只是一个特定的历史现象，并非人类社会的一般规律。当今的经济学家分析认为，如果从基础生产到最终消费的产业化综合效益角度计算，农业是最有前途，同时也是获利较高的产业之一。现在，发达国家的农业生产率和效益一般不低于其他产业。在现代市场经济条件下，农业产业化可使农业的许多弱点得到根本性改变，提高农业的竞争地位和比较效益。美国一个劳动力具有供养 100 个人的能力，虽然其直接从事农业生产的人口只有 2%～3%，但被称为“食物-纤维系统”的农业关联产业系列的产值占到 GDP 总量的 1/5 左右，就业人口也占就业总数的 1/5 左右。因此，加快我国农业的产业化进程，促进农村富余劳动力向关联产业或第二、第三产业转移，农业劳动生产率和人均收入也将会大幅度提高。

7. 产业关联理论　农业产业化在很大程度上表现为农业产业链的延伸。农业与其产前、产后产业之间的相关关系包括物质关系和社会经济关系。产业关联理论主要用来分析农业与其上下游产业之间的物质技术关系。根据产业关联理论，产业间的物质技术关系有后向关联和前向关联之分，前向关联是指某一产业在其生产过程中需要由其他产业提供投入品而形成的关联关系，如作为农业投入物的化肥和农药是由化工行业提供的；后向关联则是指某一产业的产品成为其他产业的投入品而形成的关联关系，如农业生产的小麦和肉类成为食品加工业的投入品。传统农业的前后向关联度都低，属于初级产品业。农业产业化经营的发展，将会使农业的前、后向关联有较大的提高。产业关联理论以一般均衡理论为基础，运用投入产出表来揭示产业之间在物质技术方面的关联关系，从而为确定主导产业、促进结构升级提供依据。通过定量化的产业关联分析，还有助于确定一个具体的农业产业化经营产业链中各个经营主体的资源配置、经营规模等方面的比例关系。

第四节　农业可持续发展的影响因素

中国是一个发展中国家，实施可持续发展的前提是发展。同时，中国又是人口大国和农业大国，农业资源相对短缺，自然灾害频繁，农业生态环境恶化，农业基础薄弱，比较效益和劳动生产率低，科技教育水平相对落后，农村经济发展极不平衡，这种基本国情决定了中国必须把农业的发展放在首位。可以说，没有农业的发展，就不可能有整个国民经济的发展。但这种发展必须是在合理利用自然资源和保护人类赖以生存的生态环境条件下的发展，是正确处理人口、资源和环境辩证关系的发展。从动态的角度看，可持续发展是包括人口、资源、环境、经济、科技、社会等要素在内的运动系统，在这个系统中，人是经济活动的主体，是实现可持续发展的主体和动力。

一、人口因素与农业可持续发展

人口问题是导致资源短缺和环境退化的重要原因，是制约经济和社会发展的关键因素，也是可持续发展的中心问题。人口作为一种特殊形态的资源，与可持续发展构成了促进与制约并存的关系。人口与经济发展的关系是相互联系、相互制约的。一方面，人类的生存和发展要依赖于物质资料的生产，尤其是农业生产所提供的基本物质生活需要。从这个角度来说，经济是人口存在和发展的基础，经济发展制约着人口的发展，制约着人口再生产的速度和规模，以及人口的质量、素质的变化。另一方面，人口作为经济活动的主体，作为物质资料生产要素中起决定性作用的要素，其发展变化对经济的消长起着重要作用。

因此，人口与经济之间的适应和协调是可持续发展的基础，人口增长的数量和速度不能超过经济发展和物质资料的增长，不能超过物质资料对人口的承载力，否则，这种发展是不可持续的。人口与资源相协调是可持续发展的基本条件，因为物质资料的生产活动是人类最基本的社会实践活动，离不开自然界的物质资源。人口与环境相协调是可持续发展的根本前提，不仅在于人类的生存和发展离不开一定的环境，还在于人口的快速增长引起不同程度的环境恶化，植被破坏、土壤流失、土地荒漠化、自然生态环境的恶化已危及人类自身的生存与发展，直接影响社会经济的可持续发展。

目前我国人口的现状是人口规模庞大、城市化进程加快、性别比偏高、人口老龄化等，而且由于人口剧增，导致资源短缺、环境恶化。国外一些生态学家认为，迄今为止，所有的环境问题和社会问题都是由人口增长引起的或因人口增长而加剧的。我国农村人口数量大、农民文化素质总体偏低和农村人力资源大量剩余。同时，生产结构不合理和人均支配生产资料有限，使得我国农业劳动生产率很低。此外，我国还有大量贫困人口分布于广大农村。这些问题给农业可持续发展带来巨大压力，加剧了农业人口与资源环境之间的矛盾，以及农业人口数量与质量的矛盾。因此，必须从根本上重视农业人力资源的开发，全面提高农业人口质量，这是实现农业可持续发展的关键。

二、经济因素与农业可持续发展

经济的可持续性是整个农业系统可持续发展的基本前提，是可持续发展的物质保障和动力源泉。研究发现，经济发展既是产生环境污染的根源，又是治理污染的前提条件，客观上经济发展水平和污染程度之间存在倒“U”形的曲线，对于中国这样的发展中国家来说，发展经济是首要任务，但也不能无视自然资源和环境的承载能力。在市场经济条件下，农业生产的可持续发展不仅会受到资源的约束，同时也会越来越明显地受到市场需求的约束。这就要求农业经营主体必须以市场为中心，面向市场进行生产。但目前，我国农村经济的市场化程度较低，市场体系发育不完善。这主要表现在：商品市场、多种农业生产要素市场、期货市场、区域性市场在内容、功能、结构等方面还十分落后；现有的生产资料市场、商品市场规模狭小，设施落后，通信和信息不畅，市场运行效率低下，交易成本高。这些都严重制约了农业的市场化和农产品的竞争力，从而制约了农业生产的可持续发展。社会主义市场经济下的农业发展必须是面向市场，以市场调节为基础的可持续发展，因而深化农村经济体制改革和制度创新是实现农业可持续发展的重要保证。放开价格、引入市场机制，无疑是农村经济体制改革的重要内容，但市场机制对资源配置的有效调节，则依赖于市场主体——生产者或企业对价格信号的积极反应，而这种反应又只能依赖于它们独立承担市场波动后果的财产责任、经济能量与运作能力。因此，塑造真正的市场主体是保证市场调节机制正常运转的新经济体制的基础。

三、社会因素与农业可持续发展

农业投入的严重不足，使得农业基础设施老化，农业抗灾能力下降，农业科技推广和应用受阻，这已成为我国农业可持续发展，实现农业现代化的主要约束因素。同时，我国农村交通、仓储、教育、医疗、防疫、保险、通信等事业也都滞后于农村经济的发展，成为农村经济发展的制约因素。社会事业发展的滞后，严重制约了农业的持续发展。

四、自然资源因素与农业可持续发展

自然资源是人类生存和发展的基本条件，人口、经济、社会的发展最终都离不开自然资源，一切发展均是资源的物质变换，发展同资源相互共处，紧密联系。人类与自然资源关系的演进历程主要是人类对自然资源的认识史和对自然资源的开发利用史。在漫长的以土地资源为核心的自然崇拜时期，虽然已有金属工具和简单机械的广泛应用，但耕地、草原、森林、水域等可更新资源仍是主要生产对象和生存基础，人们对自然资源的认识因地域的局限和对自然的神化而受到约束。近代以来，人类进入以矿产资源为核心的人本位和技术革命时期，这一时期是人对自然的索取和掠夺时期，也是人类对自然资源挥霍浪费的时期。当时，多数人认为自然资源是取之不尽、用之不竭的，因此很少想到要合理开发利用，最终导致了资源、环境、生态等“全球性问题”。随着经济增长而出现的资源耗竭、生态破坏和环境污染日益严重等问题，使得人类从传统的工业文明中惊醒，开始重新调整人与自然、人类与资源之间的关系，从而进入以资源可持续利用为核心的现代可持续发展时期。农业资源是直接关系农业可持续发展的重要因素。当前，我国人均耕地资源逐年减少、水资源严重短缺，以及草原退化不断发展等农业资源短缺问题，将是农业可持续发展过程中一个长期存在的关键性制约因素。因此，在我国靠增加农业自然资源的投入和扩大资源物外延而求得农业可持续发展是极其有限的，必须通过挖掘农业自然资源的内在潜力，从资源开发的内涵上即从农业自然资源的深度开发上寻求农业可持续发展的途径。农业自然资源深度开发，就是为满足社会的需要，以效益为中心，在农业全面发展的基础上，运用社会经济和科技条件，从单位面积、空间、时间，以及时空组合和要素组合上提高资源综合利用率、农副产品附加值、产品产出率、商品率和综合效益的资源开发形式。

五、环境因素与农业可持续发展

环境是自然资源的载体，是人类赖以生存和发展的前提。农业比其他行业更依赖于自然生态环境，环境资源的优劣状况会直接影响农产品的数量和品质，以及农业生产的稳定性。农业生态环境是由影响农业生产的自然环境因素和社会经济因素组成的一个复杂的、开放式的系统。农业生态环境的可持续性是指农业所依赖的自然资源状况的可持续利用，以及农业生态环境的良好保护。我国由于长期重开发轻环境保护，致使农业生态环境破坏日益加剧，水土流失和土地荒漠化现象严重、森林资源破坏严重、草原退化、自然灾害频繁，农业环境污染也十分严重。农业生态环境是农业可持续发展的基础条件，农业生态环境的恶化，将严重制约我国农业的可持续发展。因此需要不断增强生态环境保护的意识和责任感，改进资源的使用占有关系、提高资源利用率，建立全面协调平衡的农业生态系统，发展生态农业，健全农业生态环境保护的法规制度，构建良好的农业生态环境，保证农业的可持续发展。

六、技术进步与农业可持续发展

科技进步是经济增长中至关重要的因素，同样也是农业增长和发展中的关键性因素，这已被多种世界农业发展模式所证明。从我国目前农业发展的总体来看，农业科技基础十分薄弱，农业技术水平低下。具体表现为：农业基础设施落后、老化；农业机械设备少，农业机械化程度低；农业科技进步的贡献率低，且增长缓慢；农业科技成果的推广和应用转化率低。依靠科技进步，是我国抛弃高投入、高消耗、高增长的资源耗竭及环境恶化的不可持续的农业发展道路，走节约资源、保护环境，促进经济与人口、资源、环境协调的农业可持续发展道路的最现实的选择。农业科技的创新与进步，已成为我国发展农业生产、结构调整、提高农民收入、增强农产品国际竞争力、促进农业可持续发展等的决定性因素。

科技进步对农业发展的作用主要表现在：①提供先进的农业机具及其他技术装备，改善并提高现有技术装备水平，从而提高劳动生产率，扩大生产规模，降低生产成本。②不断提供高质量的生产资料，如化肥、农药、除草剂等，不断开发新的生产资料和能源，提高资源的生产效率。③更新动植物品种，改善其内部机能和产品品质，提高投入产出比。④改善和提高农艺技术水平，以充分利用资源，提高产品质量和减少生产成本，进而提高经济效益。⑤提高劳动者素质，并通过其知识、技能和观念的改变，实现人与人之间、人与机械设备之间，以及人与自然之间的协调与和谐，从而提高整体生产水平。⑥改善和提高宏观与微观决策管理水平，使一个国家或地区的农业沿着正确的方向和道路健康发展。

总之，科技进步推动了农业发展，农业发展的强大需要又反过来拉动了科技的进步。二者相辅相成，共同推进了人类社会的进步。依靠科技进步实现农业可持续发展的对策主要包括：实施农地制度创新，合理利用土地资源；实施科技创新，推动农业科技的发展；大力发展精确农业和生态农业，促进经济、社会、自然环境的协调发展；发展农村教育，提高农村劳动力的素质；改革农业投资体制，加大对农业的投资力度。

本章小结

农业的可持续发展不仅是一种理念和发展模式，更是一种实践活动，需要应用生态学、经济学和社会学等不同学科的理论知识来进行指导。在生态学基础方面，侧重介绍了农业生态系统的组成与特点，农业生态系统的能量流动与物质循环，生物多样性与生态平衡，以及资源生产潜力与人口承载力等基本概念。在经济学基础方面，主要阐述了资源稀缺原理和资源资产、资源产权、资源价值、资源核算、资源产业、资源市场等资源经济学研究的基本问题，外部性理论、环境资源价值理论、公共物品理论、物质平衡理论、经济效率理论、发展战略理论、经济制度理论等环境经济学问题的理论知识，以及循环经济理论与三效益理论。在社会学基础方面，介绍了财富代际的基本思想、3 种生产理论和农业产业化的概念及其理论基础。此外，分析了人口因素、经济因素、社会因素、自然资源因素、环境因素和技术进步对农业可持续发展的影响。

思考与练习

1. 名词解释:

   农业生态系统　辅助能　生物地球化学循环　生物多样性　生态平衡　资源生产力　资源承载力　资源经济学　资源资产　资源产业　环境经济学　外部性　循环经济　农业循环经济　经济效益　生态环境效益　社会效益　物资生产　环境生产　农业产业化　规模经济
2. 简述农业生态系统的组成。
3. 简述农业生态系统区别于一般原生生态系统的特点。
4. 简述生态系统中能量流动的主要路径。
5. 简述农业生态系统物质循环的特点。
6. 如何理解生态系统中能流与物流的关系？
7. 简述农业生物多样性的组成及其服务功能。
8. 简述自然资源生产潜力划分的层次。
9. 举例说明生态学原理在农业可持续发展中应用。
10. 简述资源经济学研究中的几个基本问题。
11. 如何理解环境资源价值？
12. 简述物质平衡理论的主要思想。
13. 简述循环经济的基本原则。
14. 农业循环经济的基本原理有哪些？
15. 简述外部性的特征及其类型。
16. 简述外部不经济性的内部化方法。
17. 如何理解农业三大效益的关系？
18. 简述国家财富的组成及其意义。
19. 简述三种生产理论的主要内容。
20. 简述农业产业化的理论基础。
21. 简述农业可持续发展的主要影响因素。

主要参考文献

陈文宽，谭静. 2000. 农业产业化概论. 成都：电子科技大学出版社
崔兆杰，张凯. 2008. 循环经济理论与方法. 北京：科学出版社
邓玉林，石建斌，武海燕，等. 2009. 农业生物多样性及其保护与管理. 北京：中国环境科学出版社
段豫川. 1998. 农业可持续发展的一条重要途径——关于我国农业自然资源深度开发的思考. 农业技术经济，(2)：46～49
郭红东，郭占恒. 2002. 农业产业化与农村现代化. 北京：中国社会科学出版社
郭艳红. 2006. 人口因素对可持续发展的影响. 中国国土资源经济，(5)：16～17
洪银兴. 2000. 可持续发展经济学. 北京：商务印书馆
金丽馥. 2003. 我国农业可持续发展的制约因素与路径选择. 农村经济，(1)：1～3
李克国，魏国印，张宝安. 2003. 环境经济学. 北京：中国环境科学出版社
刘曙光. 2002. 人类的活动与社会历史发展规律的关系. 北京：民族出版社
刘文辉. 2007. 环境经济与可持续发展. 北京：中国大地出版社
刘学敏，金建君，李咏涛. 2008. 资源经济学. 北京：高等教育出版社
骆世明. 2009. 农业生态学. 2 版. 北京：中国农业出版社

齐晓安，朴晓迎，邴育文. 2001. 我国农业可持续发展对策研究. 东北师范大学学报（哲学社会科学版），(1)：41～47
曲福田. 2001. 资源经济学. 北京：中国农业出版社
沈满洪. 2007. 资源与环境经济学. 北京：中国环境科学出版社
孙强. 2005. 环境经济学概论. 北京：中国建材工业出版社
汤正仁. 2000. 科学技术进步与农业可持续发展. 农业经济问题，(1)：32～35
万光侠. 1997. 人类活动与社会发展规律研究视角论. 山东医科大学学报（社会科学版），(3)：59～62
汪安佑，雷涯邻，沙景华. 2005. 资源环境经济学. 北京：地质出版社
王克强，赵凯，刘红梅. 2007. 资源与环境经济学. 上海：上海财经大学出版社
王伟，邓蓉，张志强. 2007. 资源经济学. 北京：中国农业出版社
王玉庆. 2002. 环境经济学. 北京：中国环境科学出版社
严法善. 2003. 环境经济学概论.上海：复旦大学出版社
杨文钰. 2005. 农业产业化概论. 北京：高等教育出版社
杨雪英. 2004. 可持续发展学. 徐州：中国矿业大学出版社
杨云彦，陈浩. 2011. 人口、资源与环境经济学. 2 版. 武汉：湖北人民出版社
叶文虎. 2006. 可持续发展引论. 北京：高等教育出版社
翟虎渠. 2004. 技术进步与中国农业可持续发展. 作物杂志，(4)：1～3
张恒庆，张文辉. 2009. 保护生物学. 2 版. 北京：科学出版社
赵涛，徐凤君. 2008. 循环经济概论. 天津：天津大学出版社

第三章　农业可持续发展与环境资源保护

学习目标

理解农业可持续发展与环境资源保护的关系；了解环境资源的有关概念及内涵；理解环境资源价值核算与绿色GDP核算的现实意义；了解我国耕地及水资源的基本状况、现实问题及应对措施；正确把握全球气候变化趋势，认识气候变化对我国农业的可能影响；掌握应对气候变化的农业发展对策及措施。

第一节　环境资源在农业中的价值

一、环境、自然资源与经济资源

（一）环境的概念、类型及其涵义

所谓环境（environment）总是相对于某一中心事物而言的。环境因中心事物的不同而不同，随中心事物的变化而变化，即针对不同的主体，环境的构成是存在差别的。通常所称的环境是指人类的环境，即人类进行生产和生活的场所，也是人类生存与发展的物质基础。在《中华人民共和国环境保护法》中，环境是指影响人类生存和发展的各种天然的和经过人工改造的自然因素的总体，包括大气、水、海洋、土地、矿藏、森林、草原、湿地、野生动物、自然遗迹、人文遗迹、自然保护区、风景名胜区、城市和乡村等。由此可知，人类环境又分为自然环境和社会环境。

自然环境（natural environment）也称地理环境，是指环绕于人类周围的自然界，它包括大气、水、土壤、生物和各种矿物资源等，自然环境是人类赖以生存和发展的物质基础。在自然地理学上，通常把这些构成自然环境总体的因素，分别划分为大气圈、水圈、生物圈、土圈和岩石圈等5个自然圈。

社会环境（social environment）是指人类在自然环境的基础上，为不断提高物质和精神生活水平，通过长期有计划、有目的的发展，逐步创造和建立起来的人工环境，如城市、农村、工矿区等环境。社会环境的发展和演替，受自然、经济与社会发展规律的支配和制约，必须依赖于自然环境而存在，其质量高低是人类物质文明建设和精神文明建设的重要标志。

（二）自然资源

1. 自然资源的概念　自然资源（natural resources）是具有社会有效性和相对稀缺性的自然物质或自然环境的总称。联合国出版的文献中对自然资源的涵义解释为：“人在其自然环境中发现的各种成分，只要它能以任何方式为人类提供福利的都属于自然资源。从广义来说，自然资源包括全球范围内的一切要素，它既包括过去进化阶段中无生命的物理成分，如矿物，又包括地球演化过程中的产物，如植物、动物、景观要素、地形、水、空气、土壤和化石资

源等。”自然资源是人类生活和生产资料的来源，是人类社会和经济发展的物质基础，同时也构成人类生存环境的基本要素。

2. 自然资源的分类　自然资源的类型有多种划分方法，按资源的实物类型划分，自然资源包括土地资源、气候资源、水资源、生物资源、矿产资源、海洋资源、能源资源、旅游资源等。

（1）土地资源。土地是地球陆地表面部分，是人类生活和生产活动的主要空间场所。土地包含地球特定地域表面及其以上和以下的大气、土壤及基础地质、水文和植被，它还包含这一地域范围过去和目前的人类活动的种种结果，以及动物就它们对目前和未来人类利用土地所施加的重要影响。土地是由地形、土壤、植被、岩石、水文和气候等因素组成的一个独立的自然综合体。

（2）气候资源。气候资源是指地球上生命赖以产生、存在和发展的基本条件，也是人类生存和发展工农业生产的物质和能源。气候资源包括太阳辐射、热量、降水、空气及其运动等要素。太阳辐射是地球上一切生物代谢活动的能量源泉，也是气候发展变化的动力。降水是地球上水循环的核心环节，生命活动和自然界水分消耗的补给源。空气运动不仅可以调节和输送水热资源，而且可将大气的各种组分不断输送扩散，供给生命物质的需要。

（3）水资源。水资源是指在目前技术和经济条件下，比较容易被人类利用的补给条件好的那部分淡水量，水资源包括湖泊淡水、土壤水、大气水和河川水等淡水量。随着科学技术的发展，海水淡化前景广阔，因此，从广义上讲，海水也应算水资源。

（4）生物资源。生物资源是地球上对人类具有现实或潜在价值的基因、物种和生态系统的总称。通常所说的生物资源是可作为农业生产经营对象的野生动物、植物和微生物的种类及群落类型。但广义上，人工培育的植物、动物和农业微生物种类及类型，也可包括在生物资源的范畴之内。生物资源除用于育种原始材料的种质资源外，还包括森林资源、草地资源和水产资源；从生物的功能看，可以分为野生生物资源、珍稀生物资源和天敌资源。生物多样性是维持生态平衡的重要前提。

（5）矿产资源。经过一定的地质过程形成的，赋存于地壳内或地壳上的固态、液态或气态物质，当它们达到工业利用的要求时，称之为矿产资源。其分类方法较多，一般按矿物不同物理性质和用途划分为黑色金属、有色金属、冶金辅助原料、燃料、化工原料、建筑材料、特种非金属、稀土稀有分散元素等 8 类。

（6）能源资源。能够提供某种形式能量的物质或物质的运动都可以称为能源。大自然赋予人类多种多样的能源，一是来自太阳的能量，除辐射能外，还有经其转换的多种形式的能源；二是来自地球本身的能量，如热能和原子能；三是来自地球与其他天体相互作用所产生的能量，如潮汐能。

（7）海洋资源。海洋资源是指其来源、形成和存在方式都直接与海水有关的物质和能量。可分为海洋生物资源、海底矿产资源、海水化学资源和海洋动力资源。海洋生物资源包括生长和繁衍在海水中的一切有生命的动物和能进行光合作用的植物。海底矿产资源主要包括滨海砂矿、陆架油气和深海沉积矿床等。海水化学资源包括海水中所含大量化学物质和淡水。海洋动力资源主要指海洋里的波浪、海流、潮汐、温度差、密度差、压力差等所蕴藏着的巨大能量。

（8）旅游资源。旅游资源是指能为旅游者提供游览、观赏、知识、乐趣、度假、疗养、休息、探险猎奇、考察研究及友好往来的客体和劳务。人们在旅行中所感兴趣的各类事物，如国情民风、山川风光、历史文化和各种物产等，均属旅游资源。旅游资源可分为自然旅游资源和人文旅游资源两大类，自然旅游资源指的是大自然造化出来的各种特殊的地理地质环境、景观和自然现象；人文旅游资源是人类社会中形成的各种具有鲜明个性特征的社会文化景观。

（三）经济资源

所谓经济资源（economic resources），必然具备有用性和稀缺性，有用性是资源之所以为资源的依据，稀缺性是经济资源之所以为经济资源的前提，而能否认识和利用这种稀缺的有用性则尚需依赖于一定的知识、技术和经济条件。因此，经济资源通常被定义为：具有稀缺性且能带来效用的财富，是人类社会经济体系中各种经济物品的总称。

经济资源分类因研究视角差异，林林总总、不一而足，但不论其分类依据的逻辑论证如何雄辩，都不得不承认：客观世界无外乎物质、能量、信息三种形态，人类社会经济体系作为其中的一个组成部分、一个子系统，其所有的经济资源同样可归结为物质、能量、信息这三种形态或其复合体或衍生体（时间空间是运动着的物质的存在形式，有时也被当作经济资源，但在经济分析中，多数情形下应被界定为对象属性或资源属性）。因此，根据目前科学研究和生产实践所能达到的认识水平，经济资源（并且仅限于经济学研究视野中的经济资源）应当包括以下几种。

（1）物质资源（material resources），指人类社会经济活动用以依托的客观存在物。物质资源是人类社会生存和发展的基础，其万千形态、特征和用途，源自何方与去向何处，用于生产或用于消费都不改变这一根本属性。

（2）能量资源（energy resources），能源是一个包括所有燃料、流水、阳光和风的术语，人类用适当的转换手段便可让它为自己提供所需能量。能量是以物质为载体，因而能量资源可被理解为用以驱动人类社会经济活动的载能物质。

（3）信息资源（information resources），信息本身不是物质，不具有能量，但信息的传输却依靠物质和能量，信息蕴涵于信号之中，信息依靠信号而传输。信息是以信号为载体，因而信息资源可被理解为用以指引人类社会经济活动的载信物质或载信能量。

（4）人力资源（human resources），参与社会经济活动的人既是其他物质资源、能量资源、信息资源的组织者和管理者，又是自身物质、能量、信息的综合承载体和能动转化体，所蕴含的物质、能量、信息无法物理性分割，必须统一地、综合地运用；而人又是社会经济活动的标志性主体，是不可或缺的核心因素。所以从这一角度，人力本身可被视为单独的，与物质、能量、信息可相并列的经济资源，包括人的体力、人的脑力及其思维活动结果贮存等。

二、环境资源的价值

由于生态环境问题大量发生且愈演愈烈，环境资源价值评估与理论问题，如环境资源有没有价值，价值该如何确定等问题逐渐成为公众关注的问题。

（一）环境资源价值的含义

人类对环境资源价值的认识是逐渐深化的。劳动价值论认为没有劳动参与的东西没有价值，或者认为不能交易的东西没有价值。因此，在相当长的历史时期内，都认为处于自然状态下的环境资源没有价值。由于这种传统观念的影响，在现实生活中出现了“资源无价、原料低价、产品高价”的“高消耗、高产出、高污染”生产方式及相应的“多占用、高消费”的消费方式。这种资源无价的观念及其在理论和政策上的表现，导致了资源的无偿占有、掠夺性开发和浪费使用，造成资源损毁、生态破坏和环境恶化，成为经济社会持续稳定发展的制约因素。

（二）环境资源价值的构成

虽然自然状态下的环境资源是自然界赋予的天然产物，没有凝结人类的劳动，但是环境资源生态功能的产生和实现及环境资源的持续利用无不与人类的劳动有关。所以，环境资源价值的形成大体包括以下几个方面：①现代生产和生活消耗的自然资源和环境质量，必须通过人的劳动进行再生产来补偿环境资源的物质和能量损失。这种补偿物化的社会必要劳动形成环境资源价值。②有效地保护和建设环境资源是可持续发展战略的重要组成部分，只有投入大量劳动，才能实现环境资源可持续使用。保护和建设环境资源物化的社会必要劳动形成环境资源价值的重要部分。③人类将环境中具有潜在使用价值的资源变成具有符合人类生存和经济发展需要的使用价值，必须付出一定量的劳动。

因此，理论上环境资源价值量是由创造具有一定使用价值的环境资源的社会必要劳动时间决定的，它与创造的劳动量成正比，与创造的劳动生产率成反比。

（三）环境资源价值的分类

环境资源在未被开发利用时，不能用于交换，不具有商品性质，一旦开发成为资源产品，由于可以用来进行交换而成为商品。这种特殊性决定了环境资源产品作为特殊的商品，除了具有显而易见的经济价值外，环境资源的功能和用途决定了环境资源还具有生态价值和社会价值。因此，环境资源价值存在三种表现形式：一是可直接作为商品在市场上进行交换的环境资源产品，体现为直接使用价值（经济价值），如森林提供的木材和各种林副产品及其合成品；二是由于环境资源所具有的调节功能、载体功能和信息功能而形成潜在价值的资源，体现为间接使用价值，如森林所提供的防护、减灾、净化、涵养水源等生态价值；三是能满足人类精神文化和道德要求的资源价值，体现为存在价值和文化价值（社会价值），如自然景观、珍稀物种、自然遗产等的价值及其提供休闲和娱乐服务的价值。自然资源的经济价值、生态价值和社会价值是统一的，不可分割的，取走任何一种价值的同时必然造成其他价值的流失和毁灭。

简言之，环境资源价值可划分为两部分：一部分是比较实的有形的物质性“商品价值”，即经济价值；一部分是比较虚的、无形的、舒适性的“服务价值”，即生态价值、社会价值。这就是理论界对环境资源价值的二分型分类方法。最早定义环境经济价值的环境与资源经济学奠基人——美国未来资源研究所的经济学家克鲁梯拉（John Krutilla）在 1967 年发表的《自然保护的再认识》论文和《自然资源保护的再思考》专著中提出了“舒适性资源的经济价值理论”，并在与费舍尔（Anthony C Fisher）合著的《自然环境经济学：商品性和舒适性资源价值研究》中将环境资源划分为商品性资源和舒适性资源，着重论述了舒适性资源的价值及评估问题，使环境资源的价值理论更趋完善。

三、环境资源价值的计量

对于环境有无价值和价格，学术界还没有形成一种统一的理论。目前还存在着三种观点：一是“无价值无价格”观点，二是“无价值有价格”观点，三是“有价值有价格”观点。持“无价值”论的理由，一是认为环境是天然生成的，未经人类劳动，所以没有价值；二是认为环境资源不是商品，所以没有价值。

然而，随着现代社会经济的发展和人们对环境保护意识的增强，对资源环境的研究也在不断发展，在经济学和管理学等相关领域出现了环境经济学及环境会计的研究，但这些都应在环境资源价值基础上展开。

（一）环境价值的计量方法

1. 补偿价值法　补偿价值法根据劳动价值论，认为凝结抽象劳动后的环境资源具有价值，从补偿角度看其价值（$W_{环}$）包括 3 部分：

$$W_{环}=C+V+m$$

式中，C、V、m 分别为补偿、保护与建设某项环境资源所投入的物化劳动价值、活劳动价值、活劳动创造的剩余价值。该法以实际投入的补偿支出，计量环境资源的两大价值，应用了历史成本属性，可靠性较高但相关性不足，还易低估环境资源价值，造成资源滥用。因此，它主要适用于环境资源补偿增值的计量。

2. 总经济价值法　总经济价值法根据效用价值论，将环境资源价值（TEV）按效用不同分为两大类：使用价值（UV）和非使用价值（NUV，又称存在价值）。又将 UV 细分为直接使用价值（DUV）、间接使用价值（IUV）与选择价值（OV）。其计量关系为

$$\text{TEV}=\text{UV}+\text{NUV}=(\text{DUV}+\text{IUV}+\text{OV})+\text{NUV}$$

式中，DUV 为市场化资源产品的价值，可直接根据市场价值法计量；IUV 为市场机制间接发挥作用的功能价值，可采用生产函数法、损失规避法、预防支出法等计量；OV 指为确保对某一环境资源未来使用的选择权而愿做的支付；NUV 为对环境资源的非商业性功能价值与潜在功能价值的合理判断；OV 与 NUV 均仅能采用支付意愿法计量。可见，DUV 与 IUV 可应用历史成本、现行市价等属性进行直接或间接计量，比较可靠；OV 与 NUV 计量的主观性强，可靠性低。该法常用于计量环境资源的整体价值。

3. 租金或预期收益资本化法　租金或预期收益资本化法根据地租理论和财务管理理论，将预期的环境资源在未来一定年限内产生的两大价值（即预期的租金或收益），按社会折现率折现后的现值作为环境资源价值。其计量公式为

$$V=V_1+V_2$$

$$V_1=q \cdot R_0/r$$

$$V_2=A(1+K)/(n \cdot Q)$$

式中，V 为环境资源价值；V_1、V_2 分别为环境资源的商品价值与服务价值；R_0 为基本地租或基本租金；r 为地租率或平均利息率；q 为资源等级系数；A 为投入总额；Q 为受益资源总量；n 为受益年限；K 为资金利润率。该法应用了未来现金流量现值属性，可较为相关地反映环境资源的未来经济利益，它主要适用于融资租入、借入环境资源的价值计量。

4. 边际机会成本法　边际机会成本法基于效用价值论，根据环境资源产品的价格（P）等于其边际机会成本（MOC），MOC 又等于环境资源产品的边际生产成本（MPC）、边际耗竭成本（MUC）与边际环境成本（MEC）之和的等量关系计量环境资源价值。即

$$P=\text{MOC}=\text{MPC}+\text{MUC}+\text{MEC}$$

式中，MPC 常用生产价格定价法或影子价格法计算，较准确、简便；P 为环境资源产品的现行市价。该法主要适用于生产性环境资源价值的计量。

5. 替代价值法　替代价值法根据效用价值论，将不能直接进行价值计量的环境资源，按其各项主要功能分别选用合理的计量方法进行功能替代，计算各项功能的价值，将总价值

视为环境资源价值。替代价值法主要有较为可靠的市场价值法、旅行费用法，以及主观性较强、可靠性较低的调查评价法、支付意愿法等。替代价值法主要适用于计量环境资源的服务价值，应用时应优先选用较为可靠的替代方法。

（二）环境资源价值核算步骤

1. 环境资源的确认　根据美国财务会计准则委员会（FASB）界定的要素确认条件（同时具备可定义性、可计量性、相关性、可靠性）与资产的定义，企业应将取得的环境资源确认为一项（环境）资产。

2. 环境资源的取得　企业可通过购买、接受投资、接受捐赠、融资租入、非货币性交易换入、债务重组等途径取得环境资源，一般应按取得成本入账以保证可靠性。

3. 环境资源的耗减及其补偿　环境资源耗减分为生产耗减与非生产耗减，前者为将环境资源用于产品生产、经营管理等日常耗用，应按期计提折耗，后者为灾害损失、自然衰减等减值损失，应按期计提减值准备。计提折耗时，应在环境资源的使用寿命（期限）内，以其原价扣除预计净残值后的余额为应计折耗额（若已计提减值准备，还应扣除减值准备累计金额）；若环境资源的预计使用寿命（期限）有重大差异或所含经济利益的预期实现方式有重大改变，均应调整；为使环境资源的折耗额与其耗减程度相符，一般采用工作量法按月计提。环境资源若发生灾害损失、自然衰减、生态降级等非生产耗减，导致其可收回金额低于账面价值的，应定期按单项资源计提减值准备。

4. 环境资本的利润分配　环境资本的贡献体现在经济、生态与社会等方面，其税后利润分配比例一般应低于主要产生经济贡献的其他资本，因此，应由相关各方公允确定环境资本的利润分配比例，并一贯实行。

5. 环境资源信息的报告　环境会计报告模式目前尚未统一，主要有在现有会计报告中增加环境会计的表内确认项目与表外披露信息，以及另行编制独立的环境会计报告两种作法。以前者为例，应在资产负债表中增列环境资产（按原价、累计折耗、减值准备分项填列）、环境负债与环境资本项目；在利润表中增列耗减费用（不应转入存货成本和其他费用的部分）项目；在现金流量表中增列环境活动产生的现金流量项目；在利润分配表中增列应付环资股利（或利润）项目；在表外披露环境资源的类别、计价方法、折耗方法、使用期限或寿命、预计净残值、折耗率、减值损失及其转回、增减变动状况、补偿情况、所有权与使用权的限制等相关信息。

四、绿色 GDP 及其核算

（一）绿色 GDP 的由来及涵义

20 世纪 80 年代中期以来，由于资源、环境问题的日益严重，自然资源核算开始引起世界各国自然科学家、经济学家、社会学家、政府部门及众多国际组织的重视。进入 90 年代后，绿色 GDP 的研究与应用都有了飞速的发展。

1993 年，联合国统计机构出版的《综合环境与经济核算手册》（*The System of Integrated Environmental and Economic Accounting*，SEEA）中，提出了生态国内产出（environment domestic product，EDP）的概念，即现在所称的绿色 GDP。联合国建议对环境和经济账户的综合应当通过卫星账号（及附属账号）来进行，同国民账户体系（system of national account，SNA）的主要账户（核心账户）相联系。这是自然资源核算和环境核算的起步阶段，既考虑了可持续发展的因素，又沿袭了以往的核算方法，不至于作出规模太大的改动，否则很多发展中国家无法承担建立复杂模型的基础工作。

1995 年，世界银行组织有关专家开始重新定义和衡量世界及各国的财富，出版了《环境进展的监测》，正式提出了绿色 GDP 国民经济核算体系的概念，重新估算了国民财富的三种主要资本组分：产品资产、自然资本和人力资源。

绿色 GDP 是对 GDP 指标的一种调整，它仍遵循着国民经济核算原则，核算内容在当前的国民经济核算中考虑了外部影响因素及自然资源耗损价值和环境污染损失价值。联合国经济和社会事务部统计处对绿色 GDP 科学的描述为：绿色 GDP 是以可持续发展理论为基础，以自然资源存量的变化和环境的价值变化对 GDP 进行调整，在原有 GDP 中扣除环境污染和资源价值耗竭后的 GDP。这种核算方法的思想是：将环境核算理解为漏算的成本，并将经过环境消耗成本扣除的国内生产净值（NDP）指标定义为绿色 GDP。

按上述绿色 GDP 的含义，如果按照生产法进行核算，则

绿色 GDP=$\sum$（某产业部门总产出-中间投入）=$\sum$（某产业部门总产出-某产业部门经济资产投入-某产业部门自然资产投入）

如果按照支出法进行核算，则

绿色 GDP=最终消费+经济资产积累+自然资产耗减（负值）+净出口

绿色 GDP 强调了经济社会发展必须同资源开发利用和环境保护相协调的原则，正确描述和客观反映了人类真实的经济活动成果，比较全面地反映了一国（或地区）的经济发展水平和福利水平。

（二）绿色 GDP 核算的价值与作用

绿色 GDP 核算的实施是实现可持续发展战略目标必需的，绿色 GDP 不只是反映了经济的增长速度，也反映了国民的净福利水平和国民生活的真实质量，它计算出的是在社会可持续发展的前提下的真实财富。它的创建必然会带来经济增长认识的根本改变，使人们不再只关注经济增长的数量，而且开始关注经济增长的质量及整个的生态环境。

1. 引导改变经济增长模式　近年来，我国的 GDP 增长速度非常快，但这种高速度的增长是以能源和材料的高消耗、能源利用的低效率、废弃物的高排放为代价的，仍然是粗放型经济增长模式，这种模式下的经济是不可能实现可持续发展的。而绿色 GDP 核算体系的创建，必然引导经济增长模式由粗放型经济增长模式逐步转移到集约型经济增长模式，并改善经济发展与环境保护的矛盾，使其和谐共处。

2. 有利于保护和改善环境　从我国开始工业化进程，就由于片面地追求 GDP 的发展，造成环境持续恶化，使不少地区牺牲环境来换取 GDP 的高速增长，这种高速增长是不会持久的，破坏的环境必然会反过来限制经济的发展，环境压力越来越大必然使经济的进一步发展越来越艰难。实行绿色 GDP 的发展指标，可以使人们认识到环境因素的重要性，从而遏制能源和原材料高消耗、污染高排放行业的发展，有利于环境的改善和保护。绿色 GDP 核算体系一旦建立，环境意识深入人心，无疑会使环境的保护和改善成为企业发展过程中不可忽视的一环。

3. 有利于可持续发展，形成科学发展观　过分看重 GDP 的增长速度，不利于可持续发展战略的实施。许多地方追求眼前利益和短期效益，只抓 GDP 的增长，忽略农业基础设施

建设、公共医疗卫生体系建设、基础教育设施建设、重大水利设施建设这些薄弱环节，环境保护和生态建设意识淡薄，不把主要精力放在开发扶持落后地区上，使贫困地区的面貌长期得不到根本改变。实施绿色 GDP 的发展指标，有利于改变各地领导的认识误区，有利于在全社会形成科学发展观，有利于国家的协调发展和社会的全面进步。

4. 纠正政绩考核误区，有利于各级政府对经济发展做出科学决策　原来的干部政绩考核是以单纯的 GDP 增长为衡量标准，所以有些官员为了有良好的政绩，就片面追求 GDP 的增长速度，而忽略那些对 GDP 的增长拉动作用不大但对人民生活有重大影响的经济活动。现在要将经济增长与社会发展、环境保护放在一起综合考评，就要求各级领导在做出经济决策的时候不仅仅是追求 GDP 的增长，而是考虑整个的经济运行状况及其未来发展。创建绿色 GDP 核算体系是贯彻可持续发展观的重要举措，它的实施必将对人类的生产和生活带来极大的影响。

（三）我国绿色 GDP 核算与实践

1992 年，世界环境与发展大会（WCED）以后，我国学术界和政府部门一直在跟踪和吸收国际上国民经济核算体系发展的最新成果，力求使中国 SNA 核算体系与国际上大多数国家的 SNA 核算体系同步。我国国内的一些著名研究机构和知名学者一直也在跟踪该领域的研究成果和学术研究的动态与发展趋势。国家制定的能源价格、资源价格、环境价格、生态补偿规则、企业成本核算、绿色税费额度、世贸绿色仲裁等，都要以绿色会计制度为依据。在学者专家的努力下，我国已开始启动“绿色核算”的准备工作。

中国科学院可持续发展战略首席科学家、可持续发展战略研究组组长牛文元教授指出，从政府层面上，我国国民经济核算的理论与实践大致经历了 4 个阶段：1951～1981 年实行的是物质产品平衡表体系；1982～1991 年为计划经济向市场经济转型阶段；1992～1995 年正式启用市场经济核算体系；我国国民经济核算从 1995 年初步进入绿色 GDP 阶段。

1996～1999 年，北京大学应用“投入产出表”的基本原理，提出可持续发展下的“绿色”核算，即对中国资源、经济、环境的综合核算，并且对 1992 年中国的 EDP、GDP 进行计算。该研究侧重于对“中国综合经济与环境核算体系”的核算模式、理论与方法的探索。并在 1999 年出版了以 1993 年版本的 SEEA 为基础的中国经济环境综合研究专著，对我国 1992 年的环境（退化）和资源（森林、草原、石油、煤炭和天然气）使用纳入经济体系的综合核算进行了初步的研究。该研究建立了我国国家尺度上的环境经济综合核算框架（CSEEA），估算出 1992 年全国的资源枯竭和环境退化成本约占当年 GDP 的 4.87%。

2000 年，北京市社会科学院研究人员设计了以绿色 GDP 为核心指标的核算体系，并以北京市为对象，系统地进行了 1997 年的环境质量和资源资产的经济价值和绿色 GDP 测算。研究结论是：北京市的绿色 GDP 为当年核算 GDP 的 74.9%，即由于环境污染和资源消耗，北京市的 GDP 需扣减约 1/4。

2004 年，国家统计局和国家环保总局成立绿色 GDP 联合课题小组，后又加入国家发改委和国家林业局，正在加紧研究适合国情的绿色 GDP 核算体系，用以衡量经济发展过程中付出的资源环境代价。该课题小组将首先对能源、土地、矿产等自然资源“物量”的增减情况进行统计，待条件成熟后，再进行绿色 GDP 核算。他们联合主办“建立中国绿色国民经济核算体系国际研讨会”，会议指出我国将在未来 3～6 年内初步建立符合中国国情的绿色核算体系框架。

最近几年，我国逐步将环境指标纳入政府考核之中，这是可喜的进步。同时，我国还需要进一步健全相关法律法规，完善官员问责制度，将政府职能进一步完善，为我国的可持续发展指引方向。

第二节 农业资源保护与利用

一、农业自然资源概述

农业自然资源是指为农事活动或农业生产提供原料或能量的自然资源。农业自然资源大致可分为两大类：一类是作为农业经营对象的生物资源，如森林资源、作物资源、牧场和饲草资源、野生及家养动物资源、水产渔业和遗传种质资源等；另一类就是仅为农用生物提供载体或生长环境，本身并没有物质生产功能，如土地资源、农业气候资源等。

（一）气候资源

气候资源是光温水气等因子在一定空间的组合，主要包括光能资源、热量资源和降水资源。我国气候具有三大特点：显著的季风特色、明显的大陆性气候和多样的气候类型。

1. 概况

（1）光能资源。我国光能资源的分布规律是：西部高于东部，高原高于平原，干旱区高于湿润区（表 3-1）。中国北方从大兴安岭及太行山以西直到新疆南部广袤的干旱与半干旱地区，云量少，晴天多，总辐射量大都在 $5.85\times10^5 J/cm^2$ 以上，为辐射高值区；青藏高原大部分地区在 $6.27\times10^5 J/cm^2$ 以上，为另一高值区；秦岭淮河以南，小于 $4.18\times10^5 J/cm^2$，其中以四川盆地东南不足 $3.34\times10^5 J/cm^2$，为全国光资源低值区域。全国的光合有效辐射分布规律大致与总辐射一致。中国各地年日照时数呈西多东少趋势，变化幅度大体在 1600～3000h。总辐射低值区年日照时数多不足 1000h，总辐射高值区年日照时数多在 2500h 以上。

表 3-1 2009～2011 年中国主要城市年均日照时数（h）

城市	1 月	2 月	3 月	4 月	5 月	6 月	7 月	8 月	9 月	10 月	11 月	12 月	全年
北京	215.0	153.7	231.5	246.0	275.1	245.0	173.2	192.1	185.5	194.1	163.9	185.0	2460.1
天津	187.1	130.8	217.7	223.9	248.6	219.7	174.0	171.5	170.6	182.9	137.2	166.2	2230.3
石家庄	170.9	110.4	217.8	243.7	280.9	252.2	181.7	160.5	157.3	182.7	161.6	165.1	2284.9
太原	175.3	120.6	212.4	250.2	268.1	270.4	232.3	187.8	165.3	210.8	163.4	155.0	2411.6
呼和浩特	161.4	164.5	223.2	259.4	251.4	286.4	262.0	243.3	213.9	203.2	157.5	147.0	2573.3
沈阳	204.0	195.4	260.7	219.3	249.5	230.8	177.9	216.4	220.9	199.5	158.3	185.4	2518.1
长春	167.7	186.6	227.8	214.7	222.8	246.6	210.3	242.2	250.6	204.8	156.5	140.2	2470.6
哈尔滨	98.2	149.8	210.0	217.3	224.0	230.8	195.3	226.4	244.8	184.0	140.7	93.3	2214.5
上海	124.9	83.0	135.2	168.2	188.2	110.0	155.6	145.4	145.4	152.5	113.7	146.7	1668.9
南京	141.0	82.1	154.8	204.7	215.0	165.7	160.3	175.1	138.0	171.7	140.5	153.3	1902.3
杭州	107.2	89.3	125.6	164.9	181.3	118.6	186.6	171.3	121.7	127.7	102.0	135.6	1631.8
合肥	126.0	82.5	154.8	202.3	201.7	176.3	158.8	159.7	107.6	160.4	141.4	155.8	1827.4
福州	86.8	85.5	101.1	120.4	134.4	111.1	205.4	208.3	128.5	116.8	88.1	109.0	1495.3
南昌	81.4	98.0	124.4	155.1	177.1	135.8	237.4	237.1	179.9	166.8	168.4	124.0	1885.3
济南	170.6	102.1	199.4	234.1	244.0	214.6	155.3	119.8	129.6	195.3	155.4	163.7	2083.8
郑州	131.7	77.0	167.0	200.3	197.8	199.1	139.9	124.5	85.6	143.1	129.9	136.3	1732.3

续表

城市	1月	2月	3月	4月	5月	6月	7月	8月	9月	10月	11月	12月	全年
武汉	102.6	72.7	127.6	146.7	164.1	143.6	194.1	206.0	126.0	145.1	141.1	122.6	1692.1
长沙	71.1	67.4	110.3	123.3	160.1	158.7	262.7	247.5	144.2	135.8	151.1	107.5	1739.8
广州	120.6	82.3	69.1	80.9	111.4	110.3	195.8	217.9	172.1	179.3	177.0	161.5	1678.1
南宁	66.7	100.5	65.0	91.8	140.4	151.0	218.2	223.2	200.9	150.4	169.7	95.0	1672.9
海口	56.9	122.8	96.1	103.3	191.5	204.2	228.2	217.3	169.6	122.2	99.0	112.4	1723.5
重庆	16.8	39.9	81.0	80.2	106.2	100.1	158.1	200.4	118.4	50.2	28.8	21.5	1001.5
成都	41.6	47.7	82.1	92.4	97.0	90.0	74.4	119.9	57.0	42.0	56.3	51.4	851.8
贵阳	39.1	71.4	75.6	51.8	92.6	46.7	101.4	172.7	108.6	60.6	64.7	34.8	920.0
昆明	207.1	266.8	224.4	231.1	213.6	133.4	121.3	141.1	115.6	126.3	172.3	180.6	2133.6
拉萨	250.8	242.7	262.4	284.7	290.6	291.6	231.2	242.7	252.6	293.1	268.2	264.9	3175.5
西安	128.5	95.3	191.3	218.5	191.2	225.0	181.4	141.5	104.4	148.2	129.6	151.2	1906.0
兰州	195.6	186.9	222.2	246.8	228.6	242.5	230.5	234.8	151.4	192.0	195.1	199.6	2526.0
西宁	209.3	206.5	232.1	252.9	232.8	221.8	207.1	236.2	164.1	219.4	210.3	204.1	2596.6
银川	185.5	178.5	222.4	261.9	275.6	300.4	282.1	250.6	183.7	233.4	182.5	159.2	2716.0
乌鲁木齐	115.5	94.8	240.8	294.0	311.8	320.5	330.9	313.3	296.4	242.8	140.7	104.6	2806.1

注：数据源自 2010～2012 年《中国统计年鉴》，不含港澳台

（2）热量资源。热量资源的分布规律大致是：北回归线一带以南，年平均气温在 20℃以上，东北北部则在 0℃以下，南北差异显著，约为 30℃以上。积温与作物生长熟期（熟制）关系很大，一般地，≥0℃积温在 1500～4000℃的为一熟带；≥0℃积温为 4000～4200℃的为一熟带与两熟带的分界线；≥0℃积温在 5900～6100℃的为两熟带与三熟带的分界线。全国除青藏高原、东北北部和内蒙古东部≥0℃积温不足 2000℃以外，其余地区均在 2000℃以上。长城以北一般在 2000～3000℃；长城以南在 3500℃以上；秦岭淮河一线至南岭山地在 4500～6000℃；南岭以南至南海沿岸达 7000～8000℃；雷州半岛、海南岛和台湾岛在 8500℃以上。≥10℃积温温带在 1500～4500℃；亚热带在 4500～8000℃；热带在 8000～8500℃；西北干旱区≥10℃积温在 1700～5500℃；青藏高寒区≥10℃积温在 2000℃左右。

（3）降水资源。我国降水资源偏少且存在严重的地区分布不均衡（表 3-2）。中国年平均降水量为 648mm，较全球陆地平均 800mm 约少 19%，比亚洲平均 740mm 少 12%。地区分布不均衡具体表现在：西北内陆流域面积占全国总面积的 36.4%，年平均降水量只有 164mm，全年总降水量只占全国的 9.5%，而西南部外流流域面积占全国总面积的 63.6%，平均年降水量达 896mm，其全年总降水量占全国的 90.5%。此外降水季节与年际变化也不均匀。

表 3-2　2009～2011 年中国主要城市年均降水量（mm）

城市	1月	2月	3月	4月	5月	6月	7月	8月	9月	10月	11月	12月	全年
北京	3.5	11.0	9.9	21.7	22.0	100.5	165.4	136.7	56.0	31.2	15.8	1.0	574.6
天津	1.7	9.7	7.0	27.5	25.4	84.5	158.9	73.3	51.9	20.8	7.7	0.6	469.1
石家庄	0.4	11.9	7.3	9.7	34.2	42.7	100.2	224.6	114.0	12.0	43.7	1.4	602.0
太原	0.6	8.9	4.0	14.7	37.7	18.9	111.4	136.1	111.6	22.3	32.5	0.7	499.4
呼和浩特	1.2	6.1	12.8	12.9	37.5	16.9	51.8	57.1	63.0	23.6	19.9	1.1	303.9
沈阳	8.1	21.7	16.4	71.0	73.2	71.0	119.5	190.8	32.4	60.0	46.7	13.9	724.7
长春	4.4	8.4	11.3	34.8	83.9	79.3	197.9	113.2	10.7	25.8	26.3	13.3	609.2
哈尔滨	4.9	8.7	19.4	35.2	74.3	96.1	144.7	68.5	27.7	21.0	14.8	10.4	525.8

续表

城市	1月	2月	3月	4月	5月	6月	7月	8月	9月	10月	11月	12月	全年
上海	34.6	74.2	89.5	67.1	55.0	187.4	148.6	265.0	77.9	48.0	49.9	45.4	1142.5
南京	20.6	81.9	69.8	89.6	50.9	181.2	368.9	176.4	98.9	21.3	47.5	39.4	1246.3
杭州	47.1	120.5	153.9	100.4	71.1	263.4	204.7	200.0	129.0	75.8	89.3	58.7	1514.0
合肥	20.8	62.2	77.4	78.5	86.2	172.0	234.9	160.2	77.3	28.0	61.8	30.4	1089.7
福州	35.6	67.6	106.5	155.2	165.1	225.4	197.6	219.9	65.7	39.5	86.6	43.3	1408.0
南昌	48.7	84.8	201.1	211.7	207.0	356.9	128.7	82.6	44.0	53.7	41.7	71.6	1532.5
济南	2.4	17.0	13.3	29.5	82.0	54.7	148.9	259.1	71.1	14.1	31.4	6.3	729.9
郑州	0.1	23.5	11.8	39.8	46.7	24.0	115.7	195.3	158.3	17.2	55.1	2.3	689.8
武汉	20.9	63.9	84.1	124.7	115.9	297.8	191.7	85.4	64.1	53.0	38.7	21.0	1161.0
长沙	34.6	63.1	121.7	158.3	170.6	272.6	103.6	78.0	71.9	68.6	41.4	74.2	1258.6
广州	33.8	39.2	92.0	131.1	326.9	363.4	250.0	172.7	260.5	70.0	56.0	23.9	1819.5
南宁	57.4	12.7	48.2	106.4	124.7	225.2	223.4	112.7	130.2	130.1	6.6	20.0	1197.6
海口	23.8	21.8	89.2	95.9	169.5	231.4	212.3	307.4	327.7	800.7	56.0	22.9	2358.5
重庆	22.8	13.2	44.3	118.2	105.2	200.5	115.3	175.0	53.1	93.4	51.4	34.7	1027.1
成都	9.4	4.6	23.6	29.5	111.8	70.4	241.9	191.9	152.3	34.2	11.4	7.0	888.1
贵阳	16.4	13.8	28.6	93.4	81.5	163.7	107.5	102.4	82.7	107.0	39.5	28.3	864.9
昆明	10.9	0.0	17.1	27.2	41.4	122.8	117.7	147.4	113.3	60.1	25.5	14.6	698.0
拉萨	0.0	0.2	3.0	2.7	15.7	57.1	121.9	135.1	33.1	6.2	1.4	0.0	376.4
西安	0.2	14.7	21.0	28.5	79.9	39.1	80.7	136.8	145.9	38.1	43.9	6.3	635.1
兰州	0.9	1.4	0.6	10.5	24.7	33.6	27.3	40.0	31.7	13.5	1.7	0.5	186.3
西宁	2.3	0.7	7.3	14.4	71.6	60.3	60.3	85.8	84.3	23.7	6.3	1.0	418.2
银川	0.3	3.5	2.4	3.4	27.4	22.7	22.2	41.4	31.6	14.8	14.1	0.4	184.2
乌鲁木齐	11.0	12.8	34.0	47.2	46.9	31.0	29.6	26.8	14.0	28.3	22.8	22.3	326.7

注：数据源自 2010～2012 年《中国统计年鉴》，不含港澳台

2. 特点　我国大部分地区处于亚热带至温带的中纬度地带，少部分在热带，因此光热条件较好，植物的生长季节长，农作物种植可以一年两熟或两年三熟，少数地方可以一年三熟，全国复种指数已达 166%。同世界上同纬度地区相比，中国南北之间夏季温差小，冬季温差大，一年生喜温作物的北界可以远向北移，冬麦等越冬作物和多年生喜温作物的北界远向南移，导致中国作物种植方式的多样化与农业生产结构的复杂性。但受季风影响，我国年内降水分配不均，年际变率大，因此，旱涝、低温、台风等农业气象灾害频繁，影响农业的稳定增产。我国西北干旱地区降水稀少，有些地方甚至终年无雨，限制了农业生产的发展。概括地说，我国农业气候资源的显著特点是：绝大多地区光热条件优越，但降水资源分布不均，旱涝灾害多。

（二）水资源

1. 概况　中国多年平均降水总量（不含台湾省）为 $6.19\times10^{12}\text{m}^3$。由于受到季风的影响，中国降水分布呈现空间的不均匀性、时间的不平衡性和年率的不稳定性，大部分地区的降水主要集中于夏季，由东南向西北，雨季越来越短，降水量越来越少，降水集中性越来越强，降水变率越来越大。长江以南地区降水量最大的 4 个月发生在 3～6 月或 5～8 月，这 4 个月的雨量占全年总量的 50%～60%；华北和东北地区发生在 6～9 月，占全年的 70%～80%。降水的年际变幅，西北内陆大部分地区可达 5～6 倍，最小的西南地区为 2 倍左右。地表水资源（即

河川径流量）多年平均为 $2.55\times10^{12}m^3$；地下水资源，以地下水的补给量计，多年平均约为 $7.97\times10^{11}m^3$。全国多年平均水资源总量（地表水资源量加上地下水资源量，扣除两者之间的重复计算水量 $6.92\times10^{11}m^3$）为 $2.66\times10^{12}m^3$（表 3-3）。

表 3-3 2000～2011 年我国水资源总体情况

年份	2000	2001	2002	2003	2004	2005	2006	2007	2008	2009	2010	2011
水资源总量/亿 m^3	27 700.8	26 867.8	28261.3	27 460.2	24 129.6	28 053.1	25 330.1	25 255.2	27 434.3	24 180.2	30 906.4	23 258.5
地表水资源量/亿 m^3	26 561.9	25 933.4	27243.3	26 250.7	23 126.4	26 982.4	24 358.1	24 242.5	26 377.0	23 125.2	29 797.6	22 215.2
地下水资源量/亿 m^3	8 501.9	8 390.1	8697.2	8 299.3	7 436.3	8 091.1	7 642.9	7 617.2	8 122.0	7 267.0	8 417.0	7 214.8
地表水与地下水资源重复量/亿 m^3	7 363.0	7 455.7	7679.2	7 089.9	6 433.1	7 020.4	6 670.8	6 604.5	7 064.7	6 212.1	7 308.2	6 171.5
人均水资源量/(m^3/人)	2 193.9	2 112.5	2207.2	2 131.3	1 856.3	2 151.8	1 932.1	1 916.3	2 071.1	1 816.2	2 310.4	1 730.4

注：数据源自《2012 中国统计年鉴》

2. 特点 中国水资源有以下特点：①水资源总量不少，但人均水量、每公顷耕地平均水量较少；②水资源地区分布极不均匀；③水量年内、年际变化大，水旱灾害频繁；④泥沙淤积严重，增加了江河防洪困难，降低了水利工程效益。

（三）土地资源

1. 概况 中国土地总面积约有 $9.60\times10^6km^2$，居世界第三位。南北长 5500km，跨 49 个纬度，包括 9 个热量带；东西宽 5000km，跨 62 个经度，包括 4 个水分区，可谓土地辽阔。由于土地资源水热条件组合上的差异性与复杂的地形、地质条件，形成了多达 2700 个不同的土地资源类型，如此多种多样的土地资源类型有利于农、林、牧、渔各业的全面发展（表 3-4）。中国山地、丘陵面积占全国总土地面积的 2/3，平原占 1/3。中国大部分地区土地资源质量不高，土地退化严重。此外，中国干旱区与高寒区面积大，无效土地比重大，可供农林牧使用的土地资源不超过 70%。在 $1.22\times10^8hm^2$ 耕地资源中，质量好的一等耕地仅占 41%，中下等耕地约占 59%，受各种限制的耕地占 60%。天然草地多分布在半干旱与干旱地区，水分不足，产草量普遍较低。由于中国多山且普遍宜林，因此林地资源质量较高，一等林地占 68%，潜力较大。土地退化也是土地质量不高的重要原因。据统计，土壤侵蚀和沙化的土地面积占总面积的 22%，退化草地面积占天然草地总面积的 28%。

表 3-4 我国土地资源概况

项目		面积/万 km^2	占总面积/%
总面积		960	100.00
按地形分	山地	320	33.33
	高原	250	26.04
	盆地	180	18.75
	平原	115	11.98
	丘陵	95	9.90
按海拔分	500m 以下	241.7	25.18
	500～1000m	162.5	16.93
	1000～2000m	239.9	24.99
	2000～3000m	67.6	7.04
	3000m 以上	248.3	25.86

续表

项目		面积/万 km^2	占总面积/%
按特征分	耕地	121.72	12.68
	森林	195.45	20.36
	内陆水域面积	17.47	1.82
	草地	400.00	41.67
	可利用草地	313.33	32.64
	其他	225.36	23.47

注：数据源自《2012 中国统计年鉴》

2. 特点　中国的土地资源有以下特点：①土地辽阔，类型多样；②山地多，平地少；③人均耕地少，后备耕地资源不足；④土地资源质量不高，土地退化严重；⑤土地资源分布不平衡，土地生产力地区间差别显著；⑥人地矛盾尖锐，土地承载力将长期处于临界状态。

（四）森林资源

1. 概况　中国森林类型多样，树种资源丰富。从热带的雨林、季雨林到寒温带的针叶林，从各类用材林到各种经济林和防护林，类型之多是世界少有的。森林树种资源也很丰富。全世界裸子植物现存 12 科 71 属约 800 种，中国就有 11 科 41 属 243 种。银杏属、水杉属、银杉属、水松属、金钱松属于中国特有。被子植物世界上有 413 科，约 25 万种，中国有 251 科，约 2.5 万种。据统计，全国有经济价值高且材质优良的树种 1000 余种，还有大量的木本粮油、干鲜果类、工业原料、药材、香料及观赏林等经济林木。据第七次全国森林资源清查显示（2004～2008 年），全国森林面积 19 545.22 万 hm^2，森林覆盖率 20.36%。

2. 特点　中国森林资源的特点：一是林业用地面积大，但利用率低，有林地仅占林业用地总面积的 50.05%。二是林地分布不均匀。林地集中分布在中国的东南部，西北地区很少。土地面积占全国 32.2% 的西北地区，有林地仅占全国的 6.7%，活立木蓄积量占 7.7%。三是结构不合理。用材林面积大，占 78.2%；而薪炭林、防护林偏少；中幼龄林多（占 70% 以上），成熟林少。

（五）草地资源

1. 概况　中国有天然草地 $4\times10^8hm^2$，约占国土总面积的 41.67%，人均 $0.32hm^2$，约为世界人均的 1/2。可利用草地面积占总草地面积的 84.26%。中国天然草地集中分布于北方干旱区和青藏高原，西藏、内蒙古、新疆、青海、四川、甘肃、云南 7 省（自治区）的草地面积合计达 $3.1\times10^8hm^2$，占全国草地面积的 79%。中国人工草地面积较小，据统计，全国人工草地面积只有 $1.547\times10^7hm^2$，仅占天然草地面积的 3.87%。当前中国的人工草地主要分布于华北和西北地区的内蒙古、甘肃、新疆等省（自治区）。

2. 特点　中国草地资源的特点：一是草场面积大，分布广，主要集中在高原和山区，大部分只宜单一放牧。二是草地类型多，地带性强。按照全国统一的草地分类方法，将中国草地划分出 18 个草地类、11 个草地组、824 个草地型。三是草地质量较差，中质低产草地面积大，占 1/4，优质中产的草地仅占 9.6%。四是结构不合理，天然草地面积大，占 98.5%。人工草地面积小，仅占 1.5%；暖季草地面积大，冷季草地面积小，季节草地载畜量不平衡。

（六）水产资源

水产资源包括海洋水产资源与内陆淡水水产资源两部分。最新资料表明，中国管辖海域的海洋生物约有 2 万余种，其中鱼类 3032 种，有价值的 200 多种；内陆渔业生物资源有 709 种，其中有不少名贵品种。中国水产业 2012 年水产品总量达到 5.906×10^7t，居世界第一。

1. 海洋水产资源 海洋水产品产量约占水产总产量的 57.72%，其中以鱼类数量占绝对优势。中国海洋鱼类约有 1700 余种，其中经济鱼类约 300 种，常见的高产量经济鱼类 60～70 种。此外还有沿海藻类约 2000 种，虾蟹类近 300 种，经济软体动物约 200 种。其中黄海、渤海海区，共有鱼类 250 余种，东海海区共有鱼类 440 余种。2011 年海洋捕捞（不含远洋）产量为 1241.94 万 t。

2. 近海水产资源 由于多年的过度捕捞，中国近海的水产资源呈连年下降的趋势，产量减少，鱼体变小。近年来，在渤海、东海和南海的近海区域分别实施了增殖放流和投放人工鱼礁的措施，以增加自然海区的水产资源，取得了一定效果。目前中国养殖的鱼、虾、贝、藻类共计有 60 余种，主要品种有海带、牡蛎、珍珠贝、鲍鱼、紫菜、对虾、海参、扇贝、鲻鱼等。2011 年中国海水养殖产量达 1553.3 万 t。

3. 内陆水产资源 中国是世界上内陆水产业较发达国家之一，内陆水域共有鱼类 800 余种，主要经济鱼类有四五十种，其产量占世界内陆水域产量的 1/10，其中虾、蟹、贝类的产量仅占淡水渔业总产量的 3.2% 左右。青鱼、草鱼、鲢、鳙是中国的四大淡水鱼，鲤、鲫、团头鲂、鳊、沼虾、绒螯蟹、河蚌等是经济价值较高的品种。其中鲤科鱼类约占中国淡水鱼类的 1/2，鲇科和鳅科共占 1/4，其他各种淡水鱼类占 1/4。2011 年淡水养殖产量达 2471.93 万 t。

二、农业耕地资源保护与利用

（一）耕地资源利用现状与问题

1. 耕地面积减少速度快，人均耕地数量严重不足 近年来，全国耕地面积锐减（表 3-5）。据国土资源部发布的 2006 年《中国国土资源公报》显示，中国耕地面积为 1.218 亿 hm^2，比 2005 年度净减少了 30.70 万 hm^2。而在 10 年前的 1996 年中国的耕地数量是 1.3 亿 hm^2，10 年耕地减少了 827 万 hm^2，人均耕地面积也由 $0.106hm^2$ 降到 $0.093hm^2$。现在我国人均耕地面积不到世界平均水平的 40%，仅相当于美国的 1/8，印度的 1/2。我国的北京、天津、上海、浙江、福建、广东等地的人均耕地面积已经低于联合国公布的 $0.05hm^2$ 警戒线水平。

表 3-5 我国 1998～2007 年耕地减少结构表（10^4hm^2）

年份	耕地减少	建设占用	生态退耕	结构调整	灾毁	耕地增加	净减
1998	57.00	16.50	17.60	7.00	16.00	30.90	26.10
1999	84.20	20.50	39.50	10.70	13.50	40.50	43.70
2000	156.60	16.30	76.30	57.80	6.20	60.40	96.20
2001	83.00	16.40	59.10	4.50	3.10	20.30	62.70
2002	202.70	19.70	142.60	34.90	5.60	26.10	176.70
2003	284.80	22.90	223.70	33.10	5.00	31.10	253.70
2004	114.60	14.50	73.30	20.50	6.30	34.60	80.00

续表

年份	耕地减少	建设占用	生态退耕	结构调整	灾毁	耕地增加	净减
2005	66.83	21.21	39.04	1.23	5.35	30.67	36.16
2006	67.40	25.90	33.90	4.00	3.60	36.70	30.70
2007	23.65	18.83	2.54	0.49	1.79	19.58	4.07
合计	1140.78	192.74	707.58	174.22	66.44	330.85	809.93

注：数据源自国土资源部网站

2. 耕地整体质量差　我国不仅人均耕地资源少，而且现有耕地总体质量不高，优质耕地仅占全国耕地的 28%，主要分布在我国的东南地区，而这一地区恰恰是建设活跃、占用土地资源较多的地方。我国大部分耕地水土流失、土地沙化、农田污染现象严重。我国约有 30% 的耕地受水土流失的危害，有 606.7 万 hm^2 耕地坡度在 25°左右，大部分耕地缺乏足够的水源保证，且在干旱半干旱地区有 40% 的耕地严重退化。由于不合理的施肥、过度使用农药，农用地膜的残留的影响，以及受到工业"三废"、酸雨等危害，全国土壤有机质含量平均水平已降至 1.0%，明显低于欧美国家的 2.5%～4% 的水平。

3. 后备资源不足，开发利用难度大　我国耕地后备资源严重不足。全国耕地后备资源潜力仅有 1333 万 hm^2，其中通过整理、复垦和开发补充耕地的潜力分别为 600 万 hm^2、153.3 万 hm^2 和 586.7 万 hm^2。而且后备耕地资源大多分布在水土光照条件不好的地方，大规模地开垦坡地，不仅造成森林覆盖率下降和主要水源地破坏，而且裸土环境下土壤侵蚀增强，水土流失、滑坡灾害加剧，地表植被退化、荒漠化加剧，易引发严重的生态环境问题。同时，土地复垦成本高，而且复垦出来的土地多不适宜耕种，因此补充耕地的潜力非常有限。我国土地垦殖率在世界上处于比较高的水平，较世界土地垦殖率高 12%，进一步提高耕地资源利用程度的空间十分有限。

（二）我国耕地资源严峻态势的原因

1. 农村集体土地所有权产权不明　农村集体土地所有权制度的合理与否是决定耕地能否得到保护的关键。《中华人民共和国土地管理法》第 9 条规定：农村和城市郊区的土地，除由法律规定属于国家所有的以外，属于农民集体所有。对集体所有的解释，《宪法》没有具体界定，笼统界定为集体所有。《民法通则》界定为乡（镇）、村两级所有；《农业法》和《土地管理法》则界定为乡（镇）、村或村内集体经济组织所有。我国土地产权不明加大了我国耕地保护的难度。由于耕地所有权主体不明确（农村土地所有权归集体所有），耕地使用权不稳定（耕地可能随时被政府以各种名义征用），农民的权利常常被排除在耕地非农化过程之外，造成土地保护和监督上的乏力，大量耕地资源被占用。

2. 建设用地不断增加　随着我国工业化、城市化的发展，工业、商业、交通及房地产等其他经济类型与社会福利迅速发展，其用地需求日增，造成大量耕地被占用、被浪费。布局于城镇及村落周边、平原、盆地等人类活动中心地带的耕地，无可避免地优先被占用，耕地的生产功能丧失。仅"十五"期间，全国新增建设用地 219 万 hm^2，建设共占用耕地 109.4 万 hm^2。截至 2006 年 10 月 31 日，全国建设用地 3233 万 hm^2，年度建设用地增加 51.39 万 hm^2，其中，当年新增建设用地 32.87 万 hm^2。

3. 违法用地、执法不严　一是通过修改土地总体利用规划，规避国家法律。按照规定，占用基本农田必须报国务院批准，但是，一些地方为了规避这一法律规定，频繁进行土地规划的调整或修改，成为土地违法中的一个突出问题。二是“以租代征”禁而不止，打政策“擦边球”。法律规定：省级以上政府才有征地和农用地转用的审批权，其中征收涉及基本农田或基本农田以外的耕地超过 $35hm^2$ 的及其他土地超过 $70hm^2$ 的，都必须由国务院批准。但一些地方政府以租赁为名，行强征之实，变相圈占耕地，违法案件屡禁不止。虽然国家采取各种措施制止违法用地，但在2006年当年建设占用耕地中，未批先建的仍高达3.67万 hm^2，占当年建设用地总量的1/5。

4. 生态退耕还林、还草　生态退耕还林、还草本是利国利民具有深远意义的重要战略举措，对于保持水土、涵养水源、提高粮食单位产量等都有重要意义。据国家林业局公布的统计数据显示，退耕还林工程从1999年实施以来，截至2005年底，全国累计完成退耕还林任务2293万 hm^2，其中退耕造林900万 hm^2。2006年全国耕地共减少67.4万 hm^2，净减少了30.70万 hm^2。生态退耕是造成耕地减少的主要因素，达33.9万 hm^2。国土资源部有关人员指出，在影响耕地数量的四大因素（建设占用、灾毁、生态退耕、农业结构调整减少耕地）中，退耕还林已经成为影响耕地保护的最主要因素之一。

5. 耕地质量下降　一是水土流失。我国约有30%的耕地受水土流失的危害，每年损失的土壤有机质及氮、磷、钾营养元素分别为 2.7×10^7t、5.5×10^6t、6.0×10^3t 和 5.0×10^6t。水土流失的发生不仅导致耕地产量低，而且水土流失的发生直接导致生态环境的破坏和恶化，威胁到群众的生活和生存条件。二是耕地荒漠化、沙化现象严重。根据《2005年中国荒漠化和沙化状况公报》，截至2004年全国荒漠化土地总面积为 $2.64\times10^6km^2$，占国土总面积的27.46%，全国沙化土地面积为 $1.74\times10^6km^2$，占国土总面积的18.12%，沙化耕地为 $4.63\times10^4km^2$，占沙化土地总面积的 2.66%。耕地沙化导致土壤抗风蚀的能力降低，养分含量的降低，土壤更容易发生干旱，对农业生产造成危害。三是耕地污染。耕地污染一方面是由于工业“三废”造成的。据统计，我国耕地因重金属而造成污染的面积接近2000万 hm^2，约占耕地面积的1/5。据报道，仅湖北省受工业“三废”污染的农田面积已达53.33万 hm^2，每年造成直接经济损失近10亿元。另一方面，由于在农业生产中大量使用农药、化肥，对耕地造成严重的危害。

（三）耕地资源可持续利用的对策与措施

保护耕地数量和提高耕地质量，对于农业生产、社会稳定与可持续发展至关重要。党的十六届三中全会提出“实行最严格的耕地保护制度”，对于贯彻落实“珍惜、合理利用土地和切实保护耕地”的基本国策，保障国家粮食安全，具有重大战略意义。为切实保护好耕地，维持我国的长远发展，必须从如下几方面着手，保护耕地，实现耕地的可持续利用。

1. 加大宣传力度，提高人们的耕地保护意识　可通过电视、广播、报纸等大众媒体多途径、宽渠道广泛深入宣传《农业法》、《土地法》、《基本农田保护条例》等与耕地保护有关的法律、法规，保护耕地对耕地可持续利用、人类可持续发展具有的重大现实意义，让大众明白耕地是人类之母，是有限资源，意识到当前耕地保护是关系到自己切身利益的大事。

2. 加大执法力度，加强耕地监管　第一，应加大对国土管理干部的培训力度，提高管理干部的素质，以便及时发现、研究和处理耕地利用与保护中出现的新情况、新问题和对耕地违法现象进行严格执法，促使国土管理干部成为合格的“国土卫士”。第二，国家进一步加强对耕地资源的统一管理，依法管理耕地，特别是要切实保障基本农田，防止出现建设用地审批不严，乱占滥用，破坏耕地和不批就用、多批少用、少批多占等违法违规行为的发生。第三，对潜在的污染企业进行整改，防止耕地污染事件的发生，同时加大对耕地污染事件的查处力度。

3. 改革征地制度，完善征地程序

（1）强化土地利用规划。各级政府都要制定土地利用规划，强化规划对建设用地总量的控制，把对耕地占用规模限制在规划数量、范围之内，严禁随意占用耕地行为的发生，因经济、社会发展确需调整规划，占用规划外耕地的，必须按法定程序进行；国家重点建设也应尽量节省用地，减少对耕地的征用。同时减少非生产性建设项目占用耕地的审批。

（2）提高征用补偿标准。在征用耕地时，对农民补偿费用少，征用成本低，一些企业特别是小部分资金实力雄厚的大企业和私营老板，看到了土地市场的增值潜力后，在各地巧立名目，变相圈地，形成增值分配的不合理，这更进一步促进了变相圈占耕地的现象发生。

4. 加大投入，提高耕地质量

（1）合理利用耕地，提高耕地肥力。农业生产资料中的耕地只要使用得当，肥力可以不断提高，其他生产资料如机器设备等则相反，在使用过程中无论怎样爱惜，都会逐渐磨损、陈旧以致报废。作为耕地，只要合理利用，大力推广保护性耕作技术、秸秆还田技术、平衡施肥技术、施用有机肥、轮作、种植绿肥等，即可不断培肥土壤肥力。所以，应调整种植业结构，因地制宜发展生产，提高耕地的产出效益；与此同时，增加投入，加强中低产田的改造。

（2）改善耕地环境，提高单位面积产出。在当前科学技术水平下，农业生产很大程度上取决于自然条件。改善耕地环境的途径：一是通过植树造林、禁止乱砍滥伐等保护自然资源来改善生态环境，防止水土流失，减少自然灾害的发生频率；二是通过加强水利基础设施建设，如排灌沟渠硬化、增加排灌设施等，提高防御自然灾害的能力。

5. 加大复垦力度，增加耕地资源　把全国可以利用的土地资源都因地制宜地充分利用起来，有计划地开垦荒地，变宜垦地为耕地，提高土地垦殖率，从而减缓因城镇建设、国家重点建设等对耕地征用带来的耕地下降速度。当然，垦荒是改造大自然、利用大自然的活动，必须按客观规律办事，防止加重水土流失等生态恶化现象的发生。要先对荒地资源进行综合性考察和深入研究，然后科学确定利用方向和分期分批的开发利用方案，在垦荒过程中还应注意投资的经济效果。

三、农业生物资源保护与利用

（一）生物资源概述

生物资源是自然资源重要组成部分，是维持生态系统正常运转、维护生态平衡的核心要素。同时，生物的多样性对于保持水土、涵养水源、调节气候、美化环境及人类的可持续发展都具有十分重要的意义。

1. 生物资源的概念　生物资源是指为人类生活直接或间接提供食物来源及其他效益的生物的总称，也泛指地球上对人类具有现实或潜在价值的动物、植物、微生物等各类物种。它包括人类所认识的、尚未认识的及正在形成的所有有价值的生物。同时，随着人类社会的发展与科技进步，生物的许多潜在价值将被进一步挖掘与利用。据估计，全球现有生物物种500万～5000万种，而实际描述和定名的仅有140万种。

2. 生物资源的分类　生物资源的分类方式较多，依据不同，划分方式各异。

（1）按照生态功能差异，可分为植物资源、动物资源和微生物资源。在植物资源中又可以群落的生态外貌特征划分为森林资源、草原资源、荒漠资源和沼泽资源等；动物资源按其类群可分为哺乳类动物资源、鸟类资源、爬行类动物资源、两栖类动物资源及鱼类资源等。

（2）按照生态类型差异，可分为森林生物资源、草原生物资源、沙漠生物资源、湿地生物资源、海洋生物资源、内陆水域生物资源。

（3）按照人类利用方式，可分为食用类生物资源、药用类生物资源、工业用生物资源、保护和改造环境类生物资源、珍贵特产生物资源、有益生物资源、观赏生物资源、实验动物资源、天敌生物资源等。

（二）生物资源多样性面临的问题

随着人类社会的不断发展，全球生态系统也发生了巨大变化，特别是区域和全球生物多样性的消失，不仅大大加速了物种的灭绝，同时还造成种群、群落、生态系统、景观和全球水平基因和功能多样性的消失。生物多样性大范围的下降很大程度上是由于栖息地的改造和破坏、大量外来种的侵入和过度开发等人为因素造成的。

一个地区，生物多样性减少或丧失的直接原因可概括为如下几方面：一是自然栖息地的侵占和人为隔离（片断化）；二是野生动植物资源的过度开发；三是外来种的侵入；四是土壤、空气和水污染；五是气候变化；六是工业化农业和林业。由于人类活动，改变了局部地区和全球环境，导致全球气候变暖、生态系统稳定性下降和严重的环境污染。另外，人类为了扩展农田、建设都市和道路，破坏了大量的自然栖息地。因此，生物多样性的丧失的根本原因在于人类，包括人口的增加、人类自身生态位的拓宽、人类对生物产品占有量的不断增加，以及对自然资源的过度消耗等。

（三）农业生物资源的保护与利用

生物资源保护的实质就是保护生物资源的多样性。而生物多样性的丧失极大程度地降低了生物资源的可持续利用能力，造成人类生存和发展所必需的自然资源不可估量的损失。生物多样性的巨大价值及其对人类未来社会的发展重要性迫使人类采取积极措施保护丰富的动物、植物和微生物资源，努力寻求既能满足人们对生物资源的需求，又能维持地球上生物资源的可持续利用的模式。生物多样性的保护是人类与各种生命形式和生态系统的相互作用的管理，目的是为使它们向当代人提供最大的利益，并保持满足后代需求的潜力。

1. 建立保护区，实行生物多样性的就地保护　就地保护（即原生境保护）主要是通过区域的生物区系调查和分析，确定不同区域的生物多样性中心，建立自然保护区、国家公园、禁猎区等，通过保护生态环境的办法来保护生物多样性。保护区选址的原则是：一是生物多样性代表的物种种类比较丰富的区域；二是生物特有种多的区域；三是保存完好的、具有特殊生态系统类型的区域。

2. 生物多样性的迁地保护　迁地保护（即非原生境保护）是就地保护的补充和完善，是生物多样性保护工作不可缺少的方法和手段。它主要是通过动物园、植物园（树木园）、野生生物繁殖或繁养中心、种子库来完成。

3. 建立生物多样性保护网络　中国已于1992年签署加入了《生物多样性公约》。根据公约，政府承担保护和可持续利用生物多样性的义务，政府必须发展国家生物多样性战略和行动计划，并将这些战略和计划纳入更广泛的国家环境和发展计划中。

4. 生态系统的恢复和重建　保护生物多样性不仅包含对野生种的保护，也包含对栽培和驯化种及其野生亲缘种的遗传多样性的保护，还包括各种生物栖息地和生境的稳定。对受损的生态系统进行恢复和重建，维持丰富的自然生物所提供的人类生命支持系统的稳定，同时科学开发和合理利用社会发展所必需的生物资源，是人类生存和可持续发展的重要保障。

四、农业水资源保护与利用

农业水资源在我国农业经济发展中发挥着极其重要的作用，农业水资源可持续利用是农业可持续发展的前提。我国水资源相对短缺，随着社会经济持续稳定的发展，城市化进程的不断加快，工业用水和生活用水将会呈现上升的态势。在用水总量有限的条件下，农业用水量将出现零增长或负增长。如何化解我国农业水资源短缺矛盾，实现农业水资源的可持续利用，已成为我国农业可持续发展面临的主要问题。

（一）农业水资源利用现状与问题

1. 我国农业水资源利用现状　新中国成立后，全国农业用水量随着灌溉面积增加而迅速增长。农业用水量受气候等因素影响上下波动，但 20 世纪 90 年代中期以后总体上呈现稳中略降的态势，2009 年全国农业用水量达到 3723.1 亿 m^3，比 1997 年降低 5.02%。尽管我国农业用水量占总用水量比例呈下降的态势，但仍然保持在 60% 以上。通过区域农业用水量变化比较，东部地区农业用水量下降幅度大于中西部地区。2009 年东部地区农业用水量达到 1193.3 亿 m^3，比 1997 年下降 12.22%；中部地区农业用水量为 1144.2 亿 m^3，同比减少 6.15%；而西部地区农业用水量达到 1385.6 亿 m^3，比 1997 年增长 3.31%，占全国农业用水量的 37.22%。

2. 我国农业水资源利用中存在的主要问题

（1）部分地区农业水资源实际利用量超过可持续利用量。目前，尽管全国基本实现灌溉用水总量零增长，但农业发展仍受到水资源短缺的约束。辽宁、上海、山东、江苏、北京、河北、天津、黑龙江、河南、山西、甘肃、新疆和宁夏等省（直辖市、自治区）的农业水资源利用压力指数大于 1，农业水资源开发利用率均已接近国际上公认 40% 的警戒线，即这些地区的农业水资源实际利用量均已趋近于水资源最大利用量，农业水资源开发利用的难度越来越大。

（2）农业用水效率损失较大。我国农业灌溉用水效率总体水平略高于发展中国家，但低于发达国家。国际水资源管理所的研究表明，发展中国家地表水利用效率平均为 30% 左右，发达国家地表水利用效率高达 70%～80%。我国地表水利用效率约为 40%，黄河流域中游地区可达到 60%。一般发展中国家地下水利用效率比地表水利用效率大约高 20%，而我国则高 30%～40%。由于供水基础设施长期得不到维修更新、渠系完好率低、工程配套差、灌溉方式粗放等问题，渠道灌溉区用水效率仅为 30%～40%，机井灌溉区也只有 60%，单方水生产粮食的能力仅为 1kg，一些发达国家则达到 2kg 以上。我国有近 60% 的灌溉水资源在输水、配水和田间灌水过程中被损失，农业灌溉节水潜力很大。

（3）水资源密集型农产品所占比重较大。我国农业生产对灌溉的依赖性较强，全国 2/3 以上农产品是由占耕地 1/2 的灌溉耕地生产的。多年以来，全国水资源密集型农作物播种面积占整个农作物播种面积的比重连续超过 50%。2009 年全国农产品种植结构中，包括耗水量较大的水稻、小麦等粮食作物播种面积为 10 898.6 万 hm^2，比 2000 年增加 52.3 万 hm^2，占农作物总播种面积的 68.70%；而耗水量较小的棉花播种面积为 495.2 万 hm^2，比 2000 年增加 91.1 万 hm^2，占总播种面积的 3.12%；油料播种面积为 1365.2 万 hm^2，比 2000 年减少 174.8 万 hm^2，占农作物总播种面积的 8.61%；糖料播种面积为 188.4 万 hm^2，占总播种面积的 1.19%；蔬菜种植面积为 1841.4 万 hm^2，占总播种面积的 11.61%。

（二）我国农业水资源可持续利用途径

1. 实行农业水资源的宏观总量控制和微观定额管理　区域农业水资源合理配置与利用必须通过行政手段与经济手段共同作用，实施政府调控、市场引导、公众参与的运行机制。凸显政府规制的作用，建立有效的取水许可总量控制体系。提高终端用水效率，减少水量消耗，取得节约水量的效益。推进末级渠系水价改革与供水管理体制改革，规范农业供水行为，使灌溉管理制度中各行为主体相互协调，实现各行为主体之间关系的整合。减少不合理需求，实现高效用水的节水激励机制，进而提高灌溉水资源的综合利用率，确保农业水资源的有效供给，提高农作物单位面积产量，以更少的农业用水实现更大的区域经济增长。

2. 保障农业节水技术体系的推广和升级　政府应确保包括灌溉技术、雨水集蓄和农艺技术等在内的农业节水体系的实施，注重提高输配水技术、田间节水灌溉技术水平，增强技术的深度分析配套性和集成性。推广先进节水工艺、技术、设备和产品，开展渠道防渗、管道输水和田间节水工程建设，进一步研究推广更经济、适用的节水栽培技术。在农业用水量零增长、耕地和灌溉面积总体上不增加的条件下，稳定提高农业综合生产能力。

为鼓励农民购买低耗水灌溉设备，提高用户更新改造灌溉系统的积极性，可制定相应的政策：①通过水费体制进行鼓励，如向安装使用低耗水设备的农民采用加速折旧或水费赊欠的办法。②通过对购买改进的用水系统实行优惠或补贴的办法来鼓励，如政府给予农民补贴或以优惠价提供设备。③还可以对购买改进灌溉设备的农户实行低息贷款，以鼓励采用低耗水灌溉系统等。

3. 改善区域农业产业结构和农作物种植结构　以水资源禀赋为依据，在区域层次上进行农业产业结构调整，增大节水型农业所占的比例，在农业产业部门层次上促进用水效率提高。在农业生产力布局层次上限制耗水量大的农作物发展，应大幅度压减水稻、小麦等高耗水作物种植比例。在对经济效益不产生严重影响的情况下，选择耗水量较低的作物种植（如花生、向日葵、高粱、蔬菜等）来替代上述高耗水作物，以促使作物种植方式和种植结构的变化，从而减少作物需水量。同时，加强作物品种改良，积极培育耐旱的优质高效农业品种或发展雨热同期作物。注重发展高附加值的农作物，减少因使用节水灌溉设备而增加的成本压力，提高农业经济效益。

4. 充分利用水市场，改进各部门的用水量分配　在国家对水资源拥有所有权的前提下，可以逐步放开使用经营权，将水权中的所有权和使用权剥离，把农业水资源使用权（用水权）纳入市场。水市场可在同一个水管区或灌溉区内的用水户之间和不同水管区的用水户或用水户协会之间两种水平上运作。水市场交易中，给放弃用水者补偿，这为水资源的高效利用提供了激励机制。

在政府统一管理水资源的前提下，水资源使用者通过取水许可等法定程序有偿取得水资源使用权，并在法定的范围内有偿转让。按照市场规则进行运作，通过认购水权、转让水权等方式，水资源将会配置到效益高的地方，进而提高水资源的利用效率和使用价值，并保证水资源长期稳定的供给。

5. 引导用水户参与灌溉管理，提高农业用水效率　在实施农业节水体系的实践中，需开展社区用水的能力建设，引导利益相关者参与。用水户参与灌溉管理的基本组织形式为“灌区专业管理机构+用水者协会+用水农户”的模式。即骨干工程归灌区专管机构管理，支渠或斗渠以下归用水者协会管理。用水者协会以灌溉农户为基本会员，为其提供有效的农业用水服务，提高农业用水效率，促进区域农业稳产高产。用水者协会具体负责末级渠系的水量分配、水费计收和渠系工程维护管理等。用水户在协会的框架内，民主协商灌水事务，确定灌溉系统维护出工、水费收支等合理分摊，充分发挥全体用水户民主决策、民主管理、民主监督的作用。

五、农业资源可持续利用的途径

纵观整个农业发展历程，人类所有的农业资源利用活动都带有明显的目的性，即从不同地区自然资源的基本条件出发，依据一定的经济和科学技术对其加以开发，以满足不同阶段、不同层次的社会需求，从而形成了类型繁多、各具特色的利用方式和途径。而不同的利用方式和途径，对农业资源的利用效果却不尽相同，对资源的保护和可持续性影响也大相径庭。因此，确立各地实际的农业资源可持续利用模式与途径，对于提高农业投入效率和农业综合生产力，促进经济高效、环境优良、生态可持续农业发展具有重要作用。

（一）发挥人的主观能动性和创造性

根据我国人多地少、人均资源紧缺的实际国情，应扬长避短，发挥人力资源等社会资源的优势，开发人的科技与知识素质，尽快转向生态环境建设、整治国土资源环境、抗洪抢险救灾，重点治理水土流失、土地退化、荒漠化和山区贫困等。例如，对农业过剩劳动力、下岗转业人员进行技术培训，组成各种专业队伍用于整治国土、生态环境建设。在生态脆弱地区种树种草，治理水土流失，防治风沙危害；在山区加大坡地改梯田力度，扶持贫困山区建设基本农田，改变生产条件以消除贫困，则既能改善生态环境，开辟新资源，扩大资源利用，提高农业生产能力，又有利于充分就业，把充分利用劳动力资源与改善生态环境的需要结合起来。此外，还可组织劳动力充裕地区劳力到境外地多人少地区务农，实行资源互换互补，扬长避短，提高资源总体利用率和效益。

（二）缓解资源稀缺性问题

（1）实行技术革新与技术进步，推动自然资源储量的新发现和利用规模与效益的提高。用新技术促进资源集约、合理开发利用，在生产过程中尽可能以量多、价廉资源替代量少、价昂的资源，推动生产规模的扩大。

（2）面对当前农产品的国际竞争，利用国际国内两种资源和两个市场，优化资源配置。依据比较利益原则，发展适应世界市场需求、适销对路、科技含量高、质优价廉的本国优势产品和产业，实行专业化、集约化、规模化、现代化生产，以提高我国资源总体利用水平和效益。

（3）推进资源重复利用、综合利用，提高农业综合开发水平。为适应今后农业发展阶段性变化，在农业资源综合开发利用上要相应实行以下两个转变：一是由以改造中低产田和开垦宜农荒地相结合，转到改造中低产田为主，尽量少开荒或不开荒，把提高农业综合生产力与保护生态环境结合起来；二是由以增加农产品产量为主，转到积极调整结构，依靠科技进步发展优质高产高效农业上来。

（4）运用科技、经济手段扩展各种农业自然资源内涵和外延的利用。如开发有生态经济价值的“四荒”资源（即荒山、荒沟、荒丘、荒滩）和滩涂资源、山区林牧业资源，以及具备开发现实条件并具有远景战略意义的海洋农业资源、沙漠农业资源等，用以扩大稀缺性大的耕地、水资源的可替代率。

（三）发展高效生态农业或“集约持续农业”

要在保护和改善资源、环境条件的基础上，实现资源节约和集约高效利用，以取得最佳经济、社会和生态综合效益，保证资源永续利用和经济社会可持续发展。由于农业生产的区域性特点，要做到因地、因时制宜合理利用资源，就不能固守一个模式；所选用的技术，也应是适用技术与高新技术相结合，当地经验与外来先进技术相结合。纵观已有的成功做法，大都侧重于应用以下几项主要生态规律：①共生规律。发展豆科植物与根瘤菌共生、稻田养鱼、蜜蜂传播花粉优化良种，以及多种间作、轮作、套种栽培制度等。②伴生规律。利用各种农作物的主产品、副产品，发展产品加工业、副业。③互生规律。调整和优化农、林、牧、渔、副各业生产结构。④序生规律。如我国南方发展桑（蔗）基鱼塘、草基鱼塘等。⑤再生规律。利用再生资源的“自我建造”、“自我修复”、“自我调节”功能，以调节生物与环境的关系，保持生态平衡，实行“用、养、管结合”，以实现资源可持续利用，达到增产增收。

（四）深化农业资源区划工作

目前，我国农业资源区划工作已进入跨世纪扩大改革开放、实施可持续发展战略的新时期。为加强国土资源持续利用，促进全国经济社会可持续发展，应在全国生态环境建设规划和农业与农村可持续发展（SARD）试验研究的基础上，充分利用已有研究成果，有重点地深入开展国土资源整治和生态环境区划与农业可持续发展区域规划，为分区建设农田保护区和建设大型优势粮棉、饲料、果蔬生产基地，发展节水农业等资源利用模式和生态农业模式提供科学依据，从而推动全国资源利用和生态环境建设，加快农业和经济社会可持续发展。

第三节　气候变化与农业生产

人类活动造成的全球变暖、土壤退化及沙漠化、生物多样性被破坏、酸雨等全球及地区性问题严重影响着人类的生存和发展，当然也会影响农业的发展。为了解决“全球变化”问题，国际社会制定了《气候变化框架公约》、《保护生物多样性公约》和《防治荒漠化公约》。减缓全球性环境问题的压力，建立可持续发展的农业体系，已成为世界农业发展的一种趋势。

一、全球气候变化的起因及趋势

（一）全球气候变化概念及原因

全球气候变化（global climate change）是指在全球范围内，气候平均状态统计学意义上的巨大改变或者持续较长一段时间（典型的为 10 年或更长）的气候变动。气候变化的原因可能是自然的内部进程，或是外部强迫，或是人为地持续对大气组成成分和土地利用的改变。

在地质历史上，地球的气候发生过显著的变化。1 万年前，最后一次冰河期结束，地球的气候相对稳定在当前人类习以为常的状态。地球的温度是由太阳辐射照到地球表面的速率和吸热后的地球将红外辐射线散发到空间的速率决定的。从长期来看，地球从太阳吸收的能量必须同地球及大气层向外散发的辐射能相平衡。大气中的水蒸气、二氧化碳和其他微量气体，如甲烷、臭氧、氟利昂等，可以使太阳的短波辐射几乎无衰减地通过，但却可以吸收地球的长波辐射。因此，这类气体有类似温室的效应，被称为“温室气体”。温室气体吸收长波辐射并再反射回地球，从而减少向外层空间的能量净排放，大气层和地球表面将变得热起来，这就是“温室效应”。大气中能产生温室效应的气体已经发现近 30 种，其中二氧化碳（CO_2）起重要的作用，甲烷（CH_4）、哈龙化合物（CFCs、HFCs 和 PFCs）和氧化亚氮（N_2O）也起相当重要的作用。从长期气候数据比较来看，在气温和二氧化碳之间存在显著的相关关系。目前国际社会所讨论的气候变化问题，主要是指温室气体增加产生的气候变暖问题。

工业革命以来，由于人类活动加剧，人类对环境的影响日盛，特别是大气中温室气体浓度迅速上升，如 CO_2、CH_4、N_2O 及 CFCs、HFCs、PFCs 等，从而导致全球气候发生变化，气象灾害增多，农业生产环境恶化。化石能源燃烧是最主要且由人为活动造成的排放源，其他主要温室气体排放源还包括农业生产、土地利用变化（如毁林开荒）、工业生产、垃圾填埋及制冷与溶剂使用等。CO_2 是大气中最主要的温室气体，对全球变暖的贡献为 64%，其次是 CH_4。表 3-6 列出了这些温室气体在大气中浓度的变化、对全球变暖的贡献及主要排放源。从当前趋势看，表中各类温室气体还将继续增加，至 2050 年，CO_2 浓度预计达到 0.512ml/L，CH_4 浓度增加到 2.84×10^{-3}ml/L，N_2O 浓度增加到 0.377ml/L。

表 3-6　温室气体的浓度变化、对增温的贡献及主要排放源（林而达，2000）

气体种类	1975～1996 年的浓度增长率/%	对全球变暖的贡献/%	主要排放源
CO_2	30	63	化石燃料燃烧、毁林与土地利用变化、水泥生产
CH_4	145	15	能源生产和利用、动物、稻田、污水、垃圾填埋
N_2O	15	4	肥料使用、清理土地、己乙酸生产、生物质燃烧和化石燃料燃烧
HFCs	—	11	制冷、空调和化学工业
PFCs	—		铝生产
六氟化硫（SF_6）及其他	—	7	高压电器制造

注：“—”表示缺少数据

（二）未来全球气候变化的趋势与特点

未来中长期全球气候变化可能呈现整体变暖、局部降温的趋势。全球平均气温和海温升高，大范围积雪和冰融化，从全球平均海平面上升的观测中可以看出气候系统变暖是明显的，已观测到的积雪和海冰面积减少也与变暖相一致。从世界各国气候模式最新的预估结果来看，未来升温趋势可能延续。但预估结果同时显示，全球变暖并不是意味着每个地区都普遍升温，不排除某些区域会出现降温。

1. 全球变暖与温室效应正向相关、相互作用　1992 年，《联合国气候变化框架公约》指出，人类活动已大幅增加大气中温室气体的浓度，这种增加增强了自然温室效应，将引起地球表面和大气进一步增温。21 世纪的长期气候变暖受到温室气体排放量的强烈影响，碳循环效应使气候变暖与温室效应相互强化。一般而言，温室气体排放量越多，则气候变暖越严重。全球变暖使自然过程去除大气中多余温室气体的能力减弱；气候变暖会使更多排放出的温室气体滞留在大气中，加速全球变暖，这是碳循环中的一个重要的正反馈效应。当然，除了温室气体，引起气候变化的还有其他因素，如气溶胶浓度、地表覆盖率和太阳辐射的变化都会改变气候系统的能量平衡，从而对气候施加影响。

全球气候增温幅度与温室气体排放量紧密相连。在2007年IPCC评估报告所设想的六大排放情景中，即使按照最严格的排放情景考虑，2020年全球温室气体排放量也将继续增长。在一系列《IPCC排放情景特别报告》（SRES）排放情景下，预估未来20年将以每10年大约升高0.2℃的速率变暖。全球平均地表温度预计到2100年将升高1.8～4.0℃。具体升高情况将取决于未来几十年中减排行动的成效。世界气象组织（WMO）发布的《WMO温室气体公报（2010年）》指出，2010年全球大气二氧化碳、甲烷和氧化亚氮等温室气体的浓度，再次突破有观测记录以来的最高点，其中二氧化碳浓度比工业革命前增加了39%，2009～2010年的增幅高于过去10年的平均增幅，氧化亚氮对全球变暖的作用已上升到第三位。

2. 区域气候更加复杂，极端气候此起彼伏 据世界气象组织2011年11月发布的2011年全球气候报告，在全球变暖的大背景下，2011年全球多处发生了极端气候导致的灾害，其中主要包括欧洲春季大旱，非洲东部“旱涝急转”，东南亚、南亚和中南美洲暴雨洪涝灾害，巴西的洪水和泥石流灾害等。已经发生的极端气候事件还包括：泥炭地燃烧浓烟笼罩莫斯科；巨大的冰岛从格陵兰岛冰盖分离；巴基斯坦、泰国洪水等。未来随着全球气候继续变暖，全球可能更频繁地面临过去多年才一遇的极端天气。主要因为：气候变暖后，陆地和海洋表面的蒸发蒸腾量增加，大气中水汽含量增加，从而加大水循环的强度，即大气中可容纳的水分增多，加剧降水强度；气候变暖也将继续改变地球的热量平衡，导致大气环流出现异常。

3. 气候变化具有空间与时间上不平衡的特点 就区域性影响而言，未来的气候变化形式将类似于过去50年来观测到的气候变化形式（例如，陆地比海洋升温快），只是变化的幅度将比以往更大。最剧烈的气候变化可能会发生在极地地区，包括高纬度地区土壤温度的显著上升、冻土层融化深度的增加和北极盆地夏季海冰的大量减少等。在纬度较低的地区，将可能出现更为强烈的热浪、降雨和更为强烈但可能频率有所下降的飓风与台风。由于气候系统对大气温室气体浓度的反应具有滞后性，因此大约有一半近期的增温将影响到未来的变化。

4. 气候变化可能呈现稳定性与突变性并存的特点 长期来看，未来气候变化呈现一定稳定性，但局部又有一定突变性。模拟结果表明，当温室气体排放率大于或等于当前排放率时，气候变化很有可能比20世纪观测到的还要剧烈。即使立即减少温室气体排放量，将温室气体浓度维持在目前水平，气候变化也将持续几个世纪。气候变化的这种“惯性”，源于许多种因素的共同作用。例如，海洋的热容量，以及大气环流达到新平衡所需的上千年时间（只有这样才能将大气中的热量和二氧化碳与整个深海均匀混合，从而在新条件下达到新的平衡）。有学者认为，地球正发生气候突变，表现为全球温度大幅快速升降、全球性气候异常、灾害天气增多等。因此，不排除未来气候继续突变的可能性。

据美国一项最新研究成果显示，全球变暖可能会加剧全球降水分布不平衡，其中多雨地区降雨会更多，干旱地区将更干旱。美国航天局戈达德航天中心的研究人员通过对14种气候模型进行电脑模拟分析，测算出全球变暖对降雨模式的影响。该研究显示，全球气温每升高1° F[①]，全球无雨时间将增加2.6%。在北半球，受影响最大的包括美国西南部、中国西北部、巴基斯坦和北非、中东等干旱地区；在南半球，南非、澳大利亚西北部、巴西东北部及中美洲沿岸地区等，可能会面临更多干旱。

① 1° F ≈−17.22℃

二、气候变化对农业生产的影响

（一）作物生产布局与种植结构的变化

中国农业种植结构的空间分布主要是由自然条件决定的，而其分布的变化除了受经济行为的影响外，主要受气候变化影响。根据气候变化对种植结构的影响分析，建立了1951～2010年年平均气温标准差和年降水量距平百分率与粮经比的二元线性回归方程，其相关系数为0.754，存在显著相关，气候变化对种植结构的影响显著。进一步分析发现，1951～2010年粮经比与年平均气温标准差的相关系数为0.813，种植结构与年平均气温极显著相关。可见气候变化中年平均气温变化对种植结构影响很大。

气温升高增加了各地的农业热量资源，促进了复种指数增加和农业气候带向北向西推移（表3-7）。气候变暖使各地的潜在生长季有所延长，≥0℃积温有所增加，双季稻种植北缘由原先的28°N推进到31°N～32°N地区，稻麦两熟由原先的长江流域推进到华北平原的北缘（40°N）；华北地区两年三熟制已改为冬小麦-玉米一年平播两作；我国冬小麦种植北界（长城沿线）与我国20世纪50年代所确定的冬小麦种植北界（长城沿线）相比，从大连（38°54′ N）推移到了抚顺-法库-彰武一线（42°30′ N），北移了近4个纬度，这些导致我国复种指数逐年增加，有效地促进了粮食增产。

表3-7　2050年中国种植制度分布面积的可能变化（%）（姜会飞和郑大玮，2008）

熟制类型	当前气候（1951～1980年）	2050年气候	可能变化
一年一熟区	62.3	39.2	−23.1
一年两熟区	24.2	24.9	+0.7
一年三熟区	13.5	35.9	+22.4

随着热量增加，喜温作物播种面积比例增加。我国气候变暖最为显著的区域东北三省1980年水稻面积仅84.88万hm^2，2002年水稻面积达278.69万hm^2。在20年内，面积增加193.81万hm^2，2000年水稻面积占全国水稻面积的9.88%，总产占全国水稻总产的9.72%。甘肃省因气候变暖使喜热作物棉花和玉米的种植面积迅速扩大，棉花种植海拔高度提高100m，其主产区河西走廊的种植面积比20世纪80年代扩大了7倍，喜温作物玉米、谷子等作物种植面积也有所扩大，复种指数提高。气温增加明显，越冬作物冬小麦、冬油菜西伸北扩，冬小麦的种植海拔高度超越2000m。

我国北方干暖化趋势明显，南方洪涝灾害频发，不同地区的种植制度也随之发生变化。甘肃近些年玉米及马铃薯种植面积有所增加，小麦播种面积有所下降，是农民适应干暖气候特点而自觉调整了作物种植比例；甘肃省中部半干旱地区，干旱灾害发生频率非常之高，小麦产量低而不稳，而耐旱作物糜、谷、马铃薯、胡麻、豆类等作物的种植面积迅速扩大。在洪灾胁迫下，地跨湖南和湖北的两湖平原，通过发展早熟早稻品种与迟熟晚稻组合搭配错开洪涝高峰期，部分实现了农业避洪减灾。

（二）农业生产稳定性下降

气候变化在一定程度上对农作物的生长发育是有利的，如暖冬天气，对我国北方旱区的冬小麦生长有利；在半干旱地区，对玉米和马铃薯的后期生长有利；对无限生长习性或多年生作物及热量不足的地区有利 。但对于生育期短的作物，生长发育速度加快，生育期明显缩短，不利于作物生长。总的来说气候变化导致的高温、干旱及农作物病虫害等因素都可能造成粮食减产。《第二次气候变化国家评估报告》预测指出，未来一段时间，如果不采取有效措施，全球温度升高 2.5℃左右会导致中国粮食作物产量降低，单产最高下降幅度约 20%。到 2030 年，中国种植业生产能力在总体上因气候变暖可能会下降 5%～10%，其中小麦、水稻和玉米三大作物均以下降为主，2050 年后受到的冲击会更大。

依据政府间气候变化专门委员会（IPCC）定义的“高排放”和“中等排放”两种温室气体排放水平，在高排放情景下，我国粮食作物平均单产在 2030～2050 年将增加 3%～11%；在中等排放情景下，将增加约 4%。卢明湘等（2012）通过建立 1951～2010 年年平均气温标准差和年降水量距平百分率与单位面积粮食产量的二元线性回归方程发现，气候变化对粮食产量影响不大。

（三）农作物品质下降

气候变化会导致农作物品质的下降，如大豆、玉米、水稻、冬小麦等。大气中 CO_2 浓度增加，使大豆钙、锌、硒含量更为丰富，但大豆氨基酸和粗蛋白含量分别下降了 2% 和 1%，大豆铁元素随之下降。玉米籽粒的氨基酸、粗蛋白质、粗纤维、直链淀粉、总糖都会下降，粗脂肪、粗淀粉及水分含量有所增加。当温度和 CO_2 浓度均增加时，水稻籽粒蛋白含量降低，对人体很重要的铁、锌元素，以及稻米籽粒营养品质（蛋白质与氨基酸含量）显著下降，直链淀粉含量将会增加。小麦蛋白质含量降低 3%～5%，面粉蛋白质含量明显下降。

（四）粮食生产成本和投资增加

气候变暖使土壤有机质的微生物分解加快，从而改变土壤结构、土壤水分平衡和土壤营养状况，影响土壤肥力，造成地力下降，大多数非灌溉耕地受到的影响将更加严重。二氧化碳浓度升高会使杂草丛生，病虫害繁殖能力增强，危害范围与程度扩大，危害时间延长，作物受害程度加重，施肥量、除草剂、农药用量将明显增加，农业环境污染加重，农业成本和投资大幅度提高，直接影响农业农产效益及可持续发展。

三、适应气候变化的农业发展对策

（一）适应的分类与层次

对于气候变化和波动的农业适应性对策可分为生物自身适应和人为适应措施两大类。

生物自身适应又可分为生物学特性范围内的适应和遗传特性变异适应。前者的适应范围较窄，不易巩固，但适应速度快，成本较低。后者的适应性一旦形成就比较巩固，成本更低，但靠生物自身遗传性发生变异来产生适应的速度是很慢的。

人为适应措施也可分为两类：一类是对农业生物施加影响，增强其适应能力；另一类是改变局地生境以满足生物的需要。人为适应措施的成本要比生物自身适应要高，通常用于超出生物适应能力范围的环境变化。

（二）应对气候变化的对策与措施

应对全球气候变化，规避极端气象和气候灾害风险，农业产业结构和种植制度调整将面临一个新的课题。气象观测数据的不断积累，使人们对农业气候资源的研究越来越深入，逐步加剧的气候变化或短期气候异常也迫使人们重新认识一个地区的农业气候资源，需要修改以往利用较少年数资料得到的气候资源的农业分析和区划结果；改变以往仅考虑热量和最低温时间来确定作物种植界线的做法，进而需要考虑气候变暖和变干的趋势给气候资源带来的影响。为了充分利用热量资源和保证水分的可持续利用，并兼顾气象灾害风险，迫切需要对作物配置和种植制度进行重新分析和规划，以减少风险、增加效益。

1. 优化农业种植制度　优化种植制度是适应气候变化最重要的且能立竿见影的技术手段。利用我国长时间序列的加密气象观测数据，分析我国及我国不同区域的气候变化趋势，分析未来气候变化对农业的可能影响，分析当前气候变化和未来气候变化对光、热、水资源重新分布和农业气象灾害分布格局的影响，充分利用气候变化带来的热量资源增加、复种指数增加等优势，规避高温热害、干热风、干旱等气候变化带来的不利因素，进而改进作物布局，科学地调整种植制度，趋利避害，减缓气候变化的不利影响，保证粮食生长的高产稳产。

2. 调整作物种植结构　合理调整作物种植结构可以趋利避害；合理利用气候资源而规避气候变化带来的风险。例如，甘肃近些年玉米及马铃薯种植面积有所增加，小麦播种面积有所下降，调整了作物种植比例，提高了当地农民收入；而在洪灾多发的两湖平原，通过发展早熟早稻品种与迟熟晚稻组合搭配错开洪涝高峰期，部分实现了农业避洪减灾。可见，合理调整作物种植结构可以减少气候变化的负面影响。由于我国气候类型多样，应该开展适应当地气候变化的作物种植结构研究，调整种植结构；研究和探索适合当地气候条件的种植结构，促进农业增产增收。

3. 改进现有农耕措施和经营管理　开发推广新技术、新措施，积极宣传推广科技新知识、新方法，就能在新的气候环境中变弊为利，变害为宜，提高农业的自适应能力。例如，营造农田防护林，发展农田林网，既能增强对 CO_2 的吸收库容，还能改善农田小气候环境，提高农作物的抗灾能力。又如，在干旱、半干旱地区改进灌溉方案，优化灌溉系统和灌溉方式（如改漫灌为喷灌、滴灌），发展旱作农业、节水农作等提高农田水分的利用效率；在雨水较多的南方地区，采取防止土壤被淋蚀、肥料流失及调控地下水位等排灌措施，从而增强农业的生产能力和抵御灾害风险的能力。

4. 发展相关前沿科学技术　面对 21 世纪人口、资源、环境、气候变化与可持续发展等问题，世界各国的科学家都在与农业有关的前沿学科领域积极探索，力求取得重大进展，以保障在气候变暖情景下实现保护环境和可持续发展的协调双赢。我国也应该从战略上科学分析我国所面临的各种有利条件和制约因素，制订符合我国国情的科技发展规划，加大投入力度，积极促进农业领域前沿学科和高科技的发展，提高我国农业生产适应气候变化的能力。要加强光合作用、生物固氮、生物技术、抗御逆境等生物控制技术开发，培育抗逆性强、高产优质的作物品种是最根本的适应性对策之一。然而作物育种周期较长，需要长期持续的研究推进。

5. 利用短期气候预报和互联网为农民进行咨询服务　气候变化的年际变化具有随机性和不确定性，而农业生产中人们往往强调上一年的经验教训，事实上重演前一年气象事件的概率是很小的。随着气象科技进步和互联网的逐步普及，将来有可能根据短期气候预报，利用互联网对农户进行调整品种和栽培措施的咨询服务。目前，全国大多数县开办了有线电视气象预报服务，除地形复杂的山区外，可传播到所有农户，而沿海经济发达地区的大多富裕农户则已学会利用互联网获取气象和市场信息。

本章小结

环境是人类生存与发展的物质空间，环境资源的利用与保护则是人类可持续发展的必然选择。认识环境资源的价值，了解资源的种类与数量，从向环境掠夺资源向与环境和谐共存的观念转变，合理利用与开发各类农业自然资源，高效利用与积极保护有限资源。对环境资源不能无限制地利用和索取，而应对生产投入成本加以衡量；GDP 的增长也不再是一个绝对数量，还需扣除环境损失的价值。因此，环境资源价值核算与绿色 GDP 核算势在必行。特别是与农业发展最紧密相关的耕地资源、生物资源及水资源的利用和保护，将直接关系到农业可持续发展的未来。而对于气候变化的关注，更多地来源于气候变暖这一趋势，日益严重、愈加频繁的气象灾害对农业生产带来极大的损失，把握气候变化及气象灾害规律，积极研究与开发应对气候变化的农业生产技术措施，降低农业风险与损失，对于我国现代可持续农业发展至关重要。

思考与练习

1. 名词解释：
   环境　自然环境　社会环境　自然资源　经济资源　绿色 GDP　农业自然资源　生物资源　全球气候变化
2. 自然环境和社会环境的区别与联系体现在哪些方面？
3. 简述自然资源与经济资源的内涵及分类。
4. 如何理解环境资源的价值，其计量方法有哪些？
5. 绿色 GDP 与当前经济发展统计中常用的 GDP 有何区别？简述其应用价值和意义。
6. 简述我国农业自然资源的基本概况。
7. 试述我国耕地资源利用存在的主要问题及其原因，并就如何实现耕地资源的可持续利用提出自己的见解。
8. 我国农业水资源利用中存在的主要问题有哪些，如何解决？
9. 气候变化对我国农业生产的影响体现在哪些方面？如何应对？

主要参考文献

包晓斌. 2011. 我国农业水资源可持续利用研究. 水利发展研究，(9)：27～28，52
陈煦江，秦冬梅. 2003. 环境资源价值核算理论与实务探析. 四川会计，(8)：11～13
归秀娥. 2007. 我国耕地资源可持续利用面临的问题与对策. 理论导刊，(7)：102～103
郭庆春，何振芳，李力. 2011. 全球气候变化对农业的影响. 湖南农业科学，(19)：61～64
黄文秀. 1998. 农业自然资源. 北京：科学出版社
姜会飞，郑大玮. 2008. 世界气候与农业. 北京：气象出版社
林雪姣. 2009. 国内外绿色 GDP 核算方法比较研究. 合肥：中国科学技术大学硕士学位论文
刘秀珍. 2006. 农业自然资源. 北京：中国农业科学技术出版社
聂呈荣. 2008. 农业环境资源保护. 北京：化学工业出版社
沈煜清. 1994. 农业自然资源利用及农业区划. 北京：中国农业出版社
解三明. 2005. 绿色 GDP 的内涵和统计方法. 北京：中国计划出版社

第四章　农业可持续发展与科学技术

学习目标

了解农业可持续发展与科学技术的关系及农业可持续发展技术体系的组成；理解和掌握生态农业与循环农业技术、资源节约型农作技术、土壤侵蚀综合治理、植物营养综合管理、有害生物综合防治，以及高新技术在农业可持续发展中的具体应用；学会运用相关知识分析和解决农业可持续发展方面的具体问题，提高动手和实际操作技能。

“科学技术是第一生产力”，农业的发展离不开科学技术。科学技术的进步是推动农业生产力和经济效益持续增长的源泉，是提高经济增长质量的根本途径，是实现农业和农村经济可持续发展的根本动力。

第一节　农业可持续发展的技术体系

农业可持续发展需要农业技术的支撑，但并非所有的农业技术都能起到这种作用。农业技术本身具有双重性，既有可能节约资源、保护环境，也有可能加速资源耗竭、加重环境污染。只有那些符合农业可持续发展需要，有利于人类社会和自然环境协调发展，且能取得最佳生态和经济效益的技术才属于农业可持续发展的技术范畴。

农业可持续发展战略的实施要求推行农业清洁生产技术，推广使用无污染的环境友好型产品，以实现对农业资源和环境的永续利用。因此，建立有利于农业可持续发展的技术体系具有十分重要的现实意义。

一、农业可持续发展技术

（一）概念和内涵

从人类生存、技术进步、自然发展三者相互统一的角度出发，通过考察技术内部各个要素之间相互作用的关系，李中东（2002）将农业可持续发展技术定义为“按可持续发展的要求，将农业发展、节约资源和保护环境协调统一起来，能取得最佳的生产效益、经济效益、社会效益和生态效益以满足当代人和后代人需求的技术系统”。

农业可持续发展技术是保证生产、资源、社会可持续发展的综合技术体系。具体包括如下内容：维护农业生态环境的可持续性技术，如水土保持技术、退耕还林还草技术、清洁化生产与加工技术等；有效节约农业资源技术，如节水灌溉技术、保护性耕作技术和多熟种植技术等；保持农业生产的可持续性技术，如优质高产、低成本的生物遗传育种技术和转基因技术；促进社会经济发展的可持续性技术，如由农业可持续发展技术所形成的农产品供给，在满足当代社会需求、增加农民收入的同时，进行农业技术的储备，增强农业的后劲，为满足后代人对农产品的持续需求奠定基础。

（二）农业可持续发展技术的特点

农业可持续发展技术是实现农业可持续发展的重要支撑。农业可持续发展技术除具有农业技术的一般性质外，还具有其独有的特点。

（1）生产高效率与高效益性。高效性指农业可持续发展技术在资源开发与转换过程中以较高的产出投入比形成的具有较高物质、能量、信息转换效率和效益的技术。农业可持续发展技术是高效率和高效益的统一体，具体体现在技术的优质、高产、抗病、抗虫、低成本、无公害之中。

（2）生态持续性。农业生产的本质是自然再生产和社会再生产的统一。农业可持续发展技术是能够实现与自然界良性循环和持续协调发展的技术，具有服从自然生态发展规律、维护生态平衡的作用。

（3）区域性。不同地区自然条件差异明显，而作物和畜禽对自然条件和生态环境具有较强的依赖性和选择性，因而农业可持续发展技术是一定区域的农业生态条件、社会经济条件综合选择的结果，具有明显的区域性。区域性要求在农业可持续发展技术开发和引进过程中，合理利用本地的自然资源和社会资源，充分发挥地区资源优势。

（4）时效性和适用性。农业可持续发展技术具有一定的生命周期，只能在一定时段内发挥效用，并随科学发展、社会需求和自然条件的变化而出现或退出农业生产体系。原来适用的农业可持续发展技术可能变为不适用的技术，现在不适用的技术将来却可能转变为适用的技术。在开发和引进农业可持续发展技术时，不仅要着眼于短期效益的发挥，也要注重科技含量高、时效长的储备技术的开发和引进。

（5）综合性。农业可持续发展技术的研究、开发和推广，以及技术的产业化和社会化进程，需要农业科研院所、农业教育机构、技术推广部门、农业高新技术企业、技术监督监测部门、农用物资工业部门及农业行政管理部门的共同参与和相互配合。因而，农业可持续发展技术在内容组成、研发过程和推广应用等方面都具有明显的综合性。

（三）农业可持续发展技术的类型

按不同的标准，可将农业可持续发展技术分为不同的类别。

（1）按可持续发展的目标，可划分为生产可持续发展技术、社会可持续发展技术、生态可持续发展技术。生产可持续发展技术是指能够在一定条件下促进农业生产发展，降低生产成本，增加农民收入的技术；社会可持续发展技术是指能够在一定条件下满足人们物质、精神生活需要，增加社会福利，提高劳动生产率的技术；生态可持续发展技术是指能够保护生态环境和改善生物生长发育环境，以及有效节约农业资源、提高自然资源利用效率的技术。

（2）按技术存在的形态，可划分为有形的和无形的农业可持续发展技术。有形的农业可持续发展技术是指以实物形态存在的技术（即硬技术），如良种繁育技术、生物农药研发配制技术、新肥料研发配制技术等；无形的农业可持续发展技术是指以非实物形态存在的技术（即软技术），以知识、技能、管理方式等形态存在。

（3）按农业发展阶段，可划分为传统的、常规的和现代的农业可持续发展技术。传统的农业可持续发展技术是指历史遗留下来的、符合可持续发展需要的技术，如我国传统农业中许多具有生态合理性的技术；常规的农业可持续发展技术是指现代常规农业中具有可持续发展成分的技术；现代的农业可持续发展技术是指注重高产、高效、优质、生态和安全协调发展的农业可持续性技术。现代的农业可持续发展技术与传统和常规的农业可持续发展技术是不可分割的有机整体。

（4）按技术发展的方向，可划分为生态农业和循环农业技术、资源节约型农业技术（包括节地型农业技术、节时型农业技术、节水型农业技术、节能型农业技术等）、环境保全型农业技术（包括土壤侵蚀的综合治理、植物营养综合管理、有害生物综合防治），以及高新技术在农业可持续发展中的应用等。

二、农业可持续发展技术体系

农业可持续发展是人类社会的共同目标，是一个在经济发展、技术进步中实现的过程。农业可持续发展的决定因素是农业技术的进步，所以正确构建农业可持续发展的技术体系，优先解决当前农业发展中面临的核心技术问题，对于中国农业可持续发展具有至关重要的作用。

（一）概念

农业可持续发展技术体系，是指农业各产业部门之间及其内部各项技术的有机组合、配套，是技术各个环节（包括技术基础研究、应用研究、开发研究、技术推广、技术应用）之间，以及技术保障条件之间所形成的相互联系、相互促进、相互制约的有机组合体。具体来说，中国农业可持续发展技术体系应根据各地的资源优势、生产力水平及农业发展的制约因素，确定适合当地可持续发展的技术系统、技术组合方式、技术发展模式和核心技术，从技术上促进农业实现优质、高产、低成本、无公害、无污染、无残留，促进人口、资源、环境和经济的良性循环与协调发展，提高农业的经济效益、社会效益和生态效益。

（二）农业可持续发展技术体系的组成

中国农业可持续发展技术体系是一个十分复杂的技术集合体。从横向来看，农业可持续发展技术体系包括农业产业技术系统和技术监测、监督、评价系统两大方面。其中产业技术系统包括种植业技术、林果业技术、畜牧业技术、水产业技术等；技术监测、监督、评价系统包括技术的检测监督、技术认证认可、技术评价等。从纵向来看，农业可持续发展技术体系包括技术研发、技术应用、技术推广扩散、技术创新及技术保障系统。从技术构成要素看，它包括技术基础设施、耕作制度、栽培技术、农业生产要素投入、病虫防治、良种繁育等。中国农业可持续发展技术体系的进步，必须充分考虑技术、人员、资金等的相互配合。

按照优质、高产、高效、生态和安全的战略要求，结合现阶段农业发展与资源环境存在的突出问题，中国农业可持续发展技术的重点为以下 6 个方面。

1. 清洁化生产技术　清洁化生产技术指农业生产经营中所采用的能源消耗少、废弃物排放量小、有毒物质浓缩率低的耕作技术、动力与工具技术，以及加工、贮藏与保鲜技术等。具体来说，在畜牧业生产与加工过程中，主要是畜禽产品的清洁化生产技术、污水处理技术、粪便清洁处理技术及牧场空气环境清洁技术；在化肥和农药生产技术上，应注重选择有利于提高利用效率和降低能耗的技术；在农膜生产技术上，应注重提高可降解性和降低能耗的技术；在农业动力和各种机械工具技术上，应制定能降低能耗和提高产品加工中资源利用率的技术。同时，要加强对病虫害防治中的生物技术（利用生物以虫防虫、以菌防菌防虫等）和综合防治技术（包括抗病虫的品种技术、低毒无机农药技术和生物农药与无机农药的配合施用技术等）的开发，注重对农村可再生能源在生产和生活中的利用技术（包括太阳能利用技术、风能利用技术、地热能利用技术、速生薪炭林营造技术、生物质气化技术和沼气利用技术等）、农村及城市废弃物（特别是有机肥）综合利用技术和无害化处理技术（包括厌氧发酵技术、秸秆与粪便氨化技术、废弃物腐熟技术、好氧发酵技术、有机粪肥喷施技术、远红外微波处理技术等）的研究。

2. 土壤综合治理技术　土壤综合治理技术主要包括：不造成土壤有机质损失、不会引起土壤板结和肥力下降的耕作技术，不造成土地盐碱化的灌溉技术，以及不造成水土流失和沙漠化等副作用的土地开发和利用技术等。结合农村可再生能源及农作物秸秆利用技术的开发，农业耕作中应积极推行残茬覆盖、秸秆还田技术，推行包含牧草、绿肥和豆科作物的轮作倒茬技术，推行秸秆过腹还田（通过发展畜牧业来实现）和有机废弃物氨化、腐熟后再返回农田的循环利用技术，从而达到增加土壤有机质、减轻土壤板结和增加土壤肥力的目的。在农业灌溉中，大力推广节水型的滴灌、喷灌和埋灌技术，既可节约水资源，还可避免土地盐碱化等现象的发生。在农业土地资源的开发利用中，注重推行林草植被的恢复重建技术、山区土地的等高利用技术等，以减轻水土流失和防治土地荒漠化。

3. 生态良性化技术　生态良性化技术主要指对已经遭到破坏和已退化的农业生态环境的各种综合治理技术，包括水土流失综合治理技术（如小流域治理技术）和荒漠化综合治理技术（如植物固沙、工程固沙、化学固沙）等。

4. 自然灾害防治技术　农业生产中的病虫害和洪涝、干旱、风灾、火灾、冻害、雪灾、泥石流等灾害的发生，与整个自然环境的变化有着极大的关系。人类过度干预和不合理利用自然环境资源的行为，会加大自然灾害的发生频率和危害程度。中国是一个自然灾害多发国家，对农业生产造成的危害十分严重。据统计，全国每年农业自然灾害受灾面积达 4000 万～4667 万 hm^2，其中减产 3 成以上的成灾面积约 2000 万 hm^2，直接经济损失超过 100 亿元。因此，加强农业中的灾害预报技术、灾情监测技术、灾害评估技术、减灾工程技术和综合性灾害信息网络技术等的研究与开发，是我国可持续农业发展战略的重要组成部分。

5. 品种改良及相应的栽培技术　20 世纪 60 年代兴起的第一次绿色革命，就是以品种改良与化肥和灌溉技术相配合，实现了产量的革命性突破。今后，应将传统生物技术中的发酵工程、细胞工程和酶工程技术，同现代生物技术中的胚胎移植、组织培养、基因工程和蛋白质工程技术、激光农业技术和核农业技术等高科技有机结合，培育高产、优质、多抗性（抗旱或抗涝、抗病虫、抗倒伏等）的农作物品种。优良的品种只有与相应的栽培管理技术相结合，才能实现预定目标。为此，应加强无土栽培技术（主要通过岩棉栽培、基质水培和营养液膜栽培等）、节水技术、光温高效利用技术、工厂化农业技术和自动化管理技术等生产技术的开发应用，建立起完善的品种改良和栽培管理技术体系。

6. 资源节约与综合利用技术　资源节约与综合利用技术包括三大类：一是提高水、土、光、温等农业自然资源综合利用效率的技术；二是提高农产品生产过程中各种投入品资源利用效率的技术；三是提高农产品及其副产品加工和消费后产生的各种废弃资源循环利用效率的技术。目前，我国在农业自然资源和农业投入品资源的利用效率方面同一些发达国家相比有较大的差距，资源利用效率提高的潜力还很大。20 世纪 80 年代以来，我国对农产品及其副产品加工和消费后所产生的各种有机废弃资源（包括秸秆）进行沼气化利用，取得了良好的综合利用效果。所以，大力开发有利于提高我国农业产前和产中的自然资源、投入品资源，以及产后和消费后的废弃物资源利用效率的各种综合配套技术，是我国发展可持续农业必不可少的技术选择。

第二节　生态农业与循环农业技术

一、生态农业与循环农业概述

（一）生态农业的概念和特征

生态农业（ecological agriculture）的定义是：因地制宜利用现代科学技术，并与传统农业精华相结合，充分发挥区域资源优势，依据经济发展水平及“整体、协调、循环、再生”的原则，运用系统工程方法，全面规划、合理组织农业生产，实现高产、优质、高效、可持续发展，达到生态和经济两个系统的良性循环及经济、生态、社会三大效益的统一。中国生态农业是把农业生产增长、农村发展和生态环境的治理与保护融为一体的现代农业生产体系。生态农业的本质是把农业生产这样的经济活动引上生态合理的轨道，是一种生态经济优化的农业体系。

生态农业的内涵包括两个方面：首先，生态农业是农业生产和发展观念的转变，是中国落实农业可持续发展战略思想的具体体现，它强调维持农业高额生产力的同时，加强对生态环境的保护和建设。其次，生态农业是组织现代农业生产方式的改变。与传统农业发展和农业生产组织形式不同，生态农业要求按照生态经济学原则和系统科学方法，从不同的系统水平组织农业生产，综合应用生物科学与农业科技成就，对区域性农业进行整体优化及层层优化设计管理，在充分发挥单项技术最优效应的同时，最大限度地发挥系统耦合效应，把农业自然、社会、经济复合生态系统建立在高效、低耗、和谐、稳定的发展基础上，从而实现农业生态效益、经济效益和社会效益的统一。

生态农业的主要特征包括以下几点。

（1）生物产量高。要使单位面积上的生物产量高，生物及品种要与当地的自然和社会资源条件相适合，结构合理，具有较高的生产效率和转化效率。

（2）光合作用强。可持续农业生产要按照生态规律的“食物链”及其量比关系，安排复种、间套作以提高绿色植物光合产物的利用率，提高光合效率。

（3）经济效益高。物质沿着“食物链”进行多次利用外，还要沿着“加工链”（农副产品多次加工的顺序）进行深度加工，延伸产业链条，增加农产品的附加值，提高生态效益和经济效益。

（4）动态平衡最佳。生态农业所保持的生态平衡，是螺旋形向前发展的最佳动态平衡。

（二）循环农业的概念和特征

循环农业（circular agriculture）是相对于传统农业发展提出的一种新的发展模式，其核心是运用可持续发展思想、循环经济理论与产业链延伸理念，通过农业技术创新和组织方式变革，调整和优化农业生态系统内部结构及产业结构，促进农业生态系统物质和能量的多级循环利用，严格控制外部有害物质的投入和农业废弃物的产生，最大程度地减轻环境污染和生态破坏，同时实现农业生产各个环节的价值增值和生活环境优美，使农业生产经济活动真正纳入到农业生态系统循环中，实现生态的良性循环和农业的可持续发展。

循环农业的最主要特征是产业链延伸和资源节约。具体表现在：一是本着资源节约的原则，注重农业生产环境的改善和生物多样性的保护，并将其作为农业持续稳定发展的基础；二是提倡农业产业化经营，实施清洁生产，改善生产技术，适度使用环境友好的“绿色”农用化学品，实现环境影响最小化；三是利用高新技术优化农业系统结构，按照“资源→农产品→废弃物→再生资源”反馈式流程组织农业生产，实现资源利用最大化；四是延长农业生态产业链，通过废物利用、要素耦合等方式与相关产业形成协同发展的产业网络；五是在农村地区实现“清洁”生活和节约型生活方式，倡导现代生活文明。

（三）发展生态农业和循环农业的意义

（1）发展生态农业和循环农业有利于改善生态环境，遏制生态环境的恶化。农业生态环境不断恶化，其主要原因就是重用轻养、水土流失、工业“三废”污染，特别是化肥、农药的不合理使用，不仅污染了环境、造成土壤板结，还造成生产成本上升、农产品质量下降，从而严重地制约农业和农村经济可持续发展。采用生态农业和循环农业技术，不仅能够有效缓解农业生态环境恶化等问题，实现农业生态良性循环和农村经济可持续发展，还有利于改善农村居住环境。例如，实施“生态家园”生产模式，把农家的猪舍、厕所与沼气池连建，人畜粪便入池发酵，形成无病菌、肥效高的农家肥；同时又改善了庭院的卫生环境，农民不再焚烧作物秸秆，减少了空气污染。

（2）发展生态农业和循环农业是确保农产品质量安全的需要。农产品质量安全问题受到世界各国的广泛关注。例如，欧洲零售商工作机构自发地建立了GAP（良好农业操作规范）认证，农产品通过认证是进入零售商店的先决条件，这种市场准入方式已得到国际社会的认可。中国大部分地区农业生产中大量使用农药、化肥、植物激素等化学药剂，在增加农产品数量的同时，出现了农产品质量下降、环境污染加剧等问题。要确保农产品质量安全，必须从根本上转变农业生产方式，大力发展生态农业和循环农业。

（3）发展生态农业和循环农业是调整农村产业结构、扩大就业、实现农民增收的重要途径。发展生态农业和循环农业，要求摒弃粗放式经营方式，走节约资源、保护环境、改善质量、提高效益之路，这与调整农业产业结构的要求和目标是完全一致的。同时，发展生态农业和循环农业，还要求实行集约化经营、深化农产品的加工、进行资源的综合利用和开发、防治污染、采用高新技术和实用技术改造传统产业等，从而延伸农业产业链条，带动农村产业结构的调整和优化升级。这既可为农民提供更多的创业门路和就业机会，又能提高农业劳动生产率和经济效益，实现农业增收、农民富裕。

二、生态农业与循环经济、低碳经济的关系

（一）生态农业与循环经济

循环经济的内容十分丰富，它不只是局限于农业生产系统之内，而是跳出了传统农业的发展范围，即要求农业与其他产业发生耦合，形成更大尺度的产业链，这些产业链的形成有

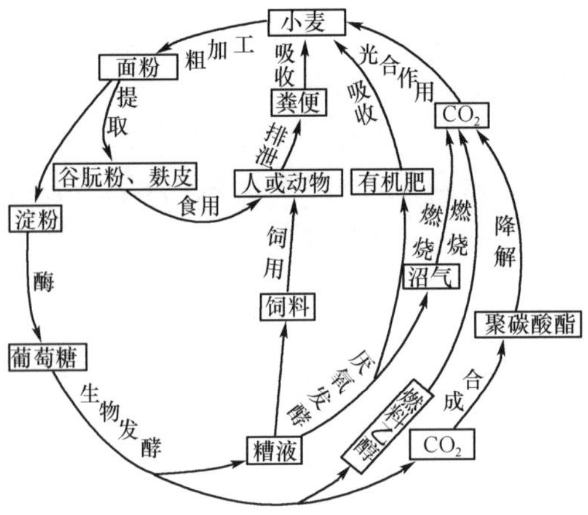

图 4-1　循环经济模式图

利于生产原料、产品和生产废弃物的循环利用。循环经济模式和区域循环经济模式如图 4-1、图 4-2 所示。农业循环经济模式具体包括农业生产部门内部的物质与能量的耦合、农业产业部门之间的物质与能量的耦合等发展模式（图 4-3）。

循环经济与生态农业的目标是相一致的。首先，生态农业是要求在一定范围内实现农业生产的生态化和绿色化，同时还要保证农业系统的持续健康发展。循环经济也是这样一种理论，它要求并引导农业经济的生态化转型，这与生态农业以农业生态化为目标在提法上是根本一致的。其次，不管是循环经济还是生态农业，都是实现农业可持续发展的一种手段或途径，其目的都是为了协调环境与发展之间的矛盾，既能提供绿色农产品，又能保护农村生态环境，因而在价值目标上具有一致性。再次，循环经济强调的首要原则是减量化，要形成一种低投入、低消耗、低排放和高利用率的生产方式，而生态农业要求建立一个自我维持的低输入农业生产系统的平衡状态，二者在减量化原则上也是一致的。当然，循环经济是要形成生态上和经济上两个良性循环，要求经济、社会、环境三个效益相统一，不仅涉及生产领域，还涉及消费领域，甚至涉及不同产业之间的产业链构建问题。这是对强调“低耗”、“低投入”、“追求回归自然”的生态农业理念的进一步发展和完善，是农业可持续发展理论的进一步升华。可以说，生态农业思想为循环经济的形成与发展提供了基础和借鉴，循环经济理论则是生态农业理论的发展和延伸。

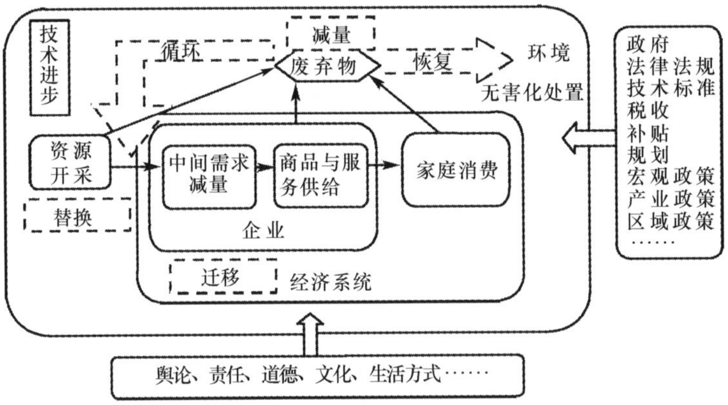

图 4-2　区域循环经济模式——环境中的经济系统

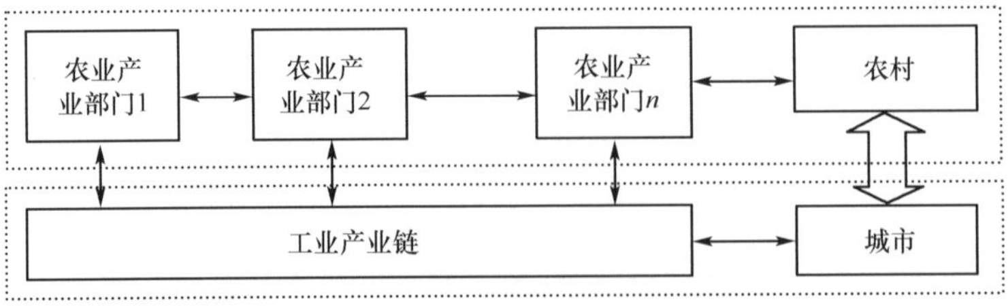

图 4-3　农业循环经济的一般模式

（二）生态农业与低碳经济

农业是 CO_2 等温室气体的主要排放源。在农业生产的各个环节中，诸如农业产前和产中环节的耕地、播种、施肥、除草等，农业产后环节的农产品收获、加工、储藏、包装、运输、消费等，都存在一定的温室气体排放。土壤中的有机物经微生物分解，以 CO_2 的形式释放入大气；甲烷可在长期淹水的农田中经发酵作用产生，全球 1/2 以上的甲烷来自土壤的硝化和反硝化过程。在人类耕种、施肥、灌溉等管理活动影响下，农业土壤中碳库的质和量变化迅速。这种变化不仅改变了土壤肥力及作物产量，而且对区域乃至全球环境带来影响。

低碳经济（low carbon economy）是指在可持续发展理念指导下，通过技术创新、制度创新、产业转型、新能源开发等多种手段，尽可能地减少煤炭、石油等高碳能源消耗，减少温室气体排放，达到经济社会发展与生态环境保护相互协调的一种经济形态。

生态农业是实现农业经济低碳化的重要途径。低碳经济的核心是要研究低碳技术，开发低碳产品，利用低碳能源。低碳农业是低碳经济的重要组成部分，发展低碳生态农业是中国农业可持续发展的必然选择。

发展低碳农业的途径包括：

（1）推广少（免）耕法。采用少（免）耕，保存土壤中的碳含量并增加土壤生物质，有利于土壤对碳的固定。免耕减少了农业机械的使用，直接减少了化石燃料的消费；同时由于土壤有机物含量增加，减少了化肥的使用，间接减少了碳的排放。

（2）发展以沼气为核心的农村新能源系统。以沼气为纽带，将种植、养殖、农业废弃物利用等环节密切结合，可以减少薪柴、秸秆的直接燃烧，减少温室气体排放（图 4-4）。

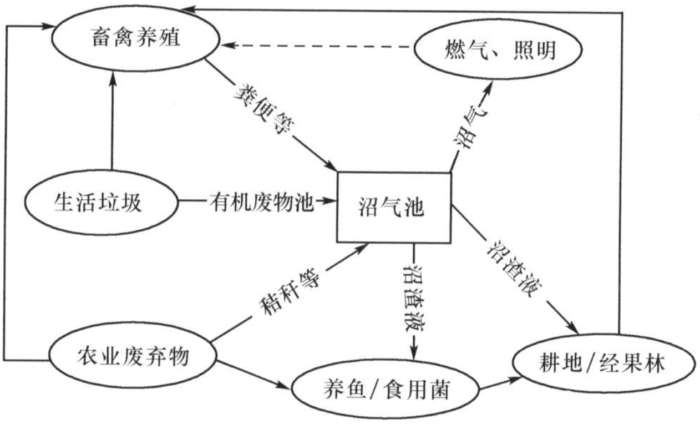

图 4-4　以沼气为核心的农村新能源系统

（3）提高农民素质，培育新型现代农民。加强农业生产科学知识的普及，强化农业新技术的推广应用，增强农民发展低碳高效生态农业的意识，全面提升农民的科技综合素质。

三、生态农业与循环农业的主要模式

（一）物质多层利用模式

物质多层利用模式是按照农业生态系统的能量流动和物质循环规律构成的一种良性循环生态模式。在该模式中，通过增加生产环和增益环将不同生产环节有机地结合起来，一个环节的产出是另一个环节的投入，废弃物在生产过程中得到多次利用，从而能获得更高的资源利用率和最大经济效益，并有效防止废弃物对农村环境的污染。该模式又可分为沼气利用型、病虫草防治型和产业链延长增殖型三种类型。

1. 沼气利用型　沼气利用型是以农业生产为基础的家庭经济发展类型，它以沼气为纽带，利用食物链加环技术，将种植业、养殖业及加工业联系在一起，通过增加畜禽饲养和沼气池厌氧发酵环节，将传统的单一种植和高效饲养及废弃物综合利用有机地结合起来，在农业系统内做到物质良性循环和能量多级利用。例如，南方的猪-沼-果“三位一体”模式，北方的沼气池-猪禽舍-厕所-日光温室“四位一体”模式等。

2. 病虫草防治型　病虫草防治型是利用生物防治技术，通过选用抗病虫草品种，保护天敌，利用生物以虫（或菌）来防治病虫草害，选择高效、低毒、低残留农药及改进施药技术等，保证农作物优质、高效、安全。例如，利用赤眼蜂食玉米螟、七星瓢虫捕食棉蚜虫、森林灰喜鹊食松毛虫、羊茶共生、鸡茶共生等。

3. 产业链延长增殖型　产业链延长增殖型是以经济效益为中心，以农业可持续发展为目标，将农业生产中的主产品或副产品加工增值，从而增加农业产值，并努力实现产业化，促进产、加、销、贸一体化的农业发展模式。如青贮玉米—饲料、玉米—猪—肉罐头等。

（二）生物互利共生模式

生物互利共生模式是利用生物群落内各层生物的不同生态位特性及互利共生关系，分层利用空间，提高生态系统光能等资源利用率和土地生产力，增加物质生产。这是一个在空间上多层次、在时间上多序列的产业结构模式，使处于不同生态位的各生物类群在系统中各得其所、相得益彰、互惠互利，充分利用太阳能、水分和矿质营养元素，实现对农业生态系统空间资源和土地资源的充分利用，从而提高资源的利用和生物产品的产出，获得较高的经济效益和生态效益。该模式主要包括农林牧副渔复合型、农作物复合种植型和其他复合型三种类型。

（三）资源开发利用与环境治理模式

资源开发利用与环境治理模式，是依据生物与环境相互影响原理，以生态效益为主，兼顾经济效益，运用生态经济原理指导和组织农业生产，保护和改善农业生态环境与生产条件，提高农业综合生产能力，把农业生产活动纳入生态循环链内，参与生态系统的生物共生和物质循环，以求生态、经济和社会效益协调发展。该模式主要包括环境治理型和资源开发利用型两种类型。

1. 环境治理型　采用生物措施和工程措施相结合的方法，即通过植树造林、改良土壤、兴修水利、农田基本建设等，并配合模拟自然顶级群落的方式，实行乔木、灌木、草结合，建立多层次、多品种的复合生物群落，综合治理水土流失、草原退化、沙漠化、盐碱化等生态环境恶化区域。它包括以下几种模式。

（1）丘陵山区小流域综合治理模式。在水土流失较为严重的地区，以植树造林为主要途径发展林果、养殖等产业，实行小流域的综合治理，改善生态环境，逐步创造良好的农业发展环境。该模式主要采取退耕还林、还草，封山绿化的综合措施，加强对天然林的保护，在陡坡地栽种用材林，在缓坡栽种经济林，在平地搞养殖、经济作物种植及农产品加工。在农牧结合区，采用以沼气工程为纽带的生态农业模式，以农带牧，以牧促沼，以沼促粮、草、果种植业，促进生态系统和产业链合理循环。

（2）盐碱地治理模式。主要措施包括：打浅井、开深沟，建造人工防护林，引进抗盐碱的豆科牧草发展畜牧业，种植压青绿肥增加土壤有机质等。

（3）草地恢复与生态牧业模式。主要措施包括：根据草场类型和产草量，确定不同牲畜的种群结构和载畜量，分地区、分季节安排牧业生产；退耕还牧、还草，提高草地产草量；缩短育肥周期，减少载畜量和放牧强度；引导牧民从事畜产品加工业等行业。

（4）保护性耕作模式。在保证种子能发芽的基础上尽可能减少土壤耕作，并用作物秸秆、残茬覆盖地表，用化学药物来控制杂草和病虫害，从而减少土壤风蚀和水蚀，提高土壤肥力和抗旱能力。该模式是干旱少雨、风蚀严重地区应对恶劣环境的重要举措。

2. 资源开发利用型　资源开发利用型主要分布在山区、沿海滩涂和平原水网地区的荡滩，这些地区农业发展潜力较大，有大量自然资源未得到充分开发或很好地利用。通过因地制宜、全面规划、综合开发，利用改造荒山、荒坡、荒滩、荒水，实行资源开发与环境治理相结合，治山与治穷相结合，可全面促进环境建设和农业生产。该模式适用于农业发展潜力大、生态环境好、资源丰富但未得到充分开发或利用的地区。

（四）观光旅游模式

观光旅游模式是运用生态学、生态经济学原理，将生态农业建设和旅游观光结合在一起的现代农业模式。即在交通发达的城市郊区或旅游区附近，以当地山水资源和自然景色为依托，以农业作为旅游的主题，根据自身特点，将旅游观光、休闲娱乐、科研和生产结合为一体的农业生产体系。根据农业观光园的应用特点，可分为观光农园型、休闲农园型、教育农园型三类。

1. 观光农园型　观光农园型是以生产农作物、园艺作物、花卉、茶等为主营项目，让游人参与生产、管理及收获等活动，并具有欣赏、品尝、购物（农产品）功能的园区。它又可细分为观光果园、观光菜园、观光花园（圃）、观光茶园等。

2. 休闲农园型　休闲农园型是把农业生产、农产品销售、旅游、休闲娱乐和园林结合起来的园区。休闲农园在休闲、旅游、度假、食宿、购物、会议、娱乐设施等方面比较完善，注重人文资源和历史资源的开发，因而是一种综合性的农业观光园。

3. 教育农园型　教育农园型是一种把农业生产、农业科普教育、园林和旅游结合起来的园区。教育农园内的植物类别、先进性、代表性及形态特征和造型特点等，不仅能给游园者以科普知识教育，而且能展示科学技术就是生产力的实景；既能获得一定的经济效益，又能陶冶人们的情操，丰富人们的业余文化生活，从而达到娱乐身心的目的。

第三节　资源节约型农业技术

一、中国农业资源面临的主要问题

（一）土地资源数量少，限制因素多

人多地少是我国的基本国情。虽然我国幅员辽阔，土地总面积达 960 万 km^2，但是我国人口众多，人均占有的土地面积只有世界人均数的 29%，人均占有的耕地、草地、林地分别是世界人均占有量的 33%、42% 和 26%。近年来，由于集约化农业的快速发展，农业化肥、

农药和除草剂等的不合理使用导致地力衰退，出现严重的土壤污染问题。此外，我国的土地资源还面临水土流失、沙漠化、酸化、盐渍化等诸多限制因素。

（二）水资源严重不足，污染严重

中国水资源严重不足，人均水资源只有2220m^3，而且水资源分布很不均匀，南北差异较大。另外，水体污染严重，水体纳污能力减弱，水资源污染已构成农业可持续发展的重要瓶颈因素。

（三）商品能源日趋紧缺

农业的五项主要生产资料——化肥、农用电、农机、燃油及农药的生产需消耗大量商品能源，但我国能源利用却处于高消耗、低效率状态。据估计，我国石油总储量为300亿～600亿t，由于受贮存地域和开采技术的限制，最终可采量为150亿t。以目前的开采速度，到2030年现有资源将剩下18%，到2037年将全部耗尽。由此可见，石油资源将成为我国能源安全的核心问题。因此，进行农业生产方式的变革，提高能源、资源等的利用效率，不断降低生产成本，才能保证农业的可持续发展。

（四）劳动力资源过剩

根据全国第六次人口普查报告显示，我国有将近一半的农业人口，农业人口所占比重之大，也提醒着我们要关注农村发展。近年来，由于农业机械化的快速发展，农业劳动生产率不断提高，解放了部分农村劳动力。但是由于各方面的影响因素，导致了我国农村地区劳动力相对过剩，而且这部分劳动力的科学文化素质水平普遍不高。

二、资源节约型农业生产体系的组成

资源节约型农业是以节地、节水、节肥、节时、节能为中心的集约化农业生产体系，包括发展多熟制种植，提倡立体多层农业，采取先进的灌溉制度与灌溉技术和科学的施肥制度等。从系统分析的角度来看，资源节约型农业生产体系是一个包括许多子系统的复杂系统：以农业的部门结构划分，资源节约型农业生产体系包括种植业（狭义农业）、林业、牧业、渔业四大产业；从对不同类型农业资源节约利用的角度划分，资源节约型农业生产体系包括节地型农业、节时型农业、节水型农业、节能型农业等；将农业部门结构与资源节约结合起来进行综合分析，则资源节约型农业生产体系又包括立体农业、生态农业、精准农业等。

（一）节地型农业生产体系

耕地资源数量日益减少与质量逐渐降低已成为我国农业可持续发展的主要限制因素，因此发展节地型农业就显得十分重要。节地型农业是指充分利用土地空间，努力提高土地生态系统综合效益的农业。它主要是根据生物共生互利、种间互补的原理及不同物种的不同生长特性，并利用生物生长过程中的空间差和时间差，对农业生产进行深度开发，促使从平面布局向立体布局扩展，使光热资源、外界输入的物质能量经过多层次的吸收利用，提高单位土地面积的产出率。

节地型农业生产体系包括多种形式和多种层次的立体农业。种植业中的间作套种和多熟种植，就是立体农业的具体表现形式。林业生产的立体结构主要是根据林木的立地条件，通过乔灌草的上、中、下三个层次对林中时空资源进行充分合理开发利用，并根据生物共生、互生原理，选择和确定主要种群与次要种群，建造共存共荣的复合群落，从而提高林业生态系统的综合效益。渔业生产的立体结构是指对水体进行多层养殖开发，在上层、中层、下层分别饲养不同食性的鱼类，提高水体的空间、时间利用率，从而提高单位水体的产出率。除了在某一个农业部门内部发展立体农业外，在农业的不同部门间也可实施立体农业工程，如种植业与林业间的林粮间作、林业和牧业间的林草间作、渔业与种植业间的稻田养鱼等。

立体农业的垂直结构是指依据农业生物种群对其各自周围环境的生态适应性，通过不同生物占据立体空间垂直方向上的不同层次所构成的相互依存的物质能量系统。它是人类为了更大限度地利用农业自然资源，把多种生物种群组合成一个有机的整体，以充分发挥生物种群之间的互惠共生关系，增加系统的稳定性，达到提高系统生产力的目的。由于立体农业具有较为完善的垂直结构，因而具有较好的生态和经济效益，它不仅能充分利用光、热、水、土等农业自然资源，而且还具有改善生态环境、调节农田小气候、涵养土壤水分等功能，因此具有较强的抗御自然灾害的能力。

（二）节时型农业生产体系

节时型农业生产体系包括农业的各个部门。就种植业而言，主要是指发展间作、套种、复种等多熟制，达到充分利用作物生长季节的光热资源的目的。中国传统农业在间作、套种、复种方面积累了非常丰富的经验，同时，现代科学技术又为发展多熟耕作提供了充分的空间。据分析，我国现有耕地资源的复种指数尚有较大的提升潜力，而提高 1% 的复种指数即相当于扩大 130 万 hm^2 的耕地面积。因此，努力发展多熟耕作制，既有节时作用，又有节地效果。对林业来说，节时主要是指发展速生丰产林木，积极培育、引进速生丰产树种，大力研究和开发速生丰产技术，以缩短林业生产周期；就牧业而言，节时主要是指要大力发展肉、乳产出率较高的速生优良畜禽；对渔业来说，则是指要努力推广含肉率高、产量高、养殖周期短的品种。

（三）节水型农业生产体系

节水农业是指充分利用降水和可利用的水资源，采取多种有效措施提高水利用率的农业。按照水土资源条件的不同，节水型农业生产体系包括节水灌溉农业和旱地节水农业（雨养农业）两部分。节水型农业生产体系的构建，主要是通过实施多种节水措施来实现的。

农业节水灌溉的技术措施包括：加强灌溉工程的配套和管理，提高渠系水利用系数；采用先进灌水技术，减少水分消耗；建立节水灌溉模式，实施节水型灌溉制度。现代化的节水农业灌溉系统，是建立在具有最低水消耗的输水系统、自动化控制系统（水源配水、墒情预报、田间灌溉）和综合农业技术措施相配合的基础上的，它是农业现代化的有机组成部分。

旱地节水农业又称雨养农业，它是节水型农业生产体系的重要组成部分。旱地节水农业采用综合农业技术措施，充分利用天然降水，减少土壤水分的无效消耗，最大可能地提高水分利用效率。旱地节水农业所采取的节水措施包括：调整农业结构，适水适土种植；选择、培育和推广抗旱高产品种；改革土壤耕作制度，提高土壤保墒能力；增施有机肥，培肥地力，提高降水利用率；利用封闭型农田气候工程，抑制棵间土壤蒸发。此外，采用抗蒸化学剂抑制土壤蒸发和减少作物植株蒸腾，对于提高土壤水分的生产效率也具有明显的作用。

（四）节能型农业生产体系

节能型农业要求一方面在农业生产过程中最大可能地节约使用煤、石油、天然气等常规能源，另一方面则是努力提高生物质能源的利用效率。例如，在农村能源开发利用方面，积极发展太阳能发电、风能发电、沼气工程、生物质能源等可再生能源；在土壤耕作方面，大力推行少耕、免耕等保护性耕作方式；在农田培肥方面，注重开发长效、缓释复合肥料，积极推行配方施肥、平衡施肥；在农田病虫害防治方面，要将生物防治与高效低毒农药防治结合起来，将有害生物控制在允许的最低水平指标之下。

第四节　土壤侵蚀综合治理

一、土壤侵蚀的概念及其危害

20 世纪以来，由于人类活动造成的土壤流失日益严重，土壤侵蚀问题日渐凸显，土壤侵蚀已经成为影响全球生存和发展的关键环境问题之一。中国土壤侵蚀问题也十分严峻，2013 年的中国环境状况公报显示，全国土壤侵蚀面积高达 2.96 亿 hm^2，占国土面积的 30.7%。

（一）土壤侵蚀的概念

土壤侵蚀是指地球表面的土壤及其母质受水力、风力、冻融、重力等外力的作用，在各种自然因素和人为因素的影响下，发生各种破坏、分离（分散）、搬运（移动）和沉积的现象。其本质是土壤肥力下降、理化性质变劣、土地生产力降低、生态环境恶化。

土壤侵蚀通常包括以下几种主要类型：

（1）水力侵蚀，它是最主要的一种土壤侵蚀形式，习惯上称为水土流失。水力侵蚀（或流水侵蚀）是指由降雨及径流引起的土壤侵蚀，简称水蚀。

（2）重力侵蚀，是指斜坡陡壁上的风化碎屑或不稳定的土石岩体在重力的作用下发生的失稳移动现象，一般可分为泻流、崩坍、滑坡和泥石流等类型，其中泥石流是一种危害严重的水土流失形式。重力侵蚀多发生在深沟大谷的高陡边坡上。

（3）冻融侵蚀，主要分布在中国西部高寒地区，即在一些松散堆积物组成的坡面上，在土壤含水量大或有地下水渗出情况下，出现冬季冻结，春季表层首先融化，而下部仍然冻结，形成了隔水层，上部被水浸润的土体成流塑状态，顺坡向下流动、蠕动或滑塌，形成泥流坡面或泥流沟。

（4）风力侵蚀，指在比较干旱、植被稀疏的条件下，当风力大于土壤的抗蚀能力时，土粒就被悬浮在气流中而流失。这种由风力作用引起的土壤侵蚀现象就是风力侵蚀，简称风蚀。

（二）土壤侵蚀的危害

（1）土地沙化，吞食农田。我国的西北黄土区、东北黑土区、南方红壤区及云贵高原喀斯特地区土壤侵蚀严重。在西北干旱草原和与风沙区相邻的黄土丘陵区，常因风蚀危害造成土地沙化现象。土壤侵蚀对农田造成极大破坏，据观测，黄土高原的侵蚀沟头一般每年前进 1～3m；辽宁省 12 个市新中国成立以来由于土壤侵蚀已损失农田 71.2 万 hm^2。

（2）土壤肥力下降，干旱加剧。土壤中含有大量氮、磷、钾等各种营养物质，土壤流失也就是营养元素的流失。据湖北省有关部门观测，坡耕地每年流失土壤约 2.1 亿 t，其中含有机质 273 万 t，氮、磷、钾等养分 231 万 t。坡耕地水、土、肥流失后，土地日益贫瘠，田间持水能力降低，加剧了干旱发展。

（3）河床抬高，洪涝灾害加剧。土壤侵蚀使大量坡面泥沙被冲蚀、运搬后沉积在下游河道，削弱了河床泄洪能力，加剧了洪水危害。1998 年 7～8 月，发生在长江干流、松花江流域的特大洪水灾害给国家造成了数亿元的损失，说明了由于土壤侵蚀造成河床淤高、行洪能力下降是导致洪水危害的重大问题。

（4）水库、湖泊库容减少，开发利用受影响。据估计，新中国成立以来，全国各地由于土壤侵蚀而损失的各类水库、山塘等库容累计在 200 亿 m^3 以上。

二、影响土壤侵蚀的因素

影响土壤侵蚀的因素分为自然因素和人为因素。土壤侵蚀自然因素是水土流失发生、发展的先决条件，或者叫潜在因素；人为因素则是加剧水土流失的主要原因。

（一）自然因素

1. 气候　气候因素特别是季风气候与土壤侵蚀密切相关。季风气候的特点是降雨量大而集中，多暴雨，因此加剧了土壤侵蚀。暴雨是指短时间内强大的降水，即一日降水量超过 50mm 或 1 小时降水超过 16mm。一般说来，暴雨强度越大，水土流失量越多。

2. 地形　地形是影响水土流失的重要因素，而坡度的大小、坡长、坡形等都对水土流失有影响，其中坡度的影响最大，因为坡度是决定径流冲刷能力的主要因素。坡耕地种植常常使土壤暴露，流水冲刷是土壤流失的推动因子。一般情况下，坡度越陡，地表径流流速越大，水土流失也越严重。

3. 土壤　土壤是侵蚀作用的主要对象，因而土壤本身的透水性、抗蚀性和抗冲性等特性对土壤侵蚀也会产生很大的影响。土壤的透水性与质地、结构、孔隙度有关，一般地，质地沙性、结构疏松的土壤易产生侵蚀。土壤抗蚀性是指土壤抵抗径流对它们的分散和悬浮的能力。若土壤颗粒间的胶结力很强，结构体相互不易分散，则土壤抗蚀性也较强。土壤的抗冲性是指土壤对抗流水和风蚀等机械破坏作用的能力。据研究，土壤膨胀系数越大，崩解越快，抗冲性就越弱。

4. 植被　植被破坏使土壤失去天然保护屏障，成为加速土壤侵蚀的先导因子。据中国科学院华南植物研究所的试验结果，光板地泥沙年流失量为 26 902kg/hm^2，桉林地为 6210kg/hm^2，而阔叶混交林地仅 3kg/hm^2。因此，保护植被、增加地表植物的覆盖，对防治土壤侵蚀有极其重要意义。

（二）人为因素

人为活动是造成土壤流失的主要原因，表现为植被破坏（如滥垦、滥伐、滥牧）和坡耕地垦殖（如陡坡开荒、顺坡耕作、过度放牧），或由于开矿、修路未采取必要的预防措施等，都会加剧水土流失。

改善生态环境必须与扼制土壤侵蚀紧密配合，治理土壤侵蚀必须遵循自然规律，坚持山水田林路统一规划，坚持集中治理、综合治理、连续治理与开发利用相结合，工程措施、生物措施、耕种措施相结合，治沟、治坡相结合，生态效益、社会效益和经济效益相结合。总之，形成综合防护体系才是治理水土流失和改善生态环境的根本。

三、防止土壤侵蚀的综合措施

（一）植被对水土流失的调控作用

植被在控制水土流失中的作用十分显著。国内外学者针对植被与水土流失的关系进行了大量的研究，但是由于各自从不同的学科领域出发，针对不同的自然社会经济条件，在研究方法、尺度和对象上均有显著的差别。在欧洲，尤其是英国，土壤侵蚀主要是地貌学家所关注的问题，因此，地貌学家为了探求生物在地貌发育过程的作用，开创了生物地貌学的研究，强调在地貌发育过程中森林植被变化对侵蚀、搬运、沉积、风化等物理化学过程在景观尺度和时间尺度上的影响，其中以利用植被参数和土地利用参数来模拟流域产沙量最具代表性。在美国，森林生态学家研究了森林采伐与演替对森林生态系统各种过程与格局变化的影响，以生态系统（流域）为单元，研究森林植被变化对土壤侵蚀及采伐对河川径流泥沙含量的影响，结果表明，生物量累计过程是控制土壤侵蚀的主要生物学机制。

中国自然与社会经济条件较为特殊，有关植被对水土流失调控作用的研究相对较深入和广泛，研究区域遍布我国南北，研究的树种基本上涉及了这些区域极具代表性的种群。在研究方法上，以试验观测研究为主流。在理论研究方面，从能量角度研究林冠对降雨动能的影响；从力学角度分析林木根系在坡体稳定上的作用来研究林木控制重力侵蚀；从林地地表糙率的研究来分析林地地被物对径流流速的阻延作用，以坡面侵蚀物理过程为出发点，建立描述有林地和无林地的坡面地表径流侵蚀数学物理模型，评价林木对土壤侵蚀的控制作用。

植被控制水土流失的效益是明显的，但由于植被生长发育等状况的不同及人为等因素的不同影响，不同植被的冠层、地表层及地下根系分布层等出现较大差异，其水土保持效益也就有所不同。从根本上说，植被尤其是草类植被减少水土流失的主要原因在于削减了径流的侵蚀动力，提高了土壤的抗冲性能。

（二）工程措施的调控作用

水土保持工程措施是水土保持综合治理体系的重要组成部分，具有显著的生态、社会和经济效益，在治理水土流失、减少河流泥沙、发展区域经济、提高群众生活水平和改善生态环境等方面具有不可替代的作用。水土保持工程措施主要有以下类型。

（1）坡面治理工程。坡面治理工程按其作用可分为梯田、坡面蓄水工程和截流防冲工程。梯田是治坡工程的有效措施，可拦蓄 90% 以上的水土流失量。梯田的形式多种多样，田面水平的为水平梯田；田面外高里低的为反坡梯田；相邻两水平田面之间隔一斜坡地段的为隔坡梯田；田面有一定坡度的为坡式梯田。坡面蓄水工程主要目的是拦蓄坡面的地表径流，解决人畜和灌溉用水，一般有旱井、涝池等形式。截流防冲工程主要指山坡截水沟，即在坡地上从上到下每隔一定距离，横坡修筑可以拦蓄、输排地表径流的沟道，它的功能是可以改变坡长，拦蓄暴雨，并将其排至蓄水设施中，起到截、缓、蓄、排等调节径流的作用。

（2）沟道治理工程。沟道治理工程主要有沟头防护工程、谷坊、沟道蓄水工程和淤地坝等。沟头防护工程是为防止径流冲刷而引起的沟头前进、沟底下切和沟岸扩张，保护坡面不受侵蚀的水保工程。其做法是：首先在沟头加强坡面的治理，做到水不下沟；其次是巩固沟头和沟坡，在沟坡两岸修鱼鳞坑、水平沟、水平阶等工程，造林种草，防止冲刷，减少下泻到沟底的地表径流。在沟底，从毛沟到支沟至干沟，根据不同条件，分别修谷坊、淤地坝、小型水库和塘坝等各类工程，起到拦截洪水泥沙、防止山洪危害的作用。

（3）小型水利工程。主要为了拦蓄暴雨时的地表径流和泥沙，可修建与水土保持紧密结合的小型水利工程，如蓄水池、转山渠、引洪漫地等。

朱显谟院士根据全国水土流失调查，提出在黄土高原实行全部降雨就地拦蓄入渗、长江流域实行排水保土的分区治理措施，形成了目前我国黄土高原淤地坝系建设和长江流域兴修梯田并辅以坡面水系工程的水土保持综合治理模式。

第五节　植物营养综合管理

一、农田施肥与生态平衡

20 世纪 80 年代以来，中国农业生产取得了举世瞩目的成就，特别是以占世界 10% 的耕地养活了占全世界 22% 的人口。粮食单产和总产均大幅度提高，人均粮食和肉蛋生产量均超过了世界平均水平，其中化肥养分的投入发挥了巨大的作用。目前，我国化肥产量已突破 5000 万 t（纯养分），氮肥总产占全球的 35%，磷肥总产占全球的 27%，成为名副其实的世界化肥第一生产和消费大国。

从资源管理的角度来看，养分资源包括了土壤、化肥、有机肥和环境所提供的所有养分。近年来，随着化肥工业的快速发展和农民经济收入的提高，人们越来越偏重于化肥养分的投入，而忽视了有机肥等其他养分资源的利用，使我国农业生产面临着增肥不增产、土壤养分过量累积、化肥施用过量和养分利用效率下降等重大问题，严重制约了化肥养分资源的高效利用，同时也对生态环境产生了不利影响。

以氮肥利用率为例（表 4-1），由于农田施氮量普遍大于吸氮量，导致氮肥过量，过量的氮肥会随径流流失或随水下渗，污染湖泊和地下水源。农田当季未回收的氮素大部分进入水体和大气，成为污染环境最重要的氮源。

表 4-1　我国水稻、小麦和玉米的氮肥施用量、作物产量、地上部吸氮量和氮肥利用率（赵荣芳，2006）

作物	样本数	试验地点	施氮量/(kg/hm^2)	吸氮量/(kg/hm^2)	产量/(kg/hm^2)	氮肥利用率		
						平均值/%	变幅/%	变异系数 CV/%
水稻	8	黑龙江	150	143	8240	29.8	18.50～41.80	26.3
	57	四川、重庆	151	136	6895	27.8	3.31～82.70	59.9
	96	江苏、江西	149	134	6704	27.1	3.03～71.90	55.9
	18	浙江	155	122	6719	35.6	19.60～50.80	30.8
小麦	89	河北、天津	204	156	6096	16.4	2.39～61.50	63.7
	121	山东、山西	130	174	6026	40.5	0.29～88.90	54.6
	6	江苏	298	141	3697	16.1	5.30～26.40	52.8
	30	陕西	208	160	4960	10.8	2.15～28.60	63.2
	27	四川	160	124	4413	34.4	9.50～72.30	51.0
玉米	82	河北、天津	171	143	5113	26.3	1.72～81.60	67.0
	124	山东、山西	156	156	8434	26.0	1.71～77.60	60.8
	9	陕西	153	153	5513	25.6	7.17～36.20	45.0

据估计，流入河、湖中的氮素约有 60% 来自化肥。水体氮素污染加剧了地面水体的富营养过程，引起藻类大量生长，使水中氧气耗竭而导致水生生物死亡或绝迹。氮通过氧化形成硝态氮对地下水的污染更为严重，不少地区地下水中硝态氮含量已超过饮用水标准。存在于植物体内或地下水中的硝态氮会严重影响人体健康，进入人体的硝态氮在体内还原成亚硝态氮（NO_2-N）后，能迅速进入血液，将血红蛋白中的铁氧化为高铁，使其形成无法运载氧气的高铁血红蛋白，影响氧气运载。亚硝态氮还可与各种胺类发生反应，生成致癌的亚硝基胺和次生胺两类物质。在过量施用氮肥的地区，农作物抗病虫能力降低，导致农药大量施用，不仅增加农业成本，而且加剧了环境质量下降，导致一些物种灭绝。氮肥如此，磷、钾等化肥也是这样。

植物营养综合管理（integrated plant nutrition management，IPNM）是由联合国粮食及农业组织（FAO）、国际水稻研究所（IRRI）和一些西方国家于 20 世纪 90 年代提出的。它的目标是综合施用各种植物养分，使产量的维持或增长建立在养分资源高效利用与环境友好，同时又不牺牲后代土壤生产力的基础之上。

肥料是粮食的“粮食”，化肥给植物提供的“粮食”就是氮、磷、钾等养分，施肥是满足作物营养的手段。要合理施肥，就要研究作物需要什么营养元素。一般组成植物新鲜物质的成分有 75%～95% 的水分和 5%～25% 的干物质。据测定，在干物质中，组成植物有机体的碳、氢、氧、氮四种主要元素占 95% 以上，其余的为钙、钾、硅、磷、硫、氯、铝、钠、铁、锰、锌、硼、钡、铜、钼、镍、钴、钒等十几种灰分元素，只占 1%～5%。可见，构成植物体的元素组成是极其复杂的。不仅如此，不同的植物，甚至是同一植物的不同组织、器官，其元素组成及含量也都有很大的差异。

然而，在化肥施用过量和养分利用效率下降的情况下，不少的植物营养元素也是污染元素，施用不合理就会污染环境，引起生态条件恶化。就氮素来说，在通气良好的旱地土壤上，施入的有机肥料中的氮素，或铵态氮、酰胺态氮肥，均会经硝化作用转变为硝态氮。形成的硝态氮进入植物体后，大部分经过硝酸还原酶作用参与植物一系列代谢过程；但如果施氮多，就会有一部分氮素以硝态氮的形态存在于植物体内，这一情况在蔬菜中更为严重。

因此，必须大力推行平衡施肥，保持生态平衡。首先，要考虑“最小养分率”，诊断确定缺少哪种营养元素，进而确定适宜的施肥数量，各种营养元素数量确定之后，它们的比例关系也就随之确定下来；其次，考虑作物的“需肥临界期”和“最大效率期”，确定不同营养元素在不同时期的施用量；最后，确定采用什么样的具体肥料品种进行补充。这样，才能达到土壤原有养分、施肥补充的养分、作物吸收养分之间的动态平衡，最大限度地提高土壤养分和肥料养分的利用效率，同时最大限度地提高作物的经济产量。

二、农业面源污染及其控制

（一）面源污染的概念

面源污染的概念是与点源污染相对的。点源污染是指有固定排放点的污染源，指工业废水及城市生活污水，由排放口集中汇入江河湖泊。面源污染是指溶解性的或非溶解性的污染物（地面的各种污染物质，如城市垃圾，农村畜禽粪便，农田中的化肥、农药、重金属及其他有毒或有机物）从非特定的地点在降水和径流作用的冲刷下，通过径流过程汇入受纳水体而引起的污染。点源污染可以通过终端治理的方法加以控制，而对于面源污染，由于污染方式的广泛性和不可控性，很难从源头治理。

目前，我国农业面源污染的主要途径有：化肥污染、农药污染、人和畜禽粪尿、生活污水和生产生活固体废弃物等。

（二）农业面源污染现状

2003年，美国环保局调查结果显示，农业面源污染是美国河流和湖泊污染的第一大污染源，导致约40%的河流和湖泊水体水质不合格，是河口污染的第三大污染源，是造成地下水污染和湿地退化的主要因素。在欧洲，农业面源污染同样是造成水体污染的首要来源。瑞典不同流域来自农业方面的氮占流域总输入量的 60%～87%；荷兰来自农业面源污染的总氮、总磷分别占水环境污染总量的 60% 和 40%；芬兰 20% 的湖泊水质恶化，而农业面源排放的磷素和氮素在各种污染源中所占比重最大，占总排放量的50%以上，各流域内高投入农业比例大的湖区更容易出现氮、磷等营养物质的富集。

我国农业面源污染的形势也非常严峻。有专家估算，目前，我国水体氮、磷污染物中来自工业、生活污水和农业面源污染的大约各占 1/3。据研究，我国湖泊中 50% 以上的氮、磷来自于农业面源污染。

大多数农药以喷雾剂的形式喷洒于农作物上，其中只有10%左右药剂附着在作物体上，而大部分喷洒于空气中，大气中农药会降至土壤中；同时，施药时部分农药会落入土中，附着在作物上的农药也因风吹雨打渗入土中，使土壤中农药残留量及衍生物含量增加，严重污染土壤。土壤中农药被灌溉水、雨水冲刷到江河湖海中，成为水体污染主要的营养源之一。

（三）农业面源污染的控制措施

根据农业面源污染本身的特殊性，结合我国农业面源污染的实际情况，应当在控源减流的前提下，采取分区、分类控制和途径控制相结合，经济措施、政策措施和先进技术措施并举的综合治理策略。控源是指减少源头污染物的排放量，减流是指减少地表径流和地下渗漏量。控制农业面源污染的具体措施如下。

1. 农业面源污染的分区控制　农业面源污染的特点决定了其控制重点是“防”而不是“治”。因此，辨识农业面源污染的负荷，按照因地制宜、逐步推进的原则，编制农业面源污染防治规划，采取有重点、分步骤的策略实施全面预防，削减农业面源污染物，显得尤为重要。农业面源污染控制的核心是地域分异控制，即根据影响农业面源污染的主导因子与区域农业面源污染特征的差异性和相似性，按照分区域、有重点、有区别的原则实施农业面源污染控制，具体可分为城乡过渡带面源控制、农村面源控制、居民源营养物的管理控制。

2. 营养物的分类控制

（1）动物饲养营养物的管理控制。一是促进畜禽粪尿还田。畜禽养殖场附近的农田要以施用畜禽肥为主，提高畜禽粪便的综合利用率，减少污染物排放。二是推广畜禽粪尿的循环利用。近年来，农村许多地方推广的以沼气为纽带的庭院式生态农业模式，将厕所、畜禽舍与沼气池结合在一起，将种植业、养殖业与沼气使用相结合，人畜粪便自动流入沼气池中，经过了厌氧发酵过程，既净化了庭院环境，又有效解决了畜禽粪便对地表水、地下水和空气的污染问题。

（2）农田源营养物的管理控制。目前，主要采用的措施包括叶面施肥、分次施肥、湿润施肥、测土配方施肥和化肥深施等。通过采取这些措施可以有效地提高化肥利用率，减少化肥施用量，降低养分流失的风险。

3. 营养物途径控制措施

（1）农业面源污染控制的人工湿地技术。人工湿地是 20 世纪 70 年代发展起来的一种污水处理技术，与传统的二级生化处理相比，人工湿地具有氮、磷去除能力强，处理效果好，操作简单，维护和运行费用低等优点。人工湿地按水流方式的不同主要分为地表流湿地、潜流湿地、垂直流湿地和潮汐流湿地等 4 种类型。其中地表流和垂直流湿地系统目前应用不是很多，较多采用的是潜流人工湿地。

（2）农业面源污染控制的前置库技术。前置库技术是指利用水库存在的从上游到下游的水质浓度变化梯度特点，根据水库形态，将其建设成由一个或者若干个子库与主库相连构成的库区生态系统。它通过延长水力停留时间，促进水中泥沙及营养盐的沉降，同时利用子库中的水生植物、藻类等进一步吸收、吸附、拦截营养盐，从而降低进入下一级子库或者主库水中的营养盐含量，达到改善水质的目的。20 世纪 50 年代后期，前置库就开始被作为流域面源污染控制的有效技术进行开发研究。目前，我国对于前置库技术的研究和利用还不多，在天津于桥水库富营养化的研究中，曾在入库河流入口段设置前置库，采取一定工程措施，调节来水在前置库区的滞留时间，使泥沙和吸附在泥沙上的污染物质在前置库沉降，取得了较好的效果（边金钟等，1994）；在云南滇池面源控制中前置库技术也得到应用（杨文龙等，1996）。前置库能有效控制面源污染，减少湖泊、水库外源有机污染负荷，去除地表径流中的 N 和 P，因而具有广泛的应用前景。

（3）农业面源污染控制的缓冲带和水陆交错带技术。目前，有关农业面源污染的缓冲带或缓冲区技术主要有美国的植被过滤带（vegetated filter strips）、新西兰的水边休闲地（retirement of riparian zones）、英国的缓冲区（buffer zones）和中国的多水塘工程等。许多研究表明，缓冲区能有效地去除水中 N、P 和有机污染物，其效率取决于污染物的运输机制。所谓缓冲区，就是指永久性植被区，宽度一般为 5～100m，大多数位于水体附近，这种缓冲区降低了潜在污染物与接纳水体之间的联系，并且提供了一个阻止污染物输入的生化和物理障碍带。缓冲区的植被通常包括树、草和湿地植物，缓冲区成为控制农业面源污染最有效的方式之一。

（4）农业面源污染控制的水土保持技术。农业面源污染主要是由地表径流而引起，因而治理水土流失是解决水体污染的根本之策，换言之，所有控制水土流失的对策都可以治理水体污染问题。水土保持措施可从两个方面实现：一是使表土稳定化或以植被覆盖来减少雨滴对表土的冲击；二是降低坡度，以减弱径流的侵蚀力，并减少雨水在地面溢流的数量。围绕这两个方面，许多水土保持技术都在水体污染防治中发挥着重要作用。如我国发展起来的坡面生态工程对减少流域上游土壤侵蚀有明显效果；复合系统中由林木、农作物等不同类型植物组成的空间组合，有利于减缓雨滴对土壤的打击，降低泥沙和雨水的流失量；在适当区域构筑必要的拦水截沙引水槽、拦沙坝、山塘等工程设施，以减少泥沙冲刷，可取得防治水体污染的良好效果。另外，还有保护性耕作法、草地轮作制、梯田建设、等高耕作，以及我国在西部大开发中的退耕还林还草等措施，也对水体污染的控制起到了重要作用。

（5）农业面源污染控制的生态工程技术。运用生态学原理，同时应用系统工程方法，将生态工程建设与治污工程并举，从根本上减少化肥、农药的投入及降低能源和水资源的消耗，从而减少污染物的排放，达到治理与控制面源污染的目的。卞有生（2001）通过对湖泊面源污染的深入分析，认为在湖区及上游水源区开展农业生态工程建设，必将显著改善下游地区的农业生产环境，极大地减少生产过程中资源的消费，特别是减少化肥、农药的使用，可有效控制和减少面源污染。开展生态农业建设，也可极大程度地降低农业水体的污染。如我国南方地区推广的“种植-养猪-沼气”生态模式，以种植业带动养猪业，以养猪业带动沼气工程，又以沼气工程促进种植业和养猪业的发展，最终是猪多肥（有机沼肥）多、肥多粮多、粮多钱多，如此往复循环，使生物能得到多层次的重复利用，从而显著降低了化肥的使用量，提高了养分的利用效率，达到综合治理水体污染的目的。此外，将膜控制释放技术用于农业，开发膜控制释放化肥、膜控制释放农药，也是控制农业面源污染的一条重要途径，这种化肥和农药的施用，能明显地提高化肥和农药的利用率，减少农用化学物质对水体的污染。

三、可持续植物营养管理技术

20 世纪 90 年代，中国提出了植物营养科学的概念和研究领域。植物营养科学是指研究植物与环境之间营养物质、能量交换，以及植物体营养物质运输、能量转化过程及其调控方法的科学，重点研究植物生长发育过程中新陈代谢所必需的营养元素的供应、吸收、转化利用，目的在于提高产量、改善品质和保护生态环境。

（一）对植物营养供给来源的重新认识

土壤是植物最直接的养分资源库，土壤养分资源本身的变化直接影响作物产量的提高与农业的可持续发展，因此发挥化肥养分增产作用必须考虑土壤本身的养分供给。同时，要加强对有机养分资源及大气、水体等环境养分资源的利用。强调多种养分资源的综合利用及施肥与其他技术的结合，就要求综合运用有机肥和化肥、土壤培肥和土壤保护、生物固氮及农艺措施等有关技术。

当代养分的研究已经不再局限于农业生产系统，而是已涉及农业、人类营养和生态环境多个方面，养分资源的综合管理也要扩展到整个食品生产-人类营养-环境体系中。

（二）提倡根据不同养分元素的特点分别采用不同的养分管理策略

在各种植物养分中，氮素在环境中的变化最为活跃，应根据土壤供氮状况和作物需氮量，进行适时动态监测和精确调控。磷、钾在土壤中的移动性相对较小，应通过土壤测试和养分平衡监控施肥，以使其不成为产量限制因子为宜，中微量元素则应采取因缺补施的施肥原则。

（三）植物营养学与其他学科的交叉渗透

通过与其他学科的交叉渗透，拓宽了植物营养研究的领域，极大地促进了植物营养科学的发展。

（1）植物营养生理学。主要包括：①营养生理学。研究养分元素的生理功能与养分的再循环、再利用，养分的吸收，养分在体内的长距离和短距离运输，养分的分配等。②产量生理学。研究主要农作物产量的形成、养分的分配和调节过程、源-库关系及其在产量形成过程中的作用；研究利用各种内外激素或调节剂对产量形成的调控及其调控机制。③逆境生理学。研究植物在旱、涝、盐碱、高温、寒冷、病虫害、营养缺乏或失调等逆境条件下的生理变化及适应机制，通过营养调节挖掘植物抗逆性的遗传潜力。

（2）植物营养遗传学。研究不同植物种类及品种的矿质营养效率基因型差异的生理与分子机制及遗传规律，以便筛选和培育出高营养效率的植物新品种。

（3）植物营养生态学。研究不同生态系统中各种营养元素在土壤圈、水圈、大气圈、生物圈中的迁移、转化和循环规律；各种养分在退化生态环境重建过程中的营养机制，重金属和污染物在食物链中的富集、迁移规律及调控措施。

（4）植物土壤营养学。主要包括：①土壤养分行为学。研究土壤中各种养分的形态、含量，以及吸附、固定等转化和迁移的规律；有效养分的形态及其形成过程和影响因素；各种养分的生物有效性，以及土壤肥力水平与植物营养的关系。②土壤肥力学。研究在农业耕作条件下，施肥对土壤肥力演变的影响；维持和提高土壤肥力的农业措施与影响条件。

（5）肥料学及现代施肥技术。研究各类肥料的理化性状和农艺特征，肥料在土壤中的行为及其对植物的营养性；建立以有机、无机肥料合理分配为中心的轮作施肥制，建立不同地区不同作物的施肥决策支持系统，推行定量化配方施肥新技术。

近年来，中国的植物营养研究取得了快速发展。例如，对土壤养分时空变异性的认识推动了植物营养学与信息技术的结合，形成了精确施肥和精确农业；对养分作用双重性的认识推动了植物营养学与环境科学的结合，形成了植物营养环境技术等研究领域；对养分资源特性的认识要求我们必须站在国家层面上，从食物生产-人类营养-环境体系的高度深入进行养分资源综合管理理论与技术的研究，服务于我国农业的可持续发展和现代化建设。

第六节　有害生物综合防治

一、有害生物的概念和类型

有害生物是指在一定条件下，对人类的生活、生产甚至生存产生危害的生物；是由数量多而导致圈养动物和栽培植物、花卉、苗木受到重大损害的生物。

有害生物包括危害植物的各种害虫、有害动物（如蜗牛、螨类等）、病原微生物（真菌、细菌、放线菌、类病毒、类菌体、线虫等）和寄生性种子植物（如菟丝子、桑寄生、列当等）。田间杂草因具有对栽培植物的侵害性，往往也包括在内。

二、化学农药带来的危害

农药是一种化学物质，用于防治病害、虫害、草害，包括杀虫剂、杀菌剂、除草剂、灭鼠剂，以及调节植物生长的化学药品和生物药品，其中用量最大的是前三种类型农药。

（一）农药在自然界中的迁移

土壤中农药的迁移是指土壤溶液中或吸附在土壤颗粒上的农药随水移动，或者从土壤直接挥发到大气中。进入土壤的农药，在被吸附的同时，可挥发至大气中，或随水淋溶而在土壤中扩散迁移，也可随地表径流进入水体，化学农药也可被生物体吸收。土壤中农药的挥发主要取决于农药的蒸气压，土壤的温度、湿度及影响土壤孔隙状况的质地与结构条件。不同农药的蒸气压相差很大，如有机磷和某些氨基甲酸酯类农药蒸气压相当高，而DDT、狄氏剂、林丹等则较低，因此它们在土壤中挥发速度不一样。农药蒸气压大，挥发作用就强，它们在土壤中的迁移主要以挥发、蒸气扩散的形式进行。

土壤的吸附作用可以降低农药的蒸气压，从而降低其挥发作用。例如，均三氮苯类农药的挥发损失量与土壤有机质和黏粒含量呈明显的负相关。温度升高可促进土壤中农药的挥发，但温度升高也可使土壤干燥，增强农药在土壤表面的吸附而降低其挥发损失。土壤水分对农药挥发的影响是多方面的，干土表面对农药的吸附作用减缓了农药的挥发。因水分子与农药的竞争吸附，当水分增加时，土壤对农药的吸附作用减弱，这是DDT、艾氏剂、狄氏剂等有机氯农药在相对湿度较高的土壤中更易挥发损失的原因。空气的流速也直接或间接影响农药的挥发速率，在湿润土壤中，当空气流速增加时，农药的挥发速率则明显增大。土壤中农药向大气的挥发扩散，是造成大气农药污染的重要原因之一。

（二）农药在土壤中的主要迁移途径

土壤是农药在环境中的“贮藏库”与“集散地”。施入农田的农药大部分残留于土壤环境介质中，造成土壤的污染。其迁移途径包括：

（1）吸附。土壤的吸附作用使农药聚集在土壤颗粒表面，致使土壤颗粒与土壤溶液界面上的农药浓度大于土壤本体中农药的浓度。

（2）挥发。农药的挥发与农药本身的分子结构和蒸气压等性质有关，施用方式是否恰当和施用时的大气条件也是影响农药挥发的主要因素。

（3）移动。农药在土壤中的移动是通过扩散和质体流动两个过程进行的。当农药的残留量为原施用量一半时所用的时间称为半衰期。农药的半衰期常用来表示农药的稳定性，半衰期长，则农药稳定、不易降解，容易被植物、动物吸收，从而通过食物链对人体造成毒害。

（三）化学农药的危害

随着人口的增加，粮食产量也要相应地增加。增产粮食主要途径无疑是提高单位面积的产量，而农药也是重要的增产技术措施环节。然而，化学农药引起的负面影响也非常严重。

1. 农药引起的急性中毒　农药在制造、运输与施用过程中所造成人畜中毒事件的报道已屡见不鲜。1984年12月，美国联合碳化合物公司（Union Carbide Corporation）在印度博帕尔市农药厂的毒气泄漏事件是这方面的典型事件。这是世界历史上最大的工业事故，造成2000多人死亡，20万人受到不同程度的毒害。

2. 农药对人类的危害　除了急性中毒外，在自然界中不能降解的农药，通过食物链的传递和浓缩，最终达到人类体内，在内脏、脂肪中积累而引起疾病，甚至癌症。据统计，农村儿童白血病中的50%与农药有关，而新生儿畸形的比例比城市高一倍，也与农药有关。

3. 农药对农业的危害　1962年，美国生物学家蕾切尔·卡逊在她的《寂静的春天》中，就对某些化学农药的危害作用有过生动的描绘：天空无飞鸟，河中无鱼虾，成群的鸡鸭牛羊病倒死亡，果树开花但不结果，农夫们诉说着莫名其妙的疾病接踵而至……其根本原因就是农药破坏了原有的食物链。另外，农药还造成了日益严重的农产品质量安全问题。

4. 农药导致害虫的抗药性　由于农药的杀伤力，不仅害虫被消灭了，还消灭了（甚至是灭绝了）许多有益的昆虫，这些昆虫是害虫的天敌，导致生态平衡的破坏。除此之外，害虫和杂草的抗药性也是不可忽视的现象。随着农药大量长期的使用，一些害虫的耐药性越来越高，以至一些农药失去效用。农药在人类文明史和发展史上的确功不可没，然而，化学农药对生态环境所造成的危害也是不争的事实。

农药对大气、土壤、水体、生态环境、生物多样性、人体健康等均有严重危害。解决方法就是开发环境友好新农药，该农药开发和研制的出发点是保护人类的环境、健康和自然生态，充分利用害虫体内的特性物质（目标作用酶）的差异性，提高农药作用的专一性，有效地保护有益生物、控制有害生物。新农药开发的目标是易降解、低残留、高活性，并且对环境和有益生物具有安全性。因此，许多针对性强、高效，甚至超高效农药不断面世。

为了加强农药的管理与科学使用，我国已规定禁止使用以下农药：敌枯双、溴氯丙烷、三环锡、特普丹、培福朗、蝇毒磷、六六六、DDT、二溴乙烷、杀虫脒、艾氏剂、狄氏剂、汞氏剂。

三、有害生物综合防治的概念和原则

（一）有害生物综合防治的概念

1965 年，加利福尼亚的 4 位昆虫学家首次提出了“综合防治”（integrated management）的概念，后来该概念进一步发展为“有害生物综合防治”（integrated pest management，IPM）。所谓有害生物综合防治，是指最大限度地利用生物和栽培防治效率，有限地使用化学防治，以及最小限度地破坏环境的有害生物遏制战略。这一定义明显地强调非化学防治和减少使用化学农药的重要性。综合防治的途径是将防治策略融进经济上可行、有利于生态环境的经营战略中，在许多方面形成一系列满足经济和环境目标的有害生物综合治理制度。

1967 年，联合国粮食及农业组织（FAO）在罗马召开有害生物综合防治专家讨论会提出：综合防治是有害生物的一种管理系统，它按照有害生物的种群动态和与之相关的环境关系，尽可能协调地运用适当的技术和方法，使有害生物种群保持在经济危害水平以下。综合防治的概念提出以后，中外许多学者纷纷从各自从事的具体专业作出解释，但它们都体现了综合防治是一个含义广泛的概念，同时也都体现了生态学、经济学、环境保护学和社会管理学 4 个基本范畴。

（二）有害生物综合治理的主要原则

1. 综合治理是以生态系统作为治理单位　有害生物综合治理的最终目标，是控制有害生物赖以生存的生态系统，使有害生物维持在受害允许的密度水平以下，同时又要避免被治理的生态系统中其他有益的成员（生物的和非生物的）受到不利的干扰。

2. 综合治理的策略允许有害生物的低数量存在　在自然界，生物物种之间及与之相关的环境生活条件都直接或间接地存在相互关联（依存、制约或竞争等）的关系，而长期保持着生态的平衡。有害生物虽然对人类的生存与发展构成威胁和危害，但它们在自然生态系统中扮演重要的角色，维系大自然的物质循环与能量流动，为各自的天敌提供食料，成为其天敌繁衍所必需的条件。因此，在现代的人类文明和科学技术水平条件下，对它们采取综合治理，控制其赖以繁衍的生存环境，允许它们在其危害允许的密度水平下继续存在是必要的。这也是保证自然生态系统物质循环、能量流动和生物多样性所必需的。这就要求人们针对治理的目的、对象与范围，研究各种有害生物危害允许的密度水平（即阈值），并进行经常性的监督监测，超过阈值时才采取可靠的干预措施。

应当指出，IPM 的主要观点是从成本效益出发的经济阈值概念。即害虫对作物造成的收益损失相当于防治费用，这是生产者能承受的最高密度。当害虫种群密度超过经济阈值线时，才必须采取防治措施，以减少经济损失和预防害虫暴发成灾。

3. 综合治理强调预防为主，重视发挥自然因素的控制作用 有害生物的生活史中必然有许多薄弱环节，其生长发育受自然环境因素的制约。因此，可以根据长期的定位研究资料，应用种群生态学和群落生态学的原理和方法，分析和确定主要及次要的治理对象、治理时机、方法和适宜的治理范围，分析被治理的生态系统中各组成部分的功能、反应及它们之间的相互关系，了解系统中各个因素对有害生物影响的性质和程度，弄清它们在该生态系统中的地位和作用，以期揭示不同有害生物生活史中或生态适应等方面的薄弱环节及关键性的自然控制因子，为设计重点打击弱环，充分发挥自然控制因子作用的防治对策提供可靠依据。

4. 综合治理强调整体效益 任何一种治理措施或方法都有它的专一性或局限性，因此，要尽可能综合利用各种安全、有效、经济、简便的治理措施。在综合和协调各项措施时，首先要分析单项措施或方法的有效控制对象、有效时限、有效范围和有效程度，同时要做到各种方法相辅相成，避免相互抵触。在具体运用上，要因时、因地、因种（种类）制宜，化繁为简，力求安全、有效、经济、简便，最大限度地发挥其相互协调的功能，取得最大的社会、经济和生态效益。

综合治理有三方面的涵义：一是防治对象的综合，即同一措施可能兼治多种害虫（但以主要或优势种为主）；二是手段及方法的综合；三是自然及社会物质环境的治理必须和人类自身的精神文明建设综合考量。三者形成一个有机的、协调的综合体系，缺一不可。有害生物综合治理的手段包括环境防治、化学防治、生物防治、物理防治和法规防治等。综合治理并非防治手段或方法的机械并用，而是它们的有机结合与协调，同时应尽可能地坚持以环境防治作为基础。

四、可持续 IPM 技术体系

IPM 技术体系实际上是抗病虫害及杂草的育种技术、提高或增强抗病虫害及杂草能力的栽培系统和技术、使用专业农机具、生物防治、物理防治、化学防治等的集合体。

（一）使用抗或耐病虫害及杂草的品种

利用各种育种手段选择、培育抗或耐病虫害及杂草的品种，是有害生物综合防治的重要途径。为了高产目的一般使用杂交手段，向农民提供杂交一代抗或耐病虫害及杂草的品种。所有的品种在向农民供应之前都必须经过专业科研、试验机构的检测，优于现用品种方能被允许向农民推广。这些抗性品种的使用可以大幅度减少农药的使用量，并达到高产、优质的目的。

（二）适宜的栽培系统和技术

（1）建立合理的轮作种植系统。可将一个农场或一定区域的耕地划分成若干个小区（一般 4～5 个），并根据市场现状、发展趋势、土壤状况等因素，综合考虑提出 4～5 个参考种植作物或复种模式，然后编制分区轮作种植计划。所选作物不能有共生病虫害及杂草，特别是相邻年份或相邻区种植的作物不能有共生性病虫害及杂草，最好是对相互的病虫害及杂草有抑制甚至杀死的作用。通过轮作，可最大限度地防止土生病虫害及杂草的泛生和蔓延。

（2）使用无病虫害种子。对于直播类作物的种子，需保证种子100%没有被病虫害侵染，没有混入杂草种子，彻底杜绝种子传播病虫害及杂草的可能。种子繁育与经营机构应进行种子成熟度、色泽一致性、发芽率、抗病虫害等特性检验，随后进行必要的加工处理，如干燥、用含农药的专用包裹材料分粒包裹、分袋（罐）包装。在种子的贮藏、运输、销售过程中也要防止再次被病虫害侵染及杂草种子混入。

（3）使用无病虫害苗木移栽。部分作物，如绝大多数蔬菜，可使用健苗移栽，种苗来源于农民或公司的专业化苗木工厂。所使用的种苗应当生长健壮、栽植成活率高、不带病虫害及杂草，从而达到减少初次侵染源、增强抗病虫害及杂草能力的目的。

（4）加强栽培管理。在养分管理方面，大田作物使用配方施肥技术的同时，注重有机肥的配合施用，达到营养元素充分和均衡。在农田灌溉方面，应推行喷灌、滴灌、雾灌等节水灌溉技术，这样既能节省投资，也能避免因水分过多造成的病虫草害；温室作物可使用无土栽培技术，推行全自动水肥一体化管理，实现水肥供给科学、适时、适量。在土壤耕作方面，根据不同地区、不同农场病虫害及杂草发生规律采用适宜的耕作措施，如针对一些地区存在土壤线虫的情况，可通过调整翻耕深度与时期进行控制。另外，适当增加农作物种植密度，对杂草形成竞争优势，也可防止杂草的泛生或蔓延。

（三）使用专业配套的农机具

（1）专业播种机。为了防止病虫害及杂草发生，播种时需要使用一定数量的农药，以杀死部分初次侵染源或阻断侵染途径。为了减少单位面积农药使用量，应采用喷药点与播种点重合的专业机械，将播种与喷药同时进行，使播种点的农药用量及浓度相对较高，达到更好的防治效果。

（2）专业施肥机。为了满足作物生长所需肥力供给，同时防止杂草的泛生蔓延，可使用新型专业施肥机械，将肥料集中施在植株着生点附近的土壤中，而行间、株间相对贫瘠，达到抑制或减少杂草生长与蔓延的目的。

（3）专用喷药机。目前，喷药机具已逐步改进，特别是喷嘴的改进更为迅速，已由普通的涡流或放射流喷嘴改为齿轮旋转喷头，从而实现了由大量喷雾到微量及超微量喷雾的转变，农药使用量大幅度降低，而防治效果明显提高。

（4）除草机。对于杂草的防治，仅在播种时使用少量农药，出苗后封行前使用机械除草。为了便于除草机作业，播种或栽植时每垄的宽度应不大于机械的轮距。

（四）生物防治

环境状况对生物防治的效果有较大影响，因而目前生物防治大多使用在温室生产中，露地使用较少。温室环境受人为控制，是植物生长的最佳环境，同时也是病虫害及其天敌生长繁育的最佳环境，病虫害易发生，使用生物防治效果也极好。生物防治优点在于不污染温室内的环境与作物产品，且成本仅为农药防治的50%左右。

（五）物理防治

物理防治可用于温室和露地，通过悬挂带粘胶的黄色或绿色引诱板达到防治虫害的目的。该方法还可以用于预报虫害发生状况。

（六）化学防治

化学防治一般用于露地生产中，温室一般不使用，特别是生产蔬菜的温室，只有在其他所有防治方法均失败之后才会使用，因为化学防治往往会降低农产品的品质等级及售价。当前，化学农药朝着高效、低毒、超低残留方向发展。一种新型农药在使用之前，必须经过国家指定的专业机构进行全面的毒效、毒性、残留检验，若优于现用农药，方可推广使用。

第七节 高新技术在农业中的应用

一、高新技术的概念及其发展态势

高新技术是指利用现代科技成果或建立在最新科学成就的基础上形成的尖端技术。例如，微电子技术、计算机技术、现代通信技术、现代生物工程技术等，由于这些技术的发展速度比传统技术要快得多，技术含量也高得多，在国外把它们称作高技术，而在国内现在普遍称作高新技术。

然而，高新技术也是一个动态的相对意义的概念，即过去的高新技术在若干年以后可能变成了一般技术；在某一个国家或地区认为是高新技术，而在别的国家或地区也许是一般技术。例如，核能技术在我国是属于高新技术，但在欧洲一些国家（如法国、德国等）则是一般技术。因而，判断某项技术是否属于高新技术，还必须联系各国的科技能力和经济基础。高新技术的实用化和商品化，就形成了高新技术产业。

国内外学者认为，人类社会已经发生了四次大的工业革命：第一次工业革命始于 18 世纪 60 年代，其代表技术是蒸汽机的发明及广泛应用；第二次工业革命始于 19 世纪末，其标志是电的发明及广泛应用；第三次工业革命则是发生于 20 世纪 40 年代，以原子能技术、电子技术、合成化工技术等的出现为标志；到 1980 年，信息技术取得了突破性进展，形成了新的工业革命，即第四次工业革命，也就是人们通常所说的新技术革命。这次新技术革命涉及的高科技领域除信息技术（含微电子技术、计算机技术、现代通信技术、传感器技术）外，还包括新材料技术、新能源技术、航天技术、生物工程技术、激光技术、机器人与自动化技术、精密仪器技术、柔性技术、精细化工技术、纳米技术、海洋工程和软件工程等。

正在发生的新技术革命与前三次工业革命相比，在深度和广度方面都是史无前例的。它正以空前的规模和速度向前发展，引起了世界各国产业结构、就业结构和社会生活的深刻变化。这种变化不仅对世界经济、技术和政治产生巨大影响，而且给人类的生活方式、工作方式乃至思维方式都会带来重大变化。这次新技术革命给人们这样一个启迪：现在已经突破和以后将要突破的新技术一旦被运用，就会带来社会生产力的新飞跃和社会生活的新变化。科学技术已经成为推动社会发展的强大力量，这充分说明了世界经济的竞争，实质上是科学技术的竞争，说到底是人才的竞争。

二、生物技术在农业中的应用

生物技术在农业上的应用，主要是转基因动植物育种、克隆、胚胎移植和微生物制剂等。

（一）植物转基因育种

近年来，世界各国试种的转基因植物已超过 4500 种，已批准商业种植的有 90 多种，如耐储藏的番茄，抗病毒的马铃薯，抗虫和抗除草剂的大豆、棉花、玉米，抗稻飞虱的水稻，高含油量的油菜，抗病毒的南瓜、木瓜及具有特殊功能的产品等，都已进入市场。

（二）动物转基因以及克隆技术研究

动物转基因和克隆技术可以极大地延伸农业生产产业链，大幅度地提高畜产品价值量，但目前仍处于研究阶段。如利用转基因和克隆动物进行药物生产，其产品价值之高、产业规模之大都是难以估量的。芬兰的一家公司生产的转基因牛，可以生产出促红细胞生成素 EPO（erythropoietin），估计一头牛的乳汁里含有 EPO 的价值达 42 亿美元。中国在基因工程培育家畜方面也获得了重要的突破，已进入规模应用阶段。

（三）胚胎移植技术

胚胎移植是将良种雌性动物配种后的早期胚胎，或者通过体外受精及其他方式得到的胚胎，移植到同种的、生理状态相同的其他雌性动物体内，使之继续发育成为新个体的过程。其中，提供胚胎的个体为“供体”，接受胚胎的个体为“受体”。胚胎移植实际上是产生胚胎的供体和孕育胚胎的受体分工合作、共同繁育后代的过程。胚胎移植被认为是继家畜人工授精技术之后家畜繁殖领域的第二次革命。人工授精技术极大地提高了优秀种公畜的利用率，胚胎移植技术则极大地增加了优秀母畜的后代数，挖掘了母畜的遗传和繁殖潜力。

特别值得一提的是，通过胚胎移植产下的动物后代可从本地母体获得免疫，疾病抵抗力增强，胚胎传染疾病的危险性减小。目前，胚胎移植技术被越来越多地用于牛等动物的引种和品种改良。

（四）微生物制剂技术

微生物农药、动物疫苗、生物肥料、动植物生长调节剂等农用生物制剂是生物技术在农业上应用的重要组成部分。微生物农药是指能够控制病、虫、草等有害生物的微生物活体及其新陈代谢产物和转微生物基因的产物，这些产品可以制成生物源制剂，包括细菌、病毒、真菌、线虫、拮抗微生物、农用抗生素、植物生长调节剂等。从功能来分，有杀菌微生物、杀虫微生物、杀草微生物和植物生长调节剂四大类。基因工程疫苗具有安全性高、普适性强、可以大规模生产和生产成本低等优点。生物肥料的含义有广义和狭义之分：狭义的生物肥料，是通过微生物生命活动，使农作物得到特定的肥料效应的制品，也被称为接种剂或菌肥，它本身不含营养元素，不能代替化肥；广义的生物肥料是既含有作物所需的营养元素，又含有微生物的制品，是生物、有机、无机的结合体，它可以代替化肥，提供农作物生长发育所需的各类营养元素。从现代农业生产中倡导的绿色农业、生态农业的发展趋势看，不污染环境的无公害生物肥料，必将会在未来农业生产中发挥重要作用。

三、信息技术在农业中的应用

农业是利用光、热、水、土、气等自然资源从事有生命物质生产的产业，因此具有分散性、区域性、时变性、经验性、稳定性和可控制程度低等行业弱势，而信息技术为克服农业弱势提供了有力的武器。信息技术在农业上的应用主要包括农业专家系统、智能化、网络化、3S[全球定位系统（GPS）、地理信息系统（GIS）和遥感（RS）]技术和精确农业。

（一）农业专家系统

农业专家系统（agricultural expert system，AES）最早于1986年出现在美国，到1996年在荷兰召开的计算机农业应用国际会议上，就有了上百种农业专家系统软件。现在专家系统通过网络传送到田间地头正成为一种趋势，网络技术在解决农业分散和闭塞的弱势问题方面具有较大优势。

（二）农业智能化技术

农业智能化是指在农业领域微电子和软件的应用。现代农业智能化包含了育种育苗、植物栽种管理、土壤及环境管理、农业科技设施等多个方面实施程序化和计算机软件的参与。农业智能化在发达国家已经相当普及，并达到了相当高的水准。利用农业智能化技术，在促进农业产量提高、品质提升、成本下降方面都有积极意义。

（三）3S技术

3S技术是指对地观测的三种空间高新技术系统，即RS （remote sensing）、GPS（global positioning system）和GIS（geographic information system）。3S技术可以实现远程寻找所需的各种地理空间数据（包括图形和图像），可以进行各种地理空间分析。通过现代通信技术可以将RS、GPS和GIS有机地集成起来，成为农业发展和进步的有力技术手段。

（四）精确农业技术

精确农业（precision agriculture）是指利用全球定位系统（GPS）、地理信息系统（GIS）、连续数据采集传感器（CDS）、遥感（RS）、变率处理设备（VRT）和决策支持系统（DSS）等现代高新技术，获取农田小区作物产量和影响作物生长的环境因素（如土壤结构、地形、植物营养、含水量、病虫草害等）实际存在的空间及时间差异性信息，分析影响小区产量差异的原因，并采取技术上可行、经济上有效的调控措施，按需实施定位调控的“处方农业”。精确农业的生产过程包含3个实施阶段，即确定田间管理事件、制定对策和实施对策。

精确农业技术在现代农业生产中的应用十分广泛。例如，根据土壤的需要使肥力状况得到改善，根据病虫害的情况来调节农药喷洒量，不再耕种那些已经板结的土地，自动调节拖拉机的耕种深度等。在产量预测、预报方面，精确农业对投入和产出能按不同地块、不同时间进行详细记录，对预测产量和农事决策有着极其重要的意义。在提高水、肥资源利用率方面，精确农业技术也具有极大的作用。

四、工厂化技术在农业中的应用

（一）工厂化农业定义

工厂化农业是指采用类似于工厂的生产方法，通过现代化生产设备、先进技术和管理手段，组织安排农、畜、禽等产品生产的农业经营方式。工厂化农业的主要支撑技术包括无土栽培技术、营养液调配技术、环境监测控制技术、CO_2 施肥技术、蜜蜂授粉技术、基质消毒技术、机械化作业技术、产品采后处理技术等。

工厂化农业的主要设备：温室骨架结构、覆盖材料、加热设备、通风及降温设备、补光设备、营养液配制装置、灌溉系统、CO_2 施肥装置、自动监测与集中控制系统。

（二）工厂化技术的发展

植物工厂是现代工厂化农业的最高水平。日本于 20 世纪 80 年代后期开始建造植物工厂，目前有试验示范作用的蔬菜、花卉工厂 10 多万座，一般面积为 1000m^2 左右。计算机可按需要将一盘番茄苗（10～15 株）调运到特制操作间进行管理后再返回原处，实现室内无菌化管理。在美国、以色列、英国、奥地利、丹麦等国，都建有高度自动化的蔬菜工厂、花卉工厂和果树工厂。

在我国，日光温室是现阶段或者可能在相当长的一个时期内生产应用中的主要设施类型。目前，我国有 33 万 hm^2 日光温室和 67 万 hm^2 塑料大棚，但整体发展水平还处于工厂化农业的初期水平。近年来，植物工厂也开始出现，如北京锦绣大地农业股份有限公司建造的水培蔬菜工厂，引进、仿制、自行研究的现代大型温室已投入使用，但基本上处于亏损经营状态。亏损原因主要是：建造投资成本高、能源消耗大、产品产量低、产品价值难以实现。此外，温室无土栽培技术也得到逐步发展，其培养方法：北方地区以固体基质为主；华东地区以营养液膜技术浅水培为主；华南地区以深液流水培为主。

（三）我国工厂化农业存在的主要问题

（1）管理体制和机制。工厂化农业发达的国家建立了生产—加工—销售有机结合和相互促进，完全与市场经济发展相适应的管理机制和体制，但我国还没有完全建立起这种管理机制和体制。

（2）装备水平。我国温室主要是结构简易、设备简陋的日光温室，根本谈不上温、光、水、气等环境的综合调节控制。现有的少量现代化日光温室，特别是引进的日光温室，虽然硬件装备水平不低，但生产管理和运行水平较低。

（3）产量和劳动生产率。由于管理技术不配套，目前温室产品的产量和劳动生产率还处于较低水平，其生产潜力没有得到充分发挥。

（4）品种。目前温室种植的作物品种大多是从国外引进的或从常规品种中筛选出来的，而自主培育的温室栽培专用品种还相当缺乏。

五、新材料在农业中的应用

（一）新材料的含义

新材料（或称先进材料）是指那些新近发展或正在发展之中的比传统材料性能更为优异的一类材料。新材料技术则是按照人的意志，通过物理研究、材料设计、材料加工、试验评价等一系列研究过程，创造出能满足各种需要的新型材料的技术。

随着科学技术发展，人们在传统材料的基础上，根据现代科技的研究成果，不断地开发出各种新材料。新材料按组分可分为金属材料、无机非金属材料（如陶瓷、砷化镓半导体等）、有机高分子材料、先进复合材料四大类；按材料性能可分为结构材料和功能材料。结构材料主要是利用材料的力学和理化性能，以满足高强度、高刚度、高硬度、耐高温、耐磨、耐蚀、抗辐照等性能要求；功能材料主要是利用材料具有的电、磁、声、光、热等效应，以实现某种功能，如半导体材料、磁性材料、光敏材料、热敏材料、隐身材料和制造原子弹、氢弹的核材料等。

（二）新材料的主要类型及其应用

1. 珍珠岩　珍珠岩是一种火山喷发的酸性熔岩，经急剧冷却而成的玻璃质岩石，因其具有珍珠裂隙结构而得名。其颗粒内部是蜂窝状结构，无毒、无味、不腐、不燃、耐酸碱。珍珠岩膨胀多孔，具有很强吸附能力，其保肥、保水、无菌、透气性能良好，被用于农业生产上，可作为肥料、水分的载体，用于改良土壤，也常作农药杀虫剂的载体。其有效含水率高达 45%，可有效截留雨水。它是 100% 纯无机栽培基质，理化指标稳定，植物长久栽培无需换土。

珍珠岩也可用于林业生产，对树木有着极好的固定作用，同时克服了树木主根对建筑结构的破坏。由于珍珠岩具有洁净无异味、施工简便、方便养护的特点，近年来被广泛应用于名贵花卉的种植。

2. 纳米材料　纳米本是一个尺度，纳米科学技术是一个融科学前沿与高技术于一体的完整体系，它的基本涵义是在纳米尺寸范围内认识和改造自然，通过直接操作和安排原子、分子创造新物质。纳米材料可用于生产纳米生物农药、改良盐碱地、果蔬的保鲜、营养液的消毒杀菌等。

纳米材料在农业机械方面也得到了广泛的应用，合金的使用大大加强了农业机械的耐用性和稳定性。但与传统的农业机械相比较，纳米材料的造价相对较高，普及率较低，今后的发展要注重降低成本和加大推广力度。

3. 高分子材料　高分子材料是以高分子化合物为基础的材料。它是由相对分子质量较高的化合物构成的材料，包括橡胶、塑料、纤维、涂料、胶黏剂和高分子基复合材料。高分子是生命存在的形式，所有的生命体都可以看作是高分子的集合。高分子材料在农业上具有广阔的应用前景。

（1）节水灌溉用高性能高分子材料，主要包括：①渠道防渗用高分子材料。塑料薄膜用于渠道防渗可使渠系水的利用率提高 15%，且塑料薄膜质量轻，便于运输施工，能适应渠道基的各种变形，造价低。可采用改性加工新技术，制备刚性强、适应变形强、承载强度高的耐穿透性好的 PE（聚乙烯）膜，尤其是线性低密度聚乙烯膜、金属聚乙烯膜、聚氯乙烯膜和复合土工膜。②低压管道输水用高分子材料。用管系代替明渠输水，渠系水利用系数达 0.9 以上；采用塑料管道，渠系水利用系数可达 0.97，节水效益显著。③喷微灌用高分子材料。喷灌和微灌（包括滴灌、微喷灌、渗灌、小管出流灌等）是先进的灌水新技术。喷灌比地面灌节水 30%～50%；微灌比传统的明水灌溉节水 60%～70%，灌溉水的利用率高达 80%～90%，可提高农作物产量 20%～80%，节省劳动力 50%～70%，对干旱少雨地区发展节水农业或建设现代设施农业具有重要意义。

（2）用于土壤保水和土壤保肥剂的高性能高分子材料。采用共聚、交联、IPN（无毒防腐涂料）、分子复合等先进技术，可以生产基于丙烯酸酯和乙酸乙烯酯的低度交联、不溶不熔、吸水凝胶强度高、可重复使用、吸水量高、吸水速度快、保水能力强的高性能高分子材料化肥。另外，采用固相力化学自增塑技术、超声辐照-挤出加工一体化新技术和连续微波辐照新方法，可以构成一种新型的高分子材料化肥，其释放速度取决于组合物键的性质、立体化学结构、疏水性、交联程度和降解难易度，它是近年发展起来的一个新品种肥料。由于高分子材料化肥在农业上的广泛应用，能够提高化肥的利用效率，减少污染，将对生态农业起到至关重要的作用，是现代化肥工业的发展方向。

（3）种子处理上应用的高分子材料。种子化学处理包括种衣剂的制造配伍和处理工艺（机械或人工）。新一代种子化学处理一般可分为以下点。①物理包裹：利用干型和湿型高分子成膜剂包裹种子。②种子表面包膜：利用高分子成膜剂将农用药物和其他成分涂膜在种子表面。③种子物理造粒：将种子和其他高分子材料混合造粒，以改善种子外观和形状，便于机械播种。现代化的种衣剂主要是以液状为主，对种子进行包膜处理。种衣剂形态包括真溶液、乳液、含固体微粒的悬浮液和微囊悬浮液。在所有的不同形态的种衣剂中，高分子材料用作成膜剂是不可缺少的重要成分，也是种子包膜类种衣剂产品的核心。

（4）农产品包装上应用的高分子材料。主要应用于蔬菜和水果的保鲜、贮存、运输，以及粮食的储运、防霉变等，是提高农产品附加值，增加农民收入的关键环节。

本 章 小 结

农业可持续发展的技术是指符合农业可持续发展需要，能够与人类社会和自然环境协调发展，且能取得最佳生态和经济效益的技术。农业可持续发展战略的实施要求推行农业清洁生产技术、推广使用无污染的“环境友好型”产品，以实现对农业环境和资源的永续利用。针对中国农业资源的特点及存在的问题，在农业生产上，应大力发展生态农业和循环农业技术，积极探索以节水、节地、节肥、节时、节能为主的资源节约型农业技术；在土壤侵蚀日益严重的背景下，应加强水土综合治理，保护农业生态环境；在农业土地利用过程中，要处理好农田施肥与生态平衡的关系，采用可持续植物综合营养技术可有效地提高肥料利用效率，同时控制农业面源污染；农药在控制农田病虫草害的同时，也带来严重的环境污染和食品安全问题，应注重可持续有害生物综合防治技术的研发和应用；此外，高新技术在现代农业发展中的地位越来越突出，积极探索和推广生物技术、信息技术、工厂化技术、新材料等农业高新技术，对于区域农业和农村经济可持续发展至关重要。

思考与练习

1. 名词解释：
   农业可持续发展技术　农业可持续发展技术体系　清洁化生产技术　生态良性化技术　生态农业
   循环农业　低碳经济　资源节约型农业　土壤侵蚀　面源污染　有害生物　有害生物综合治理
   高新技术　精确农业　工厂化农业
2. 简述可持续农业技术体系的定义和内涵。
3. 举例说明生态农业与循环农业技术在农业可持续发展中的应用。
4. 简述资源节约型农作体系的组成。
5. 试述影响土壤侵蚀的因子及其综合防治措施。
6. 试述农业施肥和生态平衡的关系。
7. 何谓农业的面源污染，如何进行有效控制？
8. 试述可持续有害生物综合防治的技术体系。
9. 试述高新技术在农业生产中的应用现状及发展趋势。

主要参考文献

柴世伟，裴晓梅，张亚雷，等. 2006. 农业面源污染及其控制技术研究. 水土保持学报，20（6）：192～195

高旺盛，陈源泉，梁龙. 2007. 论发展循环农业的基本原理与技术体系. 农业现代化研究，28（6）：731～734

高旺盛. 2002. 中国农业可持续发展理论与策略. 北京：中国农业出版社
李金才，张士功，邱建军，等. 2008. 我国生态农业模式分类研究. 中国生态农业学报，16（5）：1275～1278
李涛. 1997. 荷兰的 IPM 技术与研究. 世界农业，（1）：24，39～40
李中东. 2002. 农业可持续发展技术概论. 北京：中国财政经济出版社
刘志文. 2005. 西部大开发中生态经济与农业可持续发展. 北京：中国环境科学出版社
骆世明. 2001. 农业生态学. 北京：中国农业出版社
孙颔. 1994. 中国农业自然资源与区域发展. 南京：江苏科学技术出版社
孙瑛，刘呈庆. 2003. 可持续发展管理导论. 北京：科学出版社
徐舫，谢应华，白蕾. 2008. 对发展生态农业的思考. 合作经济与科技，（19）：47～48
尹昌斌，周颖. 2008. 循环农业发展的基本理论及展望. 中国生态农业学报，16（6）：1552～1556
赵荣芳. 2006. 冬小麦-夏玉米轮作中水氮资源的优化管理及其可持续性评价. 北京：中国农业大学博士学位论文：45～52
郑智民，陈国伟，郑维平. 2010. 有害生物的综合治理（一）——有害生物综合治理的概念与原则. 中华卫生杀虫药械，16（1）：64～66
中国土壤学会. 2007. 中国土壤科学的现状与展望. 南京：河海大学出版社：181～188

第五章　农业可持续发展与农村社会管理

学习目标

理解农村产业结构、可持续消费、农村产权制度和社区建设的基本概念及其内涵；明确农村产业结构优化、农村消费、农村剩余劳动力转移、农村产权和农村社区建设与农业可持续发展之间的关系；掌握优化农村社会管理、促进农业与农村经济的可持续发展的基本措施。

第一节　可持续发展与农村产业结构优化

一、农村产业结构优化与农业可持续发展的关系

（一）农村产业结构及其优化的概念

1. 产业结构的概念　要了解产业结构的概念，首先要知道有哪些产业类型。一般情况下，产业类型是按照费希尔（A. G. B. Fisher）于 1935 年提出的“三次产业分类法”进行划分的。三次产业分类法主要是根据人类经济活动发展的三个阶段，将人类经济活动分成三个产业，即现在被广泛运用的第一产业、第二产业和第三产业。其中，第一产业就是和人类经济活动发展的初级阶段相适应的农业和畜牧业；第二产业是和工业化大生产相对应的以对原材料进行加工并提供物质资料的制造业为主；第三产业则是以非物质产品为主要特征，包括商业在内的服务业。与之相应地，产业结构则是专指产业之间的关系结构，具体来说，就是指生产要素在各产业部门间的比例和它们之间相互依存、相互制约的联系，即一个国家的劳动力、财富、各种资源等，在国民经济各产业部门之间的分配状况及其相互关系。

2. 农村产业结构及其构成　产业结构在整个国民经济结构中居于主导地位，是生产力结构的中心。那么，农村产业结构就直接反映出农村地区的经济结构情况，具有地区性。农村产业结构是指在农村地区内三种产业之间，以及三种产业内部各层次之间的关系结构。它既包括研究农村地域内产业之间比例关系及其变化，也包括产业之间各要素投入产出的关系及其变化。具体包括以下三个层次。

第一层次：即传统意义上对农村经济整体的区分，包括农村第一产业、农村第二产业和农村第三产业。

第二层次：农村第一产业内部的分层，即农业被细分为种植业、林业、畜牧业、渔业四大板块。农业是农村经济的基础，也是农村所独有的，是区分农村和城市的重要标志。农村第二产业包括工业和建筑业。农村第三产业就是指除了第一、第二产业以外其他的各行业，种类广泛，主要包括三大部门，即流通部门、为生产和生活服务的部门和为提高科学文化水平和居民素质服务的部门。简言之，农村的第一、第二产业为生产部门，而第三产业则是围绕着第一、第二产业的服务部门。

第三层次：在第二层次的基础上，种植业又可以再细分为粮食作物、蔬菜作物、经济作

物、饲料作物；而林业又可以细化为经济林、风景林等不同种类；畜牧业则被具体细分为肉畜、毛畜、乳畜、禽畜等；渔业细分为海洋渔业、淡水渔业。农村工业主要包含农村制造业、农副产品加工业，其主要表现形式为村办或个人兴办的乡镇企业。农村服务业重点流通部门包括交通运输业、邮电通信业、商业饮食业、物资供销和仓储业；为生产和生活服务的部门包括金融业、保险业、地质普查业、房地产管理业、公用事业、居民服务业、旅游业、信息咨询服务业和各类技术服务业等。

3. 农村产业结构优化的概念　农村产业结构优化的起点和动力是随着物质生活水平的提高，农民自发积极地调整和优化种植、养殖结构，生产高品质的农产品，以期获得更大的经济效益，注重效益和提高收入随之成为农业发展的目的。相应地促使农业从简单再生产时代的单一种植业结构，逐步进化调整为大农业结构，再继续上升到多元化产业结构，这种产业结构由单一到多元，逐步细化的过程，使产业结构越来越合理，生态循环越来越平衡，经济效益越来越提高，因此这是一个产业不断升级进化的动态过程。这种动态过程是在国民经济效益最优的目标下，根据经济发展情况、区域地理环境和科技水平、资源情况和人口规模等生产因素对产业结构进行的再调整。

因此，可以说，农村产业结构优化就是在确保一个国家或地区经济稳定、均衡、可持续发展的前提下，优化农村各行业之间的关系和比例，使农村产业结构更趋于合理化演进的过程，其最终目的是实现经济增长、社会进步、生态环境平衡、社会的和谐发展。同时也要认识到，农村产业结构优化是一个相对的概念，最优的结果并不存在，仅仅是指以一种高效率的主导产业为核心而建立起来的协调的农村产业结构，只是一个相对的优化结果。

（二）农村产业结构优化对农业可持续发展的影响

从上述一系列的概念界定可以看出，农村产业结构优化就是要实现农村产业结构的合理化与高级化。而农业可持续发展的本质恰恰在于维持农业生产和经济系统的恢复性，它要求必须不断优化农村产业结构，寻求经济与环境之间的动态平衡，实现经济、人口、资源、环境的协调发展。农村产业结构优化与农业可持续发展之间具有密切的关系，具体表现在以下几个方面。

1. 农村产业结构合理化是农业可持续发展的基本要求　农村产业结构合理化是指农业生产过程中各部门间的比例协调，既要消除由于某些部门的滞后发展所造成的瓶颈制约，也要避免某些部门的发展超过市场需求及重复建设造成资源浪费。这就意味着农村各产业部门之间的比例要协调、供求要平衡、资源能合理有效配置、不断变化的市场需求能得到较好满足。而农业可持续发展同样强调农业产业经济发展的整体性、系统性、协调性、稳定性和持久性，要求整个农业生产部门的比例协调，生产结构与需求结构基本一致，避免严重的过剩和短缺，防止不均衡、畸形发展。可以看出，农业产业结构合理化是农业可持续发展的基本要求。

2. 农村产业结构高级化符合农业可持续发展的本质　农村产业结构高级化主要是指产业结构从低水平状态向高水平状态的动态发展过程。这种不断升级的运动，不以人们的意志为转移，而是自然规律和经济规律的必然趋势，也是社会进步的客观要求。它一方面体现在高附加值的农业产业部门比重上升，另一方面体现在生产过程中技术水平的提高。在高级化的产业结构中，产品的加工度高，科技含量大，那么对自然资源的消耗就会减少。而农业可持续发展同样强调“采取某种使用和维护自然资源的方式，以及实行技术变革，以确保当代人及其后代对农产品需求得到满足的农业发展”，所以，农村产业结构高级化符合农业可持续发展的本质。

二、农村产业结构的演变分析

（一）农村产业结构的演变规律

农村产业结构的优化，受生产力和商品经济的发展水平制约，不会是“异军突起式”的革命或“爆发式”的重组，而是一个由简单向复杂、从低级到高级的渐进变动过程，具有阶段性和层次性。大致可以将农村产业结构中各生产要素组合和产值配置等在经济时空中的演变历程划分为四个阶段。

1. 起步阶段　在起步阶段，城乡分工十分明确，差别显著，农村经济困扰在“以农为本”的狭隘界限中。农业生产力水平较低，生产要素绝大部分是集中在粮食生产上，农民以满足自己温饱为主要需求，农业只向城市输出少量初级农产品。农村工业数量微乎其微，仅有少数传统手工业。此时，尽管商业服务业还比较薄弱，但较之农村工业先一步发展。这是因为，一方面农业生产的发展和农村居民基本生活首先需要发展一些传统的商业服务业；另一方面资金、劳动力等生产要素容易进入商业服务业，使得其较易发展起来。

这一阶段农村产业结构的配置关系是：Ⅰ（第一产业）>Ⅲ（第三产业）>Ⅱ（第二产业）。

2. 初变阶段　在初变阶段，第三产业的发展使城乡联系逐渐密切，农民的眼界放宽，信息量扩大，商品经济观念得到强化。同时，农业生产力水平获得了提高，农民的温饱问题已基本解决，并出现较多的剩余劳动力、资金等。为了获得最大效益，这些剩余劳动力和资金等需要寻找新的投入场所，这给原先几乎空白的农村工业提供了发展的契机。大量资金、劳动力和技术等生产要素开始流向第二产业，以农副产品加工等为前导的农村工业迅速壮大起来，它带来了农产品输出结构的变化和农村经济实力的加强。

这一阶段农村产业结构的配置关系变为：Ⅰ（第一产业）>Ⅱ（第二产业）>Ⅲ（第三产业）。

3. 递转阶段　在递转阶段，农业生产力水平迅速增长，生产要素进一步转移、流动，农副产品加工的层次、范围大大地扩展开来。除中小型工业之外，城乡联营与农民集资兴办的有机构成较高的大中型村工业企业开始出现，使得第三产业的发展步伐大大加快。随着工业的发展，第三产业的服务领域也由农业、农村生活伸向第二产业，引起了交通、运输、商业、饮食等服务业的发展，原先以农为主体的旧有结构进一步瓦解，第一产业从“老大”的地位跌落下来，让位于第二产业。

这一阶段农村产业结构的配置关系变成：Ⅱ（第二产业）>Ⅰ（第一产业）>Ⅲ（第三产业）。

4. 发达阶段　在发达阶段，随着农村经济的全面增长，农产品品种、数量、质量水平的大大提高，带来了农民生活水平的迅速改变。农民的消费需求远远超出了基本生活资料的范围，文化、艺术和娱乐等的服务需求逐渐增多，开始进入“超物质化”需求的高级阶段，农业生产已经实现了专业化、社会化和商品化，农村工业的有机构成也不断提高。这一切为第三产业的发展创造了得天独厚的条件，它很快成为吸引诸生产要素的主要部门，并在广阔的天地里迅速发展壮大起来，先是超过了一直稳定增长的第一产业，继而超过了“暴发户”

第二产业，跃居首位。至此，农村产业结构进入高度发达阶段。

这一阶段农村产业结构的配置关系为：Ⅲ（第三产业）>Ⅱ（第二产业）>Ⅰ（第一产业）。

从以上分析可以看出，农村产业结构的演进不是孤立的、随意的，而是具有比较明确的层次递进关系，前一阶段是后一阶段的基础，后一阶段是前一阶段的发展结果。同时产业之间的位移或配置比例变动也是有规律的，二、三产业的依次发展壮大，使产业结构配置沿着折线轨迹横向平移和斜向变动交替上行。产业间的移位，并不是简单的重复和互换，而是蕴含了质变，即后一阶段的结构层次无论是要素组合质量，还是产业产出功能都要比前一阶段高得多。农村产业结构就是通过这种量的增加和质的变换过程，不断放弃较低阶段和较低层次，进入较高阶段和较高层次，逐步实现产业结构的优化。

（二）我国农村产业结构调整的历程

新中国成立以后，我国农村产业结构进行多次调整，从农业政策调整、市场变化和调整的经济效果看，可以归纳为 3 个阶段。

1. 被动适应阶段（1952～1978）　被动适应阶段农业结构的调整，是在计划经济和“以粮为纲”的方针指导下进行的。农业生产按政府指令实行计划种植，农民是被动的。农业发展以解决民众最低生活需要为宗旨，以追求农产品产量快速增长为目标，农业结构调整只能被动地适应这一目标。这一时期农业结构和农业发展的指导思想在当时农产品严重短缺的条件下，有其历史的合理性和必要性，保障了全国多数人民的温饱。但从农业结构功能看，长时间存在重视种植业轻视畜牧养殖、重视粮食轻视经济作物发展、重视数量增长轻视品质提高的现象，农业产值和产量虽然也在缓慢增长，但农业系统的总体产出率低，造成农业结构系统各产业之间比例失衡。

2. 主动适应阶段（1979～1998）　1978 年后，农村实行家庭联产承包责任制，从根本上改变了集体所有制的生产关系，农民得到一定程度的自主权，调动了农民生产积极性和主动性。政府、农户和市场是农业结构调整的行为主体。1981 年，中央转发了国家农委《关于积极发展农村多种经营的报告》的通知，改变了“以粮为纲”的农业发展政策，提出“决不放松粮食生产，积极发展多种经营”的方针，要求农业同林业、畜牧业、渔业和其他副业之间，粮食生产同经济作物生产之间要保持合理的结构，实现农林牧副渔全面发展。1984 年后，又提出发展多种经营和非农产业的农村经济调整政策。1992 年，中央提出实行社会主义市场经济体制，使市场成为农业结构调整的导向之一。同年，《国务院关于发展高产优质高效农业的决定》提出“进一步把农产品推向市场”，“以市场为导向继续调整和不断优化农业生产结构”，要求“在确保粮食稳步增长、积极发展多种经营的前提下，将传统的‘粮食-经济作物’二元结构，逐步转向‘粮食-经济作物-饲料作物’三元结构”，并提出“依靠科技进步发展高产优质高效农业”。这些政策促进了我国农业结构的主动调整，到 1992 年已初步改变了原有的结构单一和效率低下的农业结构模式，已经开始向合理方向调整，拓宽了农业内部发展空间，促进了农业生产效率的提高。经过这一阶段的农业结构调整，使粮食产量达历史最高水平，畜禽产品、水产品和蔬菜等农产品的产量持续增长，水果生产得到快速发展，农村非农产业也得到较快的发展。农产品供给结构不断优化，肉蛋奶等畜产品大幅度增加：畜牧业、林业、水产业的全面发展，以及荒山、荒地、草场、草滩、水面的综合开发利用，大大增加了农民在农业内部就业的机会，通过产前、产中、产后关联部门的发展拓展了农村非农就业空间。

但是，这一阶段的农业产业结构调整，是基于解决农产品整体短缺矛盾的调整，仍属于适应性的调整。这种调整尽管提出了优质高效，但是主要追求高产和产量增长的目标没有改变。因而一方面出现了大部分农产品的阶段性、结构性地供大于求，另一方面又出现了农产品供给不能满足消费者对优质和多样性农产品消费需求的现象。

3. 战略性优化阶段（1999 年至今） 1999 年开始的农业结构调整，是在农业发展进入新阶段，农业发展受市场、资源等约束，部分农产品卖难，优质品短缺，农产品生产结构与市场消费结构不相适应的情况下提出来的。中央分析农业经济形势的变化提出农业结构的战略性调整，所谓战略性调整，它不是农产品数量的简单增减，而是在保障供给的基础上，全面优化农产品品质；不是局部地区的产业比例调整，而是发挥比较优势，全面推进优势农产品的区域布局；不是仅着眼于调整农业生产结构，而是着眼于整个农村经济结构的优化，着眼于农村城镇化水平的提高，促进城乡经济社会协调发展；不是只涉及生产力要素结构的调整，而且也涉及与之密切相连的农村经济体制等生产关系层面的调整。通过调整，是要全面提升农业和农村经济结构整体素质，增强竞争力，促进农民收入持续增长，实现与国民经济战略性调整的有机衔接。

三、农村产业结构优化的原则和对策

（一）农村产业结构优化的原则

农村产业结构优化是一项综合性很强的工作。优化过程不仅涉及参与产业结构优化的各个经济主体的利益，而且涉及与农产品生产、加工、销售及农业产前等有关部门的关系。因此，在具体优化过程中，一定要因地制宜，从实际出发，稳步推进，不能急于求成，更不能拔苗助长。为了保证农村产业结构优化的顺利进行，必须坚持如下基本原则。

1. 面向市场的原则 农村产业结构优化必须要面向市场需求，这是结构优化应始终坚持的一个基本原则。面向市场，通俗讲就是“以销定产”。首先应在理念上摈弃过去在计划经济和农产品短缺时代形成的“以产定销”观念。我国目前的农村产业结构优化是在发展市场经济和农产品相对过剩的条件下启动的，市场对农业发展的约束作用日益增强。因此，结构优化不能简单化地追求某个产品的种植面积扩大了多少，产量增加了多少，而要把重点放在市场的开拓上，放在农业对市场的适应上，要把在结构优化中农民得到了多少实惠、增加了多少收入作为衡量结构优化成效的基本标准。面向市场，在层次上讲不仅要面向本地市场，而且要面向区域市场和全国市场，在全球经济一体化的趋势下还要面向世界市场。在国内市场中，不仅要考虑城市市场，而且要考虑农村市场；不仅要考虑发达地区市场，而且要考虑不发达地区的市场和落后地区的市场；不仅要考虑高收入阶层市场，而且要考虑中等收入阶层和低收入阶层市场。在国际市场中，不仅要考虑周边国家的市场，而且要考虑欧美等国的市场；不仅要考虑鲜活农产品市场，而且要考虑农产品的加工市场。

2. 因地制宜的原则 从实际出发，因地制宜，是农村产业结构优化的一个重要原则。所谓从实际出发，因地制宜，就是从本地区自然资源条件和区位特点出发，在比较分析自身优势的基础上定位农业结构优化的目标和方向，制定农业结构优化的模式。我国农业生产具有明显的区域性特点，再加上自然资源分布的不均衡性，如果不从本地区的实际出发，不按照自身的比较优势来从事农村产业结构优化，可能导致农业资源的生产效率不能得到充分发挥，直接导致农村产业结构优化在具体项目上的雷同或重复。所以，各地在农村产业结构优化中，必须坚持因地制宜的原则，充分利用当地的资源，发挥当地的比较优势，形成具有各自特色的产业结构模式，才能保证农村产业结构优化的健康顺利进行。

3. 不改变家庭承包经营的原则　在农村产业结构优化过程中，生产布局、产品结构、产业结构、生产技术和经营形式的调整等，都可能会涉及与农户土地承包经营的关系，对于这些情况，可以通过示范或引导，但不能强迫命令，绝对不能用调整土地承包关系收回土地承包经营权等方式推行农村产业结构优化。也就是说，进行农村产业结构优化，必须坚持家庭承包经营这个基础不动摇，不允许以任何理由或借口侵犯农民的土地承包经营权。因为农业实行家庭承包经营，一方面使农民获得充分的生产经营自主权，能够极大地调动农民的生产经营积极性，解放和发展农村生产力，符合农业生产自身的特点；另一方面也可以使农户根据市场、气候、环境和农作物生长情况及时作出决策，保证农业生产顺利进行，也有利于农户自主剩余劳动力和剩余劳动时间，扩大生产门路，增加收入。事实上，农村产业结构优化与家庭承包经营并不矛盾，二者能够实现有机的统一。

4. 正确认识结构优化中政府和农民的关系的原则　政府和农民在农村产业结构优化中都扮演着重要角色，正确认识和把握两者之间的关系，以及各自在结构优化中的作用，是顺利推进农村产业结构优化工作的基础。这种新型关系的核心，概括来说，就是农民按照市场需求自主地组织生产经营活动，政府通过调控市场对农民的生产经营活动加以宏观引导，并对农民的生产经营活动给予必要的支持和保护。这种新型关系反映在农村产业结构优化上，就是农民是结构优化的主体，政府对结构优化进行引导、服务和宏观调控，这是处理结构优化中政府与农民关系的基本点。

农村产业结构优化中维护农民的主体地位与发挥政府的引导、服务和宏观调控作用这两个方面并不矛盾，二者相辅相成，是一个有机整体，要把二者有效地结合起来，有机地统一起来，不可偏废，更不能对立。

（二）农村产业结构优化的对策

1. 应为内需导向型产业结构培育牢固的市场空间　目前，我国产业结构中一个突出的矛盾，是制造业产能供给远远超过国内市场需求。要实现从出口导向型转向内需导向型产业结构，关键是要拓展和扩大国内消费市场。当前，拓展和扩大国内消费市场有两条有效途径。

（1）推进农村城镇化。同工业化相比，农村城镇化能创造需求，而工业化创造供给。今后，要通过制度变迁促进农民市民化，农民市民化的过程，对扩大内需会产生两方面的作用，一方面农民转市民能带来巨量消费，另一方面会对城镇基础设施和服务业带来巨大需求。

（2）提高农村人口的消费能力。农民消费能力的提高，可通过两条渠道来实现，一是向农村增加大量公共基础设施建设投入，改善农村生产生活条件，降低农民消费成本；二是支持农民增加收入，不断提高他们的购买能力。

无论从推进农村城镇化还是从提高农村人口消费能力看，今后必须加快体制改革步伐，改变制约农民市民化的一系列制度障碍，同时要将公共资源投入重点更多地转向农村，加强农村路、水、电、气、信息、网络等基础设施建设，健全农村社会保障体系，并帮助农民发展致富产业。

2. 构建良好的产业协调发展空间布局　农村产业结构优化是一个系统工程，在优化过程中，要按照生产要素在城乡之间自由流动、经济社会融合发展的原则，实施城乡产业分层和联动发展，构建现代农业、先进制造业和现代服务业互助共进、协调发展的空间布局体系。例如，农产品加工储藏、生物质能源、风能、太阳能开发和对土地、矿产资源需求强度高的产业，可以重点在农村发展。另外，农村的生活服务和生产性服务业发展还有很大的发展空间，国家应该从财政、税收、金融等方面给予支持。而对于高科技、先进装备制造、现代服务业，可以在城镇发展。总之，在城乡产业配置上，要按照“十”字形理念，充分利用农村的土地、劳动力、农产品、矿产品和城市技术、服务、市场等优势，纵向延伸和发展产业链，横向培育和发展产业群，通过园区集聚企业和产业，形成产业群，将城乡经济社会发展融为一体，为农村产业结构调整构建良好的产业协调发展空间布局。

3. 加快传统产业的升级改造步伐　加快对传统产业的改造步伐，促进我国农业走高端化、细分化之路。在产业结构中，无论是传统产业还是高科技产业，都有高端环节和低端环节。在任何一个产业链条上，凡是具有高科技含量、高附加值、高辐射带动特点的环节及产品，都属于高端范围。今后我国一定要通过流程再造、重构生产组织、运用新工艺和新技术，使农业生产向高端化、细分化方向发展。要围绕高产、优质、高效、安全、生态目标，在推进农业现代化过程中，大力发展高附加值农产品生产，不断提高农产品加工特别是精深加工比重，加快传统产业的升级改造步伐，实现优化产业结构的目标。

4. 大力支持战略性新兴产业的发展　未来，在新一轮世界产业技术革命中，谁能把握机遇，引领技术创新潮流，谁就能在新的国际产业分工中获得先机。发展战略性新兴产业是新一轮产业技术革命的关键所在，是推进产业结构调整升级，实现产业发展低碳化、绿色化和智能化的重要支撑，也是我国从“中国制造”向“中国创造”转变的战略切入点，在农业领域也是如此。今后，我国必须加大国家政策支持力度，调集社会力量，集中优势科技资源，积极推进农业领域的新能源、新材料、生物育种、信息网络、海洋工程等新兴产业的发展。用 3～5 年时间，争取在上述产业的重点行业和核心技术、重大技术装备、战略性关键技术领域取得新突破。

5. 创造产业结构优化的制度条件　加快推进体制改革，为促进农村产业结构调整和升级创造制度条件。目前，我国已经到了需要依靠改革推动经济结构和产业结构调整的时代，必须从政治体制、经济体制、社会体制，以及其他体制方面清理和消除影响甚至阻碍产业结构调整的因素，加快干部考核制度、财税体制、资源价格形成机制、收入分配制度、人才培育和引进机制等方面的改革，鼓励社会创新，支持企业技术进步，引导经济增长依靠产业结构调整和升级实现。

第二节　可持续发展与农村消费

一、可持续消费与可持续发展的关系

（一）可持续消费概述

1. 可持续消费的定义和内涵　联合国环境规划署在 1994 年于内罗毕发表的报告《可持续消费的政策因素》中提出可持续消费的定义为：“提供服务及相关的产品以满足人类的基本需求，提高生活质量，同时使自然资源和有毒材料的使用量最少，使服务或产品的生命周期中所产生的废物和污染物最少，从而不危及后代的需求。”该报告指出，可持续消费并不是介于因贫困引起的消费不足和因富裕引起的过度消费之间的折中，而是一种新的消费模式，它适用于全球各国各种收入水平的人们。可持续消费是指在满足人们基本生活需要和提高生活质量基础之上的科学、理性的生活消费模式，它既要满足当代人不断增长的消费需求，又不危及后代人满足其需求的机会，是与经济、社会、资源、环境相协调的消费模式。

可持续消费包括如下三层含义。

（1）可持续消费的首要和最终的目标是提高人类的生活质量。当今世界，发展中国家中千百万人的生活水平远远低于生理需要的最低标准，为了谋生不得不对环境造成很大的破坏。因此要真正提高全人类的生活质量，只有实现了可持续消费才能办到。可以说，可持续消费是提高生活质量的有效途径。

（2）可持续消费是尽可能减少消耗资源和产生废弃物消费。在可持续消费方式下，资源可以恢复、再生，甚至增长；而在不可持续消费方式下，再生过程可能受阻，使蕴藏量减少，以至逐渐枯竭。

（3）可持续消费的原则是公平与公正。任何人都不应由于自身的消费而危及他人的消费，当代人不应由于本代人的消费而危及后代的生存与消费，当代人负有保护资源和环境的不可推卸的责任。

2. 可持续消费的特征 第一，可持续消费并非"消费绿色"。可持续消费必须是以保护"绿色"为出发点，消费行为中要考虑到对环境的影响并且尽量减少负面影响。

第二，可持续消费反对攀比和炫耀。在日常生活中，不少人热衷于相互攀比，追求奢侈豪华，以示炫耀。这样容易形成浮华的世风，刺激人们超前消费和过度消费。

第三，可持续消费反对危害人和环境的习惯。可持续消费主张食用绿色食品、不吃珍稀动植物制成品、少喝酒、不吸烟。

第四，可持续消费尤其反对过度消费。过度消费不仅增加了资源索取和环境的污染荷载，而且助长了人的消费主义和享乐主义。我国民间流行的婚丧大操大办、大吃大喝等现象也属于过度消费。从根本上说，只有实现了可持续消费，才能做到可持续发展。

3. 可持续消费的结构 要促进可持续发展，必须从根本上解决消费的不可持续性问题，其中的关键之一是实现可持续消费结构。可持续消费结构要符合以下三个方面的标准。

（1）可持续消费结构应该把物质产品消费置于合理的、必要的界限之上。

（2）可持续消费结构中消费品应尽量少地占用物质资源，特别是非再生资源或再生速度较慢的物质资源。

（3）可持续消费结构下的物质消费品还应具备以下三个条件：应尽量少产生甚至不产生废弃物，或者所产生的消费残余物可以得到充分的回收或利用；在条件许可的情况下，尽量少用甚至不用包装物，或者包装物可以回收利用或可自然分化，或者不对环境产生不良影响；这些产品应该是清洁生产过程的结果，即产品再生产过程中有严格的排污控制，在产品生产出来以后有严密的消费过程控制。

（二）可持续消费对可持续发展的影响

1. 可持续消费是与环境承载能力相适应的消费 每个生态系统都有一定的物质流、能量流和信息流，如果人类的活动方式不当，会造成生态系统的失衡、倒退，甚至崩溃，导致环境恶化、水土流失、土壤沙化、臭氧层的破坏及许多物种消失。工业化引起的各种危机起源于最广泛意义上对资源原料、能源、粮食、土地、水源、空气等的争夺。人与自然的矛盾一直存在，只是到了近代以后，这一矛盾日趋复杂和尖锐，导致了环境的污染和生态系统的破坏，自然的承受力已接近临界点。为了使自然免于崩溃，保证人类社会的可持续发展，要求人们放弃高消耗、高增长、高污染的生产方式和高消费、高浪费的生活方式，并且自觉地把自身置于整个生物圈相互依存的网络中，在自身的发展活动中积极而主动地促进生态系统的良性循环，使生态系统的机构和功能保持良好状态。

2. 可持续消费是满足人的需要而又避免奢侈浪费的消费　人类在满足基本的生存需要之后，要求过更好的生活，要求满足享乐和发展的需要，这是很自然的，因为社会物质生产就是以全面满足人的需要为目标的。但是，工业化国家的高消费是为消费而消费，他们把物质消费水平作为社会地位的象征，认为享受丰富的物质即是美，消费更多的物质是好事，拥有更多的物质财富就是多一份幸福。人们把无限制追求物质享受和消遣作为时尚，这种时尚推动高消费生活方式向它的顶峰发展。高消费是一种畸形的消费方式，是过量消费，地球没有能力支持这种消费方式的发展。实际上，发达国家的过量消费已经广泛地利用了世界资源，或过早地和过多地支付了地球生态资本。这种消费已显示出严重的生态后果，严重地威胁着整个人类的生存。真正美好的生活应该是一种身心健康的生活，而身心健康不仅需要有良好的社会环境，也需要有良好的自然环境。牛津大学心理学家麦克·阿盖尔（Michael Argyle）曾经指出：真正使幸福不同的生活条件，是那些被三个源泉覆盖了的东西——社会关系、工作和闲暇，而这些正是被消费社会所忽略的东西。

3. 可持续消费是注重改善生活质量的绿色消费　可持续消费并不反对随着科学进步和社会生产力发展不断提高消费水平、改善生活质量，只是它倡导健康合理的生态化消费，主张对非基本的消费需求有所节制，对环境代价过大的消费要有所减少。因此，可持续消费崇尚绿色消费。绿色消费不仅是指对绿色产品的消费，而且是指一切无害于或少害于环境的消费。

4. 可持续消费遵循代内平等原则和适度性原则　代内平等体现了全球发展的一体性和世界性。它强调任何国家和地区的发展都不能以损害其他国家和地区的发展为代价。适度性原则要求人与人之间、国家与国家之间消费水平的均衡性，改变过度消费与消费严重不足并存的不和谐现实。

5. 可持续消费是人们的物质生活和精神生活相和谐的一种消费　人类的物质生活是精神生活的基础，但精神生活又表现出摆脱与超越物质生活需求的特征，也只有摆脱物质性需求的羁绊而获得精神性需求满足的生活，才能成为一种创造性的生活。

二、当前我国农村的主要消费模式

消费模式在经济社会持续发展的过程中起着重要作用，合理的消费模式可以刺激社会生产、促进经济发展、满足人们对物质文化生活的需要、提高人们的生活质量，使人们的消费与环境之间产生良性循环，从而使人类赖以生存的环境得到保护和改善。目前，我国农村消费模式及其存在的问题主要表现在以下几个方面。

（一）农村地区生产消费模式

1. 普通农业生产消费　农业是国民经济的基础，我国农业生产总体保持平稳较快增长，但与发达国家农业生产相比，我国绝大部分农村地区生产力水平仍十分低下，农业产业化和机械化程度较低。粮食等农作物增收仍主要以高资源投入（增加播种面积、加大施肥力度）为主要途径，同时，为了抵御病虫害等不利因素对农业生产的危害，有机农药的使用剂量不断加大。养殖业仍存在经营分散化，产量的增加也主要依靠扩大养殖场地、增加饲料供给而实现。从生产消费合理性的角度看，呈现出非可持续性生产的状态，主要表现在：第一，农业生产对土地资源的高度依赖性，造成了农村地区森林资源被大量砍伐、土地资源过度开发的局面，导致森林资源锐减、水土流失等严重后果。第二，生产中化肥和农药的大量使用，造成部分土地盐碱化，减少了有效耕地面积。第三，化肥和农药包装袋等农业生产垃圾随处丢放、秸秆和杂草等垃圾露天焚烧、动物粪便堆放不合理等，造成了生产和生活环境的恶化。

2. 农村地区企业生产消费　在农村经济不断发展和国家相关政策大力支持下，农村地区企业数量逐渐增加，工业生产逐步活跃，但生产消费中存在的问题也不容忽视。

（1）粗放式生产，资源浪费程度高。农村工业企业的发展很大程度上依靠廉价的土地资源、劳动力资源和自然资源的大量投入，企业能以较低的价格征得大量土地新建厂房，以当地丰富的自然资源为原料，雇佣当地居民进行生产。粗放式的生产是绝大多数企业的发展方式，产量的提高也主要来自于劳动力和资源投入的增加。由于土地、原料等资源价格相对低廉，非节约性生产造成资源浪费程度过高。

（2）生产线落后，工业污染严重。农村企业由于资金实力薄弱，引入的生产线相对落后，配套的环保设施十分不齐全，生产垃圾处理能力极为低下。工业生产产生的废气和废水不加处理便随意排放，给农村地区的空气和水土造成了污染。工业废渣随处堆放，不仅占用了土地，也可能造成耕地污染。

（二）农村居民生活消费模式

1. 消费结构有所改善，但仍不够合理　农村居民家庭恩格尔系数逐渐下降，食品支出呈现减少趋势。同时，交通通信、文教娱乐用品及服务和医疗保健等支出有所增加，消费结构有所改善。然而，在农村居民生活性消费支出中，食品、衣着、居住等维持基本生活需要的支出所占比重仍较大，而居民用于教育、医疗保健等发展性支出所占比重较小，不利于农民文化素质和身体素质的提高。同时，面子消费、人情消费十分常见，大摆酒席、广泛宴请宾客在一定程度上造成了资源和财富的浪费。

2. 重消费，轻环保　农村居民收入水平低下，对工业文明高度地崇拜和向往，在消费中单纯追求消费品效用，对廉价的工业产品不加筛选地接受。农村居民消费者过度地强调价廉而没有真正地追求物美，虽然消费者的相关需求得到了满足，但高资源消耗、高环境污染产品的消费给资源环境造成了巨大压力，"三无产品"的使用更是给居民健康带来了隐患。此外，绝大多数农村地区没有固定的垃圾堆放装置，更没有统一的垃圾处理站，大路小道成了天然的垃圾堆放场所，果皮纸屑和各类包装塑料袋随处可见，农村环境不断恶化。

三、影响农村消费模式形成的因素

（一）落后的生产力和欠发达的经济是现阶段农村地区消费模式形成的直接客观原因

我国农村现行生产力落后，农业生产机械化程度低，生产技术水平低下，农业产业化和科技化程度低，农业发展相对缓慢，农村经济欠发达。农村落后的生产力和欠发达的经济水平，迫使农村居民竭尽全力去发展农业生产和企业生产，在无节制地向自然索取的同时不断向自然排放废弃物，造成了资源能源的过度开发利用和严重的环境污染，导致农村地区经济发展所面临的资源环境约束日益增强。

（二）政府介入滞后和基本公共服务设施不完善是现阶段农村消费模式形成的又一客观原因

发达国家的实践表明，在环境保护、新型消费模式建立过程中，政府起着至关重要的作用，它不仅是倡导者，更是消费活动的监督者和基本公共服务的提供者。然而，在我国，地方政府对农村消费问题介入滞后，对当前农村生产和日常生活消费中存在的问题认识不足，给农村居民灌输健康消费理念的力度极度低下，为农民进行清洁生产和环保生活提供的技术支持甚少，所提供的基本公共服务设施相当不完善，更缺乏规范农村消费的政策法规和必要的行政监督，造成了农村环境的进一步恶化。

（三）不健康的消费观念和落后的消费文化是现阶段农村消费模式形成的主观原因

农业生产者和企业生产者缺乏正确的生产消费观念和清洁生产理念，从个人利益出发的个人理性导致了集体的非理性，负的外部性使社会集体利益受到损失。农村居民作为普通消费者，受教育程度普遍较低，更受到传统消费文化深刻影响，一方面，继承了节俭的传统美德；另一方面，也保留了人情消费、面子消费习惯，尽管生活不富裕，却存在着明显的攀比心理。吃好、穿好、住好是农民大众普遍追求的目标，食品、衣着和居住支出占据了农村居民生活消费支出的大部分。由此可见，消费结构欠合理，加之农村居民缺乏环保意识和健康消费观念，在向自然索取的同时肆意地向自然排放废物，使得农村地区资源环境压力不断增加。

四、实施可持续消费的对策

（一）树立生态需要观念

生态需要观念是可持续消费的社会与心理保障。所谓生态需要，就是人类对优美生态环境的需求。具体表现在，人们需要洁净、无污染、对健康无损害的食品，需要天然纤维面料生产的服装，需要没有噪音和空气污染的舒适的工作和生活环境。目前，人们的生态需要不仅强烈地表现在保护环境、水资源、土地资源、森林资源等自然状态方面，还表现在设计和生产消费品方面。如绿色食品、无公害蔬菜、天然饮料、无放射性的建筑材料等越来越受消费者的欢迎，甚至时装的设计，也引入了绿色消费的理念。为了更好地满足人们的生态需要，首先要提高全民的环境意识和生态意识，加强生态道德教育。可以说，在我国农村，还远未形成普遍的社会生态道德风尚。因此，需要大力宣传生态环境知识，提高农民的环境意识、生态意识，以可持续发展的新观念来取代传统的发展观念，大力倡导生态善恶观、生态良心、生态正义、生态义务，最大限度地减少破坏生态环境的非理智行为。其次，要发展生态消费，开拓生态消费品。这就要发展生态农业、生态工业和其他生态产业，形成生态化产业体系。在大搞生态农业的基础上，生产安全、营养、无污染的“绿色”食品。绿色食品的开发是利国利民、造福子孙之举，它将改变我国农业和食品工业的传统格局，从而带动生态条件的优化，逐步实现生态效益、经济效益的良性循环。除绿色食品之外，还可开发绿色居室、绿色家具、绿色汽车等，逐步形成生态的生产和消费体系。

（二）发展生态农业，推广农业清洁生产技术，提供无公害农产品

发展生态农业，推广农业清洁生产技术，提供无公害农产品是农村可持续消费的重要条件。20 世纪 80 年代起，随着国际上“生态农业”的兴起，我国各地结合各自的资源进行了广泛的生态农业试验研究。在此基础上，经过十几年的发展，目前我国生态农业的试点虽然有了一些实质性的进展，但由于多种因素的制约，我国生态农业尚需解决以下三个方面的问题：一是生态农业难以进入规模化生产，延缓了大范围的推广应用。生态农业强调物质循环、能量转化的多层多级利用，但我国目前以家庭为单位的生产经营模式，限制了规模生产。二是应用的生态农业技术档次低，仍未形成用现代化农业新技术装备、支撑的生态农业格局。现阶段各地推广的大多数为一般性的技术，尚需进一步地研究和改善。三是经营者的生态农业意识不强。我国农业经营者——农民的文化素质一直处于滞后地位，生态意识较差，应通过对农民进行文化科学技术的教育，强化其生态农业意识，以促进我国生态农业发展。

（三）建立民间环保组织

民间环保组织是可持续消费的监督力量。消费是民众自己的事，是否实施可持续消费、减少对环境的影响，依靠市场机制和政府的行政命令是不能彻底解决问题的。民间组织以公共利益为目标指向，以保护人类整体利益为宗旨，凭借其强大的群众基础和舆论声势，有助于解决消费对环境影响方面“市场失灵”和“政府失灵”的问题。

公众具有对环境问题的知情权，必须真实地向公众说明环境问题的严重性，引起他们对环境问题的注意和关切，这是参与环境保护的广大群众基础。例如，近几年，由于禽畜养殖业从分散的农户养殖转向集约化、工厂化养殖，禽畜粪便污染大幅度增加，成为一个重要的污染源。据调查，养殖 1 头牛产生并排放的废水超过 22 个人生活产生的废水，而养殖 1 头猪产生的污水相当于 7 个人生活产生的废水。由于还有许多农村地方信息条件落后，农民环保意识相对淡薄，对上述问题，他们全然不知或没有看到问题的实质。可以通过农村环保组织，通过电视、广播、报刊等的舆论报道，让农民对环境信息有所了解，清楚当前农村环境污染的严重性，明白农村环境污染的原因之一是非可持续消费。与此同时，要建立和完善公众参与制度，认真执行公众举报、听证和信访制度，疏通人民群众关心环境的渠道，鼓励群众自觉参加到保护环境的行动中。

（四）完善环境保护的法律、法规建设

《中华人民共和国环境保护法》第 6 条规定：“一切单位和个人都有保护环境的义务”；第 57 条规定：“公民、法人和其他组织发现任何单位和个人有污染环境和破坏生态行为的，有权向环境保护主管部门或者其他负有环境保护监督管理职责的部门举报”。由于这些法律规定中有些还过于原则，尤其是对公民环境权的规定还比较笼统，需要进一步具体化。在环境基本法中，应具体规定公民享有的日照权、通风权、安宁权、清洁水权、观察风景权等，以便法制更加完善使保护环境有法可依。

第三节　可持续发展与农村剩余劳动力转移

一、可持续农业与农村剩余劳动力转移的关系

农村剩余劳动力主要是指农业剩余劳动力，是在一定生产条件下，农业劳动力的供给大于需求，其差额便是剩余，一般是指相对剩余量，即隐性或不充分就业的剩余量。农村剩余劳动力的转移，实质上是产业转移、空间转移和时间转移。影响农业可持续发展的因素很多，如国家的制度政策制定、工农业生产技术、自然资源状况、生产消费观念、人口及其劳动力数量等。在诸多因素中，农业及农村人口数量与质量是农业可持续发展重要的决定因素之一，无论是人口增长、可持续消费、可持续的社会发展还是可持续的自然资源利用及农业生产等，都与农业及农村人口、实际劳动力数量密切相关。可见，要保证农业的可持续发展，关键在于减少农村人口，在现实情况下，减少农村人口的关键又在于农村剩余劳动力的合理转移。因此，合理转移农村剩余劳动力是农业可持续发展的内在要求。

（一）中国发展可持续农业必须实现农村改革的第二次飞跃，而在这个过程中，农村剩余劳动力转移是关键

中国农村改革的第一次飞跃就是实现家庭联产承包责任制，它的最大功绩在于给了农民自由、自主、实惠，调动了农民的积极性，解放了生产力，奠定了自然经济向商品经济过渡的基础。第二次飞跃就是实行适度规模经营，发展集体经济，实现农村经济商品化，完成自然经济向商品经济的过渡。而农村剩余劳动力转移与两次飞跃都紧密相关，它既是第一次飞跃的结果和产物，又是第二次飞跃实现的关键。它既可能成为促使这次飞跃的动力，也可能成为阻碍这次飞跃的惰性力量。因为农村劳动力大量的稳定转移和农民有放弃土地承包的要求，正是实现土地适度规模经营的前提条件。如果转移的过程能够促进农村资源特别是土地的集中，加速耕地的合理流转，那么它就能为发展规模经营创造条件，促进第二次飞跃；但如果大量剩余劳动力不能及时转移出去，滞留在有限的耕地上，或在转移的背后留下大量土地的闲置和抛荒，那么这种转移就会阻碍第二次飞跃。

（二）在社会主义市场经济体制下，要实现农业可持续发展，农村剩余劳动力是一个“瓶颈”问题

在中国这样一个农业大国里建立社会主义市场经济体制，不得不受到农村人力资源配置和流动的影响。没有伴随着农民发展商品经济本领增强的剩余劳动力转移，没有更多的农民懂得市场、走向市场，就没有我国农村自然经济与商品经济并存格局的结束，就难以实现构建社会主义市场经济体制的目标，也难以实现农业可持续发展。

（三）农业可持续发展的目标之一就是实现农村奔小康，而农村剩余劳动力的转移是农村奔小康的重要保证

我国农村改革的目的是发展生产力，让亿万农民富裕起来，但只要还有50%左右的农业人口，守着极其有限的耕地，农民就不可能富裕起来。西方发达国家从事农业人口一般

只占总人口的 5% 左右，而我国远高于这个数字，如果众多的农民不能从有限的土地中转移出来，中国农村奔小康就是一句空话。

（四）农村剩余劳动力的合理转移是实现农业现代化的前提

通过农村剩余劳动力的转移，可以避免劳动力资源浪费，充分有效地开发和利用丰富的农村劳动力资源，实现农村劳动力的充分就业，并发挥每个农村劳动力的积极性和创造性，使其转化为现实的社会财富，同时可以避免引发其他的社会问题。

农村剩余劳动力的合理转移有利于促进农村经济全面协调发展。农村剩余劳动力从第一产业向第二、第三产业转移，从贫困地区向发达地区转移，从农村向城市转移的过程中，农村劳动力在第一产业中所占比重逐渐下降，而在第二、第三产业中所占比重逐渐上升，使得农村劳动力在各产业中的分配逐渐趋于稳定，结构逐步趋向合理，从而促进农村经济的全面协调发展。

农村剩余劳动力的合理转移有利于增加农村居民收入，改善农村居民生活质量，提高农村劳动力素质，促进农村的现代化建设。据测算，农村剩余劳动力转移与农民人均纯收入呈高度正相关（相关系数高达 0.9073），且农村劳动力转移每增加 1%，农民人均纯收入可增长 2.28%。事实上，全国农民近几年从土地获得的收入是递减的，而农民收入却是递增的，这递增的部分都是由劳动力转移带来的。另外，农村居民通过外出转移，能够扩大视野，增长见识，掌握知识，提高素质，促进人的全面发展。

二、农村剩余劳动力流动的趋势

20世纪80年代以来，我国城乡经济体制改革为生产要素流动创造了条件，从而使大规模的农村劳动力流动出现了前所未有的景观。农村劳动力转移出现了两次高潮：从1979～1997年，主要是以乡镇企业发展为主渠道的转移；从1998年至今，我国农产品由短缺进入相对过剩以后，有效需求严重不足，国家实施了积极的财政政策，以激活内需，农村劳动力转移进入了一个新的发展阶段，由乡镇企业转移的主渠道逐步向加速城镇化建设、建立生产要素市场和扩大基础设施等多渠道转移。随着城镇化与农业现代化进程的加速推进，农村剩余劳动力流动既延续和强化了某些过去的模式，也表现出新的发展态势。

（一）农村剩余劳动力流动的可逆性

当前，我国农村剩余劳动力转移是可逆的、双向的，既有源源不断的青壮年农村劳动力进入城市，进入非农产业，又有大部分大龄劳动力从非农部门退出转而进入农村，进入农业部门。改革开放后，随着国家放开人口流动限制，大量的农村剩余劳动力开始涌向城市，成为第一代农民工。他们打工的唯一目的便是挣钱维持生计、养家糊口。户籍制度及其附带的一系列福利保障制度所形成的巨大城乡分割体系使他们根本无法真正融入城市、成为市民。随着年龄的增大，他们逐渐丧失了作为廉价劳动力的竞争优势，不能更好地胜任体力劳动，便会选择重新回到农村从事农业生产。

双向、可逆的农村剩余劳动力流动现象的出现，主要是因为：第一，多年的农村劳动力转移，以及近年来的农业制度创新已经使农民积累了一定的经济基础，他们开始考虑收入以外其他因素，如适当享受一些闲暇。第二，大量青壮年劳动力的转移使家庭分工的难题开始凸显，如不能抚养和教育留守子女，不能赡养父母等，这迫使很多劳动力在工作和家庭之间进行取舍。近年来很多农村劳动力选择回流或赋闲，就是源于照顾家庭的需要。第三，心理因素也对农村剩余劳动力转移决策产生影响。流向城市需要承担一定的心理成本，如亲人长期分离的痛苦、工作环境的艰苦恶劣、工作枯燥乏味、对城市生活方式的不适应、在城市二级劳动力市场上所遭受的歧视等。

（二）妇女成为农业生产的主力

由于农村女性劳动力在体力、受教育水平和技能掌握方面与男性劳动力相比，没有竞争力，市场生产率低从而名义工资率低，但其家庭生产率较高。另外，受中国传统妇道文化的影响，她们一般都要承担抚育儿女、赡养老人、料理家务的重任，女性劳动力转移给家庭造成的损失较大。随着家长对子女教育的重视和农村老龄化时代的到来，她们的家庭成本将不断增加，因此更多的农村女性劳动力选择留在农村。根据中国健康与营养调查数据显示，农村女性的外出就业率远远低于男性，1997～2006年的9年间，劳动力转移率的性别差距从2% 增加到约10%，21～35岁年龄组留守妇女的比例从1997年的6.3% 上升到2006年的21%。与之相对应，妇女占农业从业人员的比重，1990年为52.4%，2000年为61.6%，2008年上升为73.4%。

（三）农村剩余劳动力趋向选择在“家门口”就业

虽然企业名义工资率不断上涨，但仍然“招工难”。例如，2010年珠三角地区城市出现超过了200万人的用工缺口，福建省出现“用工荒”，每100名求职者可选择工作岗位130个，求人倍率1.3，另外，湖北、重庆、安徽、江西等劳务大省也出现用工短缺现象。其主要原因是城市生存成本高涨，如物价涨、房租涨、看病贵。而随着中央近几年支农惠农富农政策的出台，务农收入明显提高，劳动力外流的机会成本会随之增加。随着“中部崛起”、“西部大开发”战略的实施，生产力布局加速调整，产业结构梯度转移，县域经济蓬勃发展。中西部地区、中小城市为农民工提供了大量的就业岗位，农民工在家门口就可以实现就业，相比之下，这样所承受的心理成本和城市生存成本要比在东部地区、在大城市低得多，而且可以兼顾到家庭。综上，虽然名义工资率不断上涨，但在城市生存成本、心理成本、机会成本综合作用下，外出务工所获的综合净收益确有下降的趋势，从而城市劳动力市场上劳动力供给总量减少，“招工难”、“民工荒”现象不可避免。

（四）促进农业剩余劳动力持续流向非农部门仍是大势所趋

在我国农业发展进程中，特别是改革开放以来，农业的科技化和机械化水平显著提高，科技进步极大地影响了农业生产率。这种劳动替代性的技术进步进一步释放出农业剩余劳动力，农业总产出不但没有减少反而大大增加。由于农产品供给量增加，在一定程度上稳定了农产品价格。一方面，为工业发展提供了廉价的原料，促成工业规模扩张，从而扩大用工需求；另一方面，促使剩余劳动力持续流向城市工业部门。即使我国农业科技进步成就显著，但我国农业仍然是以家庭小户经营为主要组织形式，农业规模化、集约化水准仍然较低。从我国目前的现状来看，第一产业从业人员仍然高达40%，而第一产业产值仅占GDP的10%。一般认为，在第一产业比重没有下降到5%，劳动力就业比重没有下降到10% 以前，仍是农村劳动力向城市转移的加速时期。改革开放30多年来，我国虽然已转移出2.5亿～3亿农业剩余人口，但仍有3亿左右农民。如果按照美国农业生产水准衡量，我国只需400万农业劳动力，即使按照巴西这样的发展中国家农业生产水准衡量，我国也只需4000万农业劳动力。如果考虑到已转移农业劳动力没有完全脱离农业生产，以及剩余劳动力不应扣除40岁以上劳动力等因素，现阶段中国农业剩余劳动力应至少在1.5亿～2.1亿。只要非农产业不具备足够的吸纳就业能力，农业剩余劳动力的存量就不会减少，过剩仍然是农业劳动力的基本特征。

三、农村剩余劳动力转移途径

（一）着力发展小城镇经济，扩张区域内就业空间

随着城镇化的推进，城市就业机会不断扩大和农村劳动力的大规模向城市转移，客观上诱导着一个人类与自然、农村与环境和谐的农业综合体系的出现，农业生产将建立在人口、资源与环境相互协调和共同发展的基础之上，有利于实现农业的可持续发展。根据原国家计划委员会（今国家发展和改革委员会）发展规划司提出的有关城市化进程和经济发展规律表明，农村城镇化水平每提高 1 个百分比，即每转移一个百分点的农村剩余劳动力，农民收入就会增长 2 个百分点。目前主要工作重点应该是把农村工业化同农村城镇化结合起来，以提高农村小城镇容纳剩余劳动力的能力。

1. 调整乡镇企业布局，把发展乡镇企业与小城镇建设结合起来　农村工业化主要方式是发展乡镇企业，特别是应大力发展劳动密集型产业。同时，优化乡镇企业布局，运用各种经济手段，促进农村工业小区建设，吸引乡镇企业向小城镇相对集中，以此带动更多的劳动力就业。同时注重推进乡镇企业产权制度的改革和投融资体系建设，以此加快乡镇企业和民营企业的发展，提升乡镇企业的层次和水平，发挥乡镇企业大容量转移农村剩余劳动力的作用。此外，小城镇建设要与大中城市发展相衔接，形成以中心城市为依托，以中小城市为网络，小城镇星罗棋布的城市化体系，产生规模集聚效应，吸引农民进城，实现农村工业化、农业产业化、农民市民化的目标。

2. 发展农村第三产业，提高第三产业对农村剩余劳动力的容纳能力　目前，我国农村第三产业主要集中于一些传统的、低水平的交通运输和商业饮食服务业上，而农村亟需的第三产业如科技服务、技术信息咨询、金融保险等行业发展严重不足，潜力很大。现阶段应优先发展农产品等大中型批发市场，通过改善市场基础设施，扩展市场交通范围，扩大市场容量，发展以商业流通为主的专业化批发市场。同时，应注重发育和完善资本、技术、劳动及企业产权交易等生产要素市场，逐步建立起体系完备、功能齐全、布局合理的市场结构。此外，把交通运输、邮电通信、金融保险、信息服务、技术服务作为农村第三产业的发展重点。有条件的地区可以大力发展观光农业，以休闲、观光、度假为内容，大力发展旅游业，以促进城郊餐饮、住宿等行业的发展，增加就业容量，推动农村剩余劳动力的转移。

（二）加快农业产业化进程，进一步拓展劳动力转移的有效空间

加快农业产业化可为乡镇企业和小城镇发展提供良好条件，同时，也可吸纳大量劳动力就业。要加快农业产业化进程，应解决好两个问题：一是要依托市场，精心选择主导产业，积极发展龙头企业。推进农业产业化经营，要因地制宜，充分利用本地自然资源，走综合开发的道路，形成优势产业。重点要培育具有市场开拓能力、能进行农产品深度加工、为农民

提供服务和带动农户发展商品生产的龙头企业，吸收大量农业剩余劳动力，增加农民的收入。二是要培育产业组织体系。农业产业化的发展过程，实质上就是农业产业化组织体系不断完善的过程，通过产业组织体系向农民提供社会化服务，形成自我组织、自我约束、自我保护、自我发展的格局。培育农民经济组织，直接充当产业组织的角色，通过服务生产、加工、流通等各个环节，实现自我服务、自我发展，在发挥政府不可替代作用的同时，实现农副产品的货畅其流；也可通过成立中介组织，及时向农民反馈信息，避免盲目生产，减少不必要的风险。这些经济服务组织，必然会吸纳大量农业剩余劳动力。

（三）建立健全农村劳动力就业服务、培训和管理体系

一要加强农村服务组织机构建设。逐步建立有关劳动力供求信息的预测预报体系，减少盲目性，增加准确性，在输出地建立外出劳动力档案，为输入地管理决策提供依据。二要加强培训。要在农村推行就业培训，分层次建立就业培训网络，开展短期职业技术培训，使农民掌握必要的基本职业技术技能。根据各地的农业资源开发利用和农业现代化的要求，采取多种形式，分类型、分专业对农村劳动力进行教育培训，培训一批有专业技术和一专多能的骨干务工人员，带领农村剩余劳动力向外输出，使他们在激烈的劳动力市场竞争中站稳脚跟。通过培训，逐渐减少传统的体力型劳务输出，为实现技术型、文化型劳务输出的目标努力，为新一轮经济增长和农村剩余劳动力持续转移奠定良好的人才基础。三要规范劳务输出的管理服务。健全劳动法规体系和市场规划，使劳动力的流转和管理走上规范化、法制化的轨道。

（四）提高农村劳动力文化素质，实现农村剩余劳动力的健康、快速、合理转移

发展农村经济，使传统农业向现代农业转变，必须从根本上把提高农业劳动者素质作为农业现代化的基础工程来抓。农村劳动力文化素质的低下既制约了农村剩余劳动力转移的规模和速度，也制约了农村剩余劳动力转移层次的提高。就我国目前教育体制及国情而言，发展多层次与多类别的农村成人文化技术教育，无疑是提高农业劳动力素质，实施农业可持续发展方案，树立人地协调发展价值观的最有效途径。长期持续增加对农村的教育投资，可提高农村劳动力的受教育水平，增大农村人力资本存量，加速农村剩余劳动力的转移，对农业本身的现代化，对城市的工业化，对农业与工业良性互动和谐发展意义重大。

（五）进行农业深度开发，实现农村剩余劳动力的内部转移

农业内部转移是指种植业的剩余劳动力向畜牧业、渔业、林业等方面的转移。这里所说的农业是指广义的农业，包括种植业、林业、畜牧业、渔业和林业，以及与其直接相关的产前、产中和产后服务。农业劳动力相对于生产潜力达到极限的种植业而言似乎有些过剩了，但是对林业、畜牧业和渔业的挖潜空间还很大，因此这种产业的充分发展会在很大程度上吸纳更多的农业剩余劳动力，尤其是对于远离城市的偏远农村有更大的帮助。实现农村剩余劳动力的内部转移主要途径有以下几个方面。

1. 对农业后备资源进行综合开发吸纳劳动力　据统计我国现在成片农荒地约为 3300 万 hm^2；有宜林荒山、荒坡地近 8000 万 hm^2；宜牧草山 4500 万 hm^2；有淡水、海水可养殖水面 270 万 hm^2；有可养殖滩涂面 100 万 hm^2。对这些农业后备资源进行深度开发可以吸纳数以千万计的农村剩余劳动力。

2. 提高复种指数安置劳动力　目前全国农业复种指数为 155%。按农业中长期发展规

划，到2020年可提高到165%，相当于增加933.33万hm^2耕地，考虑到生产集约水平提高的因素，也可以安置1000万劳动力就业。

3. 调整种植业结构创造就业岗位　通过增加发展生态农业、立体农业、白色农业、绿色农业和蓝色农业等，创造就业岗位，扩大农业劳动力转移范围，发展林牧副渔业需要大批劳动力。

4. 加强农业基本建设缓解劳动力过剩压力　中央和各级地方政府要通过以工代赈，支持农田水利基本建设，兴修旱涝保收基本农田，开展小流域治理，加强农村交通和通信设施建设，把贫困地区的扶贫开发与改善生产条件和国土整治结合起来，将一部分农业劳动力转移到农业基础建设和整治国土建设中去，可以大大缓解这些地区劳动力过剩的压力。

5. 组建农民合作经济组织吸收劳动力　在政府领导下，农民自愿组织起各种协作组织或基金会，既吸收了劳动力，又可为农业发展提供资金及技术的支持和产前、产中、产后服务。

第四节　可持续发展与农村产权制度

一、产权制度与农业可持续发展的关系

（一）产权与农村产权制度

1. 产权　目前经济学界对产权的定义也不统一。德姆塞茨（Harold Demsetz）较早地对产权的概念等基本理论问题进行研究，他提出“所谓产权，意指使自己或他人受益或受损的权利”。“产权是一种社会工具。其意义来自这样一个事实：在一个人与他人做交易时，产权有助于他形成那些他可以合理持有的预期”。科斯（Ronald H Coase）认为：“人们通常认为，商人得到和利用的是实物，而不是行使一定行为的权利。这是一个错误的概念。我们会说某人拥有土地，而土地的所有者实际上拥有的是实施一定行为的权利。”诺斯（Douglass C North）指出：“产权是个人对他们所拥有的劳动、物品和服务的占有权利。”平乔维奇（Sretozar Pejovich）认为：“产权是人与人之间由于稀缺物品的存在而引起的、与其使用相关的关系。”产权具体规定了与经济物品有关的行为准则。所有权是产权一般概念中的一类。阿尔钦（Armen A Alchian）在其论文《产权：一个经典的注释》给“产权”下的定义是：“产权是一个社会所强制实施的选择一种经济品的使用的权利”。

综上所述，产权可以理解为人与稀缺资源的一组权利关系。完整的产权包括行动团体对资源有专有的使用权、自由的转让权和收入（收益）的独享权，其基本内涵如下：

（1）产权是人们对财产行使行为的权利，而不仅仅是人们拥有物的权利。产权既体现人与物的关系，更主要的是体现人与人之间的关系。

（2）产权是人们对财产所拥有的各种权利的总称，而非对财产的单一行为权。产权是各种权能的集合，即一组权利。例如，某人对一块土地拥有产权，他便对该地有种植权、堆放权、转让权、出租权等权利。

（3）产权的基础和核心是财产所有权。所有权是指由法律规定的财产主体（即财产所有者）对财产客体最高的排他性的独占权。而对财产的所有者来说，最重要的权能是对财产运营剩余价值的索取权和对财产的处置权。

（4）产权是一种社会工具，它使人们在与别人的交换中形成了合理预期，有助于实现外

部效应内部化，使资源在市场机制的调节下达到最优配置。

（5）产权归根到底是资源的产权。资源的配置和运用的改变往往是由于产权的变化引起的，即通过资源产权的转让来改变资源的配置和运用。只要社会未达到帕累托最优条件，人们总可以通过产权的变化来达到资源的优化配置和运用。

（6）产权可以分解和组合，并且可以转化。例如，财产的所有权可以分解为占有权、使用权、处置权和收益权。又如，在一定的条件下，股东将其财产入股，这时，其产权就转化为股权，而对于股份制企业来说，财产占有权便转化为法人财产权。

（7）产权具有可交易性。产权属于商品经济范畴，产权本身具备了商品的基本特征，因此，可交易性是产权的基本属性。商品、货币、服务的交易，说到底是产权交易。

产权的形成实质上就是一个外部性内在化的过程。产权的功能主要是帮助人们在交易时形成一种预期。因为存在着交易费用，所以产权安排影响到资源的配置效率，使不同的人的行为要承担或不承担相应的成本，从而对不同的人的行为有着不同的制约和影响，这就相应形成了产权制度。产权制度是人类社会最基本的制度安排，是为了解决人类社会中对稀缺资源争夺的冲突所确立的竞争规则。

2. 产权制度　制度是一系列行为规则。产权制度是关于财产权利划分的规则和人们行使财产权利的行为规则，或是调节人们之间财产关系的制度。它包括：产权主体的确定、产权范围的界定、产权结构安排、产权保护和产权交易等一系列的规则。也就是说，产权制度是指对产权主体的地位及其行使权利的范围、责任和相互之间的关系加以规范的行为准则。在实际经济生活中，产权制度可分为正式规则和非正式规则两大类，正式规则包括法律制度、社会契约、组织制度等。非正式产权规则如人们的文化传统习惯、风俗、伦理、道德规范和制度性意识形态等。有效的产权制度能使人们在进行经济活动或交易时形成稳定的预期，从而规范人们的经济行为，降低交易成本，减少交易摩擦，实现资源的合理配置和有效使用。例如，土地产权就是一系列用来确定每个人相对于稀缺的土地资源使用时的地位和权利的经济和社会关系。

3. 农村产权制度　在农村，根据稀缺资源及农业生产的特点，一般把环境资源分为两类：一类是作为农村农业生产经营对象的生物资源，如森林资源、作物资源、水产渔业资源、野生及家养动植物资源等。它们都具有可更新特征，通过生长和发育过程，在一般情况下可周而复始地完成生物的繁衍过程，并通过生物量的积累形式，提供生物产品满足人类社会的需要。只要根据这些资源的特点，合理开发利用，就能实现资源的可持续利用。另一类就是仅为农村农用生物提供载体或生长的环境，本身并没有物资生产功能，如土地资源、农业气候资源等，如果提高它们的质量或增加其数量，均有助于农用生物的生长发育或能在总体上使生物量得以增加。否则或可造成功能的下降，如土地长期不合理利用，导致地力衰竭。

按照现代产权理论判断，农村环境资源的产权可以分为个人、集体和全社会所有三种。而我国的自然资源，除了大型的森林、植被、矿区等属国有外，一般属农村集体所有。农村集体所有其实是一种“集团所有”，更多地具有共有产权或社团产权的特征。共有产权的参与者对一种资源行使某种权利时，无需事先与他人协商，但也不排除他人对该资源行使同样的权利，即这种产权是共享的，在个人之间完全不可分。

（二）农地产权制度与农业可持续发展的关系

农村的可持续发展是以农业自然的持续利用为前提的。土地资源是最基本、也是最重要的农业自然资源，是农业最基本的生产要素和最重要的环境资源要素，这决定了土地在农业和农业可持续发展中的特殊重要地位。土地的可持续利用是农村可持续发展的基础，没有土地的可持续利用，就不可能有农村的可持续发展，这对于人口众多，耕地相对短缺，又处在高速工业化、城市化的中国来说，问题就更加突出。

土地的持续利用包括两个方面：一个是量，一个是质，前者指面积的稳定，后者指生产能力的保持与提高。其总目标是在不断改善土地生产能力的条件下，持续满足人们对土地的各种需要。根据联合国粮食及农业组织持续农业发展的基本目标和内涵的要求，我国土地可持续发展应具备以下几个基本条件：一是土地资源利用的可持续性；二是提高耕地利用率；三是明确土地利用的社会目标，不仅要能够最大限度地满足现代人即整个社会日益增长和持续发展的对农产品的需求，而且要充分合理地利用全部土地，使土地资源得到合理的配置；四是建立完善的农地产权制度，农地产权是有关农村土地这种财产的一切权利的总和。农地所有权、使用权、收益权等自然而然地是农地产权的组成部分，是由单项的农地权利所组成的农地权利束。农地产权制度，指农地的所有权、占有权、使用权、收益权和处置权等各项权能的设置与划分，是关于农地权利划分的规则和人们行使农地权利的行为准则。从农地产权结构上来看，农地产权制度应当分为农地所有权制度、农地使用权制度、农地管理权制度。实际上，前两者构成农地产权制度的基本内核，后者只是与农地产权的界定、保护和限制有关的土地产权管理制度。不过，应当指出的是，前两者是建立在“权利”基础之上的，而后者是建立在“权力（国家强制力）”基础之上的。

农地产权涵盖的各项权能，在我国当前均非完整意义上的权能，是一种排他性弱、转让性差和非继承性的有限权利。农村土地产权制度的不完善，导致日益加剧的小规模耕作、零碎的土地持有权、频繁的土地再分配、可耕种土地的流失、低水平的物质回报、不完善的生产要素市场等，它们威胁到中国农业发展的可持续性。因此，完善农村土地产权制度，规范生产者的经济行为，激励生产者以可持续的方式科学利用土地资源，切实保护耕地，提高现有土地农产品产出率，确保农业的可持续发展，进而实现经济、社会、生态持续发展和动态平衡，具有十分重要的现实意义和深远的历史意义。

二、我国农村产权制度改革的必要性

十六届三中全会通过的《中共中央关于完善社会主义市场经济体制若干问题的决定》指出“产权是所有制的核心和主要内容”。建立“归属清晰、权责明确、保护严格、流转顺畅”的现代产权制度是完善基本经济制度的内在要求。目前农村产权制度方面面临着许多矛盾和问题，尤其是农村土地产权方面的问题，对于农业可持续发展影响较大，迫切需要加强改革力度。

（一）土地所有权的不安全性

虽然我国法律明确规定农村集体土地所有权主体是农民集体，但“集体”边界模糊。集体所有制蕴含着一种矛盾和冲突。村集体不是法律上的“组织”，是一个抽象的、没有法律人格意义的集合群体，导致土地所有权成了一种抽象的法律象征。这一状况造成了权力真空，使得各种实体都可以行使所有者的权力。实践中，集体土地所有权是一种不完全的所有权，受到来自各级政府的侵蚀。首先，国家政权控制了农村土地所有权。虽然《宪法》和《土地管理法》都强调征用土地的前提必须是为了“社会公共利益的需要”，但是现行法律、法规并没有明确界定哪些建设项目用地是为了“公共利益需要”，或哪些项目用地不是为了“公共利益需要”。因此，在实际操作中，“公共利益需要”的尺度就很难把握，导致一些地方在片面追求经济发展和“政绩工程”的利益驱使下，滥用土地征用权，把大量的农用地转化城市用地和工业用地，造成了土地资源的严重浪费。另外，“三废”污染的耕地越来越多，工业化、城市化发展的负面效应已构成了耕地可持续利用的严重威胁。现行土地征用制度尽管为工业化、城市化的推进提供了极大便利，但侵犯了农民的土地权利，反而从根本上动摇了农民同土地的关系，失去了所有权的制约意义，由此减弱了产权的外部性内部化的激励作用。其次，地方政府抑或乡村干部均不同程度地侵蚀集体土地所有权。大多数地区农民土地使用权没有书面合同或者在合同中没有具体的描述。有的地方政府为经济发展需要，如城市建设、基础设施建设、设立开发区等，任意侵占农民土地。这种在同一土地上出现“一权多主”的现象，严重背离了产权的排他性原则，从而造成产权制度的约束功能下降，各级利益主体往往为了自身利益而争夺农地管理权，或借国家名义侵蚀农民集体土地权益，致使土地纠纷频频发生，集体土地无法得到合理利用和有效保护，形成农业可持续发展的障碍。

（二）土地承包权的不完整性

农村改革以来，农民以承包方式获得的土地使用权，又称土地承包权。从法律角度看，农户土地承包经营权是一种从集体土地所有权中分离出来的土地产权，属于一种相对独立的土地物权，具有一般物权的独占性和排他性，即农户依法享有对承包的集体土地的排他性占有、使用、收益及部分处置的权利。但从我国法律规定来看，农民土地承包权一开始就是以债权的形式出现的。土地承包权的债权属性使得法律法规赋予农民的土地承包权的期限、广度和稳定性方面均被大量“截留”，不利于农户对抗乡村集体干部随意调整土地、更改土地合同的侵权行为。农民只是拥有一定的经营使用权，而且这种权利要遵循政府的旨意或受控于乡村干部，是一种处于契约和非契约之间的产权。尤其是农民不享有土地使用的处分权。从土地使用权处置的实际实施看，村集体攫取了共有领域里的大部分权力，对农民的土地使用权和交易权进行了种种限制。与公社化时代相比，这些限制已经不再那么普遍，但在一些主要粮产区和经济发达地区，它们仍然时常出现。有些村集体经济组织不尊重土地承包关系，视承包合同为废纸一张。虽然政府要求农户和集体之间要签订书面的土地承包合同，但在现实中，随意解除土地承包合同的现象是经常发生的。另外，在不少地区，许多农民根本没有书面的土地承包合同，一些地方可以根据“村规民约”或“村民代表大会”的决议剥夺农民的土地承包权，或任意行使行政特权，强行单方改变承包期限，甚至撕毁承包合约，如随意收回承包地、多留机动地，或随意缩短土地承包期，农民得不到土地使用权证。

（三）农地收益权的不完全性

从本质上讲，制度变迁就是在改变现有秩序和利益格局。在此过程中，有些人利益增加，有些人利益保持不变，有些人则利益受损。通常情况下，处在缺乏政治资源和无组织状态的农民面临较大的权益损失和侵害，这主要表现在两个层面上。

1. 土地征用中国家公权对集体和农民土地财产权利的侵害　在土地征用权被滥用的同

时，更为重要的是，政府征用土地补偿费过低，使农民的所有权损失在经济上得不到补偿。其次是制定具体补偿标准的行政主体是政府，而支付补偿费用的征地主体又是政府。《土地管理法》规定的征用耕地的补偿费用包括土地补偿费、安置补助费以及地上附着物和青苗的补偿费。《土地管理法实施条例》又规定，土地补偿费归农村集体经济组织所有，地上附着物及青苗补偿费归其所有者所有。安置补助费则发给负责安置被征地农民的单位。农村集体经济组织自己安置的，发给农村集体经济组织；其他单位安置的，发给该安置单位；不需统一安置的，发给个人或支付其保险费用。总体来看，与农民从土地上取得的收入相比，集体和农民所得的征地补偿普遍偏低，征用补偿标准不合理。在土地征用中，既没有充分考虑土地现期的市场价值，更没有考虑土地的预期收益。此外，征地补偿截留的问题也十分普遍。这就是导致大量失地农民生活无保障的根本原因。

2. 土地集体支配，乡村权势阶层侵害农民利益　由于有些现行法规或政策包含着不同甚至对立的原则，实践中必然通过竞争力量被选择使用，根据利益竞争进入法规程序，经过利益集团的博弈确定利益分配格局。很明显，相对于乡村权势阶层和依托公共权力的各类资本，分散的农民在利益竞争中无疑处于弱势地位，无力抗拒权力、资本，以及权力和资本的结合对自身土地财产权利的侵蚀。当前，村组集体在土地支配上的权力空间过大，土地调整具有很大的随意性，通过土地支配权谋取集体和个人利益、侵害农民利益的现象比较普遍。村组集体通常在收取了规定的公积金、公益金和管理费这三项“提留”费用之外，还用“预留（甚至事后增加）机动地”的方式来分割农民的收益权；在变更土地承包合同、收回承包地、缩短土地承包期限时肆意提高承包费；在土地流转中，有些乡村组织与“龙头企业”合谋，人为压低土地转让价格，为乡村或领导者个人创收；或者是乡村集体截留征地补偿费、压低倒包费等。

三、创新农村土地产权制度

土地的可持续利用直接影响着农业的可持续发展。鉴于目前存在的诸多问题，农地产权制度亟待进一步完善和创新，以利于农业可持续发展。农地产权制度创新的关键是保障土地承包的长期性、稳定性与“准物权”性。创新的路径是明晰和界定农地产权边界，稳定产权权能，保障产权权益。创新目的在于解决土地制度的内部激励问题，促进产权主体在土地资源的开发利用和保护上进行积极投资；为土地在不同主体之间进行交易提供产权载体，从而实现稀缺土地资源的优化配置，形成土地持续利用的有效激励。

（一）廓清农地产权关系

1. 明确产权主体　明确农地所有者主体资格，有利于克服现行农村土地集体所有制制度安排下土地产权模糊、产权界定不清的缺陷，建立起真正对农地资产负责的产权主体，特别是所有权主体，实现农地收益在国家和农户之间的合理分配，避免相互侵权行为的发生，提供农地所有制制度安排上的保证。

改革以来农村土地集体所有权一直处在一种自发变动之中，在现实中，有不少地区农村集体土地的拥有者是行政村（前生产大队），有的甚至是乡镇政府。在界定农村集体产权主体时，不能不考虑业已形成的土地集体所有权的历史划分。人民公社所有制关系最后过渡到“三级所有，以生产队所有为基础”有其深刻的原因。体制的运行是有惯性的。第一轮土地承包基本上是以生产队为单位进行的，农民已经以生产队为基本单位结成了土地利益关系，如果改变这一结构，将付出极高的交易成本；在村民小组（生产队）这个范围内，保存着土地制度历史变迁和现实状况的最完全的信息，这对土地的经营和管理，尤其是对土地的投入状况的了解，以及流转中的价值实现将有特别的意义。村民小组这一级的行政职能已大大弱化，它最接近土地使用者，也是对农民要求反应最快的一级组织，最能代表农民利益，抵抗形形色色对产权的侵犯，操作成本最低。把集体土地所有权界定给村民小组，从法律上明确村民小组作为集体土地产权的主体或人格化代表。

2. 界定产权边界　产权界定有法律设定和实际控制两层含义。产权的法律设定是传统意义上的产权界定，是指国家（或政府）用法律形式对财产权益归属做出的规定；实际控制是指人们对财产权益实际占用的格局。法律设定是参与者公共选择博弈的产物，而实际控制是参与者私人选择博弈的结果。应该说，法律层次的界定对行为人更具有保障效力。在确认了集体土地产权主体后，应当在法律上明确界定产权主体的权利和义务边界。

（1）明确村民小组的集体所有权限。首先，以村民小组作为“集体”的边界，保留村民小组对土地分配调整及其他处分权。同时承认村民小组作为集体土地所有者的排他占有权，并用法规予以规定，以便有效抵制对土地的侵权行为。在国家法规政策允许的范围内，有权通过经营、出租、入股、抵押等形式实现其所有权。集体土地的收益权（如农户承包土地交纳的承包费）也应归还给产权主体，并且规定土地收益主要用于农田水利等基础设施建设投资。与此同时，按权利与义务对等的原则，用制度和法律规定村民小组作为产权主体的义务。应该说明的是，与其他发展中国家一样，国家和地方政府也应保留一定的权利，以便对土地所有者和使用者形成必要的限制和约束，对农村土地进行有效的管理。乡（镇）基层政权组织可以运用行政职能协助村集体经济组织和村民委员会加强对集体土地的经营管理，但是，必须用制度和政策对行政权力加以规范和约束，把“协助”的职能界定在公证、监督、执法保障（维护土地法规的严肃性）和土地纠纷的调解、仲裁方面。

（2）赋予农户“四权合一”的承包经营权。完备的产权是复数概念，是一组可分解的权利集。当说一个人或组织对某物拥有产权，并不是指他拥有的实物存量多大，而是指他拥有如何使用、如何受益，以及转让的权利。因此，农地产权制度也可以看成是农地使用权、转让权和收益权的集合。从当前和今后一个时期看，农民拥有完整意义的土地承包经营权，是农地产权制度创新的核心方向。也就是说，在构建我国农地市场的过程中，让农民的土地承包经营权成为农地市场的最主要的，甚至是唯一的权利载体，让土地承包经营权在农地民事关系流转中发挥中轴作用。因此，在我国未来农地地权体系逐步形成和不断完善的过程中，土地承包经营权的演变和成长也将因此发挥先导性和决定性作用。当前产权制度完善的核心内容是遵循国际普遍做法，满足农民对完整而不受侵蚀的土地产权的渴望，按照物权法原则，进一步完善农地的政策法规，使农户真正享有占有、使用、收益和处分“四权合一”的承包经营权。

3. 稳定产权权能　稳定承包权有两项重要的内容：其一，使农民有足够长的土地承包期限；其二，使农民有充分而有保障的使用权。尽管有些研究表明，固有土地的生产力的变化并不一定取决于使用期限的长短。但一般说来，比较长时期的土地使用期限则是与土地产出呈正相关的。土地承包和使用期的长短，不仅仅是土地经营期限的问题，而是通过长期的使用期限表明家庭承包经营制度长期不变。因此，近几年来，中央政府实施政策时始终强调“长”和“稳”两个字。“长”的目的是鼓励农户对承包地不断地追加投入，以提高土地的产出率；“稳”旨在尽可能地稳定土地承包关系，减少因土地承包利益调整而引发的农村纠纷和不稳定因素。从政策实施的线索看，1984 年，中央政府将土地承包期政策明确规定为延长 15 年不变，1993 年，又提出土地承包期再延长 30 年不变的政策。1998 年，在土地政策上更明确地提出“赋予农民长期而有保障的土地使用权”。政策调整的着眼点都是以给农民更长的土地承包和经营期限来稳定农民的土地使用权属。从功利主义角度看，制度的一大功能就是消除不确定性，然而现行的土地产权制度并没有达到这一高度，根源在于土地产权制度并没有真正实现“制度化”，没有达到法律的高度。对于新一轮土地产权制度变迁的路径选择，必须使承包经营权长期化。如果不能一劳永逸地解决现有土地使用权的问题，农民仍将感到不稳定。能够让农民有稳定感的最低条件就是给予农民永久使用权。强化农民土地的承包经营权，以物权的形式确立土地承包权在农地产权结构中的核心地位，赋予农民长期而稳定的土地使用权和占有权、收益权、处分权，以法律形式对农户的权利进行界定和保障，推进土地承包权物权化进程，这是我国完善农地产权制度、实现农业可持续发展的重点和方向。

（二）健全土地使用权流转机制

建立市场化的土地使用权流转机制，是家庭承包经营长期稳定发展的必要条件。应该坚持土地集体所有和不改变土地用途；坚持农民自愿、公平、有偿转让的原则；依靠市场机制来调节因人口变化或生产结构和就业结构变化而引起的土地供求矛盾和各方利益关系。转让价格要根据土质、位置、肥力、基础条件、人均收入、供求关系等情况，分门别类，公开、公平、公正地加以确定；鼓励农户根据市场需求和土地用途规划，在土地上长期投入，使土地经营向集约化、规模化方式转变，提高土地生产率；要加快建立健全农村土地流转政策法规，规范土地使用权流转程序，加强合同管理，依法约束当事人的行为，逐步规范土地流转行为。要建立相应的土地流转组织体系，如土地使用权转让市场、各种中介服务机构和协调机构及其相应的监督管理组织，土地金融组织及其他必要的配套服务组织和设施系统等，形成一套较完备的组织体系，实现土地有序、有偿、有效和可持续流转。

（三）完善相关法律法规，从根本上屏蔽外来侵权

产权理论认为，产权排他性的真正涵义在于它只受法律确定规则的制约，排斥各种人为的随意干预；产权主体必须在法律范围内活动，如果违法，产权就要受到否定。土地承包权物权化的制度变迁要求国家通过供给法律法规来确立起制度的基本形态，弥补制度变迁遗留下来的法律法规供给不足的缺陷，为农村土地产权制度的完善提供基本原则、基本方向和基本保障。第一，我国目前新出台的《物权法》，对农地的权利还有不少限制，需进一步完善。通过完善我国的民法建设，严格对农户土地承包权的界定和保护，最终把农户的土地权利法定为农户对土地的当然权利，使土地权利的法律依据更加明确化。第二，制定《土地财产法》，明确承包土地是农民的个人财产。只有确立土地财产权的法律依据，才能保证农业资本的扩张和积累，才能获得农业持续发展的永久动力。据此，应制定《土地财产法》，或在宪法中明确集体所有土地的农民承包使用权或承包权是一种财产权。在合同有效期内为农民所占有、经营、使用，其产品为农民所支配，在规定的使用期限内可以继承、再租赁、赠予、拍卖、抵押、入股。使农民的土地财产权在长度、广度、独立性和确定性上有保障，使承包权具有“准私有化”性质。第三，建立健全土地产权登记法规。

一方面以法定形式明确土地产权的归属；另一方面以法定形式固定土地的登记之用途。我国的土地产权登记制度应当采取登记要件主义，这将对农地使用权制度产生两方面的意义：农地使用权的设定或转移，非经登记不生效力；农业用地的登记之用途的变更，非经登记也不生效力。第四，进一步完善土地纠纷处理机制，为保障农民土地权利提供有效解决的法律途径。

第五节　可持续发展与农村社区建设

一、农村社区建设的概念及其与可持续发展的关系

（一）农村社区和社区建设的概念

1. 社区及农村社区　社区（community）最早由德国社会学家腾尼斯（F. Tounies）在其 1887 年出版的《社区和社会》（*Community and Society*）一书中提出。我国是在 20 世纪 30 年代由中国社会学家费孝通等将英语“community”意译成“社区”一词。虽然社区观念的提出和社区实践的开展均有了一段较长历史，但是由于对于社区研究的角度不同，至今国内外学术界对“社区”仍然没有一个统一的定义。综合各家观点并结合中国社会的实际情况，可以对社区的内涵总结如下：社区是指在一定地域范围内，按照一定规范和制度结合而成的，具有一定共同经济利益和心理因素的社会群体或社会组织。可以认为其至少应当包括以下基本要素：有一定的人口数量，有一定地域界限，有共同的文化、制度和经济生活，居民按一定的方式和结构分布，并具有一定的凝聚力和归属感（即人口、区域、环境、经济、文化五个基本要素）。

目前，我国对于农村社区论述相对较少，学术界对农村社区的内涵有着不同的理解：有的强调农村社区有一个共同的地理区域；有的强调其居民有较强的认同感；有的强调具有特定的社会组织和社会制度……我国的农村社区是以农业生产方式为基础的规模较小、结构比较简单的社区，是伴随着原始农业的出现和人类的定居而产生的。农村社区具有显著的特征：一是农业生产是农村居民赖以谋生的主要方式和主要就业途径；二是人口密度低、人口聚居的规模小；三是家庭具有更多的功能，最主要的是农业生产的功能，同时，还担负着消费、抚育、赡养等方面的功能等；四是社会结构比较简单，血缘关系比较浓厚。较之国外我国土地广阔，城市数量较少，农村人口居住分散，村落便成为我国农村社区最普遍的形态，是农村社区的最小基本单元。集镇是较高层次的社会实体，是人口聚居规模稍大，并有一定的工商服务设施和集市的农村社区，主要包括乡（镇）政府所在地，以及那些规模较小、农村特点比较明显的建制镇。集镇社区是指以集镇为中心，连同周围的若干小村庄及散居的农家共同组成的农村社区。

综合社区特性、各家的观点，以及结合我国农村的实际情况，我们认为，农村社区是一种以拥有同一聚落及其周围（或附近）资源的共同所有权为基础，以对自然资源的培育、开发、利用为主要经济活动，以共同的文化和心理因素为特征，以共同的利益为联结纽带，按照传统制度和规范结合而成的地域性社会组织和社会群体。

2. 农村社区建设的提出及其涵义　农村社区建设的提出，主要是为解决农民主体性不断增强与“村民委员会”自治模式不适应之间的矛盾。改革以来，农村社会的自主性不断增

强，自主能力和行为能力不断提高，但由于“村民委员会”基本上是政府主导下的自治，机构设置、人员配备和运作模式依然具备行政的特征，因而在实行过程中出现了诸多问题，如农村公共服务的提供出现困境，民主选举与民主管理、民主决策、民主监督出现失衡与脱序现象。特别是进入 20 世纪 90 年代后期，随着城市化的进程加快，“三农问题”的凸显和农村发展建设的严重滞后，要求政府加快乡村的发展建设，以促成城乡和谐均衡发展及和谐社会构建。

面对农村治理出现的困境，新的农村建设和治理方式随之出现，由此催生了农村社区建设的政策安排。2003年10月，党的十六届三中全会在《中共中央关于完善社会主义市场经济体制若干问题的决定》中就提出了加强“农村社区服务”、“社区保障”、“城乡自我管理、自我服务”的要求。2006 年 10 月，党的十六届六中全会通过的《中共中央关于构建社会主义和谐社会若干重大问题的决定》首次提出了“农村社区建设”的概念，做出了“全面开展城市社区建设，积极推进农村社区建设，健全新型社区管理和服务体制，把社区建设成为管理有序、服务完善、文明祥和的社会生活共同体”的战略部署。2006 年 11 月，国务院召开的第十二次全国民政会议进 - 步强调指出，要着力建设城市和农村社区“两个平台”，“整合社会资源，推进农村志愿服务活动，逐步建立与社会主义市场经济体制相适应的农村基层管理体制、运行机制和服务体系，全面提升农村社区功能，努力建设富裕、文明、民主、和谐的新型农村社区”。2007 年 10 月，党的十七大报告重申了党的十六届六中全会精神，明确提出要“把城乡社区建设成为管理有序、服务完善、文明祥和的社会生活共同体”，进一步完善了城乡社区建设的目标模式，为健全城乡社区建设工作体制机制，深入思考靠谁来进行社区建设、如何凝聚社区建设力量这一一重大问题指明了方向。社会主义新农村建设的提出，更是促使农村基层政权从管理职能为主向服务职能为主转变，村民自治向村民权利保障和社区重建的方向深化与提升。

那么什么是农村社区建设呢？民政部认为，社区建设是指在党和政府的领导下，依靠社区力量，利用社区资源，强化社区功能，解决社区问题，促进社区政治、经济、文化、环境协调和健康发展，不断提高社区成员生活水平和生活质量的过程。这可被看作是实践层面对社区建设的最权威的定义。那么，农村社区建设就是立足于农村地区开展的社区建设，涉及政治、经济、文化、服务、卫生、教育、治安和环境等各方面。目前全国范围的农村社区建设依然处在起步阶段，由于农村经济社会发展不平衡，地区条件差异较大，在农村社区建设的范围、内容、模式等方面出现了很大的差异。然而，各地的农村社区建设实践中都存在一个突出问题，就是规定的建设内容过于庞杂、全面，成了一个在政治、经济、社会、文化各个方面几乎无所不包的大杂烩。这是以后在农村社区建设方面需要极力避免的。

（二）农村社区建设与可持续发展的关系

农村社区建设必须树立可持续发展的理念，只有以可持续性的战略对待，社区建设才能可持续，农村才能成为农村居民安居乐业之地。可持续（sustainable）意谓保持存在状态、维持和持久，而发展则指进步或改善过程中的一个步骤或阶段。农村社区的可持续发展就是作为一种社会系统和自然区域系统，村庄无限期地共存共荣的情境。要实现这样的美好情境，就要以农村居民全面发展为主题，以农业资源、环境持久永续利用为基础，以经济、社会协调发展为保障，以技术变革和制度创新为手段，以生产充分满足社会总人口及经济发展所需要的农产品和农村综合发展为目标，实现社区复合生态经济系统良性循环。

1. 维持社区可持续生存的自然生态环境和农业资源　无论现在还是将来，地球都是所有生物赖以生存的环境，农业资源都是农业和农村社区赖以生存的前提，人类的生存取决于地球对所有生命的支持能力。因此，必须要维持一个可供生存的自然生态环境和农业资源基础。以保证农业生产率稳定增长，提高食物生产和保障食物安全；又要发展农村经济，增加农民收入，改变农村贫困落后状况；同时还要保护和改善农业生态环境，合理、永续利用自然资源，以提高土地生产力和能量的产投比例。

2. 积极挖掘社会资本构建可持续社区管理体系　社区建设是一个综合性的理念，它不仅是指社区公共设施的健全和居民物质生活水平的提高，也包含共同的价值取向、信任度强且富有人情味的人际关系、发达的可供居民随时参与的社区组织及居民与政府间良好的互动网络等。农村社区建设的可持续发展本质上就是社区建设方式的变化，而可持续又与社区的社会资本的状况有密切的关联。社会资本不仅是近年来国际学术界解读社会现象的一个热门概念，同时也是许多国家积极推行的实践。社会资本对于农村社区建设的意义，就在于它是中国农村社区走向可持续发展之路的社会基础。社会资本可以解释很多社会领域的问题和现象，也为构建可持续的社区提供了一个新的理念。为此，应当积极培育和建立能为所有人提供认识社会、交流文化，以及满足精神需求机会的社区。确保所有居民能在收入、社区服务及对政策的发言权方面享有平等的权利。

综上所述，农村社区可持续发展体现了一般可持续发展所要求的持续性、区域性、目的性、公平性及限制性的基本内涵与特征。农村社区可持续发展是一个长期的动态变化过程，它总是由低级向高级、由局部向整体、由因素向系统优化演进，这一发展演化过程具有明显的阶段性和层次性。在这个过程中，首先应保证满足全体人民的基本消费需求；其次是尽快建立资源节约型的农村经济体系，从掠夺性开发、使用资源向集约经营转变，合理利用和保护资源，维持生态平衡和持续发展能力；最终实现政治、经济、社会、技术、管理等方面的全方位转变，建立有效、协调、创新的持续发展机制和良性循环的社区生态经济系统，实现农村社区的可持续发展。

二、农村社区建设的内容

农村社区建设的基本目的就是要在促进农民、社区和环境的协调与可持续发展的基础上，把社区建设成一个经济繁荣、服务完善、环境优美、生活方便、治安良好、人际关系融洽的全面发展的新型文明社区，最终实现人与人、人与自然、人与社会的和谐共处。要实现这样的目标，需要做好以下几个方面的工作。

（一）强化产业支撑，形成产业互动

农村社区建设，首要任务是建设现代农业，强化产业支撑，形成产业互动，这是农民增收的主要渠道，是农村社区建设的核心。最终实现城乡一体化发展，推动农村的产业化，培育社区生活需要的第二、第三产业，扩大农村劳动力的就业机会，促进人与社会的和谐。

1. 发展社区产业项目　坚持“一区一业”原则，城乡建设用地增减挂钩节余的指标，预留土地用于发展社区产业项目，促进社区劳动力就近转移就业，增加社区集体积累和居民收入，吸纳农村剩余劳动力就业，实现社区居民家门口就业，促进个人和集体增收。

2. 统一经营复耕土地　对旧村复垦的耕地，由村集体统一租赁经营，增加集体积累，增强社区服务能力。利用旧村复垦土复耕，发展种植高附加值经济作物，提高农民整体收入。

3. 推进土地产权制度改革　引导农民以土地承包经营权入股，成立土地股份合作社，土地由合作社统一经营，实行保底股金和浮动分红，土地变股权，农户变股东，农民变工人，分红增收益，破解了发展难题，促进了农民增收。实行土地股份合作后，合作社委托农业龙头企业租赁种植高价值经济作物，农民收入大幅增加。积极实施土地托管服务，使农村劳动力从土地种植中解放出来，发展规模化耕种、集约化经营，为农民节约支出成本。

（二）做好社区规划，突出区域特色

农村社区建设涉及面广，是一项关系全局的战略任务，是一项庞大复杂的系统工程。要把强化规划作为农村社区建设的首要前提。要坚持从实际出发，搞好山、水、田、林、路、村整体规划，突出区域特色，有步骤、有计划、有重点地推进农村社区建设。抓规划既要着眼长远，又要立足当前，还要统筹兼顾。要着力于整体规划，小规划为大规划让路，农村社区建设服从城镇化发展。要实行因地制宜，分类指导，分阶段渐次推进。要尊重民意，科学规划，保持农村社区建设规划的稳定性和连续性。

（三）构建服务网络，突出社会性和公共性

社区管理和服务，既是农村社区建设的重要内容，也是农村社区建设的重要基础。从农村社会现实和农村社区建设的实践来看，农村社区建设应把完善的服务网络建设放在首位，即通过完善的服务将分散的农民凝聚起来，通过服务唤起农民对社区的认同感，赢得人们对社区积极的且发自内心的支持、信任、认同，促进整个社区的融合。社区服务涉及教育、卫生、文化、体育、科技、法律、社会治安、社会救助、社会福利、社会保险等各个领域，从当前农村的实际情况出发，应着重抓好以下几个方面。

1. 社区照顾服务　受家庭规模缩小、人口流动大、老龄化、独生子女家庭等因素的影响，特别是大批独生子女家庭和老年空巢家庭的出现，使得农村家庭和亲属网络可以为老年人提供的照料资源和养老资源减少，越来越多家庭的养老功能出现弱化和缺损，老年人的养老和照料需求的满足将越来越求助于社会的支持。老年人的生活料理和生活服务从家庭走向社会，将主要依靠社区福利和服务事业来解决。为老年人提供生活照料和养老服务将是社区服务发展的必然趋势。此外，残疾人、优抚对象、低收入家庭、有实际困难的外出务工人员家庭也都在社区照顾范围之内。

2. 社区卫生服务　社区卫生服务为社区提供全科医疗服务，提供长期慢性病患者和其他需要家庭护理人员的护理服务，还要建立社区成员健康档案，定期观看健康教育。

3. 社区教育服务　社区教育服务主要包括日常宣传教育，如交通安全法规教育、反毒品教育、反邪教教育、消费者权益保护、惠民政策宣传等。对个别家庭的纠纷调解、社区居民之间的矛盾化解等，也在教育服务范围之内。利益协调机制、诉求表达、矛盾调处、权益保障等都是教育的内容。通过社区教育，提高居民的参与水平、参与能力，营造社区健康向上的人文环境。

4. 社区文化服务　社区文化服务从满足社区居民日益追求丰富多彩的生活愿望着手，紧贴各个层次不同人群的需要，因势利导，多项目、多形式地开展精神文化活动，增强活动的吸引力和居民的参与积极性，提高社区生活质量。

农村社区服务，并不能仅依靠社区自身来完成，而是要动员、协调各种社会力量，特别是各类社会组织和志愿者。社区负有对社区范围内的各类组织的综合管理和协调任务，社区工作者应该主动承担起培育社区组织的繁重任务，引导社区组织形成为民服务、自强不息的意识。

三、农村社区可持续发展的措施

（一）以政府为主导是建设农村社区建设的核心和关键

我国的社区建设是在国内改革开放和国际经济全球化加快的背景下展开的，是为了适应我国政治民主化、经济市场化、社会多元化的要求而提出来的，是一个随着各项改革的不断深入而逐步发展的动态过程。其中，由于政府特别是地方政府负有社会管理的职能，以及在社会发展中的重要作用，理所当然要在社区建设、发展和管理中发挥主导和推动作用。一是农村社区建设的关键就在于资金的筹措。目前，这只能由政府主导发起建立农村社区，通过政府缴费的示范效应引导，并通过制度规范农民参加社区建设。二是在当前的市场机制下，少数富裕地区农村剩余劳动力通过成功转移增加了收入。如在长江三角洲、珠江三角洲等地还建立了较完善的农村社会保障制度，推进了该地区的城市化进程。这就需要政府通过政策在弥补市场化的过程中有序地转移农村剩余劳动力，或通过农村社区建设自我吸纳、消化剩余劳动力。

（二）根据我国农村社会保障立法的相关要求，确立合理、可行的农村社区建设目标、原则和要求

我国农村社区建设的目标可设置为：适应农村城镇化、现代化的要求，加强社区党的组织建设和村民自治组织建设，建立起以地域性为特征、以认同感为纽带的新型社区。以拓展社区服务为龙头，积极丰富社区建设的内容，增加服务的发展项目，促进社区服务广泛化和经常化，努力提高村民生活质量，不断满足人民群众日益增长的物质文化需要。建立社区管理，协调社区关系，健全社区功能，借鉴城市社区管理体制和运行机制。坚持政府指导和社会共同参与相结合，充分发挥社区力量，合理配置社区资源，大力发展社区事业，不断提高居民的素质和整个社区的文明程度，努力建设管理有序、服务完善、环境优美、治安良好、生活便利、人际关系和谐的新型现代化社会，为社区中弱势群体提供各方面的帮助。继续提高农村地区居民的素质，动员他们积极参加与自己生产和生活切身利益有关的社区建设，提高社区经济和社会发展水平，建立兼具高效生产功能和健康生活环境的农村社区。

农村社区建设的基本原则可统一为：以人为本，服务村民；资源共享，共驻共建；责权统一，管理有序；扩大民主，村民自治；因地制宜，循序渐进。

农村社区管理的原则要求可确立为：整体利益原则；自治和自助相结合原则；教育和服务原则；统筹协调原则；可行与可操作原则。

（三）认真总结农村社区建设试点经验，明确村落是农村社区建设的着力点

在城市社区建设蓬勃开展的同时，我国农村社区建设的第一块试验田——江西，经过两年多的实践，把农村社区建设的着力点，由开始时的乡、村、自然村三级转向了以一个或多个小自然村为范围的村落，取得了明显成效。通过试点，村落社区建设使得村庄更干净了、

村民更团结了、村风更文明了。实践证明，把农村社区建设的工作重点放在村落，推进了农村的社会稳定和公益事业的发展，保障了困难群众的基本生活，营造了健康向上的村民新风，密切了基层干群关系。

（四）发展志愿性的非政府组织（NGO），培育农村公民社区，全面推动农村社区的建设

随着改革开放的深入，在我国社会结构中形成了NGO 组织，并在社会发展中表现出越来越重要的作用。在中国广大的农村NGO组织的影响也在不断提升，特别是民间自发产生的NGO，多由民间人士自下而上发起，直接从事公益服务或者组织社区行动。这些NGO虽然缺少正式的组织，人员经常流动，但是却能相对自治，并且参与者有较强的志愿参与精神。在中国农村发展这种类型的NGO组织，有利于培育农村居民的公民意识，促进“公民社区”的建成，让有公民心的公民和团体积极参与公共事务。这些NGO组织构成了社区建设的重要社会资本，使得人们参与社会公共事务的集体行动成为可能，从而为解决目前各种农村社会困难提供了有效途径。

本章小结

本章从农村社会管理的五个方面分析了农业可持续发展问题：①界定了产业结构、农村产业结构及其优化的基本概念，分析了农村产业结构优化对农业可持续发展的影响，分析总结了农村产业结构的演变规律，以及中国农村产业结构调整优化的历史进程，提出了优化农村产业结构的原则和对策。②介绍了可持续消费产生的历史背景及其基本内涵，分析了可持续消费对农业可持续发展的影响，总结了当前我国农村的主要消费模式及影响农村消费模式形成的因素，提出实施可持续消费的对策。③分析了可持续农业与农村剩余劳动力转移的关系，结合农村剩余劳动力流动的趋势指出了农村剩余劳动力转移途径。④界定了产权、产权制度、农地产权制度的概念，分析了我国农村农地产权制度改革的必要性，提出了创新农村土地产权制度的主要举措。⑤界定了社区、农村社区和农村社区建设的概念，分析了农村社区建设与可持续发展，结合农村社区建设的内容提出了农村社区可持续发展的措施。

思考与练习

1. 名词解释:
   产业结构　农村产业结构　农村产业结构优化　可持续消费　农村剩余劳动力　产权　产权制度
   农地产权制度　社区　农村社区　农村社区建设
2. 分析农村产业结构优化对农业可持续发展的影响。
3. 结合中国农村产业结构调整优化的历史进程，分析总结农村产业结构的演变规律。
4. 简述优化农村产业结构的原则和对策。
5. 简述可持续消费产生的历史背景及其基本内涵。
6. 分析可持续消费对农业可持续发展的影响。
7. 结合当前我国农村的主要消费模式，分析影响农村消费模式形成因素。
8. 简述实施可持续消费的对策。
9. 分析可持续农业与农村剩余劳动力转移的关系。
10. 结合农村剩余劳动力流动的趋势，分析农村剩余劳动力转移途径。
11. 分析我国农村农地产权制度改革的必要性。
12. 简述创新农村土地产权制度的主要举措。
13. 分析农村社区建设与可持续发展。
14. 结合农村社区建设的内容，提出农村社区可持续发展的措施。

主要参考文献

曹风中. 1995. 可持续消费与可持续生产是实施可持续发展的战略基础. 环境科学动态，(4)：5～8

曹建丰. 2004. 江苏省农村社区建设可持续发展研究. 南京：南京农业大学硕士学位论文

陈列伟，崔和瑞，李晓丽. 2005. 基于农村剩余劳动力转移的区域农业可持续发展研究. 西北农林科技大学学报（社会科学版），5（2）：5～10

郭坤. 2012. 城镇化视角下黑龙江省农村产业结构优化对策研究. 哈尔滨：东北农业大学硕士学位论文

胡亦琴. 2008. 农地产权制度创新与农业可持续发展. 北京师范大学学报（社会科学版），(6)：130～138

郎友兴，周文. 2008. 社会资本与农村社区建设的可持续性. 浙江社会科学，(11)：68～74

李小伟. 2009. 由政府主导到政府引导：农村社区建设的路径选择. 社会科学家，(9)：60～63

刘洪，何光军. 2003. 我国农村剩余劳动力转移与农业可持续发展关系研究. 湖北行政学院学报，(1)：33～37

刘文. 2004. 1997 年以来我国农村劳动力流动趋势分析. 南开大学学报（哲学社会科学版），(3)：36～43

马晓河. 1987. 我国农村产业结构变动规律研究. 农业技术经济，(4)：29～33

马晓河. 2010. 当前我国产业结构调整难题与优化发展之路. 中国发展观察，(6)：11～14

唐淑云. 2004. 浅论农村居民的可持续消费. 消费经济，(4)：6～8

杨艳，刘慧婷，徐懿佳. 2011. 转变农村消费模式与实现生态消费. 农村经济，(1)：58～62

袁璋. 2006. 我国中部地区农业产业结构演进及调整优化方向研究. 北京：中国农业科学院博士学位论文

第六章　农业可持续发展规划设计

学习目标

明确农业可持续发展规划设计的意义、依据与原则；从宏观尺度、乡村尺度与农户尺度三个不同尺度上把握农业可持续发展规划设计的主要内容；掌握农业可持续发展规划设计的几种主导模式与技术规划，以及农业可持续发展规划中常用的几种方法；明确农业可持续发展规划设计的工作步骤，提高学生从事规划设计的能力。

农业的可持续发展是人类发展史上对于人与自然关系的一次全新的认识，是人类社会、经济可持续发展的基础。它与传统的发展观念相比，至少存在以下几个方面的特点：一是在生产指标上，不以任何产品的高速增长为唯一目的，而是力求产需平衡条件下的适度增长；二是在经济核算上，不片面追求眼前利益，而是兼顾与长远利益的协调统一；三是在生产项目的技术、模式与内容上，进行合理的规划设计，追求生产与治理、保护并举的双重目标；四是在资源环境的保护和整治上，强调不同行业之间、河道上下游间、不同区域之间、不同国家之间的相互协作；五是在综合评价的指标体系上，注重经济、社会和生态三大效益的协调统一，而不是片面追求某一方面的效益。在农业可持续发展进程中，如何协调资源开发、利用与环境保护的关系，如何处理好各个生产门类的相互量比关系，都必须从规划设计角度对生产项目内容进行合理安排才能得以实现。

第一节　农业可持续发展规划设计概述

一、农业可持续发展规划设计的含义

农业可持续发展规划设计是以农业可持续发展为目标，依据某区域当前经济、社会、技术、自然等状况和未来可能发展的趋势而制定的具有综合性、长期性的一种计划形式。农业可持续发展规划设计必须能够有效地利用资源、保护环境，合理调整区域内的农、林、牧、渔及其他相关产业的组成结构，使各产业之间的生产性和非生产性建设的构成比例、规模、速度，以及所需的人力、物力、财力等各方面的相互协调。

二、农业可持续发展规划设计的意义

农业生态系统是人类参与其中的复杂生态系统，系统中的成分与环境具有内在的和谐性。人类的活动与调控特别是经济活动，制约着资源的利用、环境保护和社会经济的发展，因此针对不同地区的特点，进行因地制宜的农业生态系统可持续发展的规划设计，就能合理地利用、保护和增殖自然资源，加速物质循环和能量转化，满足人们对农产品不断增长的需要。

（一）农业可持续发展本质的需要

农业可持续发展的本质是在促进生产力的同时保护生态环境质量，在资源开发的同时

保护自然资源的增值能力不至于因掠夺式的开发陷入退化状态。因此，农业的可持续发展体现在农村经济发展的同时，要求与农业生态环境保护相协调，实现自然资源的永续利用。我们所面对的不是一个简单的自然生态系统，也不仅仅是农田生态系统和农业生态系统，而是自然、经济、社会的复合生态系统。其范围广泛、成分多样，不仅包含农业（种植业）的范畴，也包括林业、畜牧业、渔业和农副产品加工与贮存保鲜、农村的能源建设与环境保护等，不但要求单一组分的效益最佳、生产力最高，更要注重整体组分间的协调、平衡与和谐；生产建设中不但受自然规律的支配，还受社会发展和经济规律的支配，强调总体的经济效益、生态效益和社会效益和谐一致。要达到这一目的，就必须对农业生产系统进行科学的规划设计。

（二）维持农业环境多样性的需要

农业是一个十分复杂的系统，农业的发展不仅受自然规律的支配，而且还受社会发展水平和经济规律的支配，是一个多层次、多组分的复杂的生产系统。它要求降低能量、物质等农业资源的消耗强度，提高单位资源的生产能力；所采用的一切农业措施应当具有维持农业系统的自动平衡机制，保证有效的能量流和物质流的健全运行。因此农业的可持续发展就必须依据农业生态经济原理，运用农业生物共生原理和多种成分相互协调与互利关系，将种植业、养殖业、加工业等多种成分合理组装，优化结构，使之充分利用农业环境资源，提高系统生产力。把规模经营与分散经营结合起来，把自然投入与人工投入结合起来，尽量通过内部调控去减少外部投入，即通过农业生物的生态补偿功能、农业生物的捕食与被捕食关系、农业生物的还原能力等，去科学有效地推动农业系统的整体生产。把各项有关的新技术、新知识应用到农业发展中；把农业的现代化建设、生态农业建设结合起来，创造高的初级生产力、次级生产力，美化环境，为第二性生产和加工业创造条件，取得最佳经济效益。这都必须要制定一个切实可行的规划作为行动的准则，农业可持续发展与生态农业的建设，必须有利于加强农业的科学性和预见性，必须加强从定性到定量的研究和指导，通过规划设计得到系统及各部门数量化指标作为诊断和决策依据，最终得到整体转化效益最优化方案。

（三）实现各部门利益系统发展的需要

在农业可持续发展建设中，由于其是一个庞大的系统工程，牵涉面广，各部门都有自己的部门利益与发展目标。如何协调各方面的力量，促进各方面的参与意识，调动人民群众参与生态农业建设的积极性，必须有一个可操作实施的规划设计图，把规划的科学性与群众的创造性与经验聚在一起，置于一个共同的战略目标与发展方向之下。

第二节　农业可持续发展规划设计的依据与原则

一、农业可持续发展规划设计的依据

（一）生态学原理

在农业可持续发展规划设计中，应遵循以下生态学原理：①生态系统中的食物链，既是一条能量转化链，又是一条物质传递链，从经济上看还是一条价值增值链。通过选择合适的

生产者、消费者、分解者及其合理的结构，有助于提高农业生态系统生产力。②在农业生态系统中，一个群落的自动平衡能力随着多样性的增加而增长。多样性的增加，使食物网上有更多的环节和更多的有丰富功能的有机体。多物种复合经营，它的多样性要高于单作系统，而且还有助于提高相邻生态系统的生物多样性。③在特定的生态区域内，自然资源是相对恒定的，如何通过生物种群的合理匹配，使有限资源得到合理利用，减少资源浪费，是提高人工生态系统效益的关键。④在农业生态系统中，不同物种在生态位上的分离，有利于避免竞争的发生。在农业经营中，可利用这一规律，把竞争激烈的物种在时间或空间上合理配置，分化其生态位，弱化它们的竞争，提高农业生态系统的生产力。此外，在农业生态系统中，也经常会存在一些未被充分占用的生态空间，这实际上造成了空间和资源的很大浪费。在农业系统设计中，可根据不同物种在空间生态位和时间生态位上的差异，在水平方向、垂直方向和时间上科学布局，以求充分利用各种环境资源，获得最大效益。

总之，通过合理规划设计食物链与产业链，分层多次利用物质与能量，可以实现无废弃物生产、有机废物资源化的目标；通过合理组织生产，采取相应的对策，可以在获得较好经济效益的同时，避免生态平衡的破坏；通过因地、因时制宜，合理布局，可以使农业生产走向可持续发展道路。

（二）经济与社会学原理

人地矛盾是社会与农业可持续发展中面临的主要问题。为此，必须通过实施农业可持续发展战略切实处理和协调好人地关系。通过人地关系和谐发展、用地与养地相结合、保持土壤肥力，促进农业发展；通过生态农业推广和农业环境的综合治理，促进农业生态系统的良性循环，农业用地减少，直接反映耕地面积的下降，使部分农产品产量减少，导致农业生产滑坡。农业用地不断向基建用地转移，改变地区生态环境，加速了农业生态环境及生活环境恶化，影响农业生产和人民生活质量。另外，人口大量增长，使得土地人均占有量更少。因此，必须从人既是生产者又是消费者的角度来规划人地关系与发展数量。农业生产是自然再生产和经济再生产相互交织的再生产过程，因此它必须遵循经济学的有关原理，毕竟发展是硬道理，可持续发展必须基于经济发展的基本点上。

（三）生态效益与经济效益“双效协同”原理

农业生产具有两个基本目的，一是通过提高经济产量，满足人们的物质生活和增加收入的需要；二是通过农业生态系统的服务功能，提高系统的生态效益。只注重经济效益的生产不具有可持续性，而只注重生态效益而忽视经济效益的生产，同样也没有生命力。通过生态效益和经济效益的同步进步，即所谓“双效协同”，才是农业可持续发展的方向，也才能真正有利于“三农”问题的解决。

（四）现实条件依据

农业可持续发展脱离不了当地的自然资源与农业发展现状，要使规划设计有现实可操作性，就必须从实际出发，因地制宜，了解并收集各地的自然、经济计划与发展资料，以及主要的民风、习俗与历史材料。

二、农业可持续发展规划设计的原则

（一）可操作性原则

农业规划设计涉及当地农业可持续发展的战略、途径、模式、配套的科学技术、政策法规等，制定后要求人们按照这个规划去实践。由于在未来一段时期内不可预测的变化因素较多，而且规划期限越长，其不确定因素就会越多。因此，在制定规划目标、指标时，要依据近期、中期及远期三个阶段提出不同的奋斗目标，特别是中、远期目标，要留有余地。

（二）层次性原则

农业生态经济系统的结构体现于三个层次，即农田层次、农林牧业层次及种养加产业化层次。在规划时应从当地资源条件，以及市场预测和区位比较优势全面考虑，在结构调整时按照由大到小的次序对三个结构层次进行系统设计（表 6-1）。

表 6-1　农业生态系统的层次结构及其调整

层次级别	主要结构成分	调整内容	调整手段
第一层次	农、林、牧、渔等产业结构成分	用地构成、劳动力分配、产值分布等	定性、定量相结合，网络结构及目标规划设计等
第二层次	种植业、林业及牧业亚系统内部结构成分	种植业：复种指数，粮、经、油等作物与饲料作物比例，夏秋粮比例等 林业：林分构成 畜牧业：畜禽种群构成比例	可利用目标及线性规划方法进行定量与定性相结合的优化设计，以平面设计为主
第三层次	在某一农田中多种群构成中的单个种群密度或茬口安排	各种作物、林粮、林草和粮草的间作、轮作、套作及混作等	空间及时间相结合的立体设计

（三）系统性原则

生态系统论的一个重要原理就是系统性原则。也就是说系统无论多大多小，系统的整体功能总是大于它部分功能。一般来讲，只有在子系统设计相互匹配的条件下，才会有较好的总体设计。产业结构设计包括农、林、牧、渔等多产业的结构模型设计。例如，农业子系统设计涉及种植业种群结构，但要注意各作物组分之间、农林牧产业间的协同适应性，在此基础上提出相应的用地比例、劳动力配置结构、投资结构等，并建立起实现农业生态经济系统良性循环的复合结构。农林牧产业在生态农业系统中不是大拼盘，而是在资源条件及市场的合理量比关系下，才能达到物质循环和能量的畅通流动。

（四）整体性原则

农业可持续发展涉及的是一个社会-经济-资源-人口相互作用的复杂体系，这四类组分的协调程度，直接关系着农业的发展；系统内的地形差异，如高山、低丘、平原、洼地等，分隔都有其局限性，若视为一个相互联系的整体，则可扬长补短，发挥整体效益。我国长江以南的农业地貌被描绘成七山二水一分田，就形成规律来说，是个不可分割的整体，广大群众已创造出了不少的立体型生态农业模式，充分利用边缘效应，大大发挥了系统功能。

（五）递进性原则

农业可持续发展的建设不是一蹴而就的，其存在着阶段性及递进性，就目前来讲，有初级阶段、发展阶段及高级阶段 3 种类型，在每个阶段都有不同的规划设计方案及目标要求。农业可持续发展规划设计是对农业生态系统中每个子系统在空间和时间上的全方位设计，由于众多复杂的系统成分及外界环境因素，使系统的可控性随着复杂程度增加而降低，加之科学技术的进步及经济系统的完善发展需要一定的外界条件，如物质、能量的投入，所以要保证规划设计的可操作性，就必须使规划设计的目标、内容符合发展的阶段要求，从初级到高级、从简单到复杂。

（六）社会经济发展与生态环境和资源保护的协调原则

农业可持续发展规划设计必须结合当地的实际，在规划设计时，首先要分析区域的资源状况，调查分析人如何利用这些资源，只有这样才能判断在这一区域中人与环境之间的关系。由于不同地区的自然、社会、经济、资源条件各异，这就决定其功能与效益最好的生产模式也各不相同。为获得经济收入最好、农业生产效益最佳、资源利用更合理，在制定农业可持续发展规划时，必须遵循因地制宜的原则，从当地的自然环境条件、技术经济水平和自然资源条件出发，才能设计出最优的生态农业及可持续农业生产模式，制定出具有可操作及可实施的农业可持续发展规划。

（七）现代科技的投入使用原则

我国的农业可持续发展及生态农业不同于西方发达国家所实行的生态农业等替代农业，不是自然农业的回归、传统农业的复苏，而是现代农业的加速发展，要提高农业生产力，还必须依靠现代科学技术与物质能量投入来加强农业生态建设，增强农业的后劲。农业生产的规划与资源的合理利用，也必须应用高新技术来解决人类难以在短期内完成的任务。

农业的持续、稳定和协调发展，要求在可持续农业与农村发展建设过程中，必须处理好局部与整体、短期与长期、宏观与微观，以及生态效益、经济效益与社会效益之间的关系，因而需要一个科学的、以生态经济理论为指导的农业可持续发展综合规划，来统一部署和协调各方面的关系。而农业可持续发展建设综合规划的目的，恰恰在于有效地开发农业资源，合理组合农业生产力，以及农村各产业的布局、结构，协调农业生态经济系统中的各个子系统的复杂关系，以取得最佳的生态、经济与社会效益。长期以来，我国农业发展过程中，一些非持续性现象的存在及生态经济关系的恶化，显然与没有一个科学可行的综合建设规划有很大关系。

第三节 农业可持续发展规划设计的主要内容

一、不同尺度的农业可持续发展规划设计

农业可持续发展规划设计依照行政区域大小不同分为三个尺度，分别是宏观尺度、乡村尺度与农户尺度。县级及以上的规划为宏观尺度的规划，村级以下以农户为单位的规划则为农户尺度的规划，介于这两者之间的规划则为乡村尺度的规划。

（一）宏观尺度

1. 生态县（市、省）规划的目的与特点　生态县（市、省）是以生态经济学原理为指导，以协调经济、社会、环境建设为主要对象，在一定行政区内生态良性循环的基础上，实现经济、社会全面健康的持续发展。其目的在于：以本地资源条件为基础，逐步形成符合实际的社会经济与生态协调运作的发展模式；突破资源、环境瓶颈，形成安全、舒适的生活环境；构建与城乡建设体系相平衡的自然生态体系；优化产业布局，促进传统产业的生态化改造。

生态县（市、省）的建设规划具有以下几个特点。

（1）强调从区域的生态环境改善、经济、社会、文化等各个领域全部推进。

（2）从产业政策、产业布局、产业结构调整、推进企业清洁生产等角度规划完整的循环经济和生态产业发展体系。

（3）在全面进行生态环境现状、生态脆弱性和生态服务功能评价的基础上，规划生态功能分区，明确各生态功能分区的生态系统特征、功能、发展方向和保护目标。

2. 农业可持续发展中生态县（市、省）建设的内容

（1）农业可持续发展建设的目的意义、规划的范围及重点。

（2）县情分析。规划区自然、经济、社会发展概况。除生态环境条件、社会经济发展现况外，生态资源现状与评价是不可缺少的内容，还有全县影响农业可持续发展障碍因子分析及综合开发潜力分析，生态农业建设现状，以及就规划区存在的生态经济问题进行驱动力分析或趋势分析。

（3）设计方案。

1）确定该区域的层次结构。由于农业生态经济系统的复杂性与层次性，在农业可持续发展规划设计中，必须首先确该区域农业生态经济系统的层次结构及其组成要素。

2）设计出系统内部优化结构。在规划时应立足当地资源条件及市场和区位优势，对农业生态经济系统的各结构层次分别进行优化设计。

3）农业可持续发展模式的调控设计。设计实施模式的农业生态工程的配套技术体系，进行系统的调控。包括技术选择与生态工程设计，如生态农业各组分要素间的配套技术与物质、能量合理流动循环的技术，将现代化的产业与科技引入到生态工程中。

（4）定量化的指标体系。

1）生态县的指标体系。①经济发展指标：农民年人均纯收入、单位 GDP 能耗、单位工业增加值新鲜水耗、农业灌溉水有效利用系数、主要农产品中有机产品和绿色产品及无公害产品种植面积的比重。②生态环境保护指标：森林覆盖率、受保护地区占国土面积比例、空气环境质量、水环境质量、噪声环境质量、主要污染物排放强度、城镇污水集中处理率、工业用水重复率、城镇生活垃圾无害化处理率、工业固体废物处置利用率、城镇人均公共绿地面积、农村生活用能中清洁能源所占比例、秸秆综合利用率、规模化畜禽养殖场粪便综合利用率、化肥施用强度、集中式饮用水源水质达标率、村镇饮用水卫生合格率、农村卫生厕所普及率、环境保护投资占 GDP 的比重。③社会进步指标：人口自然增长率、公众对环境的满意率。

2）生态市的指标体系。①经济发展指标：农民年人均纯收入、第三产业占 GDP 比例、单位 GDP 能耗、单位工业增加值新鲜水耗、农业灌溉水有效利用系数、应当实施强制性清洁生产企业通过验收的比例。②生态环境保护指标：森林覆盖率、受保护地区占国土面积比例、空气环境质量、水环境质量、近岸海域水环境质量、主要污染物排放强度、集中式饮用水源水质达标率、城市污水集中处理率、工业用水重复率、噪声环境质量、城镇生活垃圾无害化处理率、工业固体废物处置利用率、城镇人均公共绿地面积、环境保护投资占 GDP 的比重。③社会进步指标：城市化水平、采暖地区集中供热普及率、公众对环境的满意率。

3）生态省的指标体系。①经济发展指标：农民年人均纯收入、城镇居民年人均可支配收入、环保产业比重。②生态环境保护指标：森林覆盖率、受保护地区占国土面积比例、退化土地恢复率、物种保护指数、主要河流年水消耗量、地下水超采率、主要污染物排放强度、降水 pH 年均值、空气环境质量、水环境质量、环境保护投资占 GDP 的比重。③社会进步指标：城市化水平、基尼系数。

（5）规划设计的程序。

1）对该区域进行分区规划。主要包括当地农业可持续发展建设分区的社会经济、自然资源特征、各分区的发展目标、治理模式及该地区所采取的主要农业可持续发展技术措施和产业结构调整比例。

2）依据当地农业可持续发展战略设想和总体规划目标，分别确定当地所制定的生态工程建设项目、规划目标、指导思想、主攻方向、投资概算、效益分析等。如种植业工程、林业工程、水利工程、水土流失治理工程、畜牧工程、乡镇企业发展项目、庭院经济开发工程、渔业工程、农业机械化工程、能源建设工程、环境保护工程等，并强调各部门之间的协调。

3）提出保障措施。主要包括：①制定配套政策。介绍当地政府为保证综合规划的实施所制定的相应政策法规及其主要内容，如资源保护政策、资源开发政策等。②加强组织领导。如建立“农业可持续发展建设领导小组”，组织农业可持续发展技术顾问组及领导班子建设，规划目标的管理、执行、监督等。③强化投入规模。农业可持续发展建设的投入情况，包括人力、物力、财力、科技等。④其他保障措施。此外，还应附有地县级农业可持续发展综合规划流程图，县级农业可持续发展建设分区明细表、分区图，农业可持续发展建设各行业工程规划表，包含现状水平、规划期水平（包括近期和中长期）、投资情况等项目。

（二）乡村尺度

1. 生态村、乡规划的目的与特点 生态村、乡的建设规划是一个多目标的发展优化设计过程，其目的在于：调整经济结构、优化产业布局和提高资源利用效率，减少环境和生态破坏，更好地为生产力发展增添后劲；促进人们生产、生活方式和消费观念的转变，促使全社会树立生态观和文明发展观；提高人民群众的生活质量，改善人居环境，并为子孙后代提供良好的发展基础和永续利用的资源与环境。

生态村、乡的建设规划具有以下几个特点：

（1）规划设计牵涉村和乡的社会、经济、生态、科技各个系统，并以生态系统、技术系统、经济系统的综合优化为重点。

（2）最大限度地充分利用和保护土地资源及各种可利用的资源，因地制宜、因资源制宜规划和配置多层次的产业结构和产品布局。

（3）在建立物质能量和经济良性循环的总体布局设计思想指导下采用多种技术方式加速物质在生态系统中的再循环过程，提高周转率，加速流通，以提高生物量和产品的产量。

2. 农业可持续发展中生态村、乡规划建设的内容

（1）农业可持续发展（生态农业）建设的目标、内容（重点与一般）、条件（已有和外援）和方法。

（2）系统确定与系统诊断分析。进行区域内的资源环境考察，结合农业区划形成农业可持续发展（生态农业）的系统边界，对现状进行分析与评价，找出制约生产发展的限制因子。

（3）方案设计。是生态村、乡农业发展模式设计的重点，主要包括：①确定村、乡的层次结构。即对系统层次结构进行调整，以改变资源的利用方式。一般村、乡层次结构的调整设计内容见表 6-2 所列。②设计出系统内部优化结构。根据村、乡生态农业建设的经济和生态环境目标，进行系统内的资源合理利用、结构优化的线性规划设计。③农业可持续发展模式的调控设计。设计实施模式的农业生态工程的配套技术体系，进行系统的调控。包括技术选择与生态工程设计，如生态农业各组分要素间的配套技术与物质、能量合理流动循环的技术，将现代化的产业与科技引入到生态工程中，见表 6-3。

表 6-2　村、乡层次的组成与规划调整内容

层次	主要成分	调整内容	手段
第一层	种植业、养殖业、林业、渔业等产业结构	用地构成，劳力分布，产值分配	投入产出分析，数学规划
第二层	粮食作物，经济作物，用材林，畜、禽、鱼等各业内部构成，庭院结构	复种指数，作物比例，禽畜种群，林木结构	线性规划，目标规划
第三层	麦、水稻、玉米、大豆、牛、猪、羊、鸡、鱼、杉、松、竹等	间套种，品种改良，饲料开发与农村能源结构	根据生态经济学原理进行平面、立体设计，生物物质循环利用

表 6-3　农业可持续发展模式的调控设计内容及主要配套技术

类别	内容	主要配套技术
农业生物种群规划	调整粮食作物、经济作物、瓜菜、牧草等种植业比例	引进良种，旱田改水田，水稻旱育稀植，地膜覆盖，稻田养鱼
	提高饲料转化率，增加畜产品种类及数量，发展主导养殖业	引进良种，改进饲料利用技术，调整饲料构成比例
生态环境建设规划	小流域的综合治理，防止水土流失，充分合理地利用荒山荒坡资源	植树种草，充分合理地开发低丘缓坡资源，长短效益结合
	农村能源的建设	推广+沼气池、节柴灶，种植薪炭林等
输入与输出规划	调整投入构成，增加辅助能投入，提高能量利用效率，协调系统能量产投比	合理使用化肥与有机肥，配方施肥，因土因作物施肥，利用混合饲料饲喂家畜禽等，新型收获与农产品加工技术，保鲜、贮存技术等

（4）定量化的指标体系。①经济效益指标：工农业总产值、劳动生产率、土地生产率、资金生产率、农民收入等。②生态效益指标：人口自然增长率、森林覆盖率、水土保持率、土壤肥力、植物光能利用率、“三废”排放合格率等。③社会效益指标：农副产品产量及商品率、农民生活商品消费量、农村劳动力文化结构。④技术指标体系：品种采用率（良种覆盖率），技术改造对森林覆盖率、总产值的贡献份额，机械化、电气化普及率，产品深加工转化率等。

（5）规划设计与实施步骤。①战略重点的确定：包括产出重点、区域重点、技术重点等。②实施的技术手段：从点到面，分阶段、分区域进行。③具体措施：包括生态户、生态场、生态村（镇）的生产模式与经营模式，主导生态农业技术与配套措施等。④政策

体系与保障：包括投入倾斜政策、农产品价格保护政策、水土环境保护政策、资源管理承包政策等。

（三）农户尺度

生态户是一类按照生态经济学原理，按照自身的资源状况进行农业生产的农户。所谓生态户，它是严格以一定标准建设，具有良好的生产生活服务设施，采用洁净能源技术（沼气、太阳能等），有健全的生产和生活污水处理系统，同时能够生产和生活自给的单元。每个生态户就是一个基本的生态生产单元，也是生态村的最基本组成单元。在我国现阶段生产力状况下，农户作为我国农业生产的最基本生产经营、管理单位，在农业可持续发展规划时也必须考虑生态户的建设与发展。区域性农业可持续发展规划最终也要落实到生态户的建设与发展上。建设生态户的目的在于强化农户生态系统的功能，并通过生态户的辐射效应，给普通农户起明显的示范作用，加强区域性生态农业及可持续农业的建设进程，发挥群众在可持续发展及生态农业建设中的聪明才智。而生态场作为农户进行生产经营、管理的场所，在农业可持续发展规划时也要考虑它的建设与发展。

1. 生态户建设规划的主要内容

（1）选择生态户。所选择生态户应在当地具有代表性。

（2）目前生产经营方式的分析。分析农户生态系统固定结构与功能的关系，正确诊断制约农户系统功能的主要制约因素。

（3）农户生态模式的选择。选择生产上可行、经济上合算、生态上合理的生产项目，同时建立与该项目相适应的配套生产体系，包括物质、信息、技术、加工等。

（4）生产结构的优化。农户所从事的水田、旱地、畜禽、水产养殖等分别有着各自的时间结构、劳力结构与物质投入结构的要求，各个部门存在着物质、能量、信息的相互联系。各个子系统间的联系与量比关系就是农户的生产结构的优化，可为农户生产创造最佳的系统整体效益。结构优化手段一般是线性规划模型、投入产出模型等。用这些方法确定：什么技术对农户系统的整体效能影响最大；对什么项目的投入最有效；生态模式组分之间的合理配比；市场价格变动对生产的可能影响。

（5）技术选择。优良品种的引进，栽培管理新技术，社会化服务保障体系（机耕、收割）及合理的肥料运筹与施用等。

2. 生态农场建设规划的内容

（1）生态农场的项目选择。分析当地的具体条件及市场状况、限制因素，从中确定生态农场的主要生产项目。

（2）长期效益要与短期效益相结合。有些生态农场的主要生产项目周期长、见效慢（如种植果树、开发滩涂），在保证生态上合理的前提下，引进周期短、见效快的短线生产项目。

（3）物质能量的合理流动，食物链的上下延伸，提高资源的利用率。如鸡粪喂猪→猪粪→沼气，沼肥上山种果树、茶树，沼液下塘育肥鱼、虾等。

（4）健全技术服务管理体制。

（5）技术措施。技术措施包括农产品加工贮存技术、初加工与深加工技术、饲料与饲养新技术等。

二、农业可持续发展的主导模式与技术规划

（一）生态工程与生态农业模式

我国地域辽阔，各地区之间地形地貌和农业资源差异很大，如何因地制宜地选用适宜的农业生态工程与生态农业模式就显得十分重要。因此，从可持续发展的角度出发，必须对有关模式的内容进行合理地选择与规划。

1. 县（市、省）层次生态工程与生态农业模式　第一种类型：在农业生产水平总体较低、生产条件恶劣的地区，进行生态农业建设多以改善农业生产条件、治理农业与农村生态环境、提高农业系统抗御自然灾害和产出能力为目标。如隶属于河南省的兰考县，由于长期深受风沙、盐碱危害，按照总体规划，本着因地制宜、合理利用资源、维护生态平衡的原则，根据地势和自然资源条件，该县划分为不同生态类型区，并分别进行以治理生态环境为总体目标的农业生态工程建设。主要包括开发嫩滩、稳定粮食生产，修建水利工程设施，改善农田生产环境，用地养地结合、培肥地力，改造中低产田及种植防风固沙林带，发展果园，搞好农桐、农果间作，控制风沙危害，改善环境质量等方面。其中最为典型的做法是积极发展农桐（农枣）间作复合生态工程技术：在保持现有林地覆盖面积的基础上，局部增加造林面积，调整树种结构，采用农田林网（防风固沙、改善小气候）促进农业高产稳产。一是在少林风沙区增加四旁（即村旁、宅旁、路旁、水旁）植树，防风固沙改善农田生态系统；二是搞好农田林网建设，建立泡桐等生产基地；三是搞好农田间作，推广农桐（农枣）间作技术，加强林木管理和害虫防治技术。

第二种类型：随着农业生产条件的逐步改善，当生态环境不再成为农业生产的主要限制因素的情况下，要增加系统的整体产出功能，必须对当地的农业资源进行重新合理配置，提高资源的利用效率。如北京市大兴区在坚持治沙、治水、改造农业环境的基础上，逐步发展现代化的郊区型农业生态工程模式，该模式通过现代化的手段促进光热资源利用效率的提高。具体做法是，运用农膜覆盖技术和保护地蔬菜生产工程，进行城市郊区菜篮子建设；针对积温不足的问题，改两年三熟制为一年两熟，提高大田作物产量等。同时，该区还计划通过进一步的环境治理，为发展观光型农业生态工程模式积极创造条件。

第三种类型：实现农业生态工程产业化，通过优化农村产业结构，提高农村和农民经济收入。吉林省德惠市实行的“种养加”产业化生态农业建设就是这种生态工程模式的典范。德惠市位于松辽平原腹地，其种植业和养殖业发展已经达到很高的水平，加上市场和交通状况优越，德惠市针对农业整体功能效益差的特点，积极调整产业结构，大力发展农畜产品的深层加工产业，通过实施农牧加复合农业生态工程，逐步建立起以农畜产品深加工增值为纽带的农牧复合生产体系。该模式的原理是，使种植业、养殖业、加工业连成一个整体，种植业和养殖业为加工业提供原料，通过加工业，增加商品率，提高商品档次，积累资金，引进技术，进一步扩大再生产，使全村的整体功能得到发挥，形成种养加各业间的良性循环。该模式构成主要包括经济作物及高价值粮食作物、鸡舍、猪棚、加工设备等。该模式的主要功能是稳定发展种植业，种植业是第一性生产，是生态农业的基础，以治水改土为重点，努力提高单位面积产量；以调整内部作物的种植结构为重点，增加单位面积产值，为养殖业和加工业提供充足的、优质的原料；大力发展养殖业，养殖业属第二性生产，它在生态农业系统

下把第一性生产的植物蛋白转化为动物蛋白，把人类不能直接利用的物质转化为可利用的产品，满足人类消费的需要，并为动物产品加工业提供原料，加快发展食品加工工业，同时又是种植业所需有机肥的主要来源。

2. 乡、村层次生态工程与生态农业模式　进行乡、村层次的生态农业建设，是在农场和农户层次上进行的更高一级的生态农业建设类型或模式。按照生态学和生态经济学原理，应用现代科学技术，实行以提高农业综合生产能力同时确保农村生态环境逐步改善的生态村建设，是我国生态农业建设的一种思路和途径。以改土为起点，以现代化的沼气工程为核心，有效地解决了农村经济发展过程中农村环境与经济发展之间的矛盾。

乡、村生态农业发展模式的内容包括：①改善农业生产条件，稳定种植业基础；②充分发挥资源优势，发展多种经营；③利用技术和市场，实现村级经济和生态的持续发展。

这些内容可以划分为四个层次：第一个层次就是发展农业系统中较为具体的立体农业模式，该模式以农业生产为主导，巧妙地配置土地资源，属于提高物质和能量利用效率的范畴。第二个层次以开发农村能源为目标，实现物质和能量的多级循环利用，将种、养、加、沼各业互补性地扭合在一起。第三个层次进行了提升，以整个农业与农村生态环境的建设为目标，全面提高农村环境质量。同时协调产业结构，使农林牧渔工商等各业相互促进、协调发展，实现整体上的多功能和持续发展。第四个层次就是发展观光旅游生态农业，由于农业生产同建设良好的生态环境相结合，从而为发展相应的观光旅游农业，获得较高的效益奠定基础。

3. 农户层次生态工程与生态农业模式　总体上来看，在目前国情条件下农户是我国农业生产的基本单元，进行农户层次的生态农业建设是十分必要的。生态农业户是由普通农户演化而来的，在家庭生产经营中，能充分利用现有的农业生产条件和自然资源，生产社会所需要的各种农产品，并获得较好的经济效益。

当前，农户层次的农业生态工程模式基本上采用了多样化经营的发展方式。除了一般的种植业、畜牧养殖业等产业进行合理的配置和协调外，以户为单位进行生态农业建设还可以将资源、废弃物高效利用及环境保护纳入模式体系。如作物-畜禽-沼气-鱼，食用菌-鱼、牧草-畜-鱼模式等。该层次生态农业发展模式中比较典型的庭院生态经济模式是生态农户进行生态农业建设活动的重要方面，如湖南省益阳市发展起来的沼气庭院模式。

沼气庭院是以农民为对象，庭院为依托，沼气综合利用为纽带，农户种养加为产业，结合不同的农业生产技术、资金、劳力及市场状况而进行的一种生态农业发展模式。该模式形成住户与村舍建筑、动植物及微生物之间相互依存和促进，生产与生活、农产品与市场有机结合的结构合理且良性循环的生态经济系统。其基本特征包括：以一业为主、兼营他业的商品性生产；实行“十个一”配套，即一栋楼房一口井、一个沼气池一个省柴灶、一个菜园一片林、一群鸡鸭一栏猪、一个作坊一塘鱼。可见，该模式种、养、沼三业紧密结合，互相依赖和促进。其中作为纽带的沼气在模式中发挥着多功能的综合作用，使生产和生活中的各种要素构成复合网络。显然，实行该发展模式的农户已经跳出传统农业生产结构和产品单一的范围，形成了多种经营的专业化、集约化和商品化的农业生产体系。

（二）生态工程技术与配套技术规划

1. 立体种养农业技术　运用现代科学技术，把种植业、养殖业及相关的加工业科学地结合起来，建立多物种共生、多层次配置、多级生物能循环利用转化的立体种养及庭院立体种养的高产高效生产技术配置方式，促进生态平衡，使农业生产处于良性循环之中，达到经济、社会、生态效益的统一。例如，种草养猪、养鱼，猪鱼配套，猪粪肥草；稻田里养鱼、蟹；果园间套地膜马铃薯等。

2. 小流域水土流失治理技术　水土流失及引起的江河堵塞、洪水泛滥、养分流失、土壤退化、土地生产力下降、水体污染等一系列生态环境问题，不仅为全球所关注，而且是关系到我国农业可持续发展的重大问题。由于我国是一个以山地丘陵分布为主的国家，以小流域为单元进行水土流失治理成为我国重点地区水土流失治理的基本思路。小流域治理就是以小流域为治理单元，合理规划与布置水土保持农耕技术措施、林草措施和工程措施，优化农林牧等各个产业用地结构，使其相互协调、相互促进。效益统一的综合治理目标，其基本内容包括：

（1）小流域土地利用规划。对流域内土地资源进行详查和类型划分，确定不同类型土地的适宜利用方式。

（2）鉴定水土流失的危险性。对分水岭地带及山坡地带不同土地利用情况下的面积、侵蚀强度及重力侵蚀分布和危险性进行调查和划分等。

（3）建立生物与工程紧密结合的防护措施体系。小流域综合治理的技术体系主要包括①农耕技术措施与途径。农耕技术是小流域综合治理的基本措施，包括以改变微地形为主的农耕措施。②林草措施与农林牧复合治理途径。包括在植被覆盖度较小的地区建立水土保持林；在水土流失严重尚且不能退耕的地区实行草田轮作；在山地丘陵地区小流域综合治理中积极探索建立农林牧复合系统的可能性，确保农业生产和水土保持的双重功能。

3. 有机废弃物资源化处理技术　废弃物资源化处理技术是生态农业系统中充分利用生物与环境之间、生物与生物之间的生态关系，运用物质循环再生原理，组建资源的再生产系统，使环境中各种物质和能量通过多层次、多途径的转化而得到综合利用和循环利用的过程技术途径。

目前，我国许多大型畜禽养殖场的粪便污染处理即采用了资源化的再利用过程，实现无废弃物化生产。农业有机废弃物主要包括秸秆、落叶等种植业类废弃物，米糠、麸皮、酒糟等农人畜利用后的废弃物等几种类型。对这些废弃物传统的利用方式有两种，一是一次性利用，即直接作为肥料或燃料；二是二次利用，即将秸秆类废弃物与粮食搭配用于畜禽饲料，然后将畜禽粪便用于肥料。而充分利用农业生态系统中物质循环利用的食物链原理建立和发展起来的有机废弃物循环利用生态工程及其技术，具有很好的应用范围和推广价值，主要包括物质循环利用的食物链加环技术、畜禽粪便综合处理技术、城市固体废弃物资源化利用技术和沼气发酵残余物利用技术等。畜禽粪便含水量较高且有恶臭气味和病原微生物的威胁，对其无害化、资源化和综合利用处理成为畜禽粪便处理的基本方向。其处理主要包括干燥处理、除臭处理和综合处理三个方面。干燥处理包括日光自然干燥、高温快速干燥、烘干膨化干燥及机械脱水干燥；除臭处理一般通过物理、化学及生物过程中的吸收、吸附、氧化等途径将畜禽粪便中的臭气分离或贮存成不溶物质，达到去除臭气的目的；而综合处理技术则是为了尽可能利用畜禽粪便中的养分和能源、减少污染排放而采用的以生物技术为主的综合处理方法。

4. 节水农业技术　由于农业生产需要大量的水资源，而我国降水极不均匀，区域间差异很大，降水是半干旱地区农田水分的主要来源。因此使尽量多的降水为作物利用是农业节水的一个基本内容，这方面已经形成了颇具特色的技术。其中，生态节水技术近年来更为得到关注，通过提高作物自身的抗旱能力和水分利用效率，降低作物复种指数，实现节水高产和持续发展。在目前干旱缺水的状况下，一年两熟向两年三熟、一年一熟过度，或部分水浇地改为旱田或季节性旱田。以提高经济效益为核心目标，实行种地养地结合、农牧结合、粮棉油蔬果结合是实现水资源平衡和社会可持续发展的必然要求。

5. 污水处理与资源化利用技术　造成水体污染最主要、最普遍的原因是人类不恰当地破坏生态关系的生产和生活过程，造成输入自然水体内本无的物质，或过量输入某些自然水体原虽有、但其量超过水体自净能力的物质。主要包括工业排放废水的污染、生活污水的污染、农业对水的污染。典型生态工程的污水处理技术有：

（1）土地处理系统污水处理技术。土地处理系统在原理上是应用自然生态系统的调节功能、循环再生功能，为实现污水无害化、资源化而加以人工规划、设计和运行管理的生态工程系统。土地处理作为生态学处理方法实际上是追求土壤和植物的“处理”与利用两个功能的总体实现。土壤被视为“活的过滤器”，作为工程系统进行污水处理。在一个系统中，污染物通过物理的过滤、吸附、挥发、淋溶，化学的分解与转化，植物的吸收以及微生物的降解、吸收等作用，由复杂变为简单，由大分子变为小分子，由植物、微生物不可利用变为可吸收利用，进行不断更新和循环再生，从而实现污水的充分净化和水、肥资源的循环高效利用。

（2）种植、养殖、太阳能及沼气四结合就地处理污水系统。在生活污水的源头，如每户或村的人畜粪便等高浓度有机污水直接排入沼气池，利用厌氧发酵处理与利用废水。将沼气池、厕所、畜禽舍和日光温室相连通，沼气池建在圈舍内地下，不另占地，且圈舍的封闭效应为污水中有机质的发酵提供了适宜的温度条件，沼气池在冬季不易冻坏，且可全年生产和供给沼气。

6. 生态农业建设中的养分高效利用技术　首先，要广辟肥源，如微生物肥源、植物性肥源、动物性肥源、其他肥源。其次，科学改进肥料，如常规肥料升级（向肥料中添加增效物质）、配成复合肥料（由低浓度单质肥为主向高浓度复合肥为主）、缓控释肥料（是指施入土壤中能缓慢释放其养分的肥料，对作物具有缓效性或长效性，其主要目的是提高其产品利用率，使养分释放能在很大程度上与常见作物需求相一致）、使用生物肥料（以微生物为活性剂的有机肥料）。最后，要改进肥料使用方法，做到精确施肥、平衡施肥，以提高肥料利用率。

7. 农林牧业废弃物能源工程技术　利用厌氧发酵技术就地处理大量高浓度的有机污染源，产生的沼气又用于发电或供居民炊事之用，产生的沼液沼渣作为有机肥料用于农林牧副业开展综合利用，促进了无公害农产品、绿色食品的生产。另外，可以将玉米秸、玉米芯、棉柴、麦秸等干秸秆粉碎后作为原料，经过气化设备（气化炉）热解、氧化和还原反应转化成可燃气体，经净化、除尘、冷却、贮存加压，再通过输配系统送往一家一户，用作燃料或生产动力。这种秸秆气像天然气一样，燃烧后无尘无烟无污染，适用于广大农村，减少农村大气污染。秸秆还能够用于覆盖还田，主要适用旱地作物和南方稻田冬种“板田菜”。秸秆中有机成分以纤维素、半纤维素为主，可作为食用菌培养基的主要成分。栽培过食用菌的残余物即菌糠含有更多的粗蛋白，可用作饲料，也是优良的有机肥。

8. 生态优化植保技术

（1）农业防治技术。根据农田生态环境与病虫害之间的关系，有目的地改变某些因子，控制病虫害的发生和危害，以达到保护作物和环境的目的。主要措施有间作、轮作、选用抗性品种、培育壮苗、肥水管理和控制作物生长条件。

（2）生物防治技术。利用天敌及其产品防治病虫害，主要措施有以虫治虫、利用病原微生物导致昆虫发病、使用生物源农药、利用昆虫激素治虫。采用生物防治技术，可以不用或少用化学农药，对人畜安全、不污染环境，是发展无公害农产品的重要措施。

（3）物理防治技术。科学运用各项物理措施，可有效防止病虫害，而且农产品不受污染，对环境安全。其措施有冷热处理法、嫁接技术、利用害虫的趋避性驱赶害虫。

9. 水土保持生态恢复技术　我国无论是南方还是北方，除了平原外，山区半山区的水土流失是十分严重的，而这些面积占了国土面积的 1/3 以上，也是贫困地区脱贫致富走上可持续发展道路的主要限制因素。目前我国采用的水土流失治理技术主要有两类：一类是种植技术，即植树种草，利用生物多样性建造涵养林、护坡林等；另一类是工程技术，如兴建梯田，在梯田坎上种植植物篱等。发展植树种草生物治理技术既可保持水土，又可发展畜牧业，形成良性循环。

与森林相比，牧草植被在水土保持方面具有以下几个特点：①生长迅速见效快，一般播种后，当年或第二年即可获保持水土功效，在水土流失严重的雨季，生长尤为迅速、作用快，而林木生长较慢、见效迟，一般 3～5 年方可见效。②牧草植被密度大，覆盖率高，而树木根系虽较深，但地表覆盖较少。一般灌木在 6～10cm 以下，乔木在 10～23cm 以下，而牧草地表即有分布，水土保持效果较好。但只种草不造林，长期效益不够显著，不能彻底控制水土流失，因此，林草结合，草可以为林木改善生境，促进林木生长，林木长成后可彻底控制水土流失，从而改善整体的农业生产环境条件。

水土保持的草本植物，其茎叶和籽粒均可作牲畜的饲料，生产成本低、产量高，适口性好，含有畜、禽、鱼所必需的丰富的蛋白质、矿物质、各种维生素和其他营养物质。其中维生素尤为丰富。

10. 多能互补循环再生的能源开发利用技术　农村能源是农业可持续发展建设中的重要问题，能源短缺会导致农民上山乱砍滥伐，造成水土流失和生态环境破坏，从而形成恶性循环。解决农村能源问题应从多环节、多技术入手，并相互补充，形成多能互补循环再生的结构，才能保证农业的可持续发展。在开源方面可通过提高复种指数、增加作物秸秆数量，以满足农民生活用能。通过调整种植业结构，发展饲料作物如大麦等，满足畜牧业生产发展的需要和满足沼气对原料的需求，通过调节拖拉机的工作状态以节省柴油，发展塑料大棚、太阳能热水器等解决农民生产生活中的用能问题。

在陕西榆林地区大面积应用以能源再生利用为中心的生态农业系统，其技术如下：农民在果园附近或中心修建牧场，紧邻牧场建造沼气池，沼气池在冬季为塑料大棚加温，而反过来塑料大棚吸收利用太阳能在提高苹果农田小气候温度的同时，也解决了沼气池冬季由于气温过低而不能产气的问题。

第四节　农业可持续发展规划设计的方法

一、农业可持续发展设计的思路

（一）总体目标优化设计

总体目标优化设计是指在对区域自然环境、资源和社会经济条件进行详细调查研究的基础上，提出有关模式设计的总体指导思想和需要达到的基本经济技术指标，包括对模式结构和功能的期望目标，以及模式的设计规范与要求等内容。

（二）模式产业结构设计

随着社会经济的发展，农业的产业化特征日益凸现。因此，对农业生态系统模式的设计不应仅局限在农业生产部门，而应对产前、产中、产后进行“全程”设计，以优化产业结构，实现农业产业结构的合理化与高级化。农业产业结构的合理化是指国民经济各部门间的比例协调，既要消除由于某些部门的滞后发展所造成的瓶颈制约，也要避免某些部门的发展超过市场需求及重复建设造成资源浪费。要求整个农业生产部门的比例协调、生产结构与需求结构基本一致，能够避免严重的过剩和短缺，防止不均衡、畸形发展。农业产业的高级化主要是指农业产业结构从低水平状态向高水平状态的动态发展过程。一方面体现在高附加值的农业产业部门比重上升，另一方面体现在生产过程中技术水平的提高，在此基础上，完善农业生态模式的功能。

（三）模式时空结构设计

模式的时空结构设计包括对模式的时间结构、空间结构（平面结构和立体结构）进行综合设计。

1. 模式的时间设计　模式的时间设计就是根据各种资源的时间节律，设计出能有效利用资源的合理格局或功能节律，使资源转化率提高。

（1）种群嵌合设计（如套种）。具体设计为：①按立体设计确定主体生物种群；②按资源和市场时间节律确定主体生物种群的最佳生产时段和数量变化时序；③根据主种群生育节律嵌入一个以上能利用剩余资源，且最好与主种群互补互利的副种群。

（2）种群密集设计（如育苗移栽）。具体设计为：①按资源和市场节律及相关生态学原理确定适宜种群；②根据候选生物生育特点将各自的幼龄期和成龄期分开；③按资源时间节律组建生物幼龄期和成龄期时序；④根据生产规模确定幼龄期场外集中培养地。

（3）人工设施设计。具体设计为：①根据社会经济资源和市场时间节律确定适宜生物种群；②根据自然资源时间节律与适宜种群生育进程的吻合程度，确定相应的人工设施建设以改善制约入选生物种正常生育的环境条件。

2. 模式的平面结构设计　模式的平面结构设计是指在系统边界范围内，按照不同的地貌部位确定作物种群或类型，以及各种农业产业部门所占的比例和分布区域，并进行合理布局，使之“各得其所”。

（1）选择适宜的种群。强调种群对自然环境的生态适应性，选择表现出色、效益高的种群，同时，在选择时应考虑以当地传统种群为主，适当选入那些通过人类技术可克服生态适应性较差而可产生较高经济效益的种群。

（2）确定优势种群及合理匹配。通过对不同种群在当地所表现的产量、能量产投比，以及经济效益等指标的评判，淘汰部分种群，确定优势种群。在确定了种群及平面的相关单元后，针对发展的目标及资源状况进行合理的布局与安排，优化生产结构与效益。

3. 模式的立体结构设计　模式的立体结构设计就是利用生态位和生物共生原理，将生理上和生态适应性不同的生物群体在垂直空间层次上（包括地上部垂直空间和地下部垂直空间）合理布局，以充分有效利用空间，减少资源浪费。

（1）主层次种群的选定。所谓主层次，就是指平面的设计中安排的生物种群，是主要生产层次。主层次应根据当地的农业生产状况、资源与市场要求来确定。

（2）副层次种群的匹配。根据不同种群所形成的特有生态位特点选择互补或互利生物种群，填补主层次种群所存在的潜在生态位。在上述垂直设计过程中，所形成的复合种群的层次安排上，一般要确保主层次的最佳生态环境，设计层次力求加厚，增加利用层，向空间、地下或水层扩展，从而最大限度、比较均衡地利用不同层次土壤养分和水分，用地养地结合。模式时空结构设计的好坏将直接决定模式的结构与功能，决定模式的多样性与稳定性，以及资源的利用效率与系统生产力。

（四）模式营养结构设计

营养结构设计，是指根据食物链构成原理对现存农业生态系统的食物链（生产项目间的关系）进行改造，以提高系统物质和能量的有效利用率及综合生产效益。食物链设计包括生产环、增益环、减耗环和加工环设计。

生产环设计是指根据既定农业生产项目副产品及废弃物的种类和数量，确定适宜的生物种群，然后按产品的市场需求情况选取最佳生物种群。

增益环设计主要根据现存系统中不能或很难直接被利用来生产经济产品的废弃物种类和数量，选择一个或多个新的生物种群，先把废弃物进行转化利用，然后再输入给生产环生物种群利用，从而间接地使废弃物转化为各种经济产品。

减耗环设计要分析确定系统内现存特定食物链中主要耗损环节，然后根据生物间负相互作用的原理，选择对耗损生物有抑制甚至致死作用的生物种群，以减少非生产性耗损。

产品加工链属于一种特殊的营养结构设计，它主要是根据系统无效输出物质与能量的质量和数量，在系统内新增相应的加工环节以截留无效输出，提高系统物质和能量利用效率及经济效益。它是根据营养级原理，即一级产品是第二营养级的资源、二级产品是第三级营养级的资源，依次类推，以资源类型和数量选定加环食物链的种群类型和种群数量。例如，养蚯蚓喂鸡、用鸡粪养猪等就是运用了食物链加环，从而使生物多层次利用原理让养殖业的内容更加丰富，经济效益更为显著。

除加环设计外，也可以用“解列”食物链，即在一些特定的污染环境条件下，由于有害物质会沿食物链富集，如果达到危害人类健康时，通过“解列”食物链可防止或减少这种趋势。

食物链设计一般可以采用两条不同的技术路线：第一种是顺序型设计，就是根据营养层次的排列顺序，从生产者——绿色植物开始到食草动物、肉食动物顺序依次进行食物链的加环设计；第二种称之为食物链加环的外延型设计，也就是以人为确定的一个食物链环节为中心开始，逐步向外延伸进行加环。总之，食物链的设计，应选定生产环的种群，并计算出数量，使增益环的输出流向生产环，成为生产环的资源，搞好减耗环设计，使系统的耗损减少。

（五）环境与生态形象设计

任何一个农业生态系统模式都存在于一定的环境中，环境的稳定性及生态模式自身的适应性，是保持农业生态系统稳定健康持续发展的基本要求。环境与生态形象设计包括对自然环境的改造与建设（如农田基本建设，水利设施建设，山、水、田、林、路综合规划设计等）、灾害环境的治理（如水土流失控制的技术与生态工程设计，滑坡、泥石流等地质重力灾害的环境设计、防护林设计等）及环境美学（或生态形象）设计（如造林绿化、园林化、废弃物的无害化与资源化处理等）等内容。

（六）物质与资金投放和输入输出设计

农业生态系统中物质、能量和资金的种类、数量、投放时间及不同物质或资金投入的比例等对产品品种、产量和品质，以及系统的持续生产力都有不同的影响。因此，物质与资金投放和输入输出设计是农业生态系统模式设计的重要一环。在规划设计中首先要考虑资金的数量及其来源，以及资金投放的效益，把短期目标、中期目标和长期目标相结合优先发展短期内能收到效益的生产项目，在此基础上滚动发展。在输入输出设计时，要求使整个系统有限的、可投入生产的物质和能量获得系统整体最大的产品产出量，而不是追求某一产品的最大产量。可以从投入转化效率、投入构成及其比例、产品的种类和数量，以及输入输出的时间等方面加以设计。

（七）技术体系设计

技术体系设计也是模式设计的一个关键组成部分，不应忽视。技术体系设计主要包括农业生产—加工—销售全过程的配套技术，如物种的繁育技术、高效种养殖技术、病虫害综合防治技术、土壤肥力保持技术、水土流失控制技术、环境污染防治与废弃物资源化利用技术，以及农产品的贮运、加工与保鲜技术等，设计出来的技术要成熟、实用、方便易学，要与农业生产接轨。

（八）面向对象（即农民）的设计

就像计算机软件设计一样，农业生态系统模式设计也要面向对象——农业生产主体（农民）。因为农民是模式的具体实践者，所以，如果他们对设计出来的模式结构与功能不了解，对相应的配套生产技术不熟悉，那么就很难实施，即使实施也很难达到预期的效果。因此，在模式设计中要考虑模式的使用对象即农民群体的实际知识文化水平，要考虑农民的经营组织形式，要制定“模式产品”的说明书和相应的操作技术规程，并应包括对农民技术培训的内容。

（九）系统集成与优化

系统集成与优化是模式设计的关键步骤和最终结果。它是在上述各部分设计的基础上，将各个组分和要素进行组装集成，提出可供选择的多种实施方案，然后再进行模拟运转、整体功能调试，以及生态-社会-经济综合评价与可行性分析，并开展前期田间试验，最后获取优化的农业生态系统模式。

二、农业可持续发展规划设计的有关方法

（一）线性规划法

线性规划法是应用广泛的一种优化设计方法，其通常用于解决：①如何合理安排使用有限的资源以完成较多的任务，获得高产出与最大的经济效益；②当目标值一定时，如何使资源的消耗量最小，完成任务所需成本最低。

1. 建立模型的基本条件 建立线性规划的数学模型必须具备几个基本条件：①变量之间是线性关系；②问题的目标可以用数字表达；③问题中应存在能够达到目标的多种方案；④达到目标在一定约束条件下实现的，并且这些条件能用不等式加以描述。

2. 线性规划模型 一般地，线性规划的模型表达式如下

目标函数：

$$\sum_{j=1}^{n} C_j X_j = Z_{\max} \tag{6-1}$$

约束条件：

$$\sum_{j=1}^{n} A_j X_j \geqslant (\leqslant, =) \sum_{j=1}^{n} B_j X_j \ (X_1, X_2, \cdots, X_n \geqslant 0) \tag{6-2}$$

式中，X_j为决策变量；C_j为收益系数；A_j和B_j分别为系统中的参数。

3. 线性规划建模步骤

（1）确定决策变量并收集有关参数：即需要作出决策或选择的量。

（2）列出所有限定条件：即决策变量受到的所有资源与需求等的约束。

（3）写出目标函数：即问题所要达到的目标，并明确是max还是min。

（二）系统动力学模型法

系统动力学是美国麻省理工学院福雷斯特（Jay Wright Forrester）教授于1956年创立的。它是研究信息反馈系统动态行为的计算机仿真方法。它把信息反馈的控制原理与因果关系的逻辑分析结合起来，面对复杂的实际问题，从研究系统的微观结构入手，建立系统的仿真模型，并对模型实施各种不同的政策，通过计算机仿真展示系统的宏观行为，寻求解决问题的正确途径。

1. 系统动力学的基本概念　系统动力学中的系统是指一个由相互区别、相互作用的各部分（即单元或要素）有机地联结在一起，为同一目的完成某种功能的集合体。

系统动力学中的反馈是指系统内同一单元或同一子块其输出与输入间的关系。对整个系统而言，“反馈”则指系统输出与来自外部环境的输入的关系。系统动力学中反馈系统就是包含有反馈环节与其作用的系统。它要受系统本身的历史行为的影响，把历史行为的后果回馈给系统本身，以影响未来的行为，如库存订货控制系统。系统动力学中反馈回路就是由一系列的因果与相互作用链组成的闭合回路或者说是由信息与动作构成的闭合路径。

系统动力学中的因果回路图（CLD）表示系统反馈结构的重要工具，因果图包含多个变量，变量之间由标出因果关系的箭头所连接。变量是由因果链所联系，因果链由箭头所表示。每条因果链都具有极性，为正（+）或者为负（−）。极性是指当箭尾端变量变化时，箭头端变量会如何变化。极性为正是指两个变量的变化趋势相同，极性为负指两个变量的变化趋势相反。

系统动力学中的系统流图表示反馈回路中的各水平变量和各速率变量相互联系形式及反馈系统中各回路之间互连关系的图示模型。水平变量也称为状态变量或流量，代表事物（包括物质和非物质的）的积累。其数值大小是表示某一系统变量在某一特定时刻的状况。可以说是系统过去累积的结果，它是流入率与流出率的净差额。它必须由速率变量的作用才能由某一个数值状态改变为另一数值状态。速率变量又称变化率，随着时间的推移，使水平变量的值增加或减少，速率变量表示某个水平变量变化的快慢。

2. 系统动力学的原理

（1）系统动力学把系统看成一个具有多重信息的因果反馈机制。系统动力学在经过剖析系统，获得深刻、丰富的信息之后建立起系统的因果关系反馈图，之后再转变为系统流图，建立系统动力学模型。最后通过仿真语言和仿真软件对系统动力学模型进行计算机模拟，来完成对真实系统的结构进行仿真。通过上述过程完成了对系统结构的仿真，接下来就要寻找较优的系统结构。

（2）寻找较优的系统结构被称作为政策分析或优化，包括参数优化、结构优化、边界优化。参数优化就是通过改变其中几个比较敏感参数来改变系统结构来寻找较优的系统行为。结构优化是指主要增加或减少模型中的水平变量、速率变量来改变系统结构，从而获得较优的系统行为。边界优化是指系统边界及边界条件发生变化时引起系统结构变化来获得较优的系统行为。系统动力学把系统的行为模式看成是由系统内部的信息反馈机制决定的。通过建立系统动力学模型，利用 DYNAMO 仿真语言和 Vensim 软件在计算机上实现对真实系统的仿真，可以研究系统的结构、功能和行为之间的动态关系，以便寻求较优的系统结构和功能。

3. 系统动力学模型的组成　系统动力学模型是由 6 种基本方程和专门的输出语句组成。其 6 种方程的标志符号分别为：L，水平变量方程；R，速率变量方程；A，辅助变量方程；N，计算初始值方程；C，赋值予常数方程；T，赋值予表函数中 Y 坐标值。其中，L 方程是积累方程；R、A 方程是代数运算方程；C、T、N 方程是提供参数值方程，并在同一模拟中其值保持不变。

4. 系统动力学分析问题的步骤

（1）问题的识别。

（2）确定系统边界，即系统分析涉及的对象和范围。

（3）建立因果关系图和流图。列出主要变量的清单，以利于因果关系环流图的绘制，如总人口数、出生率、死亡率、出生系数、死亡系数。在因果关系图的技术上可得模型流图。

（4）写出系统动力学方程。

（5）进行仿真试验和计算等（Vensim 软件）。进入 Vensim 专业软件状态，输入程序，运行程序。

（6）比较与评价、政策分析，寻找最优的系统行为。具体包括：①对比分析，包括按时间段纵向分析，按区域分布横向分析；②效果分析，包括参数的灵敏度，政策的实用性和灵活性；③技术分析，包括系统动力学的理论与方法，模型建立技术与技巧，专业软件操作技术等。

（三）投入产出模型法

1. 投入产出分析的基本概念　投入产出分析（input-output analysis）是反映经济系统各部分（如各部门、行业、产品）之间的投入与产出间的数量依存关系，并用于经济分析、政策模拟、经济预测、计划制订和经济控制等的数量分析方法。它是经济学与数学相结合的产物，属交叉学科。

投入产出分析中的投入，是指经济活动过程中的各种投入（消耗，包括中间投入和最初投入）及其来源。例如，国民经济各部门在产品生产和服务过程中的中间投入（又称中间消耗），包括各种原材料、燃料、动力及各种服务。最初投入是指增加值各要素的投入，包括固定资产折旧、劳动者报酬、生产税净额及营业盈余。中间投入是指生产性消耗，包括各种直接消耗和全部间接消耗。例如，生产钢要直接消耗电和生铁，而生产生铁又要直接消耗电，这是生产钢通过消耗生铁对电的间接消耗。广义而言，投入还包括经济活动过程中对固定资产、流动资产、自然资源和劳动力的占用。

投入产出分析中的产出，是指经济活动的成果（如得到一定数量的某种产品和劳务）及其使用去向（包括中间使用和最终使用）。中间使用是指经济系统各部分，如国民经济各部门所生产的产品被用于中间消耗的部分产品；最终使用是指被用于最终消费、资本形成和净出口的产品。

总体而言，投入产出分析是将各个生产部门的直接和间接联系看作一个错综复杂的网络。通过平衡方程，借用数学的方法分析中间产品、最终产品、总产出，以及中间投入、初始投入、总投入之间的关系。

投入产出法主要由两部分构成：投入产出表和投入产出数学模型。投入产出表是反映一个经济系统各部分之间的投入与产出间数量依存关系的表格（部门联系平衡表或产业关联表）。

2. 投入产出表的结构　价值型的静态投入产出表应用较为广泛，而且是其他类型投入产出表方法的基础，因此，这里重点以价值型的静态投入产出表结构，来揭示投入产出表的基本结构。为了介绍其基本结构，首先给出用字母表示的投入产出简化表（表 6-4）。

表 6-4　投入产出简化表

产出 投入		中间使用					最终使用	总产出
		1	2	…	n	合计		
中间投入	1	x_{11}	x_{12}	…	x_{1n}	W_1	Y_1	X_1
	2	x_{21}	x_{22}	…	x_{2n}	W_2	Y_2	X_2
	⋮	⋮	⋮		⋮	⋮	⋮	⋮
	n	x_{n1}	x_{n2}	…	x_{nn}	W_n	Y_n	X_n
	合计	C_1	C_2	…	C_n	W	Y	X
增加值		N_1	N_2	…	N_n	N		
总投入		X_1	X_2	…	X_n	X		

从表 6-4 可以看出，投入产出表由三部分组成，按照左上、右上、左下的排列顺序，分别称为第Ⅰ、第Ⅱ、第Ⅲ象限。

第Ⅰ象限是由名称相同、排列顺序相同、数目一致的 n 个产品部门纵横交叉而成的，其主栏为中间投入、宾栏为中间使用。矩阵中每个数字 x_{ij} 都具有双重意义：沿行方向看表明某产品部门生产的货物或服务提供给各产品部门使用的价值量；沿列方向看，反映某产品部门在生产过程中消耗各产品部门生产的货物或服务的价值量。第Ⅰ象限充分揭示了国民经济各部门之间相互依存、相互制约的技术经济联系，反映了国民经济各部门之间相互依赖、相互提供劳动对象，供生产和消耗的过程，是投入产出表的核心。

第Ⅱ象限是第Ⅰ象限在水平方向上的延伸，其主栏与第Ⅰ象限的主栏相同，也是 n 个产品部门；其宾栏由最终消费、资本形成总额、净出口等最终使用项目组成。这部分反映各产品部门生产的货物或服务用于各种最终使用的价值量及其构成，体现了国内生产总值经过分配和再分配后的最终使用。

第Ⅲ象限是第Ⅰ象限在垂直方向上的延伸，主栏是由劳动者报酬、固定资产折旧、生产税净额、营业盈余等增加值项组成；宾栏与第Ⅰ象限的宾栏相同，它反映各产品部门增加值的构成情况。

第Ⅰ和第Ⅱ象限联结在一起组成的横表，反映国民经济各部门生产的货物和服务的使用去向。

第Ⅰ和第Ⅲ象限联结在一起组成的竖表，反映国民经济各部门在生产经营活动中的各种投入来源及产品价值构成，体现了国民经济各部门货物和服务的价值形成过程。

3. 投入产出表的基本模型

（1）投入产出表的行模型。投入产出表的行模型是根据投入产出表的横行关系而建立的经济数学模型，其经济含义是揭示国民经济各部门生产的货物和服务的使用去向，研究分配问题。

行模型为

中间使用+最终使用=总产出

用式子表示就是

$$\begin{cases} x_{11}+x_{12}+\cdots+x_{1n}+Y_1=X_1 \\ x_{21}+x_{22}+\cdots+x_{2n}+Y_2=X_2 \\ \vdots \quad \vdots \quad\quad \vdots \quad \vdots \quad \vdots \\ x_{n1}+x_{n2}+\cdots+x_{nn}+Y_n=X_n \end{cases} \tag{6-3}$$

或写成

$$\begin{cases} \sum_{j=1}^{n} x_{1j}+Y_1=X_1 \\ \sum_{j=1}^{n} x_{2j}+Y_2=X_2 \\ \vdots \quad\quad \vdots \quad \vdots \\ \sum_{j=1}^{n} x_{nj}+Y_n=X_n \end{cases} \tag{6-4}$$

一般表达式为

$$\sum_{j=1}^{n} x_{ij}+Y_i=X_i \qquad (i=1,2,3,\cdots,n) \tag{6-5}$$

式中，i 表示横行部门；j 表示纵列部门；$\sum_{j=1}^{n} x_{ij}$ 从横行看，表示 i 部门提供给各个部门作生产消耗的产品数量之和即中间产品数量，从纵列看，表示各个部门在生产过程中消耗的 i 产品数量之和；Y_i 表示 i 部门的最终使用的合计；X_i 表示 i 部门的总产出。

（2）投入产出表的列模型。投入产出表的列模型是根据投入产出表的纵列关系而建立的经济数学模型，其经济含义是揭示国民经济各部门生产经营过程中发生的各种投入，研究国民经济各部门生产货物和服务的价值形成问题。

列模型为

中间投入+最初投入（增加值）=总投入

用式子表示就是

$$\begin{cases} x_{11}+x_{21}+\cdots+x_{n1}+D_1+V_1+T_1+M_1=X_1 \\ x_{12}+x_{22}+\cdots+x_{n2}+D_2+V_2+T_2+M_2=X_2 \\ \vdots \quad \vdots \quad\quad \vdots \quad \vdots \quad \vdots \quad \vdots \quad \vdots \quad \vdots \\ x_{1n}+x_{2n}+\cdots+x_{nn}+D_n+V_n+T_n+M_n=X_n \end{cases} \tag{6-6}$$

或写成

$$\begin{cases} \sum_{i=1}^{n} x_{i1} + N_1 = X_1 \\ \sum_{i=1}^{n} x_{i2} + N_2 = X_2 \\ \vdots \qquad \vdots \quad \vdots \\ \sum_{i=1}^{n} x_{in} + N_n = X_n \end{cases} \tag{6-7}$$

一般表达式为

$$\sum_{i=1}^{n} x_{ij} + D_j + V_j + T_j + M_j = X_j \qquad (j = 1, 2, 3, \cdots, n) \tag{6-8}$$

式中，$\sum_{i=1}^{n} x_{ij}$ 从纵列看，表示 j 部门生产过程中消耗的各种产品数量之和，D_j、V_j、T_j、M_j、X_j 即中间投入合计，横行看，表示各个部门提供给 j 部门作生产消耗的产品数量之和，分别表示 j 部门的固定资产折旧、劳动者报酬、生产税净额、营业盈余和总投入；N_j 表示 j 部门的增加，它等于部门的固定资产折旧、劳动者报酬、生产税净额、营业盈余之和，即 $N_j = D_j + V_j + T_j + M_j (j=1,2,3,\cdots,n)$。

4. 投入产出分析的主要系数

（1）直接消耗系数：也称为投入系数，是指在生产经营过程中某一个产品部门单位总产出所直接消耗的另一部门的货物或服务的价值量，反映部门之间的直接相互依赖性。

（2）完全消耗系数：指某产品部门每提供一个单位最终使用时，对另一产品部门货物或服务的直接消耗和间接消耗之和，反映部门之间的全部联系。

（3）影响力系数：是指国民经济某一个产品部门增加一个单位最终产品时，对国民经济各部门所产生的生产需求波及程度。影响力系数越大，该部门对其他部门的拉动作用也越大。

（4）感应度系数：是指国民经济各产品部门均增加一个单位最终产品时，某一个产品部门由此而受到的需求感应程度，也就是需要该部门为其他部门的生产而提供的产出量。感应度系数越大，该部门所受到的需求压力越大。

（5）生产诱发系数：指某一个需求项目（如消费）每增加一个单位的社会需求，将诱发各产品部门增加多少单位的生产额。反映各产品部门的生产受各需求项目影响程度。

（6）需求依存度系数：是指各产品部门生产的最终产品依赖于各种需求项目的相对程度的统计指标。利用需求依存度系数可以判断各产品部门生产最终产品究竟是依赖于哪一种需求而存在，其程度如何，从而分析出市场潜力最大的产品部门是哪些。

（四）现代高新技术的应用

农业可持续发展规划设计常用的高新技术包括地理信息系统（GIS）、全球定位系统（GPS）和遥感技术（RS），主要应用于资源环境的辨识与监控、规划实施的方案设计与图形图像显示、数据库技术、模型综合技术与空间时间信息的综合管理和分析优化等。

三、农业可持续发展规划设计的工作步骤

（一）生态县（市、省）的规划步骤

1. 准备阶段　成立规划编制的组织。由政府分管的主管领导出面，组织计划、财政、农业、环保、林业、水利、区划、乡镇企业、科技等部门组成规划工作小组，拟定规划工作计划，分工合作。组织规划人员进行培训，并负责规划的全部编制工作。如规划已经制定，农业可持续发展规划领导小组应责成生态农业或可持续农业建设办公室组织有关部门进行修改与完善。

2. 系统诊断与环境辨识　农业可持续发展规划的基础工作之一，是规划所在地区的生态经济状况调查与分析，它是做好农业可持续发展规划的前提。通过调查研究与分析，弄清该地区的自然环境、自然资源、社会经济状况，结合市场现状与预测，把农村经济发展的优势、劣势和潜力找出来。

（1）确定农业可持续发展规划的对象及其边界。其县（市、省）域边界内所拥有的全部土地、水域、房屋设备及人口资源均包括在内。

（2）生态环境与资源条件分析。在搞清当地地理、地区类型特征的基础上，特别要对土壤类型、土壤肥力、动植物种群，林、草、水面分布及面积，荒山、荒滩、荒地、湿地可开发的潜力，各种自然资源危害状况，土地碱化、沙化及水土流失状况，水体、大气、土壤污染状况搞清楚。其中生态环境与资源条件分析（包括自然环境与资源条件）中包括生态环境与资源优势分析及生态环境与资源劣势分析。生态环境与资源优势分析主要包括如下内容：资源环境，光、热、降水、土、气、生物、矿产等及其时间和空间分布；综合匹配光、热、降水与生物生产是否同步，农业可利用水量等；资源总量、人均占有量，特别是指水、土、生物等，确定其承载能力。

（3）社会经济调查与分析。社会经济调查与分析主要包括人口、劳力、产业布局、历年各业生产水平、固定资产、人均收入、累积消费水平、土地利用，以及农、林、牧、渔、工、商等生产结构，农田水利、农村能源结构，农药化肥使用情况等。其项目包括生产结构（比例）、综合生产力水平、综合投入水平、社会需求及生活水平等。根据尽可能收集到的资料（包括自然、区划、生态、人口、经济、社会等方面的背景材料），进行定性与定量相结合的生态经济系统的诊断，分析各农业子系统的组成、结构及功能的动态变化，通过现状的评价，确定其发展的趋势，提出建设生态农业的必要性、迫切性及可行性。

3. 确定规划的指导思想，制定可持续农业建设的目标

（1）规划指导思想与发展目标的制定原则。农业可持续发展规划的指导思想是：围绕全面建设小康社会，以全面、协调、可持续的科学发展观为指导，运用生态经济和循环经济理论，统筹区域经济、社会和环境、资源的关系，以人为本，通过调整优化产业结构，大力发展生态经济和循环经济，改善生态环境，培养生态文化，重视生态人居，走生产发展、生活富裕、生态良好的文明发展道路。

农业可持续发展规划的原则包括：①协调发展的原则。充分考虑区域社会、经济与资源、环境的协调发展，统筹城乡发展，促进人与自然和谐，实现经济、社会和环境效益的“共赢”。②因地制宜的原则。从本地实际出发，发挥本地资源、环境、区位优势，突出地方特点。

③量力而行的原则。不贪大求全，不盲目攀比。通过规划编制，选择生态县（市、省）建设的重点领域和重点区域作为突破，循序渐进，分步实施。④便于操作的原则。规划要与当地国民经济与社会发展规划相衔接，与相关部门的行业规划相衔接。规划目标与措施应尽可能做到工程化、项目化、时限化。

（2）确定农业可持续发展规划的水平年限及规划阶段。对生态县（市、省）建设的预期目标进行定量与定性的描述，以充分展示规划远景目标。根据实际情况，可按规定的不同时限确定总体目标。

（3）规划目标及指标的分解与落实。将生态县（市、省）建设目标分为经济、社会、生态等子目标，在推动经济持续快速健康发展和社会全面进步的同时，也要谋求人口、资源、环境与经济的协调发展，增强可持续发展的能力。

4. 制定规划方案与措施　按照分析评价的结果，参照规划目标和具体指标，提出生态规划和生态设计的多种方案，方案中要重点说明区域主导生态功能，阐明经济发展对生态环境的影响。提出明确禁止、限制、鼓励、倡导发展的产业方向及建议。

5. 规划方案评价与优化　运用生态学与经济学的有关知识，对规划方案及其对生态系统的影响和生态系统的不可逆变化进行综合评价。具体包括：①规划方案是否满足规划目标，是否充分发挥了资源环境与社会经济发展的潜力；②方案的成本-效益分析；③对城市可持续发展能力的影响。然后从多种方案中选择较为理想的方案。

6. 规划方案的实施与动态跟踪　农业可持续发展规划的实施是将规划成果渐进性地体现到建设中去的过程。需要有针对性地建立规划实施的配套硬技术，在系统与整体设计基础上，依据生态、经济条件，通过各种硬技术的组装配套，才能实现应有的生产与经济效益。需要有针对性地建立保障机制，包括行政、法律、经济手段的综合运用；同时，还要建立有效、灵敏的信息沟通机制，来畅通规划实施的反馈渠道。

（二）生态乡、村规划步骤

1. 准备阶段

（1）组织好班子（干部、群众、技术人员相结合），制订工作计划，并获得上级主管部门的支持。

（2）收集好资料与信息，包括自然资源、社会资源、文化状况、生态环境状况等。自然资源包括当地自然地理状况、气候状况、水系及水资源状况、土地利用状况、动植物资源状况、矿产资源开发状况；社会资源包括人口状况、经济发展状况、乡镇企业状况、农业生产状况、教育和科技状况、交通状况、医疗卫生状况；文化状况包括教育和科技状况；生态环境状况包括水污染物排放情况、环境空气污染源情况、噪声污染源现状、固体废弃物排放及处置现状、绿化现状、水土流失现状、辖区内各级自然保护区情况。此外，还需收集当地的气候资源、土壤普查资料、地形地势图、土壤分布图、农业综合区划资料、技术资料、人口普查报告、典型农业发展规划与计划等参考材料。

（3）选好生态农业的试点户、场，其条件是：具代表性（地理、环境、生产条件、经济和生产水平等方面）、范围大小适宜、生产水平和经济力量处于当地中等水平、有利于推广、交通和传播手段较便利。

2. 乡、村情的调查研究与诊断　乡、村情的调查研究与诊断主要是系统分析历史与现状。调查方式包括访问、座谈、讨论；调查对象包括当地干部、研究开发和推广技术人员、农民、上一级技术主管部门与规划部门；调查内容可根据不同对象分别确定，如当地气候、土壤、水利、肥料、人口劳动、当地资源与利用、农业区划与结构、农村制度和农业技术体系及其促进推广状况，当地有关农业发展的政策和决策、运销条件、价格规律、市场情况等。调查过程中要分析农业开发和发展受到限制的因素与束缚条件，寻找出关键性问题，采用多学科、多部门协同，把问题进行归纳，分出轻重缓急并充分评估问题和措施的相互关系。

3. 科学预测，确定规划目标 确定规划的总体目标，包括经济总量目标（全乡、村生产总值年均增长率，地方财政收入年均增长率，固定资产投资率）、经济效益目标（群体支柱产业建成、城镇化步伐的加快）、人民生活目标（人口自然增长率、农民人均纯收入年均增长率）、社会发展目标（接受中、高等教育人数，医疗卫生水平，广播电视覆盖率，法律知识普及率等）。

构建生态乡、村建设的指标体系。结合生态乡、村的社会、经济和环境发展现状，针对目前迫切需要解决的问题，确定生态乡、村建设指标体系。根据确定对象的现状与发展要求、所具备的条件及将要采取的相应措施进行科学的预测，找准经济发展的优势与潜力，对多目标、动态复杂的问题（如人口预测、土地利用）可采用线性规划、目标规划、系统动态仿真模型。

4. 方案的设置与优化 组分的确定包括系统组分的时空排列，相应对策的选择，输入输出的种类与数量。运用线性规划模型或其他方法对系统进行优化，可以依据不同的环境与要求得出几套方案，对得到的几种可能方案应依据可行性、现实性等进行权衡比较，从中选择较为理想的方案。

5. 规划设计与总体布局 在进行完以上步骤之后，即可进入规划设计阶段。

（1）规划的指导思想。遵循自然规律与社会经济规律，运用生态学原理和系统工程理论，指导农业生产，优化农村产业结构，强化农业整体功能。因地制宜地发挥优势，取得生态、经济、社会效益同步发展。

（2）生态功能区划。对规划区域的生态功能区划包括：①空间结构的划分，即根据乡、村的生态系统整体结构、行政区域的协调和社会经济发展格局进行规划。②环境功能区划分，包括水环境功能区划分、大气环境功能区划分、声环境功能区划分等。

（3）提出重点建设领域及主要措施。包括：①社会发展建设措施，即开展村务民主、控制人口、机关设施建设、乡党员活动室的建设、敬老院建设、集镇基础设施建设等；②生态农业建设措施；③工业建设的主要措施；④教育建设的主要措施；⑤医疗条件改善的主要措施；⑥环境保护的主要措施。

（4）投资估算、效益分析。对规划进行经济效益、生态效益与社会效益分析。经济效益分析包括：无公害产品产值占主要农产品的比例、农民人均纯收入、工业的资源利用方式、经济运行效率，以及间接的经济效益。生态效益分析包括：生物防治率、生态林面积占森林面积的比例、矿山土地复垦率、农村卫生厕所普及率等。社会效益分析包括：人口自然增长率、九年义务教育普及率、饮用水源水质达标率、乡村道路硬化率等。

6. 编写规划报告、图件和表册 形成相应的文字材料与规划图，建立档案。规划报告的内容主要包括：社会、经济系统的历史与现状分析；系统的环境（自然与社会经济）分析；系统运行中存在的问题及产生的缘由；可持续发展的规划方案（规划目标，规划指标，不同时期发展的项目、手段、措施、进度，相应的组织、技术政策保障体系）；规划实施的保障措施。

7. 农业可持续发展规划的实施 按总的规划目标，编制年度实施计划，落实规划的任务。在具体实施规划之前，要进行专家论证，在建设过程中要经常总结经验，做到边实施边调查边评价。

四、农业可持续发展规划中应注意的问题

农业可持续发展规划是一个在政府领导下的具有战略性、科学性的综合工作，需要一定的人力、物力及时间才能完成。为了保证规划设计的可靠性和实用性，在规划中应注意以下问题。

（1）数据的可靠性。数据的可靠性直接决定着分析结果的可靠程度，以及规划设计的合理性和可行性。在调查收集资料时，应以国家统计部门的数据为依据。

（2）全面考虑，统筹安排。为了适应社会的需要，短期与近期的结构设计允许有一定的弹性，粮食作物与经济作物的比例要合理，并充分考虑国家计划及市场的需要。实现结构合理配置与优化，还必须有配套品种、技术及相应的设备和材料等。因此，在结构调整过程中，技术构成也需要调整，新技术措施及配套更需要由点到面的试验推广过程。

（3）定性与定量相结合。由于市场价格、土地的利用、计划体制等的变化，以及农业生产过程的季节性、地域性等特点，规划设计中必须定量方法与定性方法相结合，才能做出符合实际的决策及可行的实施方案。

（4）注重规模化经营。当前我国农业生产大多是各家单户经营的，农户拥有资源量少，且单一，生产规模较小，不能构成一个完整的生态环境，十分脆弱的“小循环”经受不住大环境的冲击。同时，由于农业生产决策的家庭化、低层次化，造成区域农业可持续发展建设的向下延伸与落实往往发生“断线”的现象，领导者的决策难以成为广大农户的一致行动。因此，在农业可持续发展规划过程中应立足于更大的边界。除了要引导农民因地制宜地逐步实现规模经营，实现企业化、专业化、区域化及商品化的生产外，还要对农副产品流通及加工业领域进行调控。农业可持续发展建设不增加技术投入是无法实现的，这就要求在规划中重视完善与规模经营配套的区域技术服务体系。

（5）注意市场动向。区域农业可持续发展是以当地的资源与生态环境条件为前提，经济状况为基础，国内外的市场为导向，三者共同决定了总体规划的目标水平。只有正确把握了市场，才可能有正确的系统调控方法，才能合理地开发与保护当地的自然资源，更有效地将当地的资源优势转化为产品优势，从而实现高产、优质、高效的生产目标。因此，规划过程中必须重视市场的调研工作，时时以市场为导向，指导规划工作，以达到经济效益、生态效益和社会效益同步提高的可持续发展目标。

本 章 小 结

农业生态系统是人类参与其中的复杂生态系统，人类的活动与调控特别是经济活动制约着资源的利用、环境保护和社会经济的发展。针对不同的地区特点，进行因地制宜的农业可持续发展的规划设计，就能合理地利用、保护和增殖自然资源，加速物质循环和能量转化，满足人们对农产品不断增长的需要。农业可持续发展规划设计必须立足于生态学原理、经济与社会学原理、生态效益与经济效益“双效协同”原理及现实条件依据，同时必须遵循可操作性原则、层次性原则、系统性原则、整体性原则、递进性原则、社会经济发展与生态环境和资源保护的协调原则，以及现代科技的投入使用原则。在规划设计中，应根据不同尺度确定相应的规划设计的主要内容。规划设计中常用的方法有线性规划法、系统动力学模型法、投入产出模型法及现代高新技术等。此外，本章还介绍了农业的可持续发展规划设计的工作步骤和需要注意的问题。

思考与练习

1. 名词解释：
   农业可持续发展规划设计　总体目标优化设计　模式时间设计　模式平面结构设计　模式立体结构设计　模式营养结构设计　投入产出分析
2. 简述农业可持续发展规划设计的意义。
3. 简述农业可持续发展规划设计的依据及原则。
4. 宏观尺度、乡村尺度、农户尺度三个尺度下的农业可持续发展规划设计有何区别，为什么要从三种尺度来进行农业可持续发展规划？
5. 简述农业可持续发展的主导模式及配套技术。
6. 结合实际，谈谈在进行农业可持续发展规划设计时应注意哪些问题。

主要参考文献

曹瑾. 2008. 张掖市农业可持续发展能力评价与建设对策研究. 兰州：甘肃农业大学硕士学位论文
岑倩婷. 2009. 生态村基础设施建设可持续性评价研究. 武汉：华中科技大学硕士学位论文
陈菲. 2006. 川中丘陵区可持续农业与农村发展模式研究——以四川省广安地区代市镇为例. 成都：四川师范大学硕士学位论文
陈秀明. 2012. 基于粮食生产安全的黑龙江省农业可持续发展评价研究. 哈尔滨：东北林业大学硕士学位论文
李锋，刘旭升，王如松，等. 2007. 生态市评价指标体系与方法——以江苏大丰市为例. 应用生态学报，18（9）：2006～2012
李金才，张士功，邱建军，等. 2008. 我国生态农业模式分类研究. 中国生态农业学报，16（5）：1275～1278
李文华，闵庆文，张壬午，等. 2005. 生态农业的技术与模式. 北京：化学工业出版社
李祥妹，刘键，刘刚才. 2003. 县域农业生态系统优化途径——以西藏山南地区加查县为例. 水土保持学报，17（4）：177～179
廖允成，林文雄. 2011. 农业生态学. 北京：中国农业出版社
刘康. 2011. 生态规划——理论、方法与应用. 北京：化学工业出版社
路甬祥. 2007. 中国可持续发展总纲——中国农业与可持续发展. 北京：科学出版社
骆世明. 2007. 论生态农业模式的基本类型. 中国生态农业学报，17（3）：405～409
马晓勇. 2011. 基于GIS的黄土高原县域农业生态系统可持续发展研究——以山西省文水县为例. 太原：山西大学博士学位论文
欧阳志云，王如松. 2005. 区域生态规划理论与方法. 北京：化学工业出版社
潘晓峰. 2008. 咸丰县生态农业可持续发展及其导向模式研究. 武汉：华中科技大学硕士学位论文
彭炳龙. 2009. 生态村建设可持续发展动力学模型研究. 武汉：华中科技大学硕士学位论文
王道龙，羊文超，任天志，等. 2004. 可持续农业概论. 北京：气象出版社
杨京平. 2001. 农业生态工程与技术. 北京：化学工业出版社
张佃路. 2006. 县域的生态建设规划初探——以山东省齐河县为例. 青岛：青岛大学硕士学位论文
张洪军. 2007. 生态规划——尺度、空间布局与可持续发展. 北京：化学工业出版社
朱发厅. 2012. 湖北恩施土家族农户生态系统结构与功能研究. 北京：中央民族大学硕士学位论文

第七章　农业可持续发展的综合评价

学习目标

了解农业可持续发展评价的指导思想、原则与思路；理解农业可持续发展综合评价的理论体系、框架模型及评价指标体系；通过案例分析熟练掌握农业可持续发展评价的方法和步骤。

第一节　农业可持续发展评价概述

一、农业可持续发展评价的指导思想

农业可持续发展的出发点和落脚点是发展，是在合理利用自然资源、保持生态环境良好状态的前提下，实现农村经济、社会、人口、资源、生态环境等方面全面协调发展，通过发展来解决人口、资源与环境的矛盾，强调发展不应该超越资源与生态环境的承受力，而应该在发展的同时平衡农业经济与环境之间的良性循环关系。农业可持续发展评价要体现农业可持续发展的这一思想，结合我国国情和地区实际，既要便于实际操作，又能比较全面地反映区域农业可持续发展状况与水平。农业可持续发展评价的指导思想包括如下几个方面。

（一）坚持经济发展是农业可持续发展核心的思想

经济发展是妥善解决农业和农村问题的物质基础，也是实现农业可持续发展的根本保障。依据我国现阶段的发展水平和人多地少的现实情况，完全不考虑经济发展、社会文明的进步，只一味地追求生态环境平衡的农业发展模式是难以为继的。农业经济发展过程中出现的人口、资源、环境等问题必须在发展中解决，用停滞发展、限制发展的消极观点来谋求资源的持续利用和生态环境的改善不符合我国国情。

（二）坚持社会系统发展是农业可持续发展最终目标的思想

进行农业可持续发展评价，既要考虑当前发展的需要，又要考虑未来发展的需要，不以牺牲后代人的利益为代价来满足当代人的利益和发展。科学有效的发展应该以人为本，使绝大部分人分享到发展的成果，以提高农民的整体素质、生活水平和质量为目标。同时，社会进步必须与经济发展的步伐协调，否则就会出现经济增长较快，但社会进步跟不上，造成只有增长没有发展的结果。

（三）坚持自然资源永续利用和生态环境良性循环的思想

农业可持续发展与自然资源和生态环境密切相关。农业能否实现可持续发展，关键是自

然资源能否可持续地供给，自然资源的永续利用是农业生产、经济发展的基础，而生态环境的保护与改善是资源永续利用的保证。以牺牲生态平衡、破坏生态环境为代价的经济社会进步是暂时的，没有资源的永续利用和良好的生态环境，农业及其他各项事业的发展都是脆弱的和不能持久的。

（四）坚持农业系统内部各子系统协调发展的思想

农业生产与人口、经济、社会、资源和环境等息息相关。农业可持续发展的目标不是单纯地追求农业经济数量的增加，而是要实现生产发展、农民富裕、社会全面进步。只有有效控制人口规模、提高人口质量、改善农村经济结构、合理利用资源和保护生态环境，才能实现农业生产的可持续性。因此，农业可持续发展评价要体现农村人口、经济、资源、环境和社会各方面相互协调，共同发展的思想。

二、农业可持续发展评价的原则

农业可持续发展评价是检测区域农业是否达到可持续发展总体目标的手段和过程，为了实现评价的科学性和有效性，评价本身必须遵循一定的标准和原则。

（一）科学性原则

科学性首先是指农业可持续发展评价的指标体系必须建立在科学的基础之上，以便客观和真实地反映农业可持续发展系统的本质特征和可持续与否、各个子系统之间的相互联系与相互作用关系，较好地阐释农业可持续发展目标的实现程度。其次，评价指标的分类方法、计算依据要规范化和标准化，每一个指标都应是整体的某一个侧面的科学体现，指标数据来源要具权威性以确保评价的准确性。科学性是客观、真实评价农业可持续发展的基础。

（二）全面性原则

农业可持续发展系统涉及的内容非常丰富。对农业可持续发展水平进行评价时，构建的指标体系要能够反映该系统各个方面的特征。同时对农业可持续发展内涵的各个方面要从规模、结构、速度、能力和水平等不同的角度来全面反映。

（三）层次性原则

农业可持续发展系统是一个十分复杂的巨系统，该系统可分解成若干个子系统和子子系统，即系统是具有层次性的，因此农业可持续发展评价也要分层进行。农业可持续发展评价除了考虑对系统的各组成要素与过程等进行评估，还要对农业可持续发展评价体系进行分层设置。

（四）动态性原则

作为一个系统，农业的可持续性是随着时间和空间的变化不断演变的。可持续性的概念本身就体现了动态发展特性，是当代人的农业生产行为对后代人所产生的影响。因此，农业可持续发展评价既要评价农业可持续发展现状，还要评价可持续发展的进程和可持续性演变的情况。

（五）区域性原则

农业发展存在较大的区域差异和地带差异，不同的区域可持续发展的侧重点不同，进行农业可持续发展评价要充分考虑到区域的具体实际情况，如选取的指标要对该区域具有针对性。

三、农业可持续发展评价的总体思路

农业可持续发展评价是对农业可持续发展水平的综合体现和反映，它可以准确反映某一区域农业可持续发展的程度。其总体思路是，农业可持续发展评价必须以客观、科学反映现阶段农业可持续发展水平为目的，在对区域基本情况定性分析的基础上，构建农业可持续发展评价的指标体系，确定各指标权重，运用评价方法，对农业可持续发展水平做出科学的、客观的定量评价。

需要注意的是，农业可持续发展系统是一个复杂的系统，在这个系统中又有众多相互联系的子系统，它们通过人口、自然资源等社会经济要素，以及自身的功能而发生相互联系、相互作用，农业可持续发展的实现程度，就是各个子系统综合作用的结果。因此，对农业可持续发展水平的评价，要对各个子系统进行全面的评价，然后才能得出综合评价的结果，以体现农业可持续发展是各个社会经济因素交互作用的合力结果。

第二节　区域农业可持续发展评价指标体系的建立

一、区域农业可持续发展指标体系的理论框架

由于可持续发展内涵的丰富性和复杂性，国内外提出了多种不同的评价指标体系框架模式，主要有压力-状态-响应框架、推动力-状态-反应框架、基于农业可持续发展要素的社会-经济-资源与环境框架以及人口-经济-社会-资源-环境框架等。

（一）压力-状态-响应框架

压力-状态-响应框架（pressure-state-response framework，PSR）是联合国可持续发展委员会（CSD）提出的一个非常有影响力的框架（图 7-1）。PSR 框架使用“原因-效应-响应”这一思维逻辑，体现了人类生产活动与资源环境之间的相互作用关系。其基本思路是：人类通过各种活动从自然环境中获取其生存与发展所必需的资源，同时又向环境排放废弃物，给自然资源和环境施加“压力”，从而改变了自然资源储量与生态环境“状态”，而自然资源和生态环境的变化又反过来影响人类的社会经济活动，人类社会通过环境政策、经济政策和部门政策，以及通过意识和行为的变化对资源环境的变化做出“响应”，减缓由于人类活动对环境造成的压力。如此循环往复，维持环境系统的可持续性，构成了人类与自然环境之间的压力-状态-响应关系。

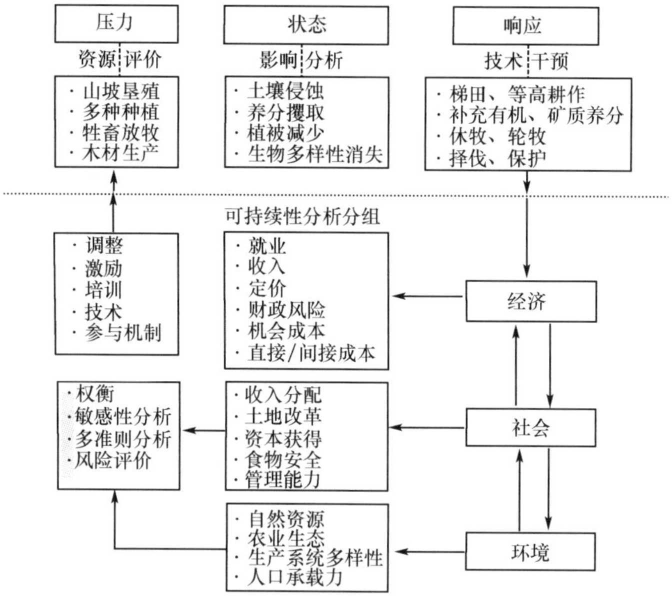

图 7-1　CSD 的农业可持续分析 PSR 框架

PSR 框架由压力指标、状态指标和响应指标 3 类指标构成。其中，压力指标用来表征人类活动对资源环境的作用，如人类经济生产活动或经济系统造成的资源紧缺，生态环境恶化等；状态指标用以表征可持续发展过程中特定时间阶段的资源环境因承受压力呈现出来的系统状态；响应指标用以表征人类为促进可持续发展进程所采取的对策，如社会、个人或政府如何行动来减轻、阻止、恢复和预防人类活动对环境的负面影响。PSR 框架回答了“会发生什么、发生了什么、我们采取了什么应对措施”3 个可持续发展的基本问题。对农业可持续发展来说，“压力”指各种人类活动及人类对农产品需求对农业生产系统所施加的压力，对农业生产系统演变与发展的影响；“状态”包括农业生产系统的各组成部分，如农作物的生产特性，以及与此紧密联系的土壤、水、气候等环境条件变化的类型、程度、空间范围和速率等；“响应”包括各类为提高农业生产水平、保持农业生产系统能力所作出的各种努力。

（二）推动力-状态-反应框架

推动力-状态-反应框架（driving force-state-response framework，DSR）是在 PSR 框架的基础上进行进一步的扩展，由联合国可持续发展委员会加以扩充形成的。“推动力”指人类活动引起自然环境状态变化的因素、方式和过程，包括：①自然环境过程和因子，如农业生态系统、土地的自然属性、气候条件和随机事件（如地震）等；②农业生产的输入与输出，如化学物、能源和水资源等；③经济和社会的推动力，包括对来自市场和政府的经济与政策信号所作出的响应。“状态”指由各种推动力所引起的自然环境条件的变化。农业活动对自然环境的影响，可以在农业范畴内，也可以在范畴外发生，可以作用于不同时间和空间层次上。主要表现在：①农业生产所利用的自然资源状态，如土壤、水和空气，包括它们的物理、化学和生物状态；②农业活动所影响的生态系统状况，包括生物多样性及农业人文环境；③人类健康状况等。“反应”指政府和社会对农业可持续发展状况的实际态势所作出的反应，包括农户行为的改变、消费者的反应、政府行为和政策的改变等。联合国粮食及农业组织以 DSR 为基础建立的农业可持续发展评价指标体系见图 7-2。

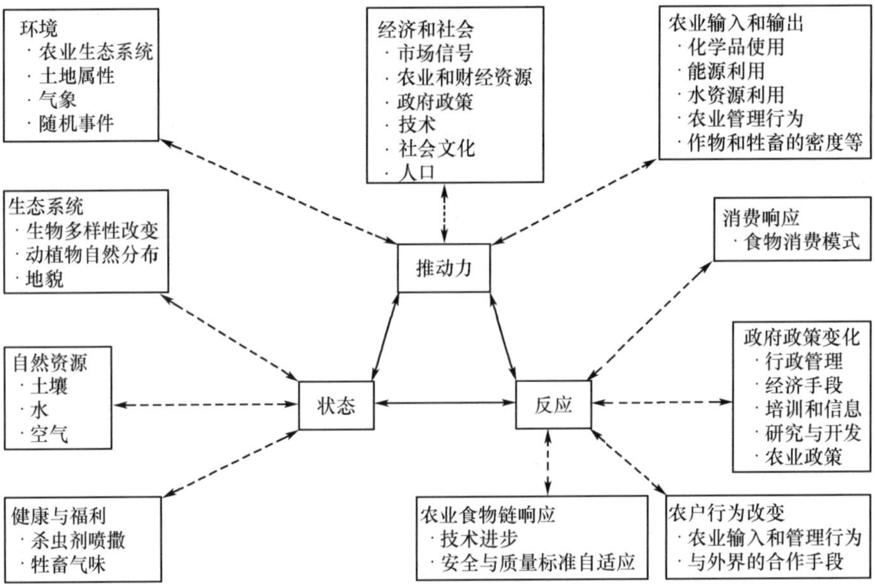

图 7-2　农业可持续发展分析 DSR 框架

（三）农业可持续发展多指标综合评价框架

农业可持续发展是寻求人与自然之间、人与人之间的和谐发展，探索使人口、经济、社会、资源和环境和谐统一的、在满足当代人的需求的同时又不危及后代人需求满足的一种农业发展观。农业可持续评价是对农业系统的稳定性和发展程度的度量，而区域农业系统的稳定性和发展程度又取决于区域农业系统内各要素的协调程度。所以，农业可持续发展水平评价框架要能够反映农业系统的结构。农业可持续发展评价系统包括农业生产子系统、农业经济子系统、农业社会子系统、农业生态环境子系统、农业资源子系统、农业科技子系统、人口子系统等。农业可持续发展评价的框架不是固定不变的，研究者可以根据评价区域特点和评价的侧重点加以选择调整。

二、农业可持续发展评价指标设置的原则和方法

（一）农业可持续发展评价指标设置的原则

用指标体系评价农业可持续发展这一综合目标，目的在于寻求一组从不同侧面反映系统特征、能覆盖系统的主要性状，又能反映系统的整体功能和综合效应的指标。这些指标及其组合能够恰当地表达人们对该综合性目标的定量判断。农业可持续发展评价指标的选择和设置应遵循以下原则。

1. 系统性原则　农业可持续发展系统是由人口、经济、社会环境、生态等多个子系统构成的大的系统，而且该系统不是各子系统的简单相加，而是由各子系统组成的有机整体。农业可持续发展评价指标的设置要能够全面地反映总体各个方面及组成系统的主要特征，能够客观地反映系统发展的丰富内涵，体现各部分之间的联系。

2. 简明性原则　农业可持续发展评价指标要能全面系统地反映出评价对象的各主要方面，从理论上讲，可持续性评价的指标应该越多越好，越细越好，但这会给指标体系的掌握、运用及计算等方面带来许多困难。因此在反映总体特征的前提下，指标设置要尽量简单

明了、相互独立。

3. 具体性原则　具体性是指农业可持续评价指标的描述要简捷准确，指标的含义要明确具体，避免指标之间相互交叉和重复。

4. 可操作性原则　可操作性原则是指评价指标的设置和选择要考虑资料可获取性。一是所选取的指标能够在相关的数据统计资料中得到。指标的数据值一般查阅统计年鉴和通过社会调查获取。如果通过这两种方式都不能获得所需要的数据，那么该指标的选取即使对整个指标体系的完整性、合理性有重要意义，因其不具有可得性，也就失去了该指标在指标体系中存在的意义。二是选取的指标是可以计算的，即这些指标是可以用数据来描述的。如果所选取的指标不能用数据描述，在进行测评时不能应用，该指标就没有意义。所以，在设置指标时，要舍弃那些不容易获取或者不能进行数据量化描述的指标。

5. 可比性原则　农业可持续发展评价指标的选取要具有可比性，可比性包括横向可比性和纵向可比性。横向可比性是指所选取的指标要便于与其他同层级区域或高一级层次区域的农业可持续发展水平进行对比研究。纵向可比性是指对于一个指标在某个空间范围内的不同时点上的状态也要能够进行比较，即农业可持续发展指标要能呈现具体研究对象的发展变化过程。因此，评价指标要尽可能多地使用平均数、人均数、比重值等相对数，少用或者尽量不用绝对数。

（二）农业可持续发展评价指标设置的方法

指标选择可以通过“自上而下”与“自下而上”相结合的方法进行筛选设置。

自上而下就是指标的选择要以农业系统的发展目标为依据，按照框架进行自上而下的评价目标分解，每一个评价目标都对应农业发展的子系统，根据衡量各级子系统的原则和标准，形成可能的指标。具体可以采用系统分析法和文献资料分析优选法。系统分析法是先将所有备选指标按系统或属性、类别划分，通过座谈或填调查表的方法获得对各指标的专家评分，确定主次，再从各系统内挑选主要的指标作为评价指标。文献资料分析优选法即全面查阅有关评价指标设置的文献资料，分析各指标的优缺点并加以取舍。

自下而上就是根据数据的可获得性，在现有数据的基础上，通过数理统计等分析方法提取反映农业子系统发展过程、成果、水平等方面的主要信息，确定并构建衡量各子系统属性的最适合的指标。常用的数理统计分析方法有：一是逐个指标进行假设检验的方法，即在掌握有关历史资料基础上，依照可能的评价结果将评价对象分组，并对各指标进行假设检验，挑选有统计意义的指标作为评价指标。二是多元回归与逐步回归法，采用多元回归分析挑选标准化偏回归系数绝对值较大或偏回归系数假设检验有显著性的指标作为评价指标。逐步回归有自动挑选主要影响指标的功能，是目前最常用的指标挑选方法。三是指标聚类法，在存在众多指标的情况下，可将相似指标聚成类，再从每类中找一个典型指标作为代表，从而用少量几个典型指标作为评价指标来代表原来众多的指标建立评价模型。这样，兼顾农业发展系统的特性和现有的数据基础，构建符合客观实际的农业发展可持续评价指标体系。

三、农业可持续发展评价指标体系的建立

农业可持续发展评价指标体系是反映农业可持续发展内涵的多指标构成的有机综合整体，是对农业可持续发展含义和基本要求的具体化。根据农业可持续发展评价的指导思想、

原则，以及评价框架，农业可持续发展评价体系包括 3 个层次：第一层为农业可持续评价目标层，反映农业可持续发展水平；第二层为反映农业可持续发展内涵的亚系统，即准则层，包括农业生产系统、农业经济系统、农业社会系统、人口系统、生态环境系统、资源系统等；第三层为指标层，由一系列反映农业可持续发展亚系统的具体指标构成。

（一）农业生产系统指标

农业生产系统反映农业产出水平和人们生活的最基本需求能否得到满足。具体指标包括单位面积粮食产量、人均粮食占有量、人均畜产品产量、人均水产品、人均林产品产量等指标。其中，单位面积粮食产量反映农业产出水平；人均粮食占有量、人均畜产品产量、人均水产品、人均林产品产量等指标反映农产品的占有水平。

（二）农业经济系统指标

农业生产可持续性重要标志是能越来越有效地利用各种生产资源，提高产量，增加农业产值和农民收入，因此农业经济系统是指农业在经济上可以自我维持、自我发展的状况。农业经济系统指标由反映农业规模、结构、效益、生产能力和市场化程度的指标构成，包括农业 GDP 及其比重、种植业产值比重、林业产值比重、牧业产值比重、渔业产值比重、农业服务业产值比重、人均农业 GDP、农民人均纯收入、农业投入产出率、农业土地生产率、农业劳动生产率、农产品商品率、农业机械总动力等。其中，农业 GDP 反映农业规模及其变化，是农业发展的综合总量指标；农业 GDP 比重反映农村产业结构状况，能够间接反映农民从事第一产业的积极性；人均农业 GDP 反映农业人均产出水平，是地区农业经济实力的重要标志，是描述农业经济产出可持续性的综合指标；农业投入产出率反映农业资本的效率；农业劳动生产率反映农业劳动产出效益；农业土地生产率用农业增加值比耕地面积表示，反映了单位耕地生产率的水平，同时也反映了耕地利用率和生产的集约化程度；农产品商品率反映农业生产商品化和专业化的程度，是现代农业的重要标志；农业机械总动力反映社会对农业装备投入水平的一个指标，用来衡量农业持续发展的物质动力状况。

（三）农村社会系统指标

农村社会系统是指维护农业经济、农业生态系统可持续发展所需要的良好农村社会环境，包括农民生活质量水平、国家对农业政策支持力度、农村社会科技支撑能力、农村卫生保障水平、社会公平程度等。其主要指标有农民恩格尔系数、城乡居民收入差异系数、财政支农比重、农业信贷、农业科技进步贡献率、农业技术人员比重、乡村每万人拥有卫生人员数、农村社会保障网络覆盖率、农村居民每百人拥有的电话机数、区域城市化水平、区域公路密度等。其中，农村居民恩格尔系数是反映农民生活水平的重要指标，恩格尔系数越大，说明农民消费中用于食物的消费比例越大，农民的生活水平就越低，其消费结构处于低层次水平；城乡居民收入差异系数反映了农民与城市居民的收入差异程度，说明农村与城市的协调发展水平；财政支农比重反映政府对农业和农村发展的支持程度，农业信贷也反映国家对农业和农村发展的重视程度；农业科技进步贡献率反映科技对于农业经济的贡献，是农业现代化水平的表征；农业技术人员比重表示农业发展的科技支持与服务能力，反映农业生产的现代化水平和科技投入水平；乡村每万人拥有卫生人员数主要是用来衡量农村的医疗卫生事业发展水平；农村社会保障网络覆盖率反映农村社会保障的普及程度，其发展程度对农业生产有一定的影响；农村居民每百人拥有的电话机数用来反映农村居民的信息沟通状况，表征一定程度上的信息化水平；区域城市化水平是衡量社会发展阶段的标志，它主要影响农业发展的结构与方向；区域公路密度主要反映一个地区交通发展的状况，用于反映农业与农村的运输条件。

（四）农业资源系统指标

农业生产离不开水、土、气候等自然资源，离不开能源和生产资料的投入，资源永续利用是农业可持续发展的自然物质基础。资源系统指标由反映农业生产资源的数量指标、结构指标和质量指标构成，主要包括区域人均耕地面积、森林覆盖率、农业土地复种指数、区域水资源密度、每公顷耕地水资源拥有量、耕地有效灌溉率、农村用电量、农用柴油使用量、单位标准能源产出率和资源浪费率等。其中，人均耕地面积、森林覆盖率和区域水资源密度、每公顷耕地水资源拥有量反映农业资源丰裕程度，资源越丰富，农业发展的持续性越强；农业土地复种指数综合反映农业气候和土地生产潜能，复种指数高说明农业气候条件优越，土地生产潜力大，农业可持续发展的条件好；农村用电量和农用柴油使用量反映农业生产中的能源使用情况和农业生产的机械化水平，农村用电量和农用柴油使用量多，农业生产机械化水平和能源投入水平高，农业持续发展能力潜力大；单位标准能源产出率说明能源利用率和经济增长的质量和效益；资源浪费率反映农业资源总体上的利用、浪费状况，同时也反映农业的科技现状和经济发展状况。

（五）农业生态环境系统指标

农业生态环境系统是农业生产活动的场所和外部环境，反映农业所依赖的自然资源的利用和生态环境的保护情况。农业生产活动受生态环境的影响及其对农业生态环境的影响均较大。一方面，农业生产必须在可持续的生态环境中进行；另一方面，农业生产活动要与环境承载能力相协调，不破坏生态环境并保持动态的生态平衡，只有这样农业生产才具有持续性。因此，生态环境系统指标由反映农业生产中生态环境所受的压力和质量的指标构成，包括化肥和农药施用强度、地膜覆盖率和使用强度、区域废水排放量密度、工业固体废弃物综合利用率、农业自然灾害受灾面积、抗灾率、酸雨密度、水土流失面积等。其中，化肥、农药、地膜施用在一定范围内会提高农业生产数量和质量，随着单位土地面积施用量的增加，会超过生态环境系统的自净能力，对生态环境系统造成压力和难以修复的破坏；废水和废弃物的排放会污染农业生产依赖的水、土等自然资源，造成气候变化，影响农业生产的可持续；农业自然灾害受灾面积、酸雨密度和水土流失面积反映了农业生产依赖的自然环境质量，自然灾害面积大、灾害发生频率高，酸雨密度高和水土流失面积增加，都说明农业生态环境恶化；抗灾率反映了农业系统抵御自然灾害的能力。

（六）人口系统指标

人口系统可持续性既是农业可持续发展的前提，也是农业可持续发展的结果。农业可持续发展要求农业人口数量控制在一定水平，人口素质不断提高，农业劳动力以适当速度从农业领域转移出去，减少对农业生产系统的压力。人口系统指标由反映农业人口对农业发展支持与压力的指标构成，包括人口自然增长率、区域人口密度、农村劳动人口比重、农业劳动力占农村劳动力比重、农业剩余劳动力转移指数、农村劳动力人均受教育年限、农村初中以上文化程度农业劳动力比重、农村劳动力教育投资占农民收入的比重等。其中，人口自然增长率、区域人口密度、农村劳动人口比重反映农业人口数量及其变化状况，农业人口过多，对资源环境会造成巨大的压力，带来资源的过度开发和环境的破坏，人口过少会影响农业生产的正常进行；农业劳动力占农村劳动力比重反映农民就业与收入来源渠道多样化状况，也反映农业发展的经营规模；农业剩余劳动力转移指数反映农业劳动力就业对农业资源的压力；农村劳动力人均受教育年限、农村初中以上文化程度农业劳动力比重反映农业劳动力素质，从事农业劳动者的平均受教育程度越高，生产能力越高；农村劳动力教育投资有利于农村人力资本积累，有利于提高农业劳动者文化素质，有利于推进农业现代化和农业可持续发展。上述指标从农业人口的数量、结构和质量方面反映了农业可持续发展的状况。

第三节　区域农业可持续发展评价方法

一、评价数学模型的建立

农业可持续发展评价指标体系由反映农业可持续发展的各个侧面组成，但是由于各个指标的量纲不同，各个指标对于区域农业可持续发展的重要性也不同；而且，农业可持续发展评估指标体系是一个有机整体，不能用各指标简单相加说明某一区域农业可持续发展的整体情况，为此，要建立评价数学模型，对区域的农业可持续发展进行综合评价。

1. 收集整理基本数据　根据建立的指标体系和各指标的含义，通过查阅统计年鉴获取所需指标数据。其中有些原始数据可直接用来进行评价，而有的原始数据需要按照指标含义经过计算处理方符合要求，原始数据处理的过程是一个指标量化的过程。

2. 指标数据的标准化　经过查阅资料收集和整理的数据多是评价指标的实际值，由于各指标所代表的物理涵义不同，因此存在着量纲上的差异，不能进行直接的比较和加权计算，影响对农业可持续发展的整体评价。指标的标准化处理是解决这一问题的主要手段。指标数据的标准化又称指标的无量纲化和规范化，是通过数学变换消除原始变量量纲影响的方法，目的是将评价指标的实际值转化为评价值，以便于进行农业可持续发展评价计算。

3. 建立评价数学模型　农业可持续发展评价是一个多指标综合评价问题，只有建立评价数学模型才能够将多个指标综合成一个整体综合评价指标，作为综合评价的依据，得到相应的评价结果。

二、评价指标数据的标准化

根据评价指标的属性和在农业可持续发展系统中的作用，评价指标包括正指标、负指标和适中型指标三大类。正指标也叫效益型指标，在农业可持续发展中起正向作用，指标值越大越好；负指标也叫成本型指标、逆指标，在农业可持续发展中起反作用，指标值越小越好；适中型指标以不能太大又不能太小为好。指标标准化的方法主要有直线型、折线型和曲线型 3 种。

（一）直线型标准化方法

直线型标准化方法的基本思想是假定指标实际值和指标评价值之间存在着线性关系，指标实际值的变化将引起指标评价值一个相应的比例变化。代表方法有阈值法、比重法、Z-Score法等。

1. 阈值法 阈值也称临界值，是衡量事物发展变化的一些特殊指标值，如极大值、极小值、满意值、不允许值等。阈值法是指指标数据值相对于指标上限和下限值的得分，即用指标实际值与阈值-相比以得到指标评价值的方法。

$$\begin{cases} y_i = \dfrac{x_i - \min x_i}{\max x_i - \min x_i} & (\text{当} x_i \text{为正指标时}) \\ y_i = \dfrac{\max x_i - x_i}{\max x_i - \min x_i} & (\text{当} x_i \text{为负指标时}) \end{cases} \tag{7-1}$$

式中，y_i 为指标的评价值；x_i 为指标实际值；$\max x_i$ 为指标实际值的最大值；$\min x_i$ 为指标实际值的最小值。

2. 比重法 比重法是将实际值转化为它在指标值总和中所占比重作为评价值。其公式为

$$y_i = \frac{x_i}{\sum_{i=1}^{n} x_i} \tag{7-2}$$

或者

$$\begin{cases} y_i = \dfrac{x_i}{x_0} & (\text{当} x_i \text{为正指标时}) \\ y_i = \dfrac{x_0}{x_i} & (\text{当} x_i \text{为负指标时}) \end{cases} \tag{7-3}$$

式中，y_i 为指标的评价值；x_i 为评价指标的实际值；x_0 为评价指标的基准数据值。

3. Z-Score 法 Z-Score 法即标准差标准化法，这种方法主要在原始数据服从正态分布的情况下应用。其计算公式为

$$y_i = \frac{x_i - \bar{x}_i}{S} \tag{7-4}$$

式中，y_i 为指标的评价值；x_i 为指标实际值；$\bar{x}_i$ 为指标实际值的平均值；S 为指标值的标准差。

直线型标准化方法的最大特点是简单、直观。直线型无量纲化方法的实质是假定指标评价值与实际值呈线性关系，评价值随实际值等比例变化，而这往往与事物发展的实际情况不相符的，这是直线型无量纲化方法的最大缺陷。

（二）折线型标准化方法

如果指标在不同区间内的变化对被评价事物的综合水平的影响不同，如某指标数据值在小于某一数值时，其变化对总体评价值影响较大，当指标数据值大于该数据值时，其变化对总体评价值的影响较小，对于该类型指标应该采用折线型的标准化方法处理。

$$y_i=\begin{cases}1 & x_i \geqslant a_i \\ \dfrac{x_i-b_i}{x_i-b_i} & b_i<x_i<a_i \quad (\text{当 } x_i \text{ 为正指标时}) \\ 0 & x_i \leqslant b_i\end{cases} \tag{7-5}$$

$$y_i=\begin{cases}1 & x_i \leqslant a_i \\ \dfrac{b_i-x_i}{b_i-a_i} & a_i<x_i<b_i \quad (\text{当 } x_i \text{ 为正指标时}) \\ 0 & x_i \geqslant b_i \quad (\text{当 } x_i \text{ 为负指标时})\end{cases} \tag{7-6}$$

式中，y_i 为指标的评价值；x_i 为指标实际值；a_i 为指标上限值（满意值）；b_i 为指标下限值（不允许值）。理论上而言，折线型标准化方法比直线型标准化方法更符合事物发展的实际情况，但应用的前提是必须对被评事物有较为深刻的理解和认识，合理地确定指标值的转折点及其评价值。

（三）曲线型标准化方法

有些事物发展阶段性的临界点不很明显，而前、中、后各期发展情况截然不同，也就是说指标实际值对评价值的影响不是按照一定比例呈线性关系，也不呈现明显的突变特征，而是逐渐变化的，就可以采用曲线型标准化方法。代表性较强的曲线型分布是Γ型分布。

$$y_i=\begin{cases}0 \\ 1-\mathrm{e}^{-k(x_i-a)}\end{cases} \tag{7-7}$$

式中，y_i 为指标的评价值；x_i 为指标实际值；k、a 为曲线待定参数。

指标标准化方法的选择要兼顾精确性和简易性，一是根据评价对象的具体特征加以选择，标准化后的评价值要尽量反映指标实际值与评价对象发展水平之间的关系；二是能用直线型标准化方法的，不用折线型，尤其是不用曲线型公式。

三、指标权重确定的方法

在综合评价农业可持续发展能力时，不同的可持续发展指标具有不同的影响程度，因此要对不同的指标赋予不同的权重，赋权方法有主观赋权法和客观赋权法。

（一）主观赋权法

主观赋权法是根据人们对指标重要程度的认识来确定权重的方法。常用的有专家评判法、层次分析法和序关系法三种。

1. 专家评判法　专家评判法（experts grading method）也称德尔菲法（Delphi method）。其基本思路是：邀请一批对评价对象有深入了解的专家，先让他们运用专业方面的知识和经验独立地给每个指标赋予权数，然后将专家意见集中起来，求出每个评价指标权数的平均值和方差，再通过对均值和方差的分析考察专家意见的分散程度。如果第一次专家意见过于分散，还需要将各专家的赋权结果进行分析整理，并将整理结果反馈给各位专家，让他们在了解其他专家意见和理由的情况下，重新赋权。如此反复，直至专家们的赋权结果趋于一致，即方差较小时为止，并以最后一次各专家权数的平均值作为评价指标的权数。

其具体计算过程如下。

设因素集 U={u_1，u_2，…，u_n}，现有 k 个专家各自独立地给出各因素 u_i（i=1，2，…，n）的权重，见表 7-1。

表 7-1　专家打分法确定权重的流程

专家	因素						$\sum$
	u_1	u_2	…	u_i	…	u_n	
专家 1	a_{11}	a_{21}	…	a_{i1}	…	a_{n1}	1
专家 2	a_{12}	a_{22}	…	a_{i2}	…	a_{n2}	1
⋮	⋮	⋮		⋮		⋮	⋮
专家 k	a_{1k}	a_{2k}	…	a_{ik}	…	a_{nk}	1
权重（i=1，2，…，n）	$\frac{1}{k}\sum_{j=1}^{k}a_{1j}$	$\frac{1}{k}\sum_{j=1}^{k}a_{2j}$	…	$\frac{1}{k}\sum_{j=1}^{k}a_{ij}$	…	$\frac{1}{k}\sum_{j=1}^{k}a_{nj}$	1

根据表 7-1，可取各因素权重的平均值作为其权重：

$$a_i=\frac{1}{k}\sum_{j=1}^{k}a_{ij}\qquad (i=1，2，\cdots，n) \tag{7-8}$$

即

$$\boldsymbol{A}=\left[\frac{1}{k}\sum_{j=1}^{k}a_{1j},\frac{1}{k}\sum_{j=1}^{k}a_{2j},\ldots,\frac{1}{k}\sum_{j=1}^{k}a_{nj}\right] \tag{7-9}$$

专家评判法最大的特点是对于某些难以定量化的因素，如对生态环境因素、社会政治因素等给予考虑和作出评价。有时还可在缺乏足够的统计数据和原始资料的情况下，作出定性和定量的评估。这种赋权方法比较简单，而且也容易理解，但如果评价指标的个数比较多，有可能会造成分寸把握不好。

2. 层次分析法　层次分析法（analytic hierarchy process，AHP）是美国著名运筹学家萨蒂（T.L.Saaty）教授于 20 世纪 70 年代中期创立的一种用来处理复杂的社会、政治、经济、科学技术等决策问题的方法。层次分析法本质上是一种决策思维方式，它具有人的思维分析、判断和综合的特征，能够把复杂的问题层次化，引导决策者通过一系列的成对比较来评判各指标对于评价对象的相对重要程度；然后通过层次的递阶关系归结为最低层次指标相对于最高层次目标的相对重要性权值，决策者就可以进行评价、选择决策等活动。具体包括五个步骤。

（1）建立有序的递阶层次结构。在确定评价目标以后根据对评价目标的定性分析，找出影响评价目标的各层次因素，从而建立相应的指标体系；指标体系的每层中各元素支配下一层中的相应元素，从而形成一个由总目标层和若干个子准则层组成的多层次指标体系结构。

（2）建立判断矩阵。在确定的递阶层次结构中，每一个元素和该元素支配的下一层元素构成一个子区域，在子区域内，通过对同一层次的各元素关于上一层次中某一准则的重要性进行两两比较，构造两两比较的判断矩阵（表 7-2）。构造判断矩阵采用专家调查法，即由每位专家给出一个判断矩阵。一般地，为使判断矩阵中每个因素定量化，采用“1～9”比较标度法，标度含义见表 7-3。

从表 7-3 标度的规定可知，对于判断矩阵的元素 b_{ij} 有如下性质：$b_{ij}>0$，$b_{ij}=1$，$b_{ij}=1/b_{ji}$。

表 7-2　目标层与准则层两两比较判断矩阵

A_k	B_1	B_2	…	B_n
B_1	b_{11}	b_{12}	…	b_{1n}
B_2	b_{21}	b_{22}	…	b_{2n}
⋮	⋮	⋮		⋮
B_n	b_{n1}	b_{n2}	…	b_{nn}

表 7-3　比较标度及其含义

标度	含义
1	两个因素同等重要
3	两个因素相比，前者比后者稍微重要
5	两个因素相比，前者比后者明显重要
7	两个因素相比，前者比后者强烈重要
9	两个因素相比，前者比后者极端重要
2，4，6，8	上述两相邻判断的中间值
以上数值的倒数	因素 i 与因素 j 的重要性之比为 b_{ij}，则因素 j 与因素 i 的重要性之比 $b_{ji}=1/b_{ij}$

（3）计算层次因素单排序值。一般运用方根法计算指标的层次权数 w_i，在计算判断矩阵的行积方根的基础上，再对各行积方根作归一化处理就可以得到各指标的权数。

1）计算判断矩阵每一行标度的乘积的 n 次方根 $\bar{w}_i$：

$$\bar{w}_i = \sqrt[n]{\prod_{j=1}^{n} b_{ij}} \tag{7-10}$$

2）通过归一化处理，得到特征向量，其数值即为权值 w_i：

$$w_i = \frac{\bar{w}_i}{\sum \bar{w}_i} \tag{7-11}$$

3）计算判断矩阵的最大特征根 $\lambda_{\max}$：

$$\lambda_{\max} = \sum \frac{(AW)_i}{nW_i} \tag{7-12}$$

式中，A 为判断矩阵；W 为对应的特征向量。

（4）进行判断矩阵的一致性检验。引入一致性指标 CI，检验判断矩阵是否具有一致性，CI 可以衡量判断矩阵偏离一致性矩阵程度。

$$\mathrm{CI}=\frac{\lambda_{\max}-n}{n-1} \tag{7-13}$$

显然，对任意判断矩阵都有 CI≥0，并且仅当 CI=0 时，判断矩阵具有完全一致性，CI 值越小，则判断矩阵的一致化程度越高。因而，Saaty 引入了随机一致性指标 RI（表 7-4）。根据判断矩阵的阶数 n，查找相应的平均随机一致性指标 RI。

表 7-4　随机一致性指标

阶数	1	2	3	4	5	6	7	8	9
RI	0.00	0.00	0.52	0.89	1.12	1.26	1.36	1.41	1.46
阶数	10	11	12	13	14	15			
RI	1.49	1.52	1.54	1.56	1.58	1.59			

判断矩阵的一致性指标 CI 与同阶随机一致性指标 RI 之比，称为随机一致性比率，记为 CR。

$$CR=\frac{CI}{RI} \tag{7-14}$$

一般情况下，当 CR＜0.1 时，认为判断矩阵有满意的一致性，可以进行层次排序；当 CR＞0.1 时，认为判断矩阵的一致性偏差太大，需要对判断矩阵进行调整，直到满足 CR＜0.1 为止。只有对问题中的所有判断矩阵的一致性检验合格后，通过层次单排序得到的结论才是合理的和有效的。

（5）综合各层的权数，求出各指标的最终权数。

3. 序关系法　序关系法（order relation method）是一种基于“功能驱动”的主观赋权法，其核心思想是请专家根据某种目标或准则对评价指标的相对重要程度进行排序，然后确定相邻的影响因素之间的相对重要性标度值，依据重要性标度值，通过一定的数学计算求得评价指标权重。序关系法克服了 AHP 方法的不足，整个过程不用构造判断矩阵，也不需要进行一致性检验。

（1）确定序关系。首先，给出两个定义。

定义 1：若指标 x_i 相对某评价准则（或目标）的重要程度不劣于 x_j 时，则记为 $x_i \geqslant x_j$（符号≥表示不劣于关系）。

定义 2：若指标 x_1，x_2，…，x_m 相对某评价准则（或目标）具有关系式

$$x_1^* \geqslant x_2^* \geqslant \cdots \geqslant x_m^* \tag{7-15}$$

则称评价指标 x_1，x_2，…，x_m 之间按“≥”确立了序关系。这里 x_m^* 表示$\{x_i\}$按序关系“≥”排定顺序后的第 i 个评价指标（i=1，2，…，m）。

其次，对于评价指标集 x_1，x_2，…，x_m 建立序关系：

1）专家或决策者在指标集 x_1，x_2，…，x_m 中，选出认为是最重要（关于某评价准则）的一个（只选一个）指标记为 x_1^*；

2）专家或决策者在余下的 m−1 个指标中，选出认为是最重要（关于某评价准则）的一个（只选一个）指标记为 x_2^*；

…

k）专家或决策者在余下的 m−（k−1）个指标中，选出认为是最重要（关于某评价准则）的一个（只选一个）指标记为 x_k^*；

…

m）经过 m−1 次挑选剩下的评价指标记为 x_m^*。这样就唯一确定了一个序关系。为书写方便且不失一般性，记式（7-15）为

$$x_1 \geqslant x_2 \geqslant \cdots \geqslant x_m \tag{7-16}$$

（2）给出 x_{k-1} 与 x_k 间相对重要程度的比较判断。设专家关于评价指标 x_{k-1} 与 x_k 的重要性程度之比 w_{k-1}/w_k 的理性判断 r_k 为

$$r_k=\frac{w_{k-1}}{wk} \quad (k=m，m-1，m-2，\cdots，3，2) \tag{7-17}$$

当 m 较大时，由序关系式（7-17）可取 r_m=1。r_k 的赋值参考表 7-5。

表 7-5　r_k赋值参考表

r_k	说明
1.0	指标 x_{k-1} 与指标 x_k 同样重要
1.2	指标 x_{k-1} 与指标 x_k 稍微重要
1.4	指标 x_{k-1} 与指标 x_k 明显重要
1.6	指标 x_{k-1} 与指标 x_k 强烈重要
1.8	指标 x_{k-1} 与指标 x_k 极端重要

关于 r_k 之间的数量约束，满足下列关系：

$$r_{k-1} > \frac{1}{r_k} \qquad (k=m,\ m-1,\ m-2,\ \cdots,\ 3,\ 2) \tag{7-18}$$

（3）计算权重系数 w_k。若专家或决策者给出的理性赋值满足关系式（7-17），则：

$$w_m = \left(1 + \sum_{k=2}^{m}\prod_{i=k}^{m} r_i\right)^{-1} \tag{7-19}$$

而

$$w_{k-1} = r_k w_k \qquad (k=m,\ m-1,\ m-2,\ \cdots,\ 3,\ 2) \tag{7-20}$$

（二）客观赋权法

客观赋权法的基本做法是，直接根据对各个指标所反映的原始信息的数据处理，以获得指标的权数。客观赋权的方法较多，在可持续发展评价中变异系数法、熵值法、主成分分析法和因子分析法比较适用。

1. 变异系数法　变异系数法（variation coefficient method）是根据各个指标在所有被评价对象上观测值的变异程度大小来对其赋权。观测值变异程度大的指标，说明该指标在这项评价上的分辨信息丰富，能够较好地区分各个评价对象在该方面的情况，应赋予较大的权重；反之，如果各个被评价对象在某项指标上的数值差异较小，说明在这项评价中就难以运用该指标分辨出各评价对象的优劣，则赋予较小的权重。所以该方法得到的权重体系是由待评价对象的各个指标的变量值来确定的。

（1）计算各项评价指标的均方差 D：

$$D_i = \sqrt{\frac{1}{n}\sum_{j=1}^{n}(x_{ij} - \overline{x}_i)} \tag{7-21}$$

（2）计算各项评价指标的变异系数 δ：

$$\delta_i = \frac{D}{\overline{x}_i} \tag{7-22}$$

（3）计算各项评价指标的权重 w：

$$w_i = \frac{\delta_i}{\sum_{j=1}^{n}\delta_i} \tag{7-23}$$

2. 熵值法　熵原来是统计物理和热力学中的一个物理概念，现在在信息论中被拓展和应用。在信息论中，熵是对不确定性的一种度量。信息量越大，不确定性就越小，熵也就越小；信息量越小，不确定性越大，熵也越大。根据熵的特性，可以通过计算熵值来判断一个事件的随机性及无序程度，也可以用熵值来判断某个指标的离散程度，指标的离散程度越大，该指标对综合评价的影响越大。

设有 m 个评价方案，n 项评价指标，形成原始指标数据矩阵 $\boldsymbol{X}=(x_{ij})_{m\times n}$。对于某项指标 x_j，指标值 x_{ij} 的差距越大，则该指标在综合评价中所起的作用越大；如果指标值 x_{ij} 全部相等，则该指标在综合评价中不起作用。也就是说，熵值法（entropy method）是一种根据各项指标观测值所提供的信息量的大小来确定指标权重的方法。

（1）将各指标数据标准化。

（2）计算第 j 项指标下，第 i 个方案指标值的比重 y_{ij}：

$$y_{ij}=\frac{x_{ij}}{\sum_{i=1}^{m}x_{ij}} \tag{7-24}$$

（3）计算第 j 项指标的熵值 e_j：

$$e_j=-k\sum_{i=1}^{m}y_{ij}\ln y_{ij} \tag{7-25}$$

式中，$k=1/\ln m$。

（4）计算第 j 项指标的差异性系数 d_j：

$$d_j=1-e_j \tag{7-26}$$

d_j 反映了指标的信息效用价值，取决于信息熵 e_j 与 1 之间的差值，对于给定的指标 j，x_{ij} 的差异性越小，则 e_j 越大，j 指标的差异性系数 d_j 越小，对评价的重要性越小，权重也越小。

（5）计算权重 w_i：

$$w_i=\frac{d_j}{\sum_{i=1}^{n}d_j} \tag{7-27}$$

3. 主成分分析法　主成分分析法（principal component analysis，PCA）是将多个指标转化为少数几个互不相关的综合指标的一种多元统计分析方法。并且这些少数的综合指标能够较多地反映原来多个指标所反映的信息。用该方法可以客观地确定出指标的权数。

（1）对原始数据进行标准化。

（2）计算标准化后变量的相关系数矩阵 $\boldsymbol{R}$：

$$\boldsymbol{R}=\begin{bmatrix} r_{11} & r_{12} & \cdots & r_{1m} \\ r_{21} & r_{22} & \cdots & r_{2m} \\ \vdots & \vdots & & \vdots \\ r_{m1} & r_{m2} & \cdots & r_{mm} \end{bmatrix}$$

r_{ij}（i，$j=1$，2，…，m）是原变量的相关系数。目的是考察原始变量间相关关系如何，是否有必要进行主成分分析，如果大部分变量间相关关系较强，说明各变量呈较强的线性关系，能够从中提取主成分，适合进行主成分分析。

（3）计算 $\boldsymbol{R}$ 的特征值与特征向量。解特征方程$|\lambda I-\boldsymbol{R}|=0$，求出特征值$\lambda_i$，并将其按大小顺序排列：$\lambda_1 \geqslant \lambda_2 \geqslant \lambda_3 \geqslant \cdots \geqslant \lambda_m \geqslant 0$，其对应的特征向量分别是$y=(y_1, y_2, \cdots, y_m)$，且这些特征向量标准正交。特征值的大小反映了各个成分在描述对象上作用的大小。

（4）根据特征值求出各主成分的方差贡献率 e_j 和累积方差贡献率 g_i：

$$e_j = \frac{\lambda_i}{\sum_{i=1}^{m} \lambda_i} \tag{7-28}$$

$$g_i = \frac{\sum_{n=1}^{i} \lambda_n}{\sum_{k=1}^{m} \lambda_k} \tag{7-29}$$

（5）确定主成分的个数。在实际评价中，通常选取 k 个（$k<m$）方差贡献大的主成分来反映原指标的最大信息量。一般地，如果前 k 个主成分累积贡献率大于 85%，可以认为前 k 个主成分已经基本反映了原始变量的主要信息，所以提取前 k 个主成分能够说明问题，而后 $m-k$ 个主成分可以省略掉。

（6）计算初始因子载荷矩阵和主成分得分。初始因子载荷矩阵即为主成分得分系数矩阵，各指标标准化数据与对应因子载荷乘积的代数和为主成分得分。如果因子意义不明显，可以对初始因子进行旋转，一般采用方差极大旋转。

$$\boldsymbol{A} = \begin{bmatrix} a_{11} & a_{12} & \cdots & a_{1k} \\ a_{21} & a_{22} & \cdots & a_{2k} \\ \vdots & \vdots & & \vdots \\ a_{m1} & a_{m2} & \cdots & a_{mk} \end{bmatrix}$$

主成分得分：$y_i=a_{1i}x_1+a_{2i}x_2+\cdots+a_{mi}x_m$（$i=1, 2, \cdots, k$）。

（7）该系统指标的主成分（新变量）为 $y=(y_1, y_2, \cdots, y_k)$，新变量的权重为 $e_1, e_2, \cdots, e_k$。

（8）计算综合发展评估值。

4. 因子分析法　因子分析法（factor analysis method）是主成分分析法的推广和发展，它是一种寻找隐藏在原始变量中，不易被观测但又影响原始变量的潜在因子，并估计潜在因子对原始变量的影响程度及各潜在因子之间关联性的多元统计分析方法。简单来说，它是研究如何以最少的信息丢失将多个相关变量转化为少数几个无关的新的综合指标即公因子，并计算公因子的取值及使公因子具有命名解释性的方法。假设评价总体有 k 个评价指标、n 个评价对象，因子分析的数学模型就是把 n 个评价对象分别表示为 p（$p<k$）个公共因子和独特因子的线性加权和，即（$i=1, 2, \cdots, n$），（$j=1, 2, \cdots, p$）。

（1）对原始数据进行标准化。

（2）计算标准化后变量的相关系数矩阵 $\boldsymbol{R}$。

（3）计算相关系数矩阵 $\boldsymbol{R}$ 的特征根 λ_i（$i=1, 2, 3, \cdots$），并将其按大小顺序排列，再求出对应特征值的特征向量。

（4）求因子载荷矩阵。首先确定因子数，选取累计方差贡献率大于 90% 的特征根个数为因子个数；选择载荷矩阵估计的方法，可以采用主成分分析法；确定旋转方法，为了使公因子更具命名解释性，对因子载荷矩阵进行旋转，一般采用正交旋转中的方差极大法。

（5）计算各因子的得分，进而得出各子系统的综合发展评估值。其中，因子权重等于该因子方差贡献率与全部因子累计方差贡献率之比。

四、综合评估值的计算步骤

1. 农业可持续发展综合指数计算　在可持续发展综合评价领域，用得比较多的是多指标综合评价方法。综合评估值的计算一般采取线性加权的方法。计算公式为

$$Y=\sum w_i Y_i \tag{7-30}$$

式中，Y 表示综合评价值；w_i 表示第 i 项指标的分值。对于主成分分析方法而言，w_i 是新变量的方程贡献率，Y_i 是新变量的值。

2. 协调度函数　农业的可持续发展要求农业各子系统的相互协调，不能以某一子系统的破坏为代价换取另一子系统的发展。农业系统的发展只有达到各子系统的协调状态，即子系统间是一种良性互动关系，才具有可持续性。在此用协调度函数（harmony coefficient，HC）表征农业可持续发展状态。

$$\text{HC}=1-\frac{S}{\bar{X}} \tag{7-31}$$

式中，HC 是农业可持续发展系统的协调度；S 是各子系统综合评估值的方差；$\bar{X}$ 是各子系统综合评估值的平均值。协调度 HC≥0.9，系统发展处于协调状态；0.75≤HC＜0.9，系统发展为亚协调状态；HC＜0.75，系统处于不协调状态。

第四节　农业可持续发展案例分析

一、我国中部地区农业可持续发展的动态评价

（一）研究区域基本概况

中部地区是我国重要的能源、原材料基地和农副产品生产基地，也是我国农业人口最为集中和“三农”问题较为突出的地区（中部地区农业人口多，人均耕地少）。2009 年，中部地区农村人均耕地仅为 0.141 hm^2，第一产业占全国的比重为 27.3%；乡村人口占全国乡村人口的比重为 28. 84%，占中部地区总人口的比重高达 57.68%；中部 6 省农民人均纯收入为 4793 元，低于全国平均水平（5153 元）；中部地区农村恩格尔系数为 42.50，高于东北地区和东部地区。

国家统计局统计数据显示，2010 年中部地区第一产业所占比重为 13.03%，高于全国平均水平（10. 1%）、东部地区（6.30%）和东北地区（10. 63%），略低于西部地区（13.15%）；粮食、棉花和油料产量占全国的比重分别为 30.6%、27.89% 和 43.36%，除了棉花占全国的比重低于西部地区（44.33%）外，其他两项均高于东部地区、西部地区和东北地区；农村居民人均纯收入为 5509.62 元，低于全国平均水平（5919. 01 元）和东北地区（6434. 5 元）。

近年来，中部农业已经出现了不可持续的发展态势，农业耕地表土流失，土壤肥力降低，土地生产力下降，下游河道、水库淤积等环境问题日益突出，耕地生态赤字严重（1.8543hm^2/人）。

例如，农业大省河南人均耕地面积目前只有 0.0813hm^2，是全国人均水平的 80%，是世界人均水平的 35%。河南省耕地面积每年以 1.33 多万公顷的速度在减少。

（二）中部农业可持续发展评价指标体系

中部 6 省中的大多省份是农业大省，因此，对中部地区农业可持续发展的评价必须考虑人口、经济、社会、资源和环境等多个因素的相互影响、相互制约、相互协调和相互促进，评价指标应全面准确地反映该地区农业人口、社会、经济、资源、环境等方面的发展状况。为准确地评估中部地区 2001～2010 年农业可持续发展水平的动态变化，本研究在设置各个具体评价指标时，以可持续发展理论为指导，根据可持续发展能力评价指标体系设计的基本原则和数据的可获得性，在查阅大量相关文献和借鉴相关研究结果的基础上，针对中部地区的农业经济状况，根据各层次指标之间的相互隶属关系，构建了中部地区农业可持续发展水平评价的层次结构模型，这一结构模型包含人口系统、经济系统、社会系统、资源系统和环境系统 5 个一级指标，每个一级指标下设有二级指标，共 25 个二级指标（表 7-6）。这一评价指标体系的基本逻辑是：人口系统和社会系统持续性是农业可持续发展的最终目标，分别下设 3 项二级指标和 6 项二级指标；经济系统的持续性是可持续发展的核心，设有 6 项二级指标；资源系统和环境系统的持续性是实现农业可持续发展的根本保证，分别下设 4 项二级指标和 6 项二级指标。

表 7-6　中部6省农业可持续发展评价指标体系

一级指标	权重	二级指标	权重	单位	属性
人口系统	0.093	乡村人口比重 X_1	0.115	%	逆向
		人口自然增长率 X_2	0.082	%	逆向
		乡村受教育程度人口比重 X_3	0.803	%	正向
经济系统	0.380	劳均农业生产总值 X_4	0.301	元/人	正向
		农村居民家庭人均纯收入 X_5	0.227	元/人	正向
		土地生产率 X_6	0.132	kg/hm^2	正向
		单位耕地面积机械总动力 X_7	0.105	kg/hm^2	正向
		人均粮食产量 X_8	0.132	kg/人	正向
		农业固定资产投资 X_9	0.103	亿元	正向
社会系统	0.201	城镇化水平 X_{10}	0.404	%	正向
		农村人均用电量 X_{11}	0.076	kW · h/人	正向
		农村居民人均居住面积 X_{12}	0.163	m^2/人	正向
		农村百户居民移动电话 X_{13}	0.112	部	正向
		每千农业人口乡镇卫生院床位 X_{14}	0.112	张	正向
		每千农业人口乡镇卫生人员 X_{15}	0.133	人	正向
资源系统	0.219	人均耕地面积 X_{16}	0.372	hm^2/人	正向
		人均水资源 X_{17}	0.216	m^2/人	正向
		有效灌溉率 X_{18}	0.211	%	正向
		湿地面积占国土面积比重 X_{19}	0.201	%	正向
环境系统	0.107	化肥使用强度 X_{20}	0.111	kg/hm^2	逆向
		塑料薄膜使用强度 X_{21}	0.111	kg/hm^2	逆向
		农药使用强度 X_{22}	0.111	kg/hm^2	逆向

续表

一级指标	权重	二级指标	权重	单位	属性
		农业成灾率 X_{23}	0.102	%	逆向
		森林覆盖率 X_{24}	0.255	%	正向
		水土流失治理面积 X_{25}	0.310	10^3hm^2	正向

本研究数据主要来源于中部 6 省统计年鉴（2001～2011）和《中国统计年鉴》（2001～2011），部分数据参阅了中部各省历年的“统计年鉴”和各地区历年的“国民经济和社会发展统计公报”。“劳动力转移人数”数据来自历年“劳动和社会保障事业发展统计公报”，“每千农业人口乡镇卫生院床位”和“每千农业人口乡镇卫生人员”数据来自《中国卫生统计年鉴》（2001～2010）。部分指标的计算如下：

乡村受教育程度人口比重=100－乡村文盲人口占 15 岁及以上人口的比重；

劳均农业生产总值=农林牧渔总产值/乡村人口数；

土地生产率=粮食总产量/耕地面积；

农村人均用电量=农村用电量/乡村人口数；

单位耕地面积机械总动力=农业机械总动力/耕地面积；

人均粮食产量=粮食总产量/总人口数；

化肥使用强度=化肥使用量/耕地面积；

农药使用强度=农药使用量/耕地面积；

塑料薄膜使用强度=农用塑料薄膜使用量/耕地面积。

（三）中部农业可持续发展状态评价

层次分析方法在分析区域可持续发展方面已得到了比较广泛的实际应用，但由于层次分析方法本身存在主观性过强的问题，因此本研究借鉴了国家统计局统计科学研究所提出的可持续发展指标体系，从人口、经济、社会、资源和环境 5 个方面建立农业可持续发展的层次模型，根据德尔非法，结合层次分析法来确定各个指标的权重。首先，通过咨询具有实际经验又有较深理论素养的农业经济专家，将待定权数的指标和有关数据发给 6 位专家，请他们独自给出各指标的标度值，根据回收结果计算各标度值的均质和标准差，将计算结果返回专家组重新确定标度值，重复以上方法，直到各位专家的意见基本趋于一致，以各指标标度值的均值作为该指标的均值，得到各指标的权重。其次，把专家建议和层次分析方法有效地结合起来，利用数学方法计算反映每一层次因素相对重要性次序的权值，通过所有层次之间的总排序，计算所有因素的相对权重并进行排序，并对矩阵进行一致性检验，保证所得权重分配合理（表 7-6）。

采用直线型无量纲化方法将各指标值转化为无单位的相对数（比重），数值大小规范在［0，1］内。对于越小越好的指标（逆向指标）：$Z_i=(X_{max}-X_i)/(X_{max}-X_{min})$；对于越大越好的指标（正向指标）：$Z_i=(X_i-X_{min})/(X_{max}-X_{min})$。在得到各个指标的标准化值后，通过计算整理得到中部地区各个系统的可持续性动态评价结果。

（四）评价结果分析

1. 人口系统可持续性动态评价 从表 7-7 可以看出，2001～2010 年各省份的人口可持续水平基本上呈现上升趋势，但各省份人口系统可持续性水平有较大差距，人口系统可持续发展水平排序为山西（强）、湖南（中）、江西（弱）、河南（弱）、湖北（差）、安徽（差），山西得分均值最高，其次是湖南、江西和河南。

表 7-7　中部地区 2001～2010 年人口系统可持续性评价

省份	2001 年	2002 年	2003 年	2004 年	2005 年	2006 年	2007 年	2008 年	2009 年	2010 年	均值
山西	0.91	0.94	0.94	0.90	0.94	0.95	0.96	0.96	0.97	0.86	0.93
安徽	0.04	0.08	0.04	0.02	0.07	0.07	0.08	0.08	0.09	0.09	0.07
江西	0.57	0.49	0.51	0.53	0.56	0.82	0.68	0.68	0.83	0.75	0.64
河南	0.64	0.67	0.49	0.64	0.62	0.49	0.62	0.63	0.71	0.63	0.61
湖北	0.54	0.20	0.25	0.39	0.58	0.69	0.72	0.68	0.65	0.69	0.54
湖南	0.70	0.68	0.54	0.68	0.71	0.88	0.85	0.79	0.82	0.83	0.75

2. 经济系统可持续性动态评价　从表 7-8 可以看出，中部地区农业经济系统可持续发展水平排序为湖南和河南（中）、湖北（中）、江西（弱）、安徽（差）、山西（差）。中部农业大省河南、湖南和湖北得分较高，其余省份农业经济可持续发展水平普遍较低，山西农业经济总体可持续水平最低。

表 7-8　中部地区 2001～2010 年经济系统可持续性评价

省份	2001 年	2002 年	2003 年	2004 年	2005 年	2006 年	2007 年	2008 年	2009 年	2010 年	均值
山西	0.05	0.07	0.13	0.07	0.13	0.09	0.06	0.04	0.00	0.01	0.07
安徽	0.50	0.51	0.36	0.39	0.39	0.41	0.40	0.47	0.44	0.39	0.43
江西	0.58	0.55	0.55	0.55	0.65	0.65	0.65	0.68	0.65	0.62	0.61
河南	0.75	0.76	0.67	0.69	0.81	0.85	0.83	0.70	0.82	0.66	0.75
湖北	0.84	0.74	0.81	0.72	0.74	0.66	0.68	0.78	0.71	0.77	0.74
湖南	0.74	0.73	0.78	0.73	0.82	0.72	0.74	0.76	0.74	0.71	0.75

3. 社会系统可持续性动态评价　从表 7-9 可以看出，2001～2010 年中部地区农村社会系统可持续发展评价普遍较差。从得分均值来看，除了湖北省农村社会系统可持续发展水平得分较高（0.82）外，其余省份得分都较低（山西 0.57、湖南 0.46、江西 0.42、安徽 0.29、河南 0.21），发展水平都为差。通过分析可以发现，中部各省政府财政对农村公共服务的供给存在很大的不均衡现象，湖北、山西、湖南和江西 4 个省份的公共服务供给优于安徽和河南。

表 7-9　中部地区 2001～2010 年社会系统可持续性评价

省份	2001 年	2002 年	2003 年	2004 年	2005 年	2006 年	2007 年	2008 年	2009 年	2010 年	均值
山西	0.57	0.74	0.75	0.51	0.60	0.69	0.62	0.51	0.56	0.18	0.57
安徽	0.23	0.23	0.11	0.18	0.35	0.36	0.32	0.38	0.35	0.37	0.29
江西	0.33	0.39	0.41	0.30	0.38	0.40	0.44	0.54	0.52	0.53	0.42
河南	0.16	0.17	0.13	0.15	0.12	0.12	0.25	0.32	0.27	0.43	0.21
湖北	0.75	0.62	0.79	0.75	0.80	0.79	0.91	0.94	0.94	0.93	0.82
湖南	0.33	0.30	0.34	0.30	0.48	0.53	0.56	0.53	0.58	0.60	0.46

4. 资源系统可持续性动态评价　从表 7-10 可以看出，中部 6 省的资源系统可持续发展能力得分普遍不高。从 2001～2010 年各地区得分均值来看，山西和河南两个省的得分均值

均低于 0.4，这说明其资源系统可持续发展水平较差。江西、湖南、安徽和湖北 4 个省的得分均值相对高一些，而且这 4 个省在森林覆盖率、水资源和湿地面积等方面也占据明显优势，这是造成此资源系统评价排序的重要影响因素。

表 7-10 中部地区 2001～2010 年资源系统可持续性评价

省份	2001 年	2002 年	2003 年	2004 年	2005 年	2006 年	2007 年	2008 年	2009 年	2010 年	均值
山西	0.37	0.57	0.37	0.37	0.37	0.37	0.37	0.37	0.37	0.38	0.39
安徽	0.54	0.42	0.52	0.47	0.50	0.48	0.55	0.54	0.56	0.44	0.50
江西	0.59	0.53	0.65	0.65	0.63	0.63	0.63	0.62	0.62	0.58	0.61
河南	0.41	0.29	0.35	0.34	0.36	0.34	0.38	0.37	0.37	0.31	0.35
湖北	0.39	0.29	0.45	0.45	0.43	0.40	0.48	0.49	0.47	0.38	0.42
湖南	0.54	0.43	0.58	0.61	0.56	0.55	0.58	0.57	0.57	0.47	0.55

资源系统可持续发展得分普遍不高说明中部 6 省的资源紧缺。随着中部地区城市化进程的加剧，中部地区的农业将承受越来越大的资源压力。

5. 环境系统可持续性动态评价 从表 7-11 可以看出，除了山西省环境系统可持续性动态评价得分均值为 0.62（弱）以外，其余省份的环境可持续评价得分均值均低于 0.6，评价等级为“差”。

表 7-11 中部地区 2001～2010 年环境系统可持续性评价

省份	2001 年	2002 年	2003 年	2004 年	2005 年	2006 年	2007 年	2008 年	2009 年	2010 年	均值
山西	0.64	0.69	0.75	0.70	0.33	0.26	0.75	0.75	0.64	0.64	0.62
安徽	0.27	0.23	0.21	0.29	0.52	0.62	0.27	0.33	0.35	0.34	0.34
江西	0.58	0.56	0.55	0.53	0.57	0.50	0.61	0.68	0.63	0.60	0.58
河南	0.43	0.44	0.40	0.45	0.26	0.34	0.37	0.36	0.43	0.49	0.40
湖北	0.44	0.44	0.45	0.39	0.32	0.33	0.44	0.42	0.52	0.52	0.43
湖南	0.35	0.26	0.30	0.29	0.45	0.46	0.27	0.31	0.38	0.52	0.36

6. 区域农业可持续发展综合评价 根据表 7-6 中各一级指标的权重，以及表 7-7 至表 7-1 中的数据计算，得到了 2001～2010 年各省份农业可持续发展的综合评价得分，综合评价变化趋势如图 7-3 所示。

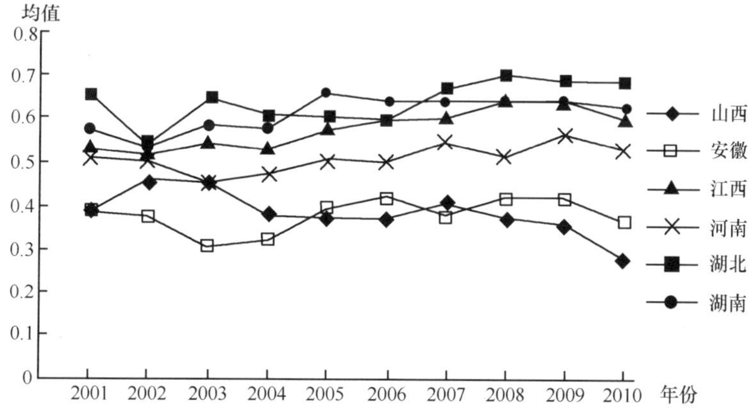

图 7-3 中部地区 2001～2010 年农业可持续发展综合评价

通过对 2001～2010 年各省份的各个子系统得分均值和综合评价得分均值进行比较后发

现，中部 6 省的农业可持续发展综合评价得分低于 0.7（湖北省 2008 年得分为 0.7），各个子系统的持续性水平与整体的持续性水平之间不协调。从农业可持续发展综合评价变化趋势（图 7-3）来看，各个省份的差异比较明显。2002 年以前，中部地区农业可持续发展水平基本上呈下降趋势；2002 年以后，各省份的农业可持续发展水平均呈现出“S”形波动，但湖南、湖北、江西和河南 4 个省份总体上呈现上升趋势，安徽和山西两个省份呈现下降趋势。由于中部各省份在农业发展的区位条件、资源特点、产业结构、政策扶持等方面存在一定的差异，各地区在农业可持续性水平及发展态势等方面产生了较大差距。

二、基于熵值法的黑龙江省农业可持续发展综合评价

（一）研究区域基本情况

黑龙江省位于我国的东北部，是中国位置最北、纬度最高的省份。黑龙江省现辖 13 个地市。黑龙江省土地总面积 47.3 万 km^2（含加格达奇和松岭区），占全国土地总面积的 4.9%。根据 2007 年土地利用变更调查结果，全省农用地面积 3958.3 万 hm^2，占全省土地总面积的 83.69%。黑龙江省盛产大豆、水稻、玉米、小麦、马铃薯等粮食作物，以及甜菜、亚麻、烤烟等经济作物，是我国重要的商品粮基地。

（二）指标解释与数据来源

根据农业可持续发展的内涵、影响农业发展的因素，以及指标体系的指导思想、理论框架、基本原则和构建方法，建立区域农业可持续发展的评价指标体系（表 7-12）。

表 7-12　黑龙江省农业可持续发展评价指标体系

目标层	子系统	指标层
农业可持续发展水平	农业人口系统 B_1	农业人口比重（%）C_{11}
		乡村劳动力中从事农林牧渔劳动力比重（%）C_{12}
		人口自然增长率（%）C_{13}
	农业经济系统 B_2	农机总动力（10^4kW）C_{21}
		农业产值增加值（10^4 元）C_{22}
		农业总产值指数（上年=100）C_{23}
	农业社会系统 B_3	第一产业专业技术人员数（人）C_{31}
		第一产业就业人数占就业总人数比值（%）C_{32}
	农业资源系统 B_4	人均公共绿地面积（hm^2）C_{41}
		水资源总量（10^8m^3）C_{42}
	农业环境系统 B_5	区域废水排放总量（10^4t）C_{51}
		化肥使用量（t）C_{52}
		除涝面积占易涝面积比值（%）C_{53}
		固体废物产生量（10^4t）C_{54}

（三）计算农业可持续发展综合评价指标值

根据评价目的，利用收集整理的黑龙江省农业评价指标数据进行计算。计算步骤：①采用直线型标准化中的极值法，对数据进行标准化处理；②计算第 j 项指标下第 i 个方案指标值的比重 P_{ij}；③计算得到各方案的熵值 e_j、效用值 g_j、熵权 a_j 和各子系统的权重；④计算出系

统的综合评价值。

从表 7-13 各指标的熵权值可以看出，各评价指标的熵权分布较均匀，最大值和最小值分别为 0.043 和 0.099，平均值为 0.071。各个指标对农业可持续发展水平的影响程度相当，且各项评价指标与农业可持续发展程度具有较强的相关性。通过衡量系统层中各子系统的权重大小（表 7-14），发现在 5 个子系统中，农业环境对农业可持续发展的影响最为显著，是农业可持续发展的根本条件；农业经济和农业社会在农业可持续发展的评价中作用也较为突出，体现了农业对现代化科技的需求程度，符合当今农业的发展要求。

表 7-13　各方案熵值 e_j、效用值 g_j 和熵权 a_j

	C_{11}	C_{12}	C_{13}	C_{21}	C_{22}	C_{23}	C_{31}	C_{32}	C_{41}	C_{42}	C_{51}	C_{52}	C_{53}	C_{54}
e_j	0.994	0.995	0.994	0.990	0.990	0.991	0.989	0.990	0.991	0.991	0.993	0.992	0.991	0.995
g_j	0.006	0.005	0.006	0.010	0.010	0.009	0.011	0.010	0.009	0.009	0.007	0.008	0.009	0.005
a_j	0.056	0.043	0.053	0.086	0.084	0.075	0.099	0.085	0.083	0.078	0.065	0.069	0.081	0.043

表 7-14　各子系统权重

子系统	人口系统	经济系统	社会系统	资源系统	环境系统
子系统权重	0.153	0.245	0.184	0.160	0.258

（四）黑龙江省农业可持续发展水平的综合评价

表 7-15 是黑龙江省各地区农业可持续发展综合评价结果。由表可知，伊春和哈尔滨综合评价水平高。哈尔滨是省会城市，虽然农业资源和环境水平不高，但农业经济和社会资源丰富，这是其综合评价值高的主要原因；伊春森林覆盖率高，生态环境优越，资源可持续性强，弥补了农业经济和人口系统的不足。

表 7-15　黑龙江省各地区农业可持续发展综合评价结果

各地区	人口系统	经济系统	社会系统	资源系统	环境系统	综合评价
七台河	0.0129	0.0008	0.0015	0.0015	0.0291	0.046
大庆	0.0090	0.0186	0.0035	0.0048	0.0195	0.056
鸡西	0.0157	0.0120	0.0095	0.0140	0.0204	0.072
鹤岗	0.0197	0.0073	0.0014	0.0170	0.0276	0.073
佳木斯	0.0122	0.0174	0.0171	0.0135	0.0157	0.076
黑河	0.0106	0.0011	0.0181	0.0177	0.0195	0.077
双鸭山	0.0140	0.0202	0.0060	0.0195	0.0260	0.086
齐齐哈尔	0.0080	0.0365	0.0164	0.0109	0.0159	0.088
绥化	0.0101	0.0285	0.0180	0.0063	0.0252	0.088
牡丹江	0.0120	0.0204	0.0290	0.0155	0.0154	0.092
哈尔滨	0.0087	0.0520	0.0250	0.0053	0.0164	0.107
伊春	0.0196	0.0204	0.0388	0.0342	0.0270	0.140

本章小结

农业可持续发展评价是对农业可持续发展水平的综合体现和反映，它可以准确反映某一区域农业可持续发展的程度。客观地评价农业可持续发展能力和水平，对于充分利用自然资源，实现经济效益、社会效益和生态效益协调统一至关重要。本章重点阐述了农业可持续发展评价的指导思想、原则及思路，详细介绍了农业可持续发展综合评价的理论体系及框架模型，深入分析了农业可持续发展评价的指标体系、主要评价方法和计算步骤，并通过实际案例对我国中部和黑龙江省的农业可持续发展进行了综合评价。

思考与练习

1. 名词解释：
   农业可持续发展评价　农业可持续发展评价指标体系　专家评判法　层次分析法　序分析法　主成分分析法　因子分析法
2. 简述区域农业可持续发展评价的指导思想和原则。
3. 简述区域农业可持续发展评价的总体思路。
4. 简述压力-状态-响应框架的基本思路。
5. 简述推动力-状态-反应框架的基本思路。
6. 为什么要开展农业可持续发展多指标综合评价？
7. 区域农业可持续发展评价指标体系构建的原则和方法有哪些？
8. 区域农业可持续发展评价的指标体系包括哪些方面的内容？
9. 指标数据标准化和指标权重确定的方法有哪些？

主要参考文献

郭亚军. 2002. 综合评价理论与方法. 北京：科学出版社
谈存峰. 2005. 甘肃农业与农村可持续发展水平和协调度的评价分析与对策建议. 兰州：甘肃农业大学硕士学位论文
田宏，于晓秋，李雨，等. 2008. 基于熵值法的黑龙江省农业可持续发展综合评价. 黑龙江八一农垦大学学报，20（5）：108～112
吴传钧. 2002. 中国农业与农村可持续发展问题——不同类型地区实证研究. 北京：环境科学出版社
谢季坚，刘承平. 2005. 模糊数学方法及其应用. 武汉：华中科技大学出版社
袁久和. 2013. 我国中部地区农业可持续发展的动态评价. 南京审计学院学报，（1）：14～21
张忠根. 应风其. 2003. 农业可持续发展评估：理论、方法与应用. 北京：中国农业出版社
周海林. 1999. 农业可持续发展状态评价指标（体系）框架及其分析. 农村生态环境，（3）：6～10，16

第八章 国外农业可持续发展的实践

学习目标

掌握国外可持续农业发展的主要模式与途径；了解各国可持续农业实践的基本背景、具体做法和发展趋势；结合理论学习，熟悉世界主要国家在农业可持续发展实践方面的成功经验及对我国的借鉴意义。

第一节 国外可持续农业发展的主要模式

世界各国因具体国情与发展背景不同，在对可持续农业的认识上及其发展模式选择上存在较大的差异。美国等发达国家生产力发展水平较高，农业产品供给充足，居民收入高，消费已向追求生活质量方向转变，因此，未来农业发展更重视食物安全与营养，更多地强调资源环境的保护，是一种农业现代化后的持续发展。而对于大多数发展中国家，农产品供给紧张状况在短期内还难以根本改善，因而农业发展的注意力更多地集中在农产品特别是粮食数量的增长上，是一种农业现代化进程中以发展生产为主要目标的持续农业，同时也吸取了以往发达国家的教训或总结了国内已经出现的环境问题，从而较为重视农业发展与环境保护的结合。

概括地讲，国外可持续农业发展的模式与途径主要有以下几个方面。

一、以生态环境保护为主要目标的持续农业

美国是世界上最早倡导持续农业的国家，先后提出过“低投入持续农业和高效率持续农业”的构想。低投入持续农业的主攻目标是建立一种能够保护农业生态环境的农业生产体系，并以立法的手段予以公布和实施。实践证明，低投入持续农业的效果良好，但生产效率相对较低。因此，后来又提出了高效率持续农业模式，该模式注重农业的生态原则和对农业生产各个环节的科学管理，强调依靠科技进步来促进农业生产效率的大幅度提高，通过合理地研究和使用化学制品，来减少环境污染，切实保护生态环境质量，为农业可持续发展创造良好的物质条件。

二、以合理利用资源和保护环境为重点的持续农业

以合理利用资源和保护环境为重点的持续农业，主要是一些人多地少的发达国家针对在现代化农业发展过程中所面临的许多生态环境问题而提出来的持续农业发展模式。例如，日本从 20 世纪 50 年代进入重化学工业发展阶段，伴随着经济的高速增长，农业机械化、化肥化和高收益化迅速发展，同时也引起土壤和水质污染、自然环境和生态破坏等严重问题，曾被世界斥之为“公害大国”。因此，20 世纪 80 年代日本农林水产省正式提出“绿色资源的维护与培养”，开始强调农用耕地及森林利用的外在性价值，并注重对资源的合理利用和环境的有效保护，选择“环境保全型农业”的发展道路。该模式主张以有机物还田与合理轮作为基

础，通过对合成化学制品的限制利用和生物肥料、生物农药的大力开发与扩大应用，把资源永续利用和环境保护，同提高农业生产率紧密结合起来，促使农业的可持续发展。

有些资源比较丰富的国家，如巴西，考虑到减少生态环境破坏，也选择了合理利用资源和保护环境为重点的持续农业。其突出做法是重视新农业生产资料开发和利用，重视资源的高效利用。

三、以促进农业综合发展为目标的持续农业

以促进农业综合发展为目标的持续农业，模式以德国为代表。德国是世界上生产和使用化肥、农药最多的国家，虽然农业现代化获得了持续增长的高产，但也带来了诸如水源污染与环境破坏、农产品质量下降和生产过剩的问题。在此情况下，德国提出了"综合农业发展模式"。其主要内容有以下几个方面一是综合农业与生态系统平衡。综合农业的实施以不破坏自然环境为前提，而且必须与生态系统要求的平衡过程相一致。二是综合农业与土壤保护。农业经营要因地制宜、合理轮作，注意施用钙肥，防止土壤流失，实行综合植保。三是综合农业与水源保护。措施包括合理规划农田，避免在水淹区进行耕作；在水域周围建立保护绿地，保留和设置田埂；通过合理栽培，保护土壤、涵养水分；实施最佳施肥方法等。四是综合农业与经济。发展综合农业必须协调好经济效益和环境保护等多方面的关系，发挥政府宏观调控作用，并根据不同时期的社会经济状况来具体实施。

四、以减轻资源环境承载压力为前提的持续农业

以减轻资源环境承载压力为前提的持续农业，模式以印度为代表。印度政府于 1986 年颁布了《环境保护法》，从 1988 年起实施"新农业发展战略"或称"第二次绿色革命"。1992 年，农村发展部针对十分严重的环境问题，提出了"印度持续农业发展的途径"的报告，要求生态、经济、社会与文化等各个领域都必须同环境保护结合起来，走以减轻资源环境压力为前提的成本低、能源效率高和生态环境优良的持续农业发展道路。在实践中采取了多种具体的措施：推广使用生物肥料和生物农药；实施持续农业的能源计划；实行典型地区（喜马拉雅山地区）生态保护计划；推广采用新农业技术的"模范村"；推行以生物技术为主导的第二次"绿色革命"。

第二节　美国持续农业的实践

美国农业的生产总量和出口量都很大，一些重要农产品的出口量在世界市场上所占的比例甚至大于其产量在世界总产量中所占的比例。美国的畜牧业和种植业并重，在很长时期内，美国一直是世界上最大的粮食生产国和出口国。从 20 世纪 80 年代初期起，其粮食产量被我国超过，从而退居为世界第二大产粮国。2001 年，美国的谷物总产量为 3.36 亿 t，人均占有量 1180 kg，名列世界第一。美国拥有巨大的粮食储备，谷物的结转库存占世界第一，近年来接近世界库存总量的 1/3。美国的畜牧业是高度发达的产业，也是资金和技术密集的产业。

一、美国农业的特点

1. "以农立国"的传统　美国虽然作为移民国家，只有 200 多年的历史，但是由于有

着“以农立国”的传统，历来注重农业科技的应用，又依仗其得天独厚的条件，农业一直是国家的重要经济支柱。随着工业的发展，农业在美国经济中的比重逐渐下降，但政府对农业采取了支持和保护的政策，这使美国农业在世界上依然具有强劲的竞争力。

2. 以高度商业化的家庭农场为基础 美国1826年制定了“宅地法”，奠定了家庭农场的基础。美国有204万个农场，其平均规模为193.4 hm^2；农业劳动力有200多万人，占全国劳动力总数的2%左右。现在“公司农场”的数量在不断上升，大约有7万多个，虽然数量不大，但其面积和销售额在美国农场中所占的比例却较大。但是，“公司农场”的基础仍然是家庭农场。

3. 农业专业化程度很高 美国形成了著名的生产带，如玉米带、小麦带、棉花带等。畜牧业的分布与种植带虽有一定的关系，但并不十分明显。美国的东北地区饲养的奶牛头数约占全国的1/3，生产的牛奶和奶制品几乎占全国的1/2，肉鸡生产也占重要的地位。玉米带提供了丰富的秸秆作为饲料，为当地养猪业提供了良好的条件，因此玉米带也是美国最大的猪肉生产基地。美国西部的“草原带”以放牧为主，可以饲养牛、羊、马等。美国的肉牛饲养通常是先在草原带放牧，“搭好架子”，然后才进行集约化育肥，因此可以节省大量的饲料粮和其他费用。这种区域分工使美国各个地区能充分地发挥各自的比较优势，有利于降低成本，提高生产率。通畅的水陆运输网的建立更进一步促进了区域分工和专业化生产，而区域分工和专业化生产又有力地推动了附近地区相关产业的发展。

4. 农业产销实现“从田间到餐桌”的一体化 美国的农业体系被称作“农工综合企业”，在这个体系里就业的人数占全国劳动力的17%，大大高于农业本身所能吸收的劳动力。如食品的产销系统，就包括农业投入物的供应，农产品的收购和加工、批发、零售及机关单位食堂等，形成了一个完整的体系。

5. 农产品的经常性过剩使美国农业对国际市场的依赖性很大 美国是世界上最大的农产品出口国，它的农产品约有1/5供出口之用。2000年，美国农产品出口总值为7087亿美元，占全世界的12.7%。一旦国际市场上农产品供过于求，美国政府就会面临农产品过剩问题。最为典型的事件发生在20世纪30年代初，当时因农产品过剩而引起了严重的农业危机，曾使农业遭到毁灭性的打击。

6. 美国的农业问题和环境问题也日益突出 美国的农业问题和环境问题主要表现为：①土地生产效率成就不突出。由于水土流失造成土壤肥力下降，使生物良种提高单产的贡献一度不甚明显，因此生物技术正越来越受到美国重视。②能源问题。“石油农业”面临危机，越来越强调低投入农业。③环境污染问题。严重的工业污染，农业中片面施用化肥、农药而形成的污染，森林资源遭到一定程度破坏等，都使美国农业面临可持续发展的危机。

二、持续农业生产体系的主要措施

持续农业生产体系的措施很多，而且全国各地的具体做法不尽相同。但是，归纳起来，大致有以下8个方面。

（一）节约高效利用资源

尽管美国的人均资源比我国多得多，但他们仍然十分注意节约地利用资源，尤其节约利用不可再生的自然资源。为此，长期以来实施一套“耕地储备计划”、“土壤保持计划”、“用地与养地结合计划”等，为创建具有新内容的“高效持续农业生产体系”打下良好基础，达到持续利用和管理资源的目的。

1. 废弃物处理与利用　美国注重废弃物及时清理和资源化利用。环境与能源效益是美国沼气工程发展的主要推动力。据美国环境保护署（EPA）对美国人为产生甲烷排放的调查，1990～2005 年，来自能源和工业行业的二氧化碳等温室气体排放量呈下降趋势，而畜牧场粪污管理中甲烷等温室气体释放增长了 34%。这是因为美国农场的养殖和种植发展基本相配套，养殖粪污大多在贮存塘露天存放，然后还田做肥料，存放环节产生了大量的甲烷和二氧化碳等温室气体。沼气工程能够带来最大化地减少温室气体排放，控制臭气的释放，避免粪便流失带来水资源的污染等环境效益；同时产生可利用的沼气（50% ～70% 甲烷）能源和有营养价值的肥料，可改善卫生条件。由于这些沼气工程效益和日趋严格的环境要求，提高了政府、农场主和可再生能源公司建设沼气工程的积极性。

近年来，为推动畜禽粪污沼气工程建设，实现节能减排，美国农业部（USDA）、美国环境保护署（EPA）、美国能源部（DOE）建立沼气项目发展服务管理平台，提供沼气工程建设的政策、法律、技术、设备和市场服务信息。美国联邦政府和各州也制定鼓励发展沼气工程的项目和提供财政支持。因此，大多数沼气工程得到美国联邦政府和各州不同的激励政策的财政补助。例如，2002 年《农场法》中的可再生能源和能源效率 9006 条款规定支持沼气项目；2003 年以来，美国农业部已经为厌氧消化系统总计拨款 3100 万美元。明尼苏达州农业厅的《产甲烷消化池贷款项目》为建沼气发电工程的农场主提供无息贷款。同时，给牧场发电并网或用电提供便利，所发的电由国家电网全部收购，每度电收购价 8 美分，牧场自用电属工业用电，每度电 5.5 美分。

2. 农业森林的管理　在持续农作制中，包括农业森林的栽培与管理实践。农业森林不仅能够同一年生或多年生草本作物共生，而且还能较好地同畜牧业生产综合发展。

农业森林的管理主要是以法兴林、大力发展林业、实行林业种植多样化，科学地、有限制地采伐林业资源，采伐和抚育相结合，保证森林种植面积，保持森林覆盖率在较高的水平。

3. 水资源管理　持续农业实践旨在降低农业实践对水资源的影响，它具有降低农业水污染的巨大潜力。同水资源有关的作物耕作制度，包括耕作、肥料养分管理、有机生物管理、畜禽垃圾管理和灌溉管理等。持续农业实践主张采用保持性的耕作，免耕、垄耕技术，有效地防治土壤侵蚀；科学合理地使用化肥和农药，把有害物质对水资源的污染降低到最低水平；注重畜禽粪肥的管理和使用，避免畜禽粪肥向水资源的流泻。所有这些实践，都将有助于水资源质量的改善。

（二）有效保护环境

美国在创建高效持续农业生产体系时，提出了一个“无风险的环境”设想，即设法促使环境免遭污染。为此，正在研制一种新的化学制品施用的分送技术系统及其装置，研制新型的高效、低毒（或无毒）的化学制品，以及研制新的种植、灌溉、施肥、喷药等作业一次完成或一机多用的农业机械。一旦这些新的技术措施得以实现，环境污染问题可以大大减轻。

（三）广泛使用良种

优良的农作物与家畜家禽品种，不仅可以高产，还可以获得较高的净收益。所以，持有“高效持续农业”观点的科学家，积极主张研制和推广高产、低耗、高净收益的优良品种，采用常规育种方法培育早熟品种以预防大量病虫害的危害，以及选育抗病虫与耐病虫品种，以避免使用化学制品等。

作物育种目标是依人类从事农作生产的需要而变化发展的，不同的农作方式，作物育种目标是不一致的。常规农业生产中的作物选育，要求作物生长时间一致、适应高肥料和化学制品的使用的作物品种。持续农业的生产，则要求选育出在低化学制品使用的前提下，增强作物抗逆能力，提高作物增产潜力。现代生物技术的进一步发展，如基因分离、DNA 重组技术、分子水平上的基因修饰、单克隆抗体技术等，完全能够满足植物育种工作者在选育适合持续农作方式的品种方面的要求。

（四）合理“栽培投入”

美国人讲的“栽培投入”，实际上就是指在创建高效持续农业生产体系时，要合理地利用多种适用的栽培技术、措施与耕作制度等。例如，经过多种试验，他们主张应用“免耕法”或“少耕法”，以大量节约人工能耗和广泛利用生物能源。

（五）慎重施用化肥

实践证明，化肥、农药、除草剂与其他化学制品的施用，无疑可以高产。但是，也会造成严重的污染，对人畜健康都不利。因此，美国学者主张慎重而有节制地施用这些化学制品，重点在剂型、用量、施用设备与方法，以及对人畜的危害等方面下工夫，找出一条新路子。

（六）综合生物防治

有害生物综合治理主要是对作物的病害、虫害、草害采用栽培措施、生物措施、化学措施、物理措施 4 种途径进行综合治理。在持续农业制度实践中，主要是栽培管理和生物防治。

1. 病虫害的防治期　栽培防治主要包括：作物轮作、诱集作物种植、作物制度多样化、种植和收获时间的安排等。诱集作物的种植主要是保护其他作物免受有害生物的猖獗危害，将有害生物诱集到该作物上，然后集中消灭；作物耕作制度多样化是结合持续农作制度的防治方法，作物的多样化可以有效地防治那些具有特定寄主植物、迁移距离短的有害生物；作物种植和收获时间的选择或改进也是栽培防治有害生物的主要方法之一，有害生物的生活周期、生长发育同作物的生长发育有某种特定的关系。改变作物固有的种植和收获时间，使作物生长和有害生物的生长出现某种“不同步”的过程，可以明显地减少有害生物对作物的危害。

实践证明，防治有害生物最成功的非化学防治途径，包括生物防治、物理防治等。生物防治包括利用天敌、利用生物技术进行作物定向育种等；而物理防治是利用各种物理作用以驱杀病、虫、草的方法，其中包括徒手捕杀（除草），机械作业，对温、湿、光等环境因子的调节，灯光、音波等诱杀。这些措施可减少农药的使用，对维护自然生态平衡、保护生态环境有重要意义。

此外，合理利用化学农药、杀虫剂、杀菌剂等防治病虫害。能利用栽培、生物或物理防治的，尽量少用或不用化学防治，尽量减少对环境的污染和破坏。

2. 杂草的防治　杂草的防治是任何一种农作制度中的重要组成部分。除草剂未产生以前，杂草的防治主要是通过作物轮作、种植竞争性抑制作物和机械耕作技术。机械防除杂草可能是最早的方法，最近的发展主要是在植物生态领域，使人们对于植物不同生命阶段对耕作反应的认识进一步得到深化。机耕防除分成 4 个类型：基耕、中耕、选择耕作、休闲重复耕作。

防治杂草的另一种方法是生物防除。生物防除有两种途径：即典型的生物防治和淹没性生物防治。典型的生物防治，主要利用害虫天敌和病菌防除多年生杂草；淹没性生物防治是最近发展的，主要应用于一年生作物中的一年生杂草。生物剂，通常是真菌剂，对杂草有高选择性，可以在杂草为害作物前进行使用。

（七）科学管理决策

科学管理决策是创建高效持续农业生产体系必不可缺的组成部分。具体说，就是要根据国内与国际市场需求的变化，制定产前环节的生产资料供应计划、产中环节的种植或饲养计划及产后环节的农产品正常流通计划，以便达到农产品的供需平衡，获得最大的净效益。

（八）健全服务体系

高效持续农业生产体系，是整个国民经济大生产体系的一个组成部分，它的产品是为整个社会服务（当然是有偿服务）。为了获取这种必需产品，应当建立各种形式的社会化服务体系，这对以高净收益为核心的高效持续农业生产体系来说尤为必要，因为任何一种“小而全”的生产体系都不可能获得高净收益的结果。

三、土壤管理与农作制度创新

（一）土壤管理

对土壤进行科学化管理是持续农业发展最重要的环节。土壤管理包括：土壤养分管理、土壤生物管理、土壤侵蚀管理。

1. 土壤养分管理　土壤中的养分包括各种有机物质及其元素，主要来自原有营养池（各种地矿物质的风化所致）、作物残骸、动物粪肥、合成肥料及生物固氮。土壤中的养分因土壤侵蚀、淋洗、脱氮、蒸发等原因而易流失，无论何种形式的养分流失，都会引起产量下降，同时造成对环境的污染。养分循环和作物对养分吸收的研究，是土壤养分管理的关键。持续农业本身并不排除使用各种化石能源，而是注重如何有效地使用化石能源，如何有效地促进作物对养分的吸收。

在从事持续农业生产的土壤养分管理上应注重以下几个实践环节。①及时收集粪肥，选用适宜地方处理和保存粪肥，如制作成堆肥、采用液体方式保存运输。②在土壤施用各种肥料前，应当对用肥有个量的概念，既要保证足够的肥料供应，又不能过多地施用，必须确定土壤肥料的情况，摸清土壤中各种养分的浓度，以便对症下药。③研究和测定土壤中各种养分元素的比例，为作物生长提供适宜的养分，保持土壤中各种养分的平衡，以便确定最有效的施肥时间和施肥种类，保证作物对养分的有效吸收。

2. 土壤生物管理　美国土壤生物管理主要有两种方法：直接操纵和间接调控。

直接操纵土壤生物主要包括以下方法：①将根瘤菌、菌根接种种子或根茎以刺激作物生长。②引进捕食性有机物，以防治各种病虫害的发生，引进某些土壤生物如蚯蚓，以改善土壤结构，增强土壤活力，促进作物对养分的吸收。③利用抑制剂降低选择性有害生物的活动和数量，如氮硝化剂常用于此种方式的土壤生物管理。在生态研究中，可利用选择性不同的杀虫剂，降低某种生物的数量。④对作物根围、根系、土表层、种子或幼苗嫁接微生物产品，即施用“微生物肥料”或“微生物增效剂”。

间接调控土壤生物主要是通过调控影响生物活动的环境因素，如栖息结构、小气候、养分、能源资源等。某些物理和化学法直接操纵生物栖息生境，可能有助于促进或降低生物活动。土壤耕作是操纵栖息生境的有效手段，保护性耕作产生相对较稳定的环境，并促进更加多样的分解物群落的发展和较低的养分流失；免耕法有助于保持土壤中较高的真菌与细菌比，而常规耕作制度中，细菌分解物的数量占绝大多数。灌溉措施能调整土壤生物活动，同时控制土壤含水量；pH 也影响土壤有机物，可以调节 pH 选择某种有益土壤生物群；对有机肥料数量、质量、投入分布的管理，无疑也会影响土壤生物的活动。

3. 土壤侵蚀管理　土壤侵蚀严重地威胁着农业生产。据美国农业部 1987 年统计，美国每年因雨水侵蚀的表土数量估计在 50 亿 t，因风侵蚀的表土数量估计为 150 亿 t。土壤侵蚀虽然是无法避免的自然过程，但土壤侵蚀程度如何则是管理上的工作。人类的干预、持续农业的实践活动，旨在减少土壤侵蚀率，并将其控制在一个较低的水平，史密斯（D・Smith）在 1941 年第一次提出了“可允许侵蚀率”的概念。但土壤侵蚀在什么范围不至于影响自然环境和农业生产，仍是值得探讨和研究的领域。

对土壤侵蚀的管理，主要采用一些创新的农作方式：①种植覆盖作物，减少雨水到达表层的速度和冲刷能力，减少风对土壤表层的直接风蚀作用；②进行保护性耕作，减少对表层土壤的扰乱，保持土壤表层的作物残渣覆盖，研究表明，保护性耕作可减少土壤侵蚀；③尽量修筑草边水道，减少流水对土壤的冲刷；④实行垄作制度，并将垄作实践同草边水道结合，有助于减少土壤侵蚀。

（二）创新持续农作制度

创新持续农作制度是一种基于生态原则，依赖于低能源、低化学制品投入，获得持续的农业生产力和环境改善的制度，是农作制度上的一次变革。创新持续农作制度的实践，主要包括作物轮作与间作技术、保护性耕作、农牧业综合经营。

1. 作物轮作与间作　复种是传统农业中最普遍的农作方式，也是传统农业生产成功的基石。复种技术主要表现为作物在时空布局上的多样化，即轮作和间作，轮作表现为作物在时间上的多样化，间作表现为作物在空间上的多样化。复种技术最主要的特征是增加生境结构和种类的多样化，其意义在于：①有助于资源的有效利用，促进内部养分的循环和吸收；②有效地减少害虫、病菌、线虫、杂草有害生物的危害。

轮作对土壤侵蚀、土壤团聚、土体密度、微生物菌量、土壤结构和特性等都有影响。其核心是：夏季作物与冬季作物轮作、多年生作物与一年生作物轮作、豆科作物与非豆科作物轮作、热带湿润作物与旱地作物轮作。

作物间作有助于土壤中各种养分合理和有效地利用，有助于同一时间内作物对光能和自然资源的充分利用。作物间作主要有：混播间作、条播间作和带状间作。混播间作是两种或两种以上的作物同时种植在同一田地，没有明显地行条安排，这种间作方式虽然能合理和有效地利用同一田块中的各种土壤养分，但管理工作难于进行。条播间作是作物条行状间隔种植。带状间作是两种或两种以上的作物带状间隔种植，带状宽幅能允许单独的农事操作，窄幅以不影响农田小环境为宜。带状间作不仅能充分利用光能，还能防治迁移距离较短的害虫。

除了单独的作物轮作或作物间作外，还有两种将农业生产时空结合完好的复种技术，即套种技术和带状间作轮作技术。套种是在上茬作物未收获前种植下茬作物，既充分利用了土壤养分，又保证了后作作物对光照和湿度的生理要求。带状间作轮作是美国近几年农业生产中的新尝试，旨在尽可能地利用本土资源增加生产和降低成本。关于作物带状种植方向、带状结构、作物品种选择、种植种群、肥料施用、耕地方式、害虫防治等管理，正在进一步试验和研究。

2. 保护性耕作　保护性耕作是一种将30%或更多的作物残茬存留土表层的耕作方法，它有助于保持土壤有机物质，增加土壤吸湿保持力，降低农场生产成本，减少土壤侵蚀、流失。其基本原理是：在生态保护原则的基础上，保持作物生境与自然生境一致，通过降低土壤扰动，促进更加复杂的腐解亚系统的发展，强化土壤系统的稳定和内部养分的有效循环，增加生物自然调节能力，达到产生一个有效的、无污染的、促进农业持续生产的农业生态系统的目的。

保护性耕作的优势在于：首先，开展保护性耕作时，燃料消耗减少、动力消耗减少、劳动时间节约、劳动强度降低，成本降低；其次，能有效地减少土壤侵蚀，其减少程度依赖于覆盖作物种植面积、受耕作扰乱的土地面积、土壤坚实性、表层地壳性质、大型土地生物活动、耕作方式和机具的变化等。

保护性耕作有一套完整的栽培措施，有别于一般耕作，要求高水平的管理和投入。选择适宜的保护性耕作类型，需要考虑土地质地结构、土壤侵蚀性、土表板结敏感度、斜坡长度、斜坡倾斜度、斜坡方向和形状、有效根系深度、有效种植水分和养分保持、内部排水特性等因素。

3. 农牧业综合经营　目前，美国大部分农场都在尝试或实行种植业与畜牧业综合经营。种植业中的作物多样化种植，不仅有利于种植业自身的发展，同时也为畜牧业提供了丰富的和高质量的各种饲料，如覆盖作物、饲料豆科作物种植。豆科作物饲料比饲草在养分上更具有价值。另外，作物秸秆也是反刍动物的主要饲料源，其中绝大部分是玉米秸秆。畜牧业的发展不仅为农场带来可观的经济收入，同时为种植业提供了大量的有机粪肥。有机粪肥可保持和改善土壤肥力，能使75%～95%的作物氮素、90%～96%的作物矿物质返回到土壤中，有助于土壤结构的改善、土壤肥力的增加和土壤生产率的提高。

四、持续农业未来发展方向与研究领域

（一）发展方向

许多美国农场主的最终奋斗目标，是获得农业生产的稳定增长和农场收入的增加。为此，这些农场主努力促使农场种植制度符合下列要求：①保持或改善自然资源基础；②保持环境不受污染；③保证盈利；④保护能源；⑤提高农业生产力；⑥改善食物质量和安全；⑦为农业和农村社会的发展创造一个更加可行的社会与经济基础设施条件。

（二）未来关注的研究领域方面

1. 作物养分资源和养分循环　作物养分资源和养分循环的研究，是持续农业重要的和不可缺少的环节。围绕豆科作物、粪肥及其他有机垃圾的养分的研究主要有：①土壤深层养分在向土壤表层的循环转移中，深根作物的作用；②同化肥资源比较，豆科作物固氮作用形成的氮素资源对环境的影响；③氮素和其他养分在有机和无机结构及在土壤溶液中的循环过

程；④利用豆科作物建立替代耕作制度的可行性研究；⑤如何将家畜生产同种植业相结合，以增加多样化和加强养分循环。

另一个新的和值得研究的领域，是对根围和土壤微生物活动的研究。目前有关这方面的探索较少，有必要加强以下几个方面的研究：①在不同耕作次序和轮作中，根围有机物的动态；②改善共生固氮作用中植物微生物相互影响的基础；③在低投入水平下，改善植物养分摄取的菌根和其他有关菌类的植物微生物的相互影响；④通过引入能够改善作物生长、降低毒性和病菌及其他有关菌类数量的不同有机物，以改善土壤根围生态。

2. 杂草治理战略　未来有关杂草治理的研究，应当抓以下几个方面：①栽培防治杂草方面，包括基耕和中耕机对杂草数量和动态的影响，作物播种期、密度、行距、覆盖作物、间作技术、肥料管理、灌溉等因素控制杂草生长和再生；②杂草生物学和生态学方面的基础研究，包括杂草之间的竞争、芽动态和休眠期、杂草毒素的相互抑制、遗传多样化和范围、杂草同害虫和病菌的相互影响、杂草同菌根的相互影响、杂草生活史和生活周期及环境对杂草的影响等；③生物防治方面，包括自然天敌的调查、生物除草剂的影响，以及化学品引入作物中对杂草发芽和生长抑制作用的研究。

3. 植物病原菌和线虫的治理战略　这方面的研究主要包括：①探索种植方式、轮作、灌溉、肥料、栽培、化学品使用等因素如何影响有益和有害微生物之间的平衡，这要求有较好的技术，在定性和定量水平上去分析病原菌数量和拮抗微生物数量的相互影响；②开发化学农药的替代产品，以减少和取代化学杀菌剂的使用；③作物对植物病菌和线虫的遗传抗性变异很大，且抗性遗传只被一种或少数基因控制，有必要加强作物对病原菌和线虫的遗传抗性和耐性的研究。

4. 害虫治理战略　目前的害虫治理战略研究应包括：①了解耕作制度的生态对害虫的影响，特别是种植制度结构、害虫对持续管理技术的反应及其量化研究，耕作方式、作物残茬、有机物质及生产制度的变化如何影响土壤节肢动物等；②通过操纵环境、利用覆盖物、肥料管理、灌溉措施、防治害虫的方法研究；③加强作物品种对害虫遗传抗性的研究；④生物防治要求进一步研究自然天敌的作用，引进新的天敌种类和种群，对目标害虫采用接种天敌和大量释放天敌的方法，及其效果的可行性研究；⑤透彻地了解害虫种群的地区动态，了解害虫侵袭发生的方式和区域，加强害虫危害的科学预测和监督。

第三节　德国持续农业的实践

德国农业高度发达，表现在“六高”：一是农业生产效率高。农业从业人员约占总劳动力的 4%，农户不足 60 万户，平均每个劳动力养活 124 人。二是农产品自给率高。80% 以上的农产品能够自给，部分进口主要用于调剂品种或价格因素。三是农业组织化程度高。全国有各种联合体 1079 个，各类合作社 1 万多个，覆盖了绝大部分农产品及销售、加工企业，实现了农工一体化、产加销一体化，保障了农民利益的最大化。四是农业科技含量高。建成许多重点实验室，且科研作风严谨，注重原始创新，特别是在转基因技术、新品种选育和种苗技术、新的栽培技术及病虫害防治技术等方面，不仅为德国农业生产，也为世界农业生产发展作出了重要贡献。五是农业机械化程度高。从播种到收获全部机械化，而且机械性能好，极大地促进了德国的农业生产。六是农民收入高。德国的农业发展以中小家庭农场为主，大部分农场规模在 50 hm^2 以下，90% 农户经营饲养业及普通种植业，10% 农户是葡萄、啤酒花、水果、蔬菜、烟草等专业户，畜牧业是德国大多数家庭农场重要的收入来源，每户农民年人均收入 6.3 万马克。

一、德国发展持续农业的原因和目标

（一）农业发展新阶段产生的原因

德国现代农业的持续增产与高产，除了得益于耕作制度和条件的改善、优良品种的育成和推广以外，还得益于化肥和农药使用。德国是世界上生产、使用化肥和农药最多的国家之一。化肥和农药的大量使用达到了高产的目的，但同时也产生了一些严重的问题。1981～1982年，德国的公众舆论界关于现代农业生产的食品对人体健康的危害的讨论达到高潮，在报纸上出现了题为："是农民毒害了我们吗?"、"吃还是死去，何去何从"、"中毒还是失业"等一类的文章。据调查，有 2/3 的居民害怕自己遭受残毒的危害。

（1）环境和资源问题。德国的环境和资源问题主要有：土壤中重金属元素增加、水资源趋于紧张、土地利用强度大、氮磷元素和农药残留物对水源的污染增加、生物群落的生境遭破坏、生物品种减少等。

（2）产品质量下降。主要包括：营养、品味下降；氮素含量高；重金属含量高；农药残留物高。

（3）生产过剩。20 世纪 80 年代中期，欧共体农产品生产过剩，仅谷物库存总量达 3000 多万 t。1989 年一年内库存黄油 140 万 t，奶粉 130 万 t，牛肉 52 万 t，谷物 1600 万 t，甜酒 22 亿 kg。每年库存费用高达 40 亿～50 亿美元。德国对农产品的部分需求通过进口解决，但也有的产品生产过剩，如 1985～1989 年牛肉自给率（不包括小牛肉）是 114%～125%，奶和奶制品是 100%～116%。生产过剩造成资源和劳动力的浪费，库存财政负担过重，为此欧共体采取了配额限产的措施，尽管同时采取了价格调节的手段，还是有部分农民的收入受到影响，抑制了农业生产的发展。

以上三个方面的问题是德国农业陷入困境的主要原因，要摆脱困境，就要解决好资源、环境保护问题，产品质量问题和提高农民收益的问题。农业生产同时考虑并解决好自然资源、社会、经济等多方面的问题，是以往任何时候农业都未曾做到的，于是便产生一种新的构想，使农业发展进入了一个新的阶段。

（二）德国持续农业发展的目标

德国从战后至今对农业发展提出过 4 个目标：①战后初期的经济恢复阶段（1947～1950年）提出的目标是提高产量，争取丰产，满足人民的食品需求；②生产高速发展的阶段（1951～1966年）提出的目标是通过专业化和现代化生产，增加产量、降低生产成本，生产廉价产品；③经济平衡发展阶段（1967～1973 年）提出的目标是改良品种、追求丰产和优质；④经济调整和缓慢发展阶段（1973～2014 年）提出的目标是保护环境和资源。

前 3 个阶段的发展目标，是由当时的供需状况决定的，虽未提出"保护环境和资源"的字眼，但是通过保护性经营方式以保持土壤肥力，求得持续丰产的观点早已根深蒂固。"保护环境和资源"的目标提出后，农业生产再也不是单用高产或高效来衡量，而是以"高产、高效、优质、保护环境和资源永续利用"等为多目标的综合指标体系。

二、综 合 农 业

德国大约在 1984 年以后，根据经济发展的需要和自然环境现状，制定了农业发展目标和战略，提出了“综合农业”的观点。综合农业与目前国际上流行的持续农业在内容上大体相同，明显的区别是更强调各因素之间的相互作用和协调发展。综合农业要考虑到经济效益和社会环境效益两方面的要求，在权衡两方面利益的基础上进行生产。综合农业的内容可以从它与生态系统、土壤保护、水资源保护和农业经济几个方面的关系清楚地加以说明。

（一）综合农业与生态系统

农业生态系统与自然生态系统的区别在于，自然自身的调节过程落后于农业生态系统的调节过程。处于良性循环的农业生态系统必须使农业收获造成的土壤养分损失得到补偿，并缓解由工业区造成的空气污染；另一个不可缺少的调节作用是消除农作物的病虫害。综合农业可保持农业生态系统的良性循环，保护物种资源和生态方面有价值的生物群落，避免水源和土壤污染，减少有害物辐射，目标是使生态系统的污染降低到零点。

综合农业的实施，必须与生态系统要求的平衡过程相一致，不能把自然环境看作是任意索取的东西，生态系统的平衡必须从总体上衡量，困难是无法按其成本进行计算。根据生态学的观点，综合农业是有可能避免在农田中使用农药的，因为不用农药可改善农田中野生动植物的生存条件；另外，还可以通过设置田埂和灌木丛等使生态环境得到显著的改善。

（二）综合农业与土壤保护

土壤保护是综合农业的重要组成部分。土壤保护要做好以下几点：

（1）要因地制宜地经营，如果不根据当地条件利用土地，会导致过分的使用，产量和质量都会受到损失，土壤肥力下降。

（2）合理轮作，是保持和增加农田土壤肥力最行之有效的方法之一，对改善土壤结构和土壤中的生物，水和腐殖质含量，防治杂草、病害和虫害有显著的效果。

（3）注意施用钙肥，钙肥能促进土壤成熟、土壤微生物的形成和腐殖质的增加，可防止土壤酸化。钙的需要量，要通过对土壤进行定期调查检验得出。土壤中钙的含量取决于土壤种类、轮作方式和各种作物对钙的不同需要量。钙要定期、少量地施用。

（4）防止土壤流失，防止土壤流失要正确选择作物种类，轮作中不要过多地种玉米和萝卜；采用对土壤结构有利的耕作方式；坡地采取横向种植；要少耕、免耕，采用直接播种和开沟播种方法；注意杂草危害程度，适时防治；要采用间作、混作和套作方式；不要开发易被水淹的低谷地，特别是坡下的绿地；保留田间地埂；树木砍伐要与坡地成横向；营造防风林带。

（5）综合植保，综合植保的目的是通过植保措施在相当长一段时间内避免对土地产出能力的影响，保证健康食品和饲料的生产。目前德国批准使用的农药与以前不同，施用后生效较快，消失也快。同时，在植保方面应注意选择抗逆性好的作物品种；应用农业技术和生物技术对病虫害加以防治；在病虫害超过限界时才考虑使用农药；按农药的使用说明正确使用；定期维修和检查农药施用器械；经常检查和改善施用技术和方法；按现代科技水平批准农药的使用。

（三）综合农业与水源保护

第一，应合理规划农田，避免在受淹地区进行耕作；第二，在水域周围建保护绿地，保留和设置田埂；第三，通过合理栽培保护土壤、土表层覆盖物和土壤中的根系，以涵养水分；第四，实行最佳施肥方法，避免多余的硝酸盐流失到地下水中。综合农业的开展有效地保护和改善了水源。

（四）综合农业与经济

综合农业要达到经济效益和环境保护多方面的指标，而各指标之间并非都是相互促进的关系，有的是矛盾的或相互抑制的。综合农业就是要协调好各方面的关系，不像集约高效农业或生态农业那样带有一定的倾向性。为此，综合农业要根据不同时期内社会、经济状况来具体实施，同时也便于德国政府对农业进行宏观调控。例如，在食品供应短缺时，应以高投入、多产出为原则；而在农产品过剩时，应强调以保护自然环境为主的低投入、少产出的做法。实现这一宏观调控的可操作机制就是市场价格机制和与之相配套的一系列方针政策。

综合农业的发展必须考虑有限利用的原则和发挥所有因素的作用，如土壤、作物品种、地区及一切有关因素等，所以应在长期观察、精细计算的基础上，不断实践，才能最终拟定正确、经济的经营方法。在生产实践中，综合农业尽可能地将下列各方面的内容相互结合起来：农业企业规划和经营管理（包括资料、信息系统及分类、农业经营风险、土壤调查、气候数据等）；田地和环境的治理（包括轮作制、田埂和道路等）；品种选育（抗逆性、品质、产量等）；耕作制（传统耕作法、少耕或免耕法）；栽培和土地利用（轮作、持续高产）；植物养分（有机肥、无机肥）；植物保护（人工、生物或化学防治等）。综合农业生产能力受到市场价格、政策措施、法律规定等外部因素的影响和企业内部经营者的技能的影响；在种植过程中，又受到可控因素、部分可控因素和不可控因素的影响和生产目标的制约。

为了促进综合农业的开展，德国成立了综合农业促进联合会，这个联合会是农业、农业管理、农业经济、农业技术、化工和植保等方面协会和组织的联合体。联合会全体成员共同致力于农业的持续发展，目的是深入研究综合农业技术方法，研究成果的应用和实践，并通过向民众宣传和解释，使其明白综合农业的内容和意义。具体工作是立足于农业生产、农业科研、技术推广、技术培训和宣传等，开创发展综合农业的道路，使农业生产方法有利于加强自然环境的保护。

三、生态农业

（一）农牧结合，合理轮作

通过合理轮作和厩肥还田保证农田生态系统足够的营养元素。霍恩海姆大学所属农场的草田轮作试验结果表明：大田种植每公顷要支出 140kg 氮素，而轮种豆科牧草能固定 160kg

氮素，最后盈余 20kg 氮素。德国的大多数农场为农牧结合型，一般采用种几年豆科作物或牧草，再种几年谷类的轮作方式。饲养的奶牛、猪等家畜，畜粪还田，减少化肥施用量。此外，他们还大力研究化肥与有机肥的最佳比例，防止化学元素过量，在土壤中积累产生有害物质。化肥与有机肥的最佳比例不仅要求肥效高还要经济效益高，且不污染环境。

（二）病、虫、草害的综合防治

对病、虫、草害的防治，德国主张采用物理、生物和化学综合防治的方法：物理防治主要是通过轮作、间作或套作来抑制和减少病、虫、草害的发生；生物防治是通过病、虫和草的天敌，即通过益兽、益虫、有益节肢动物和病原真菌等消灭病、虫、草害；使用化学防治方法要有一定的限度，只有在病、虫、草害达到一定程度，致使经济损失超过额定数量时才能使用规定品种范围以内的农药，这些农药多采用天然植物和矿物质制成，或采用无毒化学元素合成。

德国特别强调在玻璃温室和塑料大棚的菜园中采用生物植保，以保证蔬菜、水果的质量，在商店就可买到生物或植物型的植保剂。另外，还培训农民家庭自制植保剂，主要采用聚合草、荨麻、蕨类植物、母菊、蒜、艾菊、木贼、洋艾、洋葱、西红柿叶、大黄等草药和植物，还有软皂、硅酸盐、苦木等自然物质制成液剂喷施，增强植物的抗逆性，防治霜霉菌、锈菌等真菌病害及蚜虫、卷叶蛾、螨、菜粉蝶等虫害。与此同时还要对益兽、益鸟及益虫加以保护利用。例如，在菜园悬挂鸟巢箱，为益鸟创造良好的生存条件，安放饮用水，冬季投放食物等。

（三）提倡少耕、免耕法，保护土壤结构

常用的耕犁地方法由于重型机械作业会使土壤表层结构造成压实和破坏，尤其是对植物根系和土壤中的生物有明显破坏作用。合理少免耕可以保护土壤结构，同时，合理种植牧草也有利于保护土壤结构。一些多年生牧草根系入土 3m 多深，可以把土壤深层的营养物质吸收到上层。种植牧草对改良土壤有良好的作用，一般农场土壤中有机质含量都在 3% 左右，甚至高达 5%。

（四）生物能和再生能源的开发利用

20 世纪 80 年代初开始，德国对甜菜、马铃薯、油菜、玉米等进行定向选育，并从中获取能源。克莱茵万茨本纳——德国西部最大的育种公司用甜菜制取乙醇取得可喜成绩，每公顷甜菜可产 4000L 以上的乙醇。除了用于燃料外，还是化学工业的重要原料，德国南部的糖业股份公司和法朗肯股份有限公司成功地研制了生产乙醇和甲烷的大型设备。植物油也可制成拖拉机用的燃料，经试验证明，菜籽油制成的燃料同柴油相似，其使用中有些不利因素可通过柴油、汽油或乙醇混合使用而得到改善。据计算，德国西部只要有 1% 的耕地种植油菜，就能满足农业机械的能源需要。此外，人们还大力研究从菊芋植物中提取乙醇代替石油，从羽扇豆中提取生物碱代替农药等。

在沼气利用方面，德国在 20 世纪 80 年代初就建有 150 个沼气工厂或装置，沼气的生产设备达 40 多种，在这方面陆续得到一些大公司的支持，如奔驰公司，资助一些农场利用畜粪制造沼气，向他们提供现代化的沼气发电机，生产出售 50L 的高压瓶装压缩沼气，相当于 6kg 柴油。

（五）开展自然生态试验

德国的生态学家和农学家正致力于人工生态系统的试验。他们模拟天然生物群落的发生、发展和演替规律，建立人工植被和人工复合生态系统，如营造混交林、果树与大田作物实行间作、草田轮作等已收到较好的经济效益。其结论是：农业生态系统要处于相对稳定，必须依靠人力的协调保护和控制，使之成为一个仿自然的复合生态系统，才能趋向良性循环。

20 世纪 90 年代以来，德国迅速变成世界上拥有生态农场数量最多、生态农业发展最快的国家之一，加上新联邦的 5 个州，现有不同规格、不同类型的生态农场和村镇 6000 多个。在德国东部（原民主德国境内）的法兰克福（奥德河）附近，有一个远近闻名的小村镇——乌尔考（Wulkow），被称为“生态村”。1990 年 8 月开始，制定了以保护生态环境为农村发展方向的区域发展规划。以农、林、食品加工为中心开展生产，本着保护生态环境的原则，搞风能、太阳能的利用，研制节能设备；开展养鱼，培育苗圃，种茶叶和草药植物；生产生物型植保剂及羊毛、毛皮和木材等加工产品；大力兴建旅游设施，吸引游客，开发生态农产品市场；举办生态农业培训学校等。

德国规定生态农业产品所用的田地一般在播种前至少休整过 2 年，如果是多年生作物（牧草除外）在第一次收获前至少要经 3 年休整。休整的方法主要有：种植豆科植物、绿肥植物和根系发达的牧草；加施堆肥或符合生态农业经营条件的农场中的有机物质，可使用畜舍粪水。在轮作及土地休整过程中，如果作物的营养通过以上三个方面还不能得到足够的补充，可使用下列规定中的有机肥或矿肥：牛圈和鸡舍粪肥、农家粪肥或尿肥、秸秆、泥炭土、养蘑菇等用过的物质的堆肥、居民有机废弃物的堆肥、植物残余物的堆肥、屠宰场和鱼品工业加工的剩余部分、食品和纺织工业的有机副产品、海藻和海藻产品、锯末、树皮和木材废料、木炭、磷岩、煅烧过的铝磷岩、炉渣粉、矿质钾肥、硫酸钾、石灰石、白垩土、镁岩、含钾镁岩、泻利苦盐（硫酸镁）、石膏（硫酸钙）、微量元素（硼、铜，铁、锰、钼、锌等）、硫、岩粉、陶土（固化珍珠岩）等。

对病、虫、草害的防治作了如下规定：采用适当的抗逆性强的品种；适当轮作；机械播种；创造有利的自然环境，保护益兽、益鸟、益虫；烧掉杂草幼苗。只有当作物产量面临危机时，才可使用下列规定中的物质：除虫菊酯植保剂、椭圆形鱼腾根制剂、苦木属的苦味剂、蜂蜡、硅藻土、岩粉、多聚乙醛及其他物质合成剂、硫磺、酸性枣红涂剂、小叶杨涂剂、硅酸钠、碳酸氢钠、碳酸钾皂（涂抹皂）、外激素制剂、苏云金杆菌制剂、颗粒状病毒制剂、植物和动物油、石蜡油等。

生态农业的产量要比常规农业降低 25%～30%，但德国倡导和强调生态效益。他们宁要中产的生态农业，也不要高产的有毒农业。对于农民来说，采用生态农业经营方式，其产品可以卖个好价钱；另外，还可从欧洲共同体拿到补贴，加上省了化肥和农药的费用，还是比较合算的，所以，生态农业大有发展趋势。德国在保护生态农业所取得的成绩得到越来越多人的肯定。

（六）粗放农业

粗放农业可以说是一种为了解决生产过剩和自然环境破坏问题，向生态农业方向转变的农业经营方式。因为生态农业的生产要有一定条件，从现代集约化的经营方式向生态农业转变之间要有一个转变过程，粗放式农业可说是一种过渡的形式。粗放经营方式包括休耕，这在 20 世纪 80 年代中期以前的很多年中德国都是禁忌的，但现在不同了：休耕可有效地减轻市场负担，有利于生态环境保护。

欧洲共同体的粗放农业项目为期 5 年，从 1988～1989 年至 1993～1994 年。可采取以下方法实施：①在同一地块中连续 5 年休耕或滚动式休耕，即每年休耕该地块中的一部分；②营造林地；③非农业生产性土地要特别注意保护自然环境和风景；④耕地转变为粗放经营的草场。以上 4 种方式必须至少占农场耕地的 20%，且连续 5 年，才可享受到项目补贴。

粗放农业技术上的要求是：化肥不能直接施用，要与堆肥混合使用；不能使用化学合成的农药，可以用植物制剂、真菌制剂和非有机铜制剂（最多 3kg/hm^2）、岩粉、硫磺等防治病、虫、草害。

考虑到农场在向生态农业方向调整过程中，粗放经营方式造成临时的收入损失（因为在开始几年，他们的产品还不能或只有一小部分能卖到生态产品的高价格），还要增加投资（如参加技术学习班、购买生产设备等），欧洲共同体对粗放农业减少的收入部分给予补贴。但是否采用粗放农业的经营方式，完全由农场自己来决定，政府不采取任何强行措施。

第四节　日本持续农业的实践

日本是世界上典型的工业强、农业弱、工农业发展极不平衡的国家。与其他发达国家相比较，日本农业具有人均耕地资源匮乏、小规模土地生产、兼业农户比重大等资源禀赋较差的特点，导致其农产品比较劣势突出，长期以来农产品自给率维持在较低水平，农产品严重依赖进口。为了提高农产品自给率、保证粮食安全，第二次世界大战后，日本开始对本国农业实施巨额的国内支持和严格的边境措施，尤其是科学、合理的国内支持制度设计，极大地促进了日本农业的发展。

日本从 20 世纪 50 年代进入重化学工业发展阶段，伴随着经济的高速增长，农业机械化、化肥化和高收益化迅速发展，同时也引起土壤和水质污染、自然环境和生态破坏等严重问题，曾被世界斥之为“公害大国”。因此，进入 20 世纪 80 年代，日本农林水产省正式提出“绿色资源的维护与培养”，开始强调农用耕地及森林利用的外在性价值，并注重对资源的合理利用和环境的有效保护，选择“环境保全型农业”的发展道路。该模式主张以有机物还田与合理轮作为基础，通过对合成化学制品的限制利用和生物肥料、生物农药的大力开发与扩大应用，把资源永续利用和环境保护同提高农业生产率紧密结合起来，促使农业的可持续发展。

一、持续农业发展的目标

环境保全型持续农业发展模式的目标是：①降低农场外部投入如化肥、机械、农药等来保护环境，防止土地盐碱化，保持和逐步提高土地肥力；同时利用现代生物技术培育适于水地、盐碱地、荒漠和生态敏感区耕作的作物品种，扩大耕地面积，弥补耕地不足。②以提高效率来保护环境。重视农业系统内部各部门的效率及其与资源系统关系的协调，强调种植业、渔业、林业和畜牧业的比例结构与区域农业自然资源及其组合特点的相吻合，以防止自然资源的浪费和自然生态结构的破坏。③对农业资源特别是森林进行经济效益评价和测算，注重森林在防止水土流失和动植物多样性及净化空气等方面的价值，以期保护绿色资源。

二、环境保全型持续农业

环境保全型农业是指充分发挥农业自有的物质循环功能，不断与生产力相协调，通过减量使用化肥、农药等减轻环境负荷的可持续农业。环境保护型农业的“环境”不仅是指农业环境，还包括人类环境、自然环境。因此，环境保护型农业不只是不污染环境的农业，必须是改善环境的农业，提供安全、品质优良、放心农产品的农业。

（一）环境保全型农业政策和法律体系

日本制定和实施了一系列农业环境保护政策和法规（表 8-1），通过立法把农业环境保护政策和措施法制化，使农业环保政策和措施具有延续性，对农业可持续发展起到了积极的作用。按照其演变历程可以划分为 4 个阶段：第一阶段（20 世纪 50～60 年代），农业发展以提高产量和劳动生产率为目标，农业环境污染严重；第二阶段（20 世纪 70～80 年代），开始重视农业环境问题，提倡发展循环型农业，有机农业在全国普遍兴起；第三阶段（20 世纪 90 年代），建立和推进环境保全型农业，实现可持续型农业发展道路；第四阶段（21 世纪初至今），全面实施可持续型农业，继续推进和完善有机农业。

表 8-1　日本环境保全型农业政策和法律体系

时间	名称	目标或内容
1999	食品、农业、农村基本法	强调农业的可持续发展、食品的稳定供给、农业的多功能性及农村的振兴等，明确规定农业生产使用堆肥和其他有机肥料的着眼点是防治农业生产所致的面源污染
1999	家禽排泄物法	对规模农户的圈舍、粪尿处理设施及技术等提出要求，提供贷款等优惠政策
1999	肥料管理法	规定堆肥、家畜肥等特殊肥料销售时必须标明成分，提高肥料投放效率
1999	可持续农业法	提倡“可持续农业生产方式”，鼓励农业生产中采用土壤保护技术
2000	有机 JAS 标准（Japanese Agriculture Standard）	要求有机农产品必须在农林水产省注册的认证机构认证，区别有机农产品与非有机农产品，增加对有机食品等的认证，包括对易腐农产品的标签要求等
2001	堆肥品质法	对堆肥等特殊肥料的产销实行严格审批管理，要求提供特殊肥料的种类、品质、成分等信息
2003	农药危害防止运动实施纲要	加强对农药的审定、生产保管及使用的监察与管理，普及农药知识，指导农民正确使用农药
2005	食物、农业、农村基本计划	提出一系列稳定食品供给、促进农业持续发展和振兴农村的政策，主要目标是确保农用地面积 461 万 hm^2、提高食物自给率到 50%，措施包括建立户别收入补偿制度等
2005	农业环境规范	将环境因素纳入农业生产规范，从农作物生产和家畜饲养两个方面规范生产技术规程，实现农业生产对环境最低限度的影响
2006	有机农业促进法	要求各级政府支持有机农业生产者，鼓励有机农业生产技术研发，加强有机农业产销间沟通
2007	关于有机农业推进的基本方针	在市町村设置有机农业交流平台，强化官民合作开发基于非农药的害虫驱除技术，推荐适宜有机作物种植的农地，加强广告宣传和交流活动。都道府县结合当地实际制定各自的推进计划

（二）环境保全型农业技术体系

目前，日本的环境保全型农业主要包括 3 种类型：一是减化肥、减农药型农业。通过减少化肥和农药的使用量，减轻对环境的污染及食品有毒物质含量。二是废弃物再生利用型农业。主要是构筑畜禽粪便的再生利用体系，通过对有机资源和废弃物的再生利用，减轻环境负荷，预防水体、土壤、空气污染，促进循环型农业发展。其主要措施有：将家畜粪便经堆放发酵后就地还田作为肥料使用，将污水经处理后得到的再生水用于农业灌溉等。三是有机农业型。完全不使用化学合成的肥料、农药、生长调节剂、饲料添加剂等外部物质，通过植物、动物的自然规律进行农业生产，使农业和环境协调发展。其主要措施有：选用抗性作物品种，利用秸秆还田、施用绿肥和动物粪便等措施培肥土壤，保持养分循环；采取物理和生物的措施防治病、虫、草害；采用合理的耕种措施保护环境，防止水土流失，保持生产体系及周围环境的基因多样性。

具体来看，基于有机农业技术自身的特点，日本积极开发与推广有机农业的相关技术（表 8-2）。

表 8-2　日本环境保全型农业技术体系

类别	技术	主要内容
土壤改良	堆肥等有机物质使用技术	通过杂草、秸秆、家禽粪便、农作物残渣、污泥等有机物质堆肥还田，减少污染和化肥使用
	绿肥作物使用技术	在农地上种植绿肥作物，并将其翻耕入土壤，改善土壤性能的同时替代化肥
化肥减量	局部施肥技术	使用侧条施肥、深层施肥等技术，以基肥、追肥方式分段或集中施肥
	肥效调节型肥料使用技术	提高肥料制作的技术含量（如采用颗粒包膜、掺抑氧剂等），使肥料施后养分缓慢释放，从而减少浪费
	有机质肥料使用技术	利用动植物的骨粉、油渣等制作肥料替代化肥，发挥其释放缓慢、养分不易流失的优势
农药减量	培土技术	采用培土措施，激发土壤的各种潜在机能，发挥土壤对病原菌的拮抗作用和净化作用等减少作物病虫害产生的机会
	多孔地表覆盖栽培技术	播种时，将特制的给作物生长预留孔洞的纸质膜或农膜覆盖于农地，减少农药施用
	覆盖栽培技术	采用无纺布或农膜覆盖作物，使作物与害虫隔离，减少杀虫剂的使用
	机械除草技术	使用农业机械除杂草，降低除草剂的使用次数与使用量
	动物除草技术	在水田中放饲鸭子、鲤鱼，用动物除杂草，降低除草剂的使用次数与使用量
	生物农药使用技术	利用捕食害虫或寄生虫的生物替代杀虫剂，降低杀虫剂的使用次数与使用量
	对抗性植物使用技术	采用轮作方式，适当种植对土壤中线虫类虫害有抑制作用的植物，以减少杀虫剂的使用
	物理防治技术	采用防虫网、诱虫灯、太阳热能消毒等技术，减少农药的使用

（三）环境保全型农业认证体系

1. 有机农产品认证制度　日本视有机农业为发展环境保全型农业的首选，对有机食品的管理给予特别重视。日本关于有机农产品的法律与标准由农林水产省制定和实施，认证管理程序基本分为双层申请、双向调查、双审认定、发证监管等 4 个环节（图 8-1）。

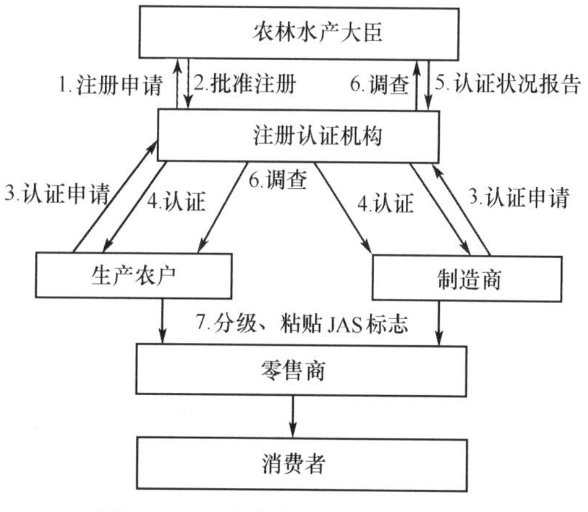

图 8-1　日本有机农产品认证流程

2. 生态农户认证制度　为推动环境保全型农业建设，日本以生态农户为载体，从政策、贷款、税收上给予支持，以提高生态农户经济效益和社会地位。生态农户的认定标准为：拥有 0.3hm^2 以上耕地、年收入 50

万日元以上的农户，经本人申请，并附环境保全型农业生产实施方案，报农林水产县行政主管部门审查后，再报农林水产省审定，将合格的申请者确定为生态农户。对这些农户银行可提供额度不等的无息贷款，贷款时间最长可达12年。

据日本"全国环境保全型农业推进会议"提供的数据，"生态农户"认定在各都道府县都得到了程度不同的发展。2000年获"生态农户"认定的仅静冈县5户、鹿儿岛县7户；2006年以后已遍布全日本。2008年9月，福岛县"生态农户"数达18 863户，居日本第一位。

（四）面临的问题及今后的方向

首先，日本在推广环保型农业技术上面临的最主要问题是技术问题。因为引进环保型农业技术需要增加经费和劳动时间，环保型农业技术与降低成本和节省劳力相矛盾，其技术体系还不够成熟。因此，今后要把环保型农业技术加以体系化，并有待提出全国水平的基本技术体系，各地区还应该根据当地的实际情况确立可行的地区级技术体系。

其次，有关人员对环保型持续农业还缺乏足够的认识。今后，不仅要求从事农业工作的人员，还应该包括消费者在内，对环保型持续农业的基本思想、重要性及必要性达成共识。

再次，需要提高推广部门的指导水平。目前，日本的环保型农业推进体制是通过补助事业在地方政府一级（都道府县）建立了协议会，但是普及所一级的推进体制还很不完善。普及所通过补助事业开展的工作主要是推广单项技术，还未建立起系统的推动环保型农业的体制。此外，还建立了指导改良普及员的专门技术员（县一级派的）指导体制（目前已有一半以上的县建立），而专门技术员的指导专业窗口大多属于土壤肥料专业，其他的专业还较少。

三、自然资源的循环利用

（一）循环型农业的实践

日本宫崎县菱镇是发展循环型农业较早且较成功的地区。1988年7月，该镇首次发起并通过了"发展自然农业条例"。镇政府规定禁止使用农药、化肥和其他所有的非有机肥料，从而有效地阻断了毒素向粮食传播的途径，保证了农业发展的安全性和长期性。所有的有机农产品在销售前都要根据"发展自然农业条例"来划分等级；在给每一种农产品定出等级前，管理委员会的委员们要亲自去视察农产品和产出农产品的农田。同时，将小规模下水道污泥、家禽粪便，以及企业的有机废物作为原料以产生甲烷并用于发电，剩余的半固体废渣进行固液分离后，固态成分进行堆肥和干燥，液态成分处理后再次利用或者无害化后排放，实现了废物的高度资源化和无害化。发展循环型农业使该镇的生态环境大大改善、经济稳步发展、农民生活逐渐富裕、社会秩序安定。

米山町有1.2万人口，3.6万头牲畜，是日本著名的猪肉和牛肉产地，出产的大米也很有名。过去，这里的牲畜粪便处理是个难题，后当地建设了许多农业资源循环处理站利用牲畜粪便和稻壳生产有机肥，不但可以解决污染问题，而且增加土地肥力，生产有机大米，增加农民收入。处理站建好后，当地的化肥使用量越来越少，农业循环经济取得了多赢的局面。

（二）农业废弃物资源循环利用

1. 垃圾焚烧和发电技术　出云市是个只有23万人口的小城，依山傍水，环境非常优美。“出云能源中心”建在城市边缘的一处山坡上，远看是一组整洁的建筑，不像处理垃圾的工厂。一根不高的烟囱，也看不出烟气冒出。进入厂区、办公楼和厂房，处处窗明几净、一尘不染。“出云能源中心”的垃圾发电，其最大特点就是二噁英排放极少，在日本环境标准的1／10以下；第二个特点就是将燃烧残渣进行玻璃化处理，便于控制利用，提高了安全性；第三个特点是不用助燃物，减少了二氧化碳的排放。它的建成不仅解决了出云市可燃垃圾的处理问题，而且成为新的能量来源。

2. 农用废塑料制品的再生利用

（1）用于炼铁使用的燃料。日本的大型钢铁企业（NKK）京滨钢铁厂率先利用废弃塑料制品作燃料，用于炼铁生产。现在，作为还原剂的焦炭已被废弃塑料制品所代替。这种成本十分低廉的燃料绝大部分来自日本国内各地区农业协同组合回收来的农用聚氯乙烯类材料，但农业协同组合需要向钢铁厂支付低价的处理费用。

（2）作为水泥生产的原料。日本的太平洋水泥工厂已经开始进行利用农用废弃塑料制品作为生产水泥原料的试验。生产水泥的原料主要是石灰石、黏土、硅石、铁等物质，废弃物上带有一些泥土同样可以变为水泥原料。但在粉碎处理之前，需要事先清理石子和金属物等坚硬物品。

3. 利用农业废弃物制取全纤维素　在农作物及木材等植物中，纤维素大约占50%，植物纤维的主要成分——半纤维素（己聚糖）占25%～30%的比例，其余是木质素。木质素的利用价值较小，而全纤维素可以用来制造纤维二糖和多聚糖等药品原料。日本开发出了一种用细菌分解农业废弃物并制取全纤维素的方法。他们发现，一种叫白色腐朽菌的细菌可以分泌锰过氧化物酶，锰过氧化物酶只分解木质素而保留纤维素，并且将纤维素转化为全纤维素。研究表明，用上述菌处理碎木片8周之后，木质素80%被分解，而纤维素70%转化为全纤维素。

（三）工业废弃物资源循环利用

为了保护环境、节约资源，近年来，日本不少企业在推进资源循环利用，努力促进经济的可持续发展方面取得了积极成果。例如，朝日啤酒公司将酒糟加工成奶牛和肉牛用的饲料，提供给养牛场，不仅消除了废弃物，还增加了收益。理光公司将废纸、易拉罐、塑料瓶及食堂的生活垃圾等分别装入塑料桶内，里面加入一定数量的化学药品，发酵30天后使其成为有机肥料，用于栽培工厂内的花草树木，美化环境。日本艾言斯公司开发化学再生技术，实现了废PET（聚对苯二甲酸乙二醇酯，俗称涤纶树脂）到PET原料的循环利用。

（四）生活废弃物资源循环利用

日本一家名为“日本食粮”的公司2001年研究出了利用生活垃圾和农业废弃物制造乙醇的方法。该公司采用了臭氧处理法分解旧报纸、纸制容器、废木材等垃圾，以及树皮、稻草等农业废弃物，并将纤维素转换为葡萄糖，进而再使用酵母发酵、蒸馏，最终得到乙醇。这种技术生产效率颇高，价格比现在市场上销售的工业乙醇便宜得多，而且，生产乙醇剩下的渣滓还能够用于园艺肥料。

同时，为了有效地循环利用有机废弃物资源，日本正在实施生物质能综合战略。该战略强调林业、畜牧业和食品产业的废弃物、厨房垃圾、粪便、污水污泥的堆肥化利用。

第五节　巴西持续农业的实践

巴西位于南美洲东南部，国土面积达 851.42 万 km^2，国土的 80% 位于热带地区，最南端属亚热带气候。巴西地理条件优越，拥有巴西喜拉多（Cerrado，巴西最有名的咖啡豆产地）、亚马孙雨林（Amazon rainforest）、潘塔纳尔湿地（Pantanal wetlands，世上最大的湿地）、卡汀珈（Caatinga）森林、南洋杉（Araucaria）森林和大西洋森林。巴西是全球生物多样性最丰富的国家，占全球生物种类的 20% 以上，其中植物达 22%，动物达 20%，在全球濒危和珍稀动植物中，巴西占有相当高的比例。

目前，巴西在农业、生物技术和能源等方面的科技实力正逐步加强。巴西是世界第一大咖啡生产国和出口国，有"咖啡王国"之称，甘蔗和柑橘的产量也居世界之首。大豆产量居世界第二，玉米产量居世界第三。巴西是仅次于美国和德国的世界第三大糖果生产国。巴西在农业生物技术和基因测序等方面的成果已引起全球的关注。

一、巴西农业现状与持续农业发展的重点

（一）巴西农业现状

1. 土地广阔，农业资源利用率低　巴西国土面积辽阔，人口密度不足 18 人/km^2，仅为我国的 1/7。巴西农业人口约 3540 万，占全国总人口的 23%。农业劳动力 1150 万，约占劳动力总数的 22%。农业是巴西经济的重要支柱，农业总产值占 GDP 的 35% 左右。实际利用耕地面积 5000 多万 hm^2，占国土面积的 6%，有近 15% 的土地用于牧业，土地利用系数低，开发前景好。近 20 年来，巴西的耕地面积每年递增 1.84%，还处在"拓展农业边疆"的发展阶段，外延发展的潜力极大。

2. 气候适宜，农业发展条件较好　巴西不仅拥有世界著名的亚马孙热带雨林，起着调节气候的作用，还拥有约 300 万 km^2 的亚马孙平原，占国土面积近 1/3。加上日照充足，雨水充沛，全国大部分地区年降雨量为 1500～2000mm，而且降水均衡，旱涝灾害少，适于各种农作物生长，是世界上适于农、林、牧、渔各业全面发展的少数国家之一。

3. 耕作粗放，作物生产水平不高　巴西由于人少地多，耕作粗放，很多农作物都是广种薄收，水稻、小麦、玉米、棉花等主要农作物单产均低于世界平均水平。例如，2000 年小麦单产，世界平均为 2706kg/hm^2，巴西为 1858kg/hm^2，仅为单产最高国荷兰（8554kg/hm^2）的 21.7%；玉米单产，世界平均为 4336kg/hm^2，巴西只有 2746kg/hm^2，仅为单产最高国新西兰（10 115kg/hm^2）的 27.1%。因此，作物的增产潜力很大。

4. 土壤退化　土壤退化大体上经历三个阶段（图 8-2）：第一阶段，大量的肥料施用和其他投入，使产量保持在高水平，掩盖了土壤结构和有机物质的逐步丧失；第二阶段，由于过度使用拖拉机和翻耕，把土壤压实，使营养损失加快，生产力开始急剧下降；第三阶段，侵蚀已经很严重，产量很低，致使农民开始放弃农田。

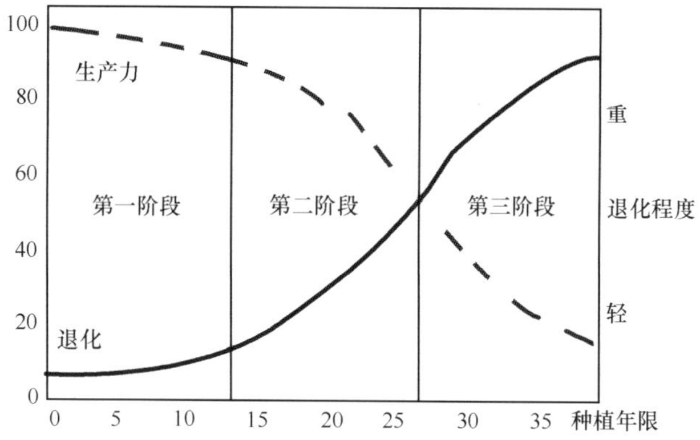

图 8-2 巴西土壤退化的阶段性

（二）巴西持续农业发展的重点

1. 满足国民粮食需求 巴西粮食生产主要有以下特点：①主要粮食人均产量变化不大。在巴西，粮食的概念主要指稻米、小麦、木薯、杂豆和玉米。②生产率低。由于巴西政府强调土地资源优势，将开发“农业边疆”作为发展农业的重要手段，因而忽视了生产率的提高，主要粮食作物的生产率普遍低于世界平均水平。③产量极不稳定。由于抗涝、抗旱、抗病虫害能力较弱，农业基础设施不健全，农业科技落后，故农产品产量极不稳定。④出口农产品产量增长速度普遍高于粮食作物。据统计，稻米年均增长 0.54%，杂豆为负增长（−1.34%），木薯为负增长（−1.83%），土豆年均增长 1.86%；而出口农作物，咖啡年均增长 2.3%，柑橘增长 11.67%，大豆增长 16.61%，甘蔗增长 6.08%。

2. 支持和保护农民收入 为了支持和保护农民收入，巴西的农业政策经历了由补贴向价格支持的转变。1965～1985 年用于农业的政策资金累计约 2191 亿美元，其中 310 亿用于农业补贴，其他用于投资和市场政策。限于财政压力，巴西政府从 1985 年开始取消对农业的补贴，转为以农产品价格支持为主的政策。1975 年以前，巴西的农产品出口以咖啡为主，从 1975 年开始转向谷物，如大豆、玉米、大米和小麦等，并开始正式对大豆、豆类和木薯等实行价格支持。价格支持主要有两个手段：一是联邦政府的直接购买，当市场价格低于规定最低价格时政府买入；另一个是营销贷款。价格支持政策促进了巴西农业的发展，1985～1995 年农业补贴由 142 亿美元减少到 60 亿美元，谷物产量却由 5980 万 t 增长到 8000 万 t。

上述政策一直持续到 1994 年 WTO 的成立与农业协议的签署。从 1995 年开始，农业市场更加开放。一方面出于财政压力，另一方面考虑到必须遵守 WTO 的相关规则，巴西政府开始转变农业政策，提出了两个新的政策措施来逐步取代旧的价格支持政策，即产品售空计划和期权合约补贴。产品售空计划的目的是政府通过向加工企业或批发商支付“差价”补贴的方式来支持农产品价格，即政府提供产地与消费地之间的运费补贴，当中西部的农场把产品提供给南部和东部的加工企业或批发商时，政府将两者之间的差价补贴给后者，从而鼓励他们到内地去收购农产品，本质上是为内陆地区的农场提供价格支持。期权合约补贴是指预先确定一个规定时间的农产品期权价格，当到期实际市场价格高于期权价格时，由农民自己出售；实际市场价格低于期权价格时，由政府把市场价格与期权价格之间的差额直接补给农民，但产品仍由农民自己销售，这在一定程度上稳定和增加了农民收入，同时可以减少政府以保护价格收购农产品的储备成本。该阶段政策的目标具体表现在两个方面：一是保持农业的国际竞争力，主要是针对大农场，减少价格支持，使之在国际市场上的竞争力不断提高；二是确保农民收入不低于城市居民收入，维持社会的稳定，防止农村人口向大城市的过快和过度流动而造成社会问题。从 1995 年开始，虽然对农业的补贴和价格支持力度降低，但是谷物产量却不断增长，由 1995 年的 8000 万 t 增长到 2001 年的 9830 万 t。

二、农业生产资料的应用与持续农业

（一）传统能源的可持续利用

巴西三大怪："炼钢用木材，开车用酒精，汽车单门开"。由于巴西不产焦炭，当地的钢铁厂主要使用木炭炼钢，每年木炭消耗量达 1440 万 t。巴西用木炭炼钢的历史和源头，可追溯到 19 世纪末的米纳斯吉拉斯州，该地区盛产铁矿和燃料木材，并且水力资源丰富。20 世纪前半期，工业化国家早已将木炭炼钢改为焦炭炼钢，而巴西的工业界仍决定保留使用木炭。以私营和中小型企业为主的木炭炼钢工业，证明了在技术革新和技术改造方面具有很大的潜力，同时也使木炭在全部能源供给中占有很明显的份额。1989 年巴西的钢产量达到 2500 万 t，其中有 19% 是用木炭炼制的。而木炭产量的 38% 是用于生铁冶炼。每年钢铁工业所消耗的木炭约 3300 万 m^3，其他工业（水泥、铁合金和其他）消耗的木炭约为 1200 万 m^3，也就是说工业所消耗的木炭总量达 4500 万 m^3。这些木炭有 70% 产自原始森林，30% 产自人工林场（主要是桉树类）。在过去的 20 年间，巴西重新绿化的退化土地面积共计 500 万 hm^2，其中有 50% 专门用于木炭生产。

巴西已成为世界上唯一不供应纯汽油的国家，也是世界上发展替代能源、采用乙醇为汽车燃料最为成功的国家之一。巴西选择有充足资源的甘蔗为原料，开发乙醇燃料，并于 1975 年获得成功，开发了汽车用乙醇燃料，分含水（6%）和不含水（0.5%）乙醇两种，前者直接使用乙醇为燃料，后者以 25% 添加到汽油中变成混合燃料，普通汽车不用改装即可使用。巴西用乙醇燃料替代汽油，仅在 1976～2001 年就减少了大量的石油进口，共节省了价值约 465 亿美元的外汇。现在，巴西的能源已 90% 自给，正在朝着完全自给的目标前进。

"汽车单门开"指的是巴西人喜欢用经济型轿车，车型设计特点是只有前门，没有后门和车尾厢。

20 世纪 70 年代末期，巴西政府已经颁布法令严禁乱砍滥伐，停止对森林开发发放补贴和信贷。除此以外，政府也十分重视植树造林，并颁布相应的法令和优惠政策。为鼓励企业（特别是木材工业和造纸工业）植树造林的积极性，政府采取减免税和发放信贷的优惠条件。由于政府的优惠政策，目前全国登记注册的造林公司达上千家。除此以外，巴西还根据气候特点，鼓励种植生长速度快、单位面积产量高、钢铁和造纸工业急需的桉树，桉树的植树造林面积占全国植树造林面积的 90%。

（二）生物能源开发与利用

2006 年，全球生物能源在能源消费结构中的平均比重为 13.6%，其中发达国家平均只有 6%，而巴西已达到 43.8%，处于世界前列。巴西从甘蔗中提取乙醇的能源平衡值是从玉米中提取乙醇的 5 倍，具有明显的优势。甘蔗乙醇是用甘蔗提炼出的蔗糖直接发酵而成，玉米则需先把淀粉变成糖然后再蒸馏提炼乙醇。从全球来看，巴西是仅次于美国的第二大乙醇生产国，2005 年，巴西生产的乙醇超过了 150 亿 L，2006 年则为 175 亿 L。巴西目前 15% 的轻型汽车完全使用乙醇燃料，其他 85% 的轻型汽车均在汽油中强制掺加了 25% 的乙醇。轻型汽车使用乙醇作为可替代能源已占燃料消耗的 40%，每年乙醇的运输燃料用量约为 110 亿 L。巴西生产乙醇不仅是满足内需市场，并把着眼点对准了国际市场。

巴西的气候及农业条件具有为生物能源提供原料保障的潜在优势。巴西目前除了山地和荒漠，还有大量土地未开发利用，完全有条件在保证粮食生产的情况下，通过开发新的农田来扩大能源作物的种植。另外，随着养牛新技术的运用，肉牛生长周期缩短，可将牧场部分土地改种能源作物，或实行牧场-农田轮作，以增加能源作物的种植面积。巴西大部分地区都适宜种植大豆、油棕榈、花生、蓖麻、向日葵等油料作物。

（三）生物农药的生产及应用

巴西当局正采取行动激励农民采用生物源病、虫、草害防控产品。2015 年的目标是将生物源防控产品在巴西农药生产中的比重增加到 10%。在巴西，市场上所有的农药种类数量为 1537 种。而这些生物防控产品的品牌数量包括信息素在内，已经从 41 种增加到 75 种。农业部对生物防控产品的登记给予了优先权利。另外，农业部积极促进生物农药在有机作物种植中的应用，在 2010 年取消了生物农药在销售之初要应用于有机种植还必须取得农艺许可的要求。

（四）生物降解塑料的研发及应用

2000 年 7 月，巴西正式投产一种新型的可降解塑料，这种塑料是由蔗糖为主要原料生产出来的。据研究，蔗糖经过某些化学过程变成羟基丁酸聚合物，之后掺入某种细菌，便可生产这种生物降解塑料。普通塑料的完全降解的时间为 200 年，生物降解塑料只需 6 个月，而且不会产生有害的物质。

（五）生物技术的发展及应用

20 世纪 70 年代起，巴西历届政府十分重视生物技术产业发展。近年来，巴西已初步完成了生物技术基础研究和产业战略布局。由公立机构和民营企业共同为这项新计划的实施资助 30 亿美元，其中 5.3 亿美元将用于与卫生相关的生物技术，如药物、疫苗及基因组学、蛋白质组学、胚胎干细胞科学等领域的前沿科学研究。另将建立新的资助机制，改善研究机构的基础设施。2007 年 11 月，巴西总统卢拉宣布对为期 4 年的“为科学、技术和创新的行动计划”项目投资 230 亿美元，支持战略性领域的研究和创新，特别是在生物技术、生物燃料和生物多样性方面。

巴西的生物技术市场产值成长快速，2001 年时产值约为 30 亿美元，以每年超过 30% 的速率成长，2004 年生物技术产业创造了约 65 亿美元的产值，相当于 GDP 的 0.9%～2.0%，主要归功于生物技术在农业和医学等领域的应用。目前世界级的农业研究成果有：甘蔗、柑橘和甘蔗病害的基因分析研究世界领先；转基因技术领域中如棉花的抗虫性、芸豆的抗病毒性、大豆免施除草剂的研究效果明显；成功从动物胚胎克隆牛。在热带病的免疫研究和药物开发等领域成绩显著，其生物医药技术产品占国内市场份额达 80% 以上。

三、生态环境和农业政策的演变

（一）20 世纪 70 年代政府的环境问题立场

20 世纪 70 年代实施“2000 年经济强国计划”成为政府政治和经济决策的中心，因而忽视环境，认为经济增长与环境保护不相融。巴西对丰富的自然资源实行优惠的外资政策，但缺乏环保政策，因此发达国家纷纷将污染严重的采矿业、石化工业、造船业等受本国环保法限制的工业迁入巴西。巴西甚至认为，环境问题是工业发达国家企图阻止发展中国家实现现代化的借口。同其他发展中国家一样，巴西采取发展第一、环境第二的政策，造成了生态环境的严重破坏。

（二）经济调整时期的环境政策

20 世纪 80 年代是巴西经济衰退和外债危机时期。此间，国内一批有识之士为保护巴西生态环境奔走呼吁，并成立以保护环境为宗旨的“绿党”。民间的环保立场和呼吁，对政府的环保立法和政策产生了巨大的影响。1981 年，巴西制定了一项环境政策，其目的在于“保持、改善和恢复环境，保障经济、社会发展、国家安全和人类生命的尊严”。1988 年 10 月，巴西首次将环境问题列入宪法。

1990 年 8 月 15 日，巴西总统科洛尔颁布了农业改革总方针，建议“改革农业生产进程和收入分配，重点扩大食物链，满足大多数低收入居民的需求”。在这一总方针的指导下，又制定了 1991～1995 年新农业政策：①提高巴西农产品在国际市场上的竞争力；②提高农产品产量，从数量和质量上改善国内市场的供应，生产更多的农产品，满足食品安全储备和日益增长的出口需求；③改善生态环境。

（三）现行巴西农业政策的基本框架

巴西的农业政策由结构政策、国内支持政策和贸易政策等三方面构成。

1. 结构政策　结构政策主要包括土地改革计划和家庭农业支持计划。土地改革计划的目的是吸引农民到中西部去开发后备耕地资源，通过大规模经营促进农业竞争力的提高。而家庭农业支持计划则专门针对缺乏国际竞争力的小规模农户，通过该计划使小规模农户能够获得稳定的收入，以防止破产的小规模农户向大城市过快流动而带来社会不稳定，最终保证整个经济的稳定发展。

（1）土地改革计划。巴西后备耕地资源丰富，为了促进中西部地区的农业开发，政府一直努力吸引南部地区的农民到这些地区从事农业。促进土地改革的主要工具是土地征用（land confiscation），征用之后分给农民（如早期时为每个农场提供 300hm^2），使得 45 401 个家庭得以在农村定居下来；另一项措施是于 1999 年成立“土地银行”，由联邦政府向农民提供信贷用于购买农村地产，从而推动社会基础设施的建设。2000 年，这类信贷额高达 2.67 亿雷亚尔，1.56 万家庭从 27.6 万 hm^2 土地中受益。

（2）家庭农业支持计划。家庭农业支持计划有三条主线：第一是基础设施建设。主要是农村公共需要的道路、电信、电力、勘探、仓库的建设等。第二是农业信贷。给小规模农户提供比商业贷款利率（17%）更低的利率（2%或 6%），分期付款的话还可以免除 30% 的本金。如果到期不能按时归还，可以向农业部门进行解释，可以考虑延长还贷时间。第三条是免费对农民和技术人员进行培训，免费提供各种病虫害防治技术资料，但种子、肥料等仍然需要农户自己购买。

家庭农业支持计划于 1997 年开始实施，1999 年开始推广。以里约州为例，该州没有大规模农场，主要是中小农场，54% 的农场在 10hm^2 以下、37% 的农场在 10～100hm^2、9% 的农场在 100～1000hm^2，基本没有超过 1000hm^2 的农场（而巴西北部很普通的农场就可达到 2.5 万 hm^2）。2002 年该计划已经在 34 个市得到推广，约有 1.4 万个农民参加。其中用于技术培训的资金 300 万雷亚尔、用于基础设施的资金约 3700 万雷亚尔（其中联邦政府提供 1500 万雷亚尔，其余为州市两级政府提供）、农业信贷项目 250 项共提供贷款 1200 万雷亚尔。

2. 国内支持政策

（1）解决农民的债务危机。自 1995 年以来，巴西政府一直采取一些措施来解决农民的债务危机问题。其中一项重要措施是通过立法的形式允许到期不能还债的农民可以继续与放款者协商而延期还贷。农场债务在 20 万雷亚尔（约合 10 万美元）以下的，可以延期 10 年还贷，年利率为 3% 加上政府制定的特定商品最低价格的变化率；债务在 20 万～50 万雷亚尔的，可延期 20 年还贷，年利率为 8% 加上物价指数变化率；债务在 50 万～100 万雷亚尔的，年利率为 9% 加上物价指数变化率；债务在 100 万雷亚尔以上的，年利率为 10% 加上物价指数变化率。

（2）促进农业合作计划。促进农业合作计划的目的是促进农业合作组织的发展，增强其资本实力。为此，该计划预算 210 亿雷亚尔，其中包括 16.5 亿雷亚尔用于债务再协商。

（3）税收政策。对农民只征收个人所得税，所得税税率为 27.5%，但是年收入在 15 000 雷亚尔以下的免征所得税。如果亏损，三年之内可以在税前所得中抵扣。

（4）鼓励加工业发展。各州对农产品加工企业有不同的优惠政策。例如，帕雷拉斯州规定，在加工企业投产之后前 10 年，政府把所得税全部留给企业作流动资金，第 11 年开始逐步偿还，保证了加工业发展对资金的需要。

（5）公路建设。巴西大面积后备耕地资源开发的最大制约条件是交通问题，因此，巴西政府把改善交通运输条件作为促进农村发展的重要手段。一般来说，州际间的公路，以及州际公路到各个农场之间公共道路完全由政府出资。此外，农场内部的道路建设也可能争取到一定的政府支持。

3. 农业贸易政策　巴西政府努力促进与农业有关的各贸易团体和机构与私人部门之间的协调。此外，在农产品贸易领域着力于动植物卫生检疫协定的落实。在动物健康、植物保护和食品检疫检验等方面加强管制，对转基因产品十分慎重。

第六节　印度持续农业与农村发展的实践

印度现有耕地面积为 1.2 亿 hm^2，约占国土总面积的 45%。印度经济多样性非常明显，由传统乡村农耕、现代农业、手工艺，以及现代行业和服务业所组成。服务业是经济增长的最主要动力，使用的劳动力占全国总量的不足 1/3，产值却占国内生产总值的 50% 以上。自 1997 年以来，国内生产总值增长率保持在 7% 以上，贫困人口减少约 10%。农业在国民经济中占有非常重要的地位，2007 年农业产值占国内生产总值的 16.6%，农业劳动力占全国劳动力总量的 60%。农场总数达到 1.155 亿个，60% 的规模不足 1hm^2，只有 1% 的规模达到或超过 10hm^2。印度目前是仅次于中国的世界第二大小麦和大米生产国，是仅次于美国、中国和巴西的世界第四大粗粮生产国，具备扩大农业生产的巨大潜力。过去10年中，农业产值年均增长速度为2%。

一、印度的农业与生态环境问题

（一）农业问题

1. 人口问题与食物问题　印度是世界上第二人口大国，现有人口12.16亿，面临的挑战主要来自人口方面。由于人口基数大，增长率高，因而对粮食和其他各类农产品的需求增大。农业增长的大部分被人口增长所抵消，如果农业出现波动，印度的国民经济就会受到很大的影响。印度既是人口大国也是农业大国，农业人口占全国人口的80%，保证粮食和食物供给是印度政府的首要任务。

2. 土地问题与贫困问题　从1949年开始，印度实施了以废除“柴明达尔”地主为中心的土地改革。改革的内容有三项：一是废除中间人即柴明达尔土地所有制；二是改革租佃制度；三是实行土地持有最高限额法。土地改革废除了柴明达尔“中间人”地权制，改变了土地占有结构，加速了封建租佃关系向资本主义经营的转化。后来，印度政府在农村进行过数次土地改革。但由于多种原因，土地改革并不彻底，无地和少地农民仍然大量存在，这些无地和少地农民约占农村人口的3/4。

由于土地问题始终没有得到根本解决，致使无地的印度农民面临两种选择：一种是当“契约劳工”，另一种是流入城市寻找工作。农民一旦成为“契约劳工”，生活是贫困的；而规模庞大的民工潮则给印度的社会生活带来了许多无法回避的现实问题，其中，以失业问题和贫困问题最为突出。据世界银行的一项研究报告表明，印度人口中生活在贫困线以下的有3亿多。印度农村贫困人口约占农村人口总数的70%以上。据世界银行的预测，如果以印度经济增长较慢和政策对穷人较为不利的情况为基础，则印度穷人的数字还将增加1亿左右。在贫苦农民中又以无地少地的农民占绝大多数。如何解决约占人口一半的贫困问题，已成为印度经济发展中一个巨大难题。

3. 地区差距与城乡差别　印度地区差距与城乡差别由来已久，与城乡差别相比，印度的地区差距表现得更明显。造成印度地区差距的主要原因有三个方面：①英国殖民统治的后果；②政府资金投放和政策倾斜的结果；③地理区位的影响。由于上述原因，造成印度南北地区和城乡分化日益加剧。南方发展明显快于北方，城市发展明显快于农村。占印度总人口25%的两个大邦——北方邦与比哈尔邦（均在北方）的整体经济发展水平远远落后于全国平均水平。据印度计划委员会统计，这两个邦是印度人均收入增长最慢的，年增长率分别仅为1.24%和1.1%，而增长最快的古吉拉特邦则为7.6%。印度南方月均工资在514～700美元，而广大北方地区则不到其1/6；同样，城市中产阶级年收入达2000～4000美元，而一名农民工辛苦一年也只能挣60美元左右。

（二）生态环境问题

随着农业的快速发展，印度生态环境也出现了一系列突出问题。

（1）大量化肥和农药的投入，给生态环境带来了严重问题。1993年6月11日，《印度时报》上的一篇专栏文章指出，“不少研究早已表明，印度人在他们身体中所贮存的农药残毒也许是世界上最高的”。

（2）地下水的过分开采，污染严重。全国 70% 以上的地表水遭到污染，80% 的居民得不到安全的饮用水，与饮水污染有关的疾病使印度每年损失 7300 多万个工作日。

（3）大气污染严重。印度商业能源中，有 60% 来自灰分很大的低质煤和褐煤，排放大量的有害气体。

（4）日益增长的能源消耗。目前印度的石油日均消耗量达 200 多万吨，是亚洲地区第三大石油消费国。但它仅拥有全球 0.4% 的石油储量，70% 需要进口。目前印度液化气需求正以每年 12% 的速度递增，每年需进口液化气 150 万～200 万 t。天然气到 2025 年需求也将增至目前的 4 倍以上。

（5）森林破坏严重。印度森林面积每年减少 150 hm^2，森林覆盖率已从独立初期的 35%～40% 缩减至 20 世纪 90 年代初的 19%。

（6）水土流失严重。有 33% 的林地、86% 的退耕地、95% 的牧场、74% 的休闲地及 58% 的农耕地都遭到了严重的水土流失。全印度水土流失面积达 175 万 km^2，占土地总面积的 53.4%。每年流失的土壤达 60 亿 t，约有 30% 进入水库。许多水库的淤积率已超过原设计能力的 4～8 倍，印度的恒河每年有 16 亿 t 泥沙淤积于河道和孟加拉湾。

二、持续农业发展的历程和技术体系

（一）印度农业支持政策改革历程

自 1947 年独立以来，印度政府农业支持政策经历了全面发展农业、绿色革命、市场化改革和第二次绿色革命等 4 个阶段，积累了丰富的经验。

1. 1947～1965 年以变革农村生产关系为特征的“全面发展农业”阶段　这一时期最初重点是发展农业生产，印度政府明令废除了阻碍农业生产力发展的“柴明达尔”土地所有制，颁布了土地持有最高限额法，一定程度上改变了农村生产关系。但印度农业仍然具有小农经济占绝对优势，封建的、个体的和资本主义经济成分并存的特点。1950 年，成立了全印度农产品价格委员会，通过规定有利可图的价格和起码的支持价格鼓励农民增加生产，同时建立一个全面的粮食收购贮存和公共流通管理系统，以便按合理价格向消费者提供粮食。

2. 1966～1990 年以科技为导向的“绿色革命”阶段　20 世纪 60 年代初，印度发生了独立以来的第一次全国性饥荒。由此，政府更清醒地认识到农业对印度这样一个人口大国的至关重要作用，一场以从中央到地方的“绿色革命”为中心的印度农业支持政策轰轰烈烈地开展起来。“绿色革命”实际上是一项庞大的、以科技为导向的农业综合发展工程，其核心思想是通过推广高产优良品种、扩大灌溉面积及发展农业机械等一系列措施，促进农业现代化、集约化发展，实现作物特别是粮食生产的稳产高产。“绿色革命”刚刚开始，印度政府便建立起从中央到地方的多层次的农业科教和技术推广网络，并逐步建立起研究、推广、应用和支持四大系统。

以科技为导向的“绿色革命”在印度的农业发展中取得很大成效，而在绿色革命取得一定成功之后，印度政府还实施了旨在发展牛奶生产的“白色革命”和发展渔业的“蓝色革命”。经过几十年的努力，20 世纪 80 年代印度就已经从一个吃粮靠进口的国家变成粮食基本自给并略有出口的国家，还成为糖、畜牧、牛奶、水果和蔬菜等生产大国。

3. 20 世纪 90 年代至 2003 年的“市场化改革”阶段　在乌拉圭回合谈判之前，印度主要农产品价格远远低于国际市场价格，价格扭曲程度最为严重的农产品包括水稻、小麦和棉花等。1991 年，印度拉奥政府开始推行自由化、市场化和全球化的经济政策，1995 年印度加入世界贸易组织后，印度政府在 WTO 规则下对农业政策进行了调整。

（1）调整粮食保障政策。在坚持粮食公共分配系统等以保证广大群众以合理价格获得粮食等基本消费品的前提下，印度政府通过出口大批优质粮食赚取足够外汇以进口更多粮食，使粮食保障体系既经济又能长期保持。

（2）实行有限制的农产品自由贸易政策。首先，印度政府废除某些外贸组织对农产品进出口的控制，但小麦、普通水稻等的生产都应当实现自给。通过关税限制进口并通过改良品种，各邦的水稻和小麦产量显著提高。其次，取消农产品贸易中大部分的数量限制，但尽可能长地保持对大米、小麦、粗粮和椰子油等 30 多种重要农产品的进口进行控制。最后，灵活调整关税率，利用普通与优惠两种税率对某些农产品贸易进行控制。

（3）促进农业市场化进程。首先，更多地利用价格机制来刺激农业生产。其次，逐渐削减对农业的优惠贷款。最后，印度政府打算逐步削减对农业投入物的补贴。实行新经济政策后，印度政府就逐渐减少对化肥、农药和农用电力等补贴，同时提高其价格，朝着市场化方向发展。

（4）在 WTO 农业协议框架内加大对农业的支持力度。印度政府在 WTO 农业协议框架内，逐步形成了符合本国国情的农业支持体系，以促进本国农业发展和增加农民收入。在“绿箱政策”补贴方面，印度特定产品支持在 1986～1988 年为负值，最近几年，印度非特定产品支持一直保持在国内农业生产总值的 7.5% 左右。

（5）加强和改善农业与农村的基础设施。印度政府一直强调不断加大农村基础设施建设力度。印度计划在 100 个最落后的地区实施基础设施发展特别计划，修筑农村公路和建设农村通信网、电力网，并在条件适合的地区发展计算机互联网设施，以便在增加农业产量的同时促进农村各业的发展。

4. 2004 年开始的“第二次绿色革命”　首先，大力推广和采用农业现代科学技术是推行“第二次绿色革命”的重要内容之一，而其成败的关键在于人才。印度每年有 300 万大学毕业生及数量相当的中等职业人才，他们是“第二次绿色革命”宝贵的依靠力量，政府提供经济帮助鼓励他们到农村去，用他们的知识为改变农村落后面貌建功立业。计算机信息技术在印度农村的使用越来越多，政府还专为农业设立了呼叫中心和广播、电视频道。这些呼叫中心与地区农业教育及研究机构相连，由农业专业的毕业生接听热线电话、接受农民询问，或当时给出解答，或咨询专家后给出答复，这些呼叫中心的电话多是免费的。此外，印度政府进一步加强农业科研，在全印度建立一批生物技术研究中心，力图通过农业新科技来进一步推动农业生产的发展；同时也进一步完善从科研院所、大学到农民的农业科技推广体系，指导农民科学施用化肥，向农民传播滴灌等先进灌溉方法，促进旱地农业发展，并把冷藏技术等农产品加工技术传播给农民，促进农产品加工业发展。

其次，加大资金投入，引导社会投资，调整农村产业结构。政府计划通过向 70% 的农民提供低息贷款的方式，指导农民进行产业升级。更为重要的是，政府采取了一系列投资优惠待遇，包括允许农业出口商进口免税种子和资本货物，以及允许大零售商在全国范围内销售水果和蔬菜。随着大量的投资进入农业领域，印度农民生产发展、收入增加，可以选择更多样化的经济作物进行种植，同时也促进了包括园艺、养蚕、养鱼等的全面发展，保持了农林牧渔的协调发展。更宽松的政策还引起了沃尔玛、家乐福等大型零售商的关注，他们正积极寻求开发印度农村市场的机会。

由此可以发现，在实现本国农产品基本自给并略有剩余的新时期，印度农业的“第二次绿色革命”是一个以新技术为主导，以政府投资为导向的综合发展战略，既致力于调整本国农业产业结构，增强本国农业生产力，也注重了提高农民收入，促进农村发展，为最终解决“三农”问题和实现农业可持续发展提供了有效支持。

（二）印度持续农业的主要技术体系

1. 研制和推广生物肥料　经过 20 多年的研究，印度已开发出能够从大气中固定氮素的多种生物肥料，其中最常用的有根瘤菌和固氮菌及蓝绿藻。这几类生物肥料增产效果相当于每公顷节约氮素 2～40kg。但是，其产量却远远不能满足需要。例如，水稻种植所需的蓝绿藻肥料每年为 4 万 t，豆科作物每年所需的固氮菌肥为 1.5 万 t，而现有 12 家生物肥料制造厂每年的总产量仅 1875t。

2. 推广使用生物农药　印度有丰富的生物农药资源。尼姆树种子的提炼品是当今最有效的生物农药，它能杀死 200 多种害虫，却不伤害鸟类和家畜，也不产生残毒。最近，印度科学家还从当地一种紫丁香的种子里提炼出一种高效无毒的农药。印度政府在推广生物农药方面也做了不少工作，设立了 25 个中央虫害综合治理中心。这些中心的主要活动是监察虫害发生情况，推广生物农药，培训进行虫害综合治理的干部和农民。

3. 成立小农工商企业集团　1992 年 2 月底，印度财政部长曼莫汉 •辛格在 1992～1993 年年度预算报告中宣布，印度将在全国各地成立小农工商企业集团，各个国营银行、金融机构及邦政府都要持续支持这种集团的发展。1993 年，印度前农业部长、绿色革命的设计人苏布拉曼尼亚姆，在马德拉斯发表的一篇演说中把小农工商企业集团视为“第二次绿色革命的主要工具”。

4. 非常规能源计划　由于印度农村半数以上的居民处于贫困线之下，他们只能依靠非常规能源如牛粪、柴草和农业秸秆等。在森林草场面积不断缩小的情况下，柴草短缺日益严重，薪柴短缺率达到 55%。为了防止森林进一步遭到破坏和满足农村的能源需要，印度政府采取了各种开发农村非常规能源的措施。目前使用的非常规能源主要有：沼气池、改良柴灶、生物废料发电、小水电站、风力发电站和太阳能灶等。

5. 喜马拉雅山地区生态保护计划　鉴于喜马拉雅山地区生态环境不断恶化，印度环境和森林部为该地区制订了一项庞大的生态保护计划。该计划包括：水土管理、持续发展、农业生态体系、生态经济、环境影响分析和保存生物物种等许多部分。主有内容有：①就喜马拉雅山地区的自然资源、生物物种分布、人口学和物理参数等项目建立一整套综合的资料基础；②对各种紧迫环境生态问题排列出着手解决的先后次序，并确定哪些是情势紧急的地区；③建立一批“模范生态村”并将它们作为喜马拉雅山地区持续发展的示范中心；④建立一个地区性的环保科研服务设施，以推动本地区环保问题的研究与开发工作的交流和合作；⑤研究制订一项本地区植被管理政策，并将重点放在薪柴和饲料的供应上；⑥结合喜马拉雅山地区人口增长趋势，制定一项土地和水源综合治理政策。

6. 发展低碳农业　印度政府十分重视发展低碳经济和低碳农业，主要措施有：①利用太阳能，通过建立大型太阳能发电站，研发如何对太阳能进行贮存和利用；②在使用风能、核能和生物质能等方面加大投入，改善建筑物的能源效率和对废弃物的管理；③提高水资源的利用，尽量减少水资源的浪费，实施海水淡化、雨水收集，提高现有灌溉系统的效率，开发使用滴灌、喷灌等新的灌溉技术；④构建可持续的喜马拉雅山的生态系统，通过促进喜马拉雅山的可持续性实现固碳减排；⑤实施绿色印度项目，通过再造林 600 万 hm^2，使森林覆盖率从目前的 23% 达到 33%，通过森林固碳减排；⑥发展可持续农业，逐步让农业适应气候变化，开发新农产品，进行新农作物播种方式的改革，使用信息技术、生物技术和其他的新技术；⑦支持对气候变化的研究，政府通过资助高质量的专题研究，支持成立专门的气候变化部门和相关的专业部门，对研究结果进行传播，并转化为生产力。

印度采取的减排措施已初见成效。据有关部门的统计，目前美国的人均排放量是 19.1，澳大利亚 18.7，加拿大 17.4，而印度只有 1.2。在全球二氧化碳排放中的份额，印度居第 17 位。过去 20 年印度年均 GDP 增长都在 8% 以上，但能源消费只增长 4%，单位 GDP 耗量几乎减半，从 0.3 降到 0.16，与德国的水平接近。

7. 完善人口政策 由于印度广大民众特别是农民群众还处于贫穷落后的状态，年人口净增长率高达 2.2%，贫穷和人口增长的压力成为生态环保的严重障碍。当今十分重要的任务仍是限制农村人口的快速增长，以及解决农村贫困问题，同时加强生态环保方面的研究和教育，提高民众的文化程度和环保意识。只有这样，印度在环境保护、持续农业和农村发展三个方面才能取得进一步的成就。

三、农村发展计划的演变

（一）乡村发展计划

独立初期印度曾经在美国政府和福特基金会的支持下，实施过乡村发展计划（Community Development Programme）。该计划的目标有 4 个方面：①引导农村居民从长期不开发状态到充分就业；②引导农村居民使用科学知识，使他们从生产落后状态到达高度的生产水平；③通过使农家有所认识并自愿参加的方法，尽可能在农村推广合作组织与合作制度；④通过全体居民的努力来兴办全村的公益事业，如乡村道路、蓄水池、水井、社团中心、儿童乐园等。在试行一段时间后，乡村发展计划便向全国各地迅速推广，到 1963 年印度政府声称该计划已推广到全国农村。到 1974 年后，乡村发展计划便逐渐消亡，被其他各种计划所代替。乡村发展计划的消亡与农业生产停滞和粮食危机的加深是分不开的。

（二）扶贫计划和农村综合发展计划

20 世纪 70 年代后期起，印度经济计划和政策的重点转向缓解农村贫困，并实施了一系列扶贫计划。主要有：农村综合发展计划、全国农村就业计划、农村无地者就业保证计划、农村青年自营职业培训计划、农村妇女和儿童发展计划及干旱地区发展计划。这些计划强调要因地制宜地注重基础设施的建设，要在干旱地区发展小型灌溉工程，要通过村民委员会、合作社和其他民间组织促使广大人民参加扶贫计划，要进一步提高受益人的偿还能力，注意培养受益人的技术能力，注重“在册种姓”和“在册部落民”的受益比重。其所需要的资金，分别由财政和贷款两方面解决。据印度国家银行关于评估农村综合发展计划扶贫效果的抽样调查（在 10 个县抽样调查 1000 户）得出的结论是：创造了就业机会，增加了收入，缩小了贫富差距。

同时，印度在扶贫计划和农村发展中，也开始重视生态环境问题。例如，在计划委员会支持下，设立了若干有关各种生态环保问题的专家小组，研究制订相应的长期对策。

印度农村反贫困中正反两方面的经验表明：①农村反贫困的首要问题是粮食问题。粮食生产不仅关乎国家粮食安全，也关乎农民收入高低，是农村收入增加的物化载体。②产业结构的调整与反贫困密切相关。要在不减弱工业化进程的情况下，优先发展农业和农村建设，保证底线服务（即最基本的最低服务）。③道路的选择至关重要。要选择合适的土地改革和发展农业生产道路，建立合理的土地所有制结构，否则，易导致反贫困进展缓慢。④反贫困的关键是要发展生产力。要强调“发展与公正”并重的战略，因地制宜，为农业生产者发展农业提供了机会，并发挥其积极性和主动性。同时，在发展中要保障农民自谋就业的能力，并给予适当的资金与技术支持。

（三）推广最新农业技术的“模范村”

1992 年 2 月初，设在马德拉斯的 M. S. 斯瓦米纳坦研究基金会召开了一个以实施“模范村计划”为主题的讨论会。这个计划规定，将于 3 年内在 25 个区的 100 个村推广最新农业技术。这一农业推广计划的特点是重视生态平衡，尤其强调保护沿海地区热带雨林的生态系统。在经过 3 年实验后，这 100 个“模范村”的经验将向其他地区推广。这一计划将从印度工商业界、其他非政府机构及有关国际机构得到资助，并与政府农业推广机构互相配合。

（四）鲁宾农村支持计划

印度不少非官方机构包括一些大财团、大企业也从事义务的农村发展工作，以达到其宣传和广告的目的。在这方面有一个成功的事例，即“鲁宾农村支持计划”（Lupin Rural Support Programme）。这项计划由印度著名的制药厂鲁宾实验所承办，从 1986 年起该厂在拉贾斯坦邦帕勒德布尔和阿尔瓦尔两个县约 20 万人口的 100 个村推行农村综合发展计划。主要成就：在不到 3 年的时间内建立一套“持续发展的基础”，使每个劳动力能达到月收入 1000 卢比的水平，从而保证每个农家年收入不低于 24 000 卢比。该计划的成功经验在于，使民众、农村发展机构和县政府同计划实施当局密切配合。村一级的管理委员会（称为鲁宾村社会委员会）吸收了社会各阶层人士，经过教育和训练，使他们能够准确地确定村民们面临的问题并提出各种方案，并能筹集资金和实施计划。

本章小结

世界各国因具体国情与发展背景不同，在可持续农业的目标和发展模式选择上存在较大的差异。概括地讲，国外可持续农业发展的模式与途径主要有：以生态环境保护为主要目标的持续农业、以合理利用资源和保护环境为重点的持续农业、以促进农业综合发展为目标的持续农业、以减轻资源环境承载压力为前提的持续农业等。本章分别讲述了美国农业的特点、持续农业生产体系的主要措施、土壤管理和农作制创新的主要做法，以及美国持续农业的未来发展方向与研究领域；德国农业发展新阶段产生的原因、持续农业发展的目标，以及德国在综合农业、生态农业和粗放农业方面的主要做法；日本持续农业发展的目标、环境保全型持续农业成功做法、自然资源循环利用的技术体系，以及日本持续农业发展面临的课题和今后的方向；巴西农业现状和农业发展的重点、农业生产资料的高效利用方式、生态环境政策演变的原因和主要做法，以及巴西现行农业政策的基本框架；印度的农业与生态环境问题、农业支持政策改革历程及经验、持续农业的技术体系，以及农村发展计划的演变。

思考与练习

1. 国外可持续农业发展的模式与途径主要有哪几种？
2. 美国农业的特点有哪些？
3. 美国持续农业理论的基本组成包括哪些方面？
4. 简述美国在土壤管理和农作制创新方面的主要措施。
5. 论述美国的高效持续农业生产体系。
6. 美国持续农业研究和发展应注意什么问题？
7. 德国农业发展新阶段产生了哪些主要的问题？
8. 德国的综合农业包含哪些内容？
9. 德国的生态农业包含哪些内容？
10. 日本环境保全型持续农业发展的目标是什么？
11. 日本环境保全型农业政策和法律体系包括哪些内容？
12. 日本环境保全型农业技术体系包括哪些内容？
13. 日本资源循环利用的途径主要有哪些？
14. 论述巴西持续农业发展的重点。
15. 简述巴西农业生产资料的高效应用方式。
16. 简述巴西生态环境和农业政策的演变。
17. 分析印度农业发展中出现的问题。
18. 论述印度持续农业的实践。
19. 简述印度农村发展计划的演变。
20. 谈谈国外在持续农业发展方面有哪些经验值得我国借鉴。

主要参考文献

陈厚基. 1994. 持续农业和农村发展SARD的理论与实践. 北京：中国农业科学技术出版社
程序，曾晓光，王尔太. 1997. 可持续农业导论. 北京：中国农业出版社
黄国勤. 2007. 农业可持续发展导论. 北京：中国农业出版社
金永丽. 2009. 印度乡村发展计划执行情况及其启示. 国家行政学院学报，(3)：102～105
李德昌. 1989. 印度农村发展计划概述. 南亚研究季刊，(1)：28，34～40
李西林. 2007. 印度农业支持政策改革的经验及对中国的启示. 世界农业，(10)：29～32
刘婵娟. 1997. 日本环保型持续农业技术的推广现状. 世界农业，(3)：46，48～49
刘书楷. 1999. 各国可持续农业发展道路与资源利用模式比较. 生态农业研究，7 (1)：23～27
刘彦随，吴传钧. 2001. 国内外可持续农业发展的典型模式与途径. 南京师大学报（自然科学版），24 (2)：119～124
钱伯章. 2008. 巴西引领生物乙醇和乙醇基塑料新潮流. 化工科技市场，31 (10)：8～12
宋志辉. 2009. 印度农村反贫困的经验、教训与启示. 南亚研究季刊，136 (1)：51～56
孙培钧. 1994. 印度的环境保护、持续农业与农村发展. 农业经济问题，(4)：60～64
谭晶荣. 2004. 困惑大国农业经济发展的主要问题剖析——印度的经验及对中国的启示. 农业经济问题，(8)：74～76
严力蛟，朱顺富. 2001. 农业可持续发展概论. 北京：中国环境科学技术出版社
杨瑞文，赵士熙. 2006. 农业可持续发展概论. 北京：中国农业出版社
衣保中，闫德文. 2006. 日本农业现代化过程中的环境问题及其对策. 日本学论坛，(2)：18～23
喻锋. 2012. 日本环境保全型农业概况. 国土资源情报，(1)：25～28，56
朱行. 2010. 印度农业现状概述. 粮食流通技术，(1)：35～38
熊泽喜久雄. 2008. 日本的环境保护型农业的发展和资源循环. 中国禽业导刊，25 (15)：27～28

第九章　中国农业可持续发展的实践

学习目标

明确中国农业发展的地域性特征、农业可持续发展面临的主要压力和实施农业可持续发展战略的意义；理解和掌握中国农业可持续发展的战略目标、战略重点、战略措施及科技纲要；通过典型案例分析领会若干类型区农业可持续发展实践的基本思路、主要技术措施、取得成效及其启示。

第一节　实施中国农业可持续发展战略的背景

一、中国农业发展的地域性特征

与工业不同，受天、地、人、物等因素影响的农业具有强烈的地域性。这是因为：一方面，自然条件地带性与非地带性的差异决定了农业生物的适应范围与适应程度；另一方面，社会经济条件的差异决定了农业资源的利用方向，包括农林牧渔的布局、结构、经营方式和生产发展水平等。

自然地理分异规律、经济地理分异规律和生物与环境统一性规律决定了农业生产地域分异规律。农业生产地域分异规律告诉我们，在一定的自然和社会经济条件下，必须按不同地域的特点制定农业与农村发展的规划、政策、技术对策等，遵循因地制宜、趋利避害、分类运作的原则，而不能搞一刀切或一个模式。对于幅员辽阔而自然和社会经济条件又十分复杂的中国，更要根据地域性分异规律进行分类指导。

中国农业发展的地域性特征主要表现在以下几个方面。

（一）自然条件的纬度、经度、垂直地带差异极大

与世界上一些幅员辽阔的大国，如俄罗斯、美国、加拿大、巴西、澳大利亚等国相比较，中国在地貌、气候、土壤、植被等方面的纬度、经度、垂重地域差异之大是无与伦比的，因而造成农业生产上的多样化和地域性。

（1）地势上的三个阶梯。第一级阶梯是青藏高原，农业可分布到4000m海拔以上的地区。第二级阶梯是海拔1000～2000m的云贵高原、四川盆地、黄土高原和内蒙古高原等，这里分布着大量的旱作农牧业。第三级阶梯是海拔500m以下低山丘陵，以及海拔200m以下的几个大平原，这里是中国农业的精华所在。

（2）地貌上的三分天下。即山地、高原丘陵、平地各占1/3。在黄土高原、云贵高原、内蒙古高原等地，山高坡陡，水土流失十分严重，为农业的发展带来极大的不便。

（3）气候上的三大区域。一是东部季风气候区，雨水丰沛，雨热同季，但洪、涝、渍灾害多；二是西部内陆干旱区，干旱少雨，草木稀疏，水分不足是农业生产的主要障碍因素；三是青藏高原区，地势高亢，气候冷凉，农、林业只局限于河谷地带。

（4）植被上的三大类型。即东部湿润半湿润地区的森林地带，东西过渡半干旱地区的草原地带，以及西部内陆干旱荒漠与高寒草地带。

（二）农村社会经济状况差异极大

总体来看，中国的农村社会经济状况由东向西逐步变差：农村经济水平、二三产业比重、农民收入逐步递减，而农业人口所占比例、贫困人口比例及第一产业所占比重逐步增加；农业的物质装备与投入水平、农民素质与科学技术教育水平逐步降低。此外，城乡距离、交通状况、信息水平、民族素质与习惯等因素又加剧了不同区域农村社会经济状况的复杂性。了解这种社会经济状况的复杂性与地域性，对于制定正确的农业发展对策与战略具有重要意义。

（三）农业生产地域差异极大

中国农业生产也存在极强的地域性。

（1）东西差异大。中东部农业区约占全国面积的45%，人口占全国总人口的94%，全国90%以上的耕地和森林都分布在这里，耕地主要分布在平地，森林主要在山地，呈交错状态。这里土壤肥沃，灌溉发达，物产丰富，全国的农林畜渔产品与农村工副业绝大部分都集中在这里。西部约占全国面积55%，人口占全国总人口的6%，耕地和森林占全国总面积不足10%，草地则占70%以上，但饲养的草食牲畜头数仅占全国的1/3。

（2）南北差异大。我国农区主要集中在东部，而东部的南北之间又差异极大。由北向南，≥10℃积温从2000℃增加到8000℃，年降雨量从500～600mm增加到2000mm，由最北的寒温带过渡到中温带、暖温带，再到淮河秦岭以南的北亚热带、中亚热带、南亚热带、热带。长城以北主要是一年一熟，以杂粮为主；长城以南到淮河秦岭一线为小麦、玉米（棉花、大豆）一年两熟；长江以南则可种双季稻或一年三熟。

（3）山区丘陵垂直差异大。在中高山区由于地势的上升，温度降低、降雨增多、日照减少。高度每上升1000m，水热条件与作物种植相当于在平地距离向北走1000km。在低山丘陵地区，降水与气温差异较小，但由于坡度的影响，农田灌溉困难，因而农作物的差异仍较大，一般坡丘上部为树木，中下部为果树或旱作农田，低谷部则为可灌溉的农田。

（4）水土资源的错位。我国北方地多水少，南方则水多地少。北方水资源总量占全国的19%，而土地面积、人口、耕地分别占全国的64%、45%和64%；南方水资源总量占全国的81%，而土地面积、人口、耕地分别占全国的36%、55%和36%。

由上可见，中国农业的地域性特点是十分突出的，地域间的差异是非常大的。当前我国农业总体上仍未脱离传统农业阶段，且差别极大。少数地区已经达到美国的农业现代化水平，有的劳动生产率已高达年生产10万kg粮食；少数边远山区尚未脱离刀耕火种的原始农业范畴，我国农业发展的地域间差距可达50～100年。针对这种巨大的地域差异的现实，究竟应该采取一元化还是多元化的对策是一个十分重要和值得思考的问题。

二、中国农业发展面临的压力

（一）社会问题

1. 农产品有效供给压力不断增大　随着人口总量和结构的变化，以及消费结构升级和加工需求的扩大，我国对农产品数量的需求逐渐增多，对农产品质量要求更高，这些都会使市场对农产品的需求量不断增加。但是，我国仍然采用粗放式的农业发展方式，导致农业发展水平较低。由于我国人多地少，耕地资源缺乏，农业生态环境恶化，区域性、季节性的干旱、洪涝灾害频发，从事农业的劳动力整体素质较低，农业基础设施和技术装备陈旧、落后，缺乏农业科技自主创新能力，在很大程度上会影响农产品的有效供给，导致农产品供给压力不断增加。

2. 农业基础设施脆弱，抵御自然灾害的能力不强　我国现有的农田水利工程设施大多数是20世纪五六十年代修建的，其中大部分已年久失修、设施老化、配套不全。最近几年来，各级政府高度重视加强农业基础设施建设、提高农业物质技术装备水平等。但就总体而言，农业基础设施薄弱、物质技术装备水平低、抗灾减灾能力不强仍是一个突出问题。这不仅会增加农产品成本和农业经营风险，还会影响农业资源利用效率和经济效益的提高，甚至妨碍农业的可持续发展。如在许多农业主产区，农业水利设施建设欠账多，许多水库不能用于灌溉，每遇严重灾害，单产和总产都要下降。

3. 农业技术的水平跟不上农业发展的需要　目前我国农业技术在整体上仍相当落后，表现在：大多数地区仍然沿用传统农业技术；机械化水平低；劳动生产率不高；化肥施用品种及数量不当；优良品种推广面积有限等。依靠我国传统的农业耕作技术，已经很难进一步提高粮食单产水平。必须依靠新的农业技术，提高我国的农业现代化水平，包括选育优良品种、推广新的耕作技术、合理施用化肥和发展节水农业等。

（二）经济问题

1. 农村经济社会发展滞后　由于我国农村经济发展滞后，农民收入水平相对较低，城乡收入差距越来越大。在“十二五”期间，虽然实现了农民收入快速增长，但减少城乡之间收入差距的难度明显增加，依靠农业发展促进农民收入增长的空间变得非常狭小，通过增加产量和提高价格增加农民经济收入的难度非常大。除此之外，通过转移农村劳动力增加农村人口的就业率的势头也在变缓，依靠政策性因素促进农村经济发展作用不断降低。农村的基础设施和社会事业发展水平较低，农村规模化集中供水的覆盖率仍然很低，部分地区农民仍然面临出行难的问题，在农村还有大量的农户居住条件较差。同时，农村合作医疗保障水平和公共卫生服务水平仍较低，看病难和看病贵等问题普遍存在。

2. 农业产业化过程中“企业控制产业”的现象可能继续发展　近年来，随着农业产业化的推进，在中国农业产业链中“企业控制产业”的现象正在加快形成。这些企业凭借其垄断地位攫取垄断利润，往往以将农民推向农业价值链分配的边缘地位为代价。在许多地方，居于农业产前、产后环节的龙头企业以推进农产品标准化为由，要求农户“统一品种”、“统一种植”固然有其合理性，甚至可以在短期内降低农业的经营风险。但如超过一定限度，形成“新品种”对“土品种”的全面替代、企业行为对农户行为的“全面覆盖”，也可能带来一系列的负面影响。从近中期来看，容易淡化农业发展的区域特色，强化农户作为生产者对龙头企业的市场依赖，并将农户引向对市场价格被动接受的地位；从长期来看，不仅会导致农作物多样性的下降，不利于农产品品种资源的保护，甚至会强化龙头企业对农业种质资源的控制。

（三）生态问题

农业中的生态问题是指在从事农业生态系统获取人类生存所需的各种物质资料时，由于人们只顾眼前利益而忽略了长期利益，造成对资源的过度利用，进而影响农业的可持续发展能力，主要表现在 4 个方面。

1. 耕地资源量减质退　土地是人类社会进行物质生产和生活所必需的基本条件和自然基础，人类各种食物 80% 以上离不开土地的供给。耕地是土地中的精华所在，其数量的多少、质量的好坏，对经济发展的推动和人民生活水平的提高有重要影响。据估计，全球每年有 600 万 hm^2 土壤受到破坏，20 万 hm^2 土壤肥力被耗尽而不能再耕种或放牧。

在我国，耕地面积下降问题十分突出。与耕地数量的减少相对应，土地质量退化也日益严重，表现在：①水土流失。水土流失使土壤耕层破坏，养分损失。②土地沙化。我国是世界上土地沙化危害严重的国家之一，土地沙化程度较快，全国沙化土地面积 153 万 km^2，占国土面积的 16%，超过全国现有耕地面积的总和。③土壤盐渍化。我国有盐渍化土地 88.1 万 km^2，主要分布在北方地区。在干旱区、半干旱区次生盐渍化的危害尤为严重，如新疆、甘肃受次生盐渍化威胁的耕地占总耕地面积的 30%～40%，内蒙古河套平原的盐渍化耕地占总耕地面积的 50% 左右。④肥力减退。长期“重用轻养”是耕地肥力严重衰竭的主要原因，适量的有机质含量有利于改善土壤结构和渗透性。忽视有机肥的作用值得注意，许多农民“重白不重黑”，不重视有机肥的收集、沤制和利用，只施用化肥，相当一部分农田变成“卫生田”，丢掉了传统农业中“用养结合”的优良传统。⑤耕地污染。工业上大量排放“三废”和农业上大量使用化肥、农药，对耕地造成一定的危害。

2. 水资源缺乏成为制约农业发展的主要因素　我国年降水总量约为 6×10^4 亿 m^3，多年平均降水量 628mm，比全球陆地平均降水量 800mm 少约 21%，低于世界和亚洲平均水平。全国人均占有水量仅占世界人均的 1/6。而且，我国水资源的地域配置很不均匀。在南方湿润气候区域的长江、珠江、东南沿海和西南诸河流域，年径流量占全国的 82%，而耕地面积仅占全国的 38%；在北方半湿润、半干旱和干旱气候区域的黄河、淮河、海河、东北和西北诸河流域，年径流量只占全国的 18%，而耕地面积却占 62%，其中海河和淮河两流域总面积占全国的 6.7%，水量只占全国的 4%，而人口和耕地却占全国的 1/4 以上。农业一直是我国用水“第一大户”，约占总用水量的 80%。但是随着工业的迅速发展及城市化趋势的加速，农业用水已受到工业和人民生活用水越来越激烈的竞争，水资源缺乏将极大地影响未来农业发展。

3. 化工产品的不合理应用使农产品的质量下降　近几年来，农民在利益驱动下，为了追求更多的农产品，他们在农业生产上的投入越来越多，特别是农药、化肥等化工产品的不合理使用，在农产品产量大幅度增加的同时，造成了一系列严重后果，已经成为影响人们身心健康的重要因素，是生态问题的一个重要方面。其后果主要有：①污染耕地和地下水，导致一些地区地下水中有害物质含量严重超标，对人畜健康造成危害。②主要农产品中有害物质的含量超标。③畜产品中对人体有害物质的含量有增无减。这种状况不仅不利于城乡人民生活水平的有效提高，还必然会对我国农产品在国际市场上的竞争能力产生负面影响。

4. 人口与环境配置不协调，造成对环境的巨大压力　2010 年底，全国总人口 13.37 亿，占世界 19.30%。世界人口密度为 46.5 人/km^2，我国则为 139 人/km^2。在人口与资源的配置上，我国的国土面积居世界第 3 位，人均仅为世界平均的 1/3；耕地面积列世界第 1 位，人均排在世界第 67 位；淡水资源在世界排在第 5 位，人均在世界列第 88 位，是世界人均的 1/4；我国的森林和草原覆盖率分别为 20.36% 和 23%，人均面积只有世界人均水平的 1/4 和 1/5。

总之，中国农业虽然在过去几十年里取得了巨大的进步，但仍然在经济、社会、生态方面都存在着许多问题。只有这些问题得到有效解决，农业可持续发展才能得到更好地保障，农村经济才能得以健康发展。

三、实施中国农业可持续发展战略的意义

（一）有利于促进生态效益、经济效益和社会效益的统一

中国实施农业可持续发展战略，是按照农业和农村经济可持续发展战略的总体要求，从实际情况出发，从有利于总体上保护和合理利用自然资源考虑，做到“靠山养山、靠田养田、靠水养水”，抓好农副产品生产基地的建设，实现资源的永续利用，使经济效益、社会效益和生态效益有机地结合起来。这就要求选择具有资源优势、市场前景好、技术含量高、产业关联度强、带动作用大的农产品加工业，积极培育扶植，发展绿色农业，使其成为新的经济增长点；同时，要突出区域特色，把培育主导产业与区域经济开发结合起来，既能形成特色鲜明的区域经济格局，也能从总体上有利于产业结构的优化，实现农业和农村经济的可持续发展。

（二）有利于促进经济增长方式由粗放型向集约型转变，使经济发展与人口、资源、环境相协调

我国人口众多，人均资源相对短缺，科技水平不高，经济技术基础比较薄弱，保持资源永续利用和保护生态环境面临任务艰巨。实施中国农业可持续发展战略，必须改变粗放型经济增长方式，发展集约型生态农业，在保持农业生态平衡的前提下，合理利用各种农业资源，在有限的土地上实现生态、经济、社会效益的同步增长。在发扬我国传统农业精耕细作、轮作倒茬、大量施用有机肥等优良传统的基础上，引进现代农业科学技术，实行山、水、田、林、路综合开发，通过优化组合形成投入产出链，促进农业生态系统的科学调控，使各种资源得到多层次利用，生产出更多、更好的农产品和生态产品，实现经济与生态的良性循环。

我国人口问题是经济发展的沉重压力，正确处理经济增长与人口增长，以及资源和环境的关系是实现可持续发展战略的基础。对资源的开发和利用必须考虑人口增长的长期需要，以及自然资源和生态环境的承载能力，必须有利于人口控制和环境保护；同时，人口控制和环境保护的本身也应该以保护和促进经济长期发展为主要目标。因此，坚定不移地实施农业可持续发展战略，有利于正确处理经济发展与人口、资源、环境的关系，促进人与自然的和谐，开创生产发展、生活富裕、生态良好的文明发展之路，顺利实现社会主义现代化建设的宏伟目标，为中华民族世世代代的生存发展创造良好的条件。

（三）有利于国民经济持续、稳定、健康发展，提高人民的生活水平和质量

第一，提高经济效益、消除贫困是中国农业可持续发展的前提之一。实施农业可持续发展战略，有利于促进国民经济整体协调发展。可持续发展的目的就是同生活质量的最优化问题联系在一起的，不断满足人的需求、促使人的全面发展是其最终目标。第二，人民生活水平和质量的提高是一个国家国民经济快速稳定的增长、社会进步的重要体现。中国是世界上劳动力最充裕的国家，但目前我国劳动者文化技术水平低，文盲率高。实施可持续发展战略，有助于控制人口增长，发展科学教育，提高人口素质。第三，合理的分配关系是可持续发展不可缺少的环节。实施中国可持续发展战略，就是要保护人民的合法收入，取缔非法收入，对合法的高收入通过税收手段进行调节，以消除中国区域经济发展中的不平衡及蓬勃生机的

城市经济与增长缓慢的农村经济之间强烈的反差。

（四）有利于推进新型工业化的进程

可持续发展观是人类反思伴随工业文明而至的生态环境恶化、自然资源锐减，以及全球性人口激增、贫困加剧等一系列威胁人类生存和延续的问题而提出的一种新的发展观。新型工业化不同于传统的工业化，它在资源使用与环境保护方面的特征是走可持续发展的工业化之路，包括：①走资源节约和环保型的工业化发展道路；②要以经济效益、社会效益和生态效益的结合作为新型工业化的目标；③在工业发展中要处理好工业化与人口、资源、环境之间的关系，增强工业发展的持续能力；④建立绿色工业产业制度，促进我国工业产业制度和产业结构的变革；⑤建立质量型低成本运行的工业化考核体系，严格限制能源消耗高、资源浪费大、污染严重的产业发展，积极扶助质量效益型、科技先导型、资源节约型的产业发展；⑥强化产业结构调整中的环境管理力度，实现经济系统与生态环境系统的协调。

（五）有利于农业经济结构的调整，保护生态环境，建设生态农业

中国实现农业的可持续发展战略，就是不以破坏农业再生资源、降低环境质量为代价换取农业的发展，要把保护环境和提高农业资源的利用与满足人类需要相结合，达到生态合理、发展持续的目的。调整产业结构是促进经济增长、提高质量和效益的根本性措施，产业结构的每一次升级都会带动经济发展上一个新台阶，这是经济发展的一个规律。加强农业生态环境建设，把现代科学成果与现代农业技术结合起来，建立起具有生态合理性、系统良性循环的现代化农业发展模式，可以使农业经济的增长与农业生态环境的改善结合起来，达到经济效益、社会效益和生态效益的统一。只有从我国的实际出发，把粮食生产和多种经营结合起来，把发展种植业与发展林、牧、副、渔业结合起来，把中国传统农业的精华和现代科学技术结合起来，协调好经济发展和环境之间、资源利用和保护之间的关系，才能形成生态上和经济上的良性循环，实现农业的可持续发展。这种持续发展是土地、水和动植物物种资源得到有效保护，无环境退化，技术上适宜、经济上可行并且能为社会接受的发展途径。

第二节　中国农业可持续发展战略的实施

一、中国农业可持续发展的战略目标

农业可持续发展是一个多目标决策问题，其目标往往同时包括生态、经济与社会三个方面。1991 年，联合国粮食及农业组织在关于可持续农业与农村发展（sustainable agricultural and rural development，SARD）的《丹博斯宣言》中，提出了农业可持续发展的三大战略目标。然而，由于各国在农业自然资源与环境条件、经济社会发展水平等多方面的差异，其所强调的重点也不尽相同。一般而言，发达国家如美国等往往强调环境，注重营养、公平与低投入；而发展中国家则更强调发展，注重增产与解除贫困。后一种观念也体现于联合国粮食及农业组织所提出的可持续农业与农村发展三大战略目标之中。

中国是世界上最大的发展中国家之一，其特殊的国情决定了农业在中国具有远比世界上其他国家更为重要的地位。在当今世界中，没有哪一个国家的农业像中国这样长期困扰着整

个经济的发展，成为左右中国政治、经济、生活的持久因素。对于中国农业可持续发展的目标，目前国内尚无系统性的论述。从现有文献来看，占主导地位的观点是将联合国粮食及农业组织所确定的三大战略目标作为中国农业可持续发展的目标。《中国21世纪议程——中国21世纪的环境与发展白皮书》明确指出了中国农业与农村经济可持续发展的战略目标：保持农业生产率稳定增长，提高食物生产和保障粮食安全，发展农村经济，增加农民收入，改变农村贫穷落后状况，保护和改善农业生态环境，合理永续地利用自然资源，特别是生物资源，以满足国民经济发展和人民生活的需要，即确保食物安全、发展农村经济和合理利用保护资源。结合国情，中国农业可持续发展的目标包括以下四个方面。

（一）保障粮食安全

粮食安全的概念是在20世纪70年代中期粮食危机中由联合国粮食及农业组织提出来的，其定义为：保证任何人在任何时候都能得到为了生存和健康所需要的足够食品。曾任联合国粮食及农业组织总干事的爱得华·萨乌马（Edouand Suouma）1998年提出了粮食安全的新概念，其内容是：粮食安全的最终目标应该是确保所有的人在任何时候既能买得到又能买得起他们所需要的基本食品。其具体目标有以下3个：一是确保生产足够的粮食，保证必要的粮食自给率，即生产安全；二是最大限度地稳定粮食供应，维持17%左右的粮食储备，即供给安全；三是确保所有需要粮食的人们都能获得粮食，即消费安全。它包括消费结构与生产结构的吻合情况、消费方式的科学化，以及消费在不同地区、不同收入水平层次的人群中的满足程度等几个方面的内容。粮食安全又可以分为宏观粮食安全与微观粮食安全，前者主要关注总量，后者则主要关注结构。

保障粮食安全是我国农业可持续发展的第一目标。长期以来，中国政府一直把解决粮食安全问题置于治国安邦的头等大事之列。2008年10月，中共十七届三中全会通过的《中共中央关于推进农村改革发展若干重大问题的决定》，将“国家粮食安全和主要农产品供给得到有效保障”作为到2020年农村改革发展基本目标任务的重要内容，重申“坚持立足国内实现粮食基本自给方针”，明确要求“确保国家粮食安全”，“粮食安全任何时候都不能放松，必须长抓不懈”，并“把发展粮食生产放在现代农业建设的首位”。

（二）提高农民收入

提高农民收入是我国农业可持续发展的另一目标，同时，它也是实现粮食安全的必要条件。这是因为，在市场经济条件下，收入预期是农民从事生产经营活动的基本依据，农民只有在收入预期好的前提下才能提高其生产积极性，扩大粮食供给，政府的粮食安全目标才有保障；而在农民收入预期不好时，政府的粮食安全目标也就难以实现。从近年来的实践来看，对粮食而言，一般涨价时需要数年的传导才能在粮食增产上体现出来，而价格下降则会在第二年的产量下降中得到反映。其原因在于，我国农业后备资源很少，粮食的增长基本上是一个技术进步和投入增长过程，从农民的角度讲，只有预期到价格持续稳定上涨时，他们才会下决心更新技术和追加投入。因此，产量的增长还需要一个艰难的爬坡过程，而粮价下跌则可以马上通过缩减面积和减少投入而做出反应。因此，要保障粮食安全目标得以实现就必须重视农民收入的提高。进一步讲，提高农民收入也是可持续发展的一个必要条件，只有农业可持续发展能够带来农民收入的增长时，才能为农民所接受，农业可持续发展的实现才有坚实的基础。

（三）提高农业效率

提高农业效率是我国农业可持续发展的第三大目标。其基本思想是在同等条件下，以更少的投入获得同样的产出，或以同样的投入获得更多的产出，并能为农业生产者带来更多的收益。其核心在于农业自然资源与经济资源的高效利用，具体又可分为以下三个目标：一是提高土地生产率；二是提高资金利润率；三是提高劳动生产率。从我国农业的长期发展来看，以上三种效率的提高都是必要的。然而，中国农业可持续发展进程中应始终坚持以提高土地生产率为中心，以提高资金利润率为手段，不失时机地提高农业劳动生产率。

以提高土地生产率为中心的理由在于：人多地少是我国的基本国情，随着人口的增长、人均消费水平的提高，以及工业化与城市化进程的发展，土地特别是耕地资源减少的势头不可逆转，人地关系将趋于更加紧张。因此，土地将成为我国农业长期发展中一个根本性的制约因素，要以更少的土地养活更多的人口就必须致力于提高土地生产率。

以提高资金利润率为手段的理由在于三个方面：一是我国目前正处于工业化中期阶段，资金稀缺，必须通过资金利润率的提高来弥补数量上的缺口；二是资金利润率的高低直接关系到农业生产者的利益及其生产积极性，后者又反过来影响农业生活中经济资源的投入量及其有效性，从而影响土地生产率的高低；三是由于农业生产者是农业自然资源的直接利用者，其资源利用方式对农业自然资源的可持续利用有直接的影响。因此，要实现农业可持续发展，既需要政府推动，更需要农业生产者的参与。如果农业可持续发展不能给农业生产者带来经济上的利益，就难以调动农业生产者参与可持续发展的积极性，农业可持续发展也就缺乏现实的基础。

不失时机提高农业劳动生产率是因为：近中期内大幅度提高农业劳动生产率的可能性不大，农业劳动生产率的提高需要以大量资金投入为前提，在农业比较效益的相对低下，以及工业化中期阶段资金相对紧缺的情况下，无论政府还是其他经济主体，对农业的大量投入都不太可能。因此，农业劳动生产率的提高需要考虑适时适度原则。

（四）合理利用和保护农业自然资源与环境

合理利用和保护农业自然资源与环境是我国农业可持续发展的第四个目标。其基本要求是，农业发展不能以对自然资源与环境的破坏为代价，或应将这种破坏减少到最低限度。其主要内容有两个方面：一是农业自然资源的合理利用；二是环境污染防治。对我国这样一个人均资源拥有量远低于世界平均水平的国家而言，合理利用和保护农业自然资源与环境问题也就显得非常重要，特别是对耕地资源与农业生态环境的合理利用与保护，更应引起高度重视。严重紧缺的耕地资源已成为我国农业可持续发展过程中一个长期性的根本性的制约因素。

二、中国农业可持续发展的战略重点

在现阶段，中国农业发展的道路以农业生产结构和农村经济结构的优化为重点，这是我国农业的主要任务。根据我国农业的现状和存在的问题，农业现代化发展要吸收和借鉴外国经验，走有中国特色的可持续发展道路。具体来说，中国农业可持续发展的战略重点如下。

（一）建立合理的农业生产结构和农村产业结构

调整农业生产结构和农村产业结构是农业生产内在的要求。因为：首先，土地的有限性和多样性使合理利用土地成为必需的和可行的；其次，农业生产时间和劳动时间及农、林、牧、副、渔五业生产周期存在差异，这是合理安排五业的必要条件；最后，农、林、牧、副、渔五业之间相互依赖、相互促进，只有合理确定它们之间的比例关系，才能相得益彰，促进生态系统的良性循环，并且满足人民多种需要，分散经营风险。调整农业生产结构和农村产业结构必须注意以下 7 点。

（1）保护好基本农田，保障粮食生产能力。国家划定的基本农田保护区是我国商品粮棉的主要生产基地，必须保护好和建设好，禁止转为非农用地。保证粮价对农民的指导和保护作用，不断完善和实施粮食流通领域的政策和措施。优化粮食内部结构，增加优质粮的供应。

（2）调整粮食及其他农产品的区域种植结构，优化农业区域布局。必须从不同地区实际情况出发，发挥地区比较优势，促进特色农业的形成。粮食产区主要提高粮食单产和品质，稳定提高粮食生产水平，发挥粮食生产的优势，同时应注意粮食结构的优化：即由单一的粮食生产向多种经营转变，由一般粮食品种向优质、专用品种转变。沿海经济发达地区和大中城市郊区，要合理调整粮食和经济作物的种植比例，发展高效农业和出口创汇农业。

（3）调整农产品的品种结构，全面提高农产品质量。必须顺应市场需求，改善农产品的质量，增加农产品的种类，增加我国人民食物构成中蛋白质的比例，以满足人们的多层次需要。提高农产品质量也是解决当前农民收入低下的一个重要途径。

（4）积极发展畜牧业、渔业生产，尤其是畜牧业生产，提高我国人民的消费水平和营养水平。通过提高养殖业的比重，逐步使各业相互协调、相互促进。发展畜牧业、渔业，要注意利用非耕地资源。我国有 4 亿 hm^2 草地、0.17 亿 hm^2 淡水资源，对这些资源的开发，必将促进我国畜牧业、渔业的快速发展，使我国农业生产结构更加合理。同时，要大力发展饲料工业和畜产品深加工，尽快把畜牧业发展成为一个大产业。

（5）调整农产品进出口结构。必须利用国内和国际两个市场、两种资源，充分发挥我国农业的比较优势，扩大农产品的对外贸易，在较大的范围内、较高的层次上调整和优化农业结构。从我国劳动力资源丰富、土地资源稀缺的实际情况出发，出口土地密集型产品（如谷物、油菜籽等）不是优势，而出口劳动密集型的高价值产品（如畜产品、水产品、蔬菜、水果和加工产品等）是优势。即通过出口劳动密集型的高价值农产品，换回土地密集型的进口农产品。实际上，出口劳动密集型产品，等于出口劳务，增加就业；进口土地密集型产品，等于进口稀缺的水土资源。

（6）加大农村人力资源投入。全面提高农村劳动力综合素质，是现阶段农业产业结构调整过程中的一个重要基础工作。当前和今后一个时期，各级政府及相关职能部门要重视农村基础教育投入，推动优质教育资源向广大农村基层地区合理流动，提高农村基础教育质量，实现城乡教育公平；要加大对农村劳动力的培训力度，对农民进行农业科技、农业生产技能等培训，使各种培训具有针对性和实用性；同时，还要加强新农村精神文明建设，倡导农村新生活，培养新型农民。

（7）大力推进农产品的生产标准化。加入 WTO 给我国农业生产既带来了机遇，也带来了挑战。根据世贸组织规定，成员或成员国因社会安全等理由，可以拒绝产品准入。近年来，欧美在激素牛肉、疯牛病、转基因作物、二噁英鸡肉等问题上发生的纠纷就是例证。为保障社会安全，发达国家都制定了农产品标准。要实现产品准入，就必须达到各类产品标准要求。从中长期发展看，我国蔬菜、水果、畜产品、水产品在国际上具有潜在的生产优势。由于产品生产分散在千家万户，只有通过一定标准，这种潜在优势才能转变为现实竞争优势。因此，迫切需要大力推进各种农产品生产的标准化，即从品种、施肥、灌溉、防虫、治病、除草、收获到加工、贮运、运销，在时间、种类、数量等各方面作出规定，与国际标准对接，以提高农产品国际竞争力。

（二）健全和完善适应市场经济的农村经济体制

深化农村经济体制改革的总目标是：建立以家庭承包经营为基础，以农业社会化服务体系、农产品市场体系和国家对农业的政策保护体系为支撑，适应发展社会主义市场经济要求的农村经济体制。要建立适应市场经济要求的农村经济体制，就必须构建市场经营主体、市场平等竞争的环境和市场的宏观调控能力。

（1）转变政府职能，加快推进体制改革。为实现农业产业结构调整和升级，就必须转变政府职能，加快推进体制改革。总的要求是，在社会主义市场经济条件下，在继续发挥政府为农业生产服务职能的基础上，由过去的政府主导为主逐渐向以市场需求导向为主转变。具体要求：一是各级政府要强化服务意识，将职能转变到为农民和农业生产提供信息、中介等服务方面。二是要因地制宜，围绕调整农业产业结构和建立现代农业，依靠现有的资源、要素条件，引导农民积极适应市场竞争，推广先进的农业生产技术和农业生产项目，延伸农业产业化链条，实现农产品增值。同时，要在资金投入、要素流通、税务优惠等方面给予支持。三是以产权保护为核心，加快推进农村产权制度改革，进一步规范农村市场秩序，引导农业生产要素、资源合理流动，充分发挥农业生产领域各要素和资源的效用。

（2）建立和完善农产品市场体系，深化农产品流通体制改革。在现代农业产业结构调整和升级过程中，农业资源的流动和配置是由市场来决定的，因此，农业产业结构调整必须坚持以市场为导向，积极建立健全与现代农业生产相配套的一系列服务体系。政府要充分发挥宏观调控职能，按照市场经济原则推动建立一个商品、资金、技术和人才等要素能合理流动的市场体系，形成统一规范的市场秩序，创造公平竞争的良好环境；积极推进农产品流动体制改革，妥善化解农产品供需矛盾，解决好农产品流通困难的问题；加强农产品信息服务体系建设，为农民和市场提供信息服务，及时调节农产品供需关系。此外，还要积极鼓励、扶持农业中介组织发育，积极引导超市或企业与农民直接对接，提高农业生产组织化程度，进一步拓展农产品销售市场和渠道。

（三）增加农民收入，减轻农民负担

增加农民收入是新时期我国农业和农村政策的一个要点。为此，在总体指导思想上应把握以下三点。

（1）在“因地制宜”基础上突出“本地特色”。要找准本地潜在优势，通过扬长避短、差异化竞争，使优势得到最大程度的强化与发挥，进而在市场中站稳一席之地。在农业产业结构调整中，必须做到“知己”、“知彼”；要避免不调查研究，不注重本地资源的发掘与利用，搞“照搬照抄”、“拿来主义”，盲目“跟风”种植或养殖的错误做法。若盲目移植、照搬他人成功经验，只会造成产业趋同，产品没有特色，也就难于带来效益。

（2）发展农产品加工业，扶持农业产业化经营，增加农产品附加值。农副产品加工业是农业产业链条延伸的最高层次，在农村经济发展中占有牵动全局的作用。因为：①发展农产品加工业，可以有效地提高农业初级产品的附加值，增加农民收入。②发展农产品加工业，不仅可以解决农产品积压和“卖难”问题，而且可以增强农业竞争力，加快由传统农业向现代农业转变的进程。农产品加工业一端连接初级农产品，一端直接面对最终需求，通过产品加工提高农产品的附加值，既可以拉动种植业、促进畜牧业的发展，增加农民收入；又可以带动第三产业，改变农产品的贸易条件，是农业产业化经营的核心环节和枢纽工程。农产品加工业中的一些企业经过多年的积累发展，可逐渐成为带动一方农业产业化的“龙头”企业。这些企业以“公司+农户”的形式与农民建立更为密切的利益关系，因而能够取得较好的经济效益和社会效益。

（3）调整农业经营方式，促进管理体制和经营机制的创新。推进农业经营体制机制创新的思路包括两个方面：一是顺应农村的社会分化和农民的职业分化要求，鼓励农民从事其他产业，通过农户承包土地的流转，培育专业化的种植、养殖大户，扩大生产规模，实现农业集约化经营。如土地银行，这是我国现有的农地产权制度下的一项制度创新，一定程度上可以缓解耕地撂荒和部分农户想种地却无地可种的矛盾，对于改变我国现有的农业生产方式、促进农业集约化经营具有一定的意义。二是通过一定形式将现有的农户组织起来，帮助农户克服自然和市场风险，克服缺乏担保和抵押的制度障碍，通过金融支持，实现自身发展，增加农民收入。这些生产和组织模式的创新，不仅可以降低农业生产风险、节约生产经营成本、增加农民收入，也可以改变金融机构和农户的连接方式。

（四）加强农村基层组织、民主法制和精神文明的建设，促进农村社会稳定和全面进步

（1）加强党的农村基层组织建设。具体包括：提高农村基层组织的干部和党员的素质，增强他们领导群众发展经济、依法办事、善于做群众工作的本领；选优配强村级组织带头人，健全村级组织运转和基本公共服务经费保障机制；推进村级组织活动场所标准化建设；加强农民合作社党建工作；开展农村基层服务型党组织创建活动；加强大学生村干部和农村党员队伍建设；加强农村党风廉政建设等。

（2）加强村民委员会建设。具体包括：坚持村民委员会直接选举，完善管理机构，加强村级组织配套建设，坚持村民自治；健全村民自治机制，不断完善村务公开民主管理；推行乡镇公共资源配置、重大建设项目、社会公益事业等政务信息公开；推行财政支农项目民办公助、农村小型公共基础设施村民自建等。

（3）加强农村法制建设。具体包括：坚决打击邪教组织和犯罪活动，维护农村社会治安，建立健全农村法律咨询和服务组织，保持农村社会稳定；加强农村信访工作，引导群众依法理性维护自身权益；依法保障外出村民在本村、外来人口在居住村的民主权利和物质利益；建立减轻农民负担的长效机制；推进公益性乡村债务化解工作；完善乡镇干部直接联系服务群众机制；加强农村抗灾救灾、警务消防、疫病防控等设施建设；加强农村交通安全管理，深化农村平安建设等。

（4）加强农村文化设施建设，进一步完善农村教育体系。具体包括：加强社会主义精神文明和思想道德教育，倡导健康文明的社会风气，培养有理想、有道德、有文化、有纪律的新型农民；

发展教育事业，普及九年义务教育，扫除青壮年文盲，普及科学技术知识；发展农村卫生、体育事业，使农民享有良好的卫生保健；建设农村文化设施，丰富农民的精神文化生活等。

（五）加快农业基础设施建设，改善生态环境，发展持续农业

农业基础设施建设包含：农田水利和鱼塘基本建设、养殖棚舍基础建设、仓储设施建设、农产品加工设备、农业机械设备等。农业基础设施不仅是农业生产的物质技术条件，而且也是保证社会总产品扩大再生产得以顺利进行的重要物质条件和物质保障。其中，农田水利建设是非常重要的一环，对农业的发展起着至关重要的作用。

改善生态环境是关系我国生存和发展的长远大计，也是防御自然灾害的根本措施。具体有：增加森林覆盖率，保护森林资源；坚持不懈地治理水土流失；加强对荒山、荒滩、盐碱地、沙漠化土地的治理和管理；保护水资源，合理用水、节约用水；加强农业综合开发等。在农业综合开发中，改造低产田是一个见效慢、投资大的长期任务，需要分批分期，量力而行。

此外，要大力发展集约持续农业。即以当代科技为基础，以高产、高效、优质为宗旨，节约资源，集约经营，持续提高农业生产力，保持生态平衡，全面体现出生产、经济、技术、社会、生态五大系统的可持续性，形成相互促进的有机整体，实现自然资源的合理利用和生态环境保护与农业经济高速增长的平衡发展。

（六）实施科教兴农战略，促进农业科技进步

科教兴农是实现农业现代化的根本保证。加快农业产业结构调整和升级，必须提高农业科技创新能力，推动农业产业不断优化。当前，要围绕农业产业结构调整升级，以市场为导向，合理调整农业研究和技术开发方向，由注重产量逐步转变为注重提升品质、提高经济效益和绿色环保；要加强农业科研成果的转化率，将先进的农业科研成果应用到农业生产中，注重发挥农业科技示范基地的带动作用，推动农业科技成果和农业生产有效结合，增强农业的市场竞争力。

三、中国农业可持续发展的战略措施

要实现中国农业可持续发展的目标，在宏观战略上必须树立生态经济学的观点，立足资源，面向市场，以科技为依托，以经济效益为中心；在发展生产过程中，必须把建设环境和节约、培植资源紧密结合起来。为此，应当采取以下战略措施。

（一）严格控制人口数量，提高人口素质，开发人力资源

目前，生态破坏、环境污染、疾病流行、资源枯竭、城市住房紧张等一系列问题的出现，归根结底都是与人口多有着密切的关系。因此，必须把人口的增长与经济的发展、自然资源的开发、环境的保护协调起来，严格控制人口增长。

科学技术是第一生产力。发达国家农业增长份额的 60%～70%依靠科学技术，而目前我国农业科学技术的贡献只有 40% 左右。为了振兴农村经济，推动农业现代化进程，就必须提高干部的经营管理水平和劳动者的文化素质，搞好农业科技的开发、研究、推广工作，增加农产品的科技含量；加强科教兴农的“智力投资”，普及中小学教育，加强农业职业技术教育和生态经济教育，使农业向智力、体力双密集型方向发展。

（二）深化农村经济体制改革和制度创新，实现农业可持续发展

深化农村经济体制改革和制度创新是实现农业可持续发展的重要保证。社会主义市场经济下的农业发展必须是面向市场、以市场调节为基础的可持续发展，它有赖于农村经济体制改革的深化和制度创新。放开价格、引入市场机制，无疑是农村经济体制改革的重要内容，但市场机制对资源配置的有效调节则依赖于市场主体——生产者或企业对价格信号的积极反应，而这种反应又只能依赖于它们独立承担市场波动后果的财产责任、经济能量与运作能力。因此，塑造真正的市场主体是保证市场调节机制正常运转的新经济体制的基础。

（三）增加投入，加强农田基本建设，把粮食生产放在首位

“民以食为天”，吃饭问题是头等大事，不管推行什么样的农业模式都不能离开这个中心。我国人多地少，如果粮食不立足于自给，靠从国外进口，那是极不现实的。因此，农业生产仍然应该把粮食生产放在首位。进入21世纪以来，党中央每年以“1号文件”的形式，强调农业基础设施建设的重要性，采取一系列措施加强和完善农业基础设施建设。主要措施包括：①把水利作为公共财政在农业基础设施建设方面投入的重点领域，不断增加在水利设施建设方面的公共投入；②加强中低产田改造，改良土壤、增强肥力，重视农田质量建设；③通过推进“沃土工程”以扩大测土配方施肥实施范围；④开展鼓励农民增施有机肥、种植绿肥、秸秆还田等的奖补试点；⑤大力开展保护性耕作，加快实施旱作农业示范工程。这些措施使得农田质量不断提高，农田产量不断增加。

（四）确立可持续发展的生态意识，帮助农民克服短期行为

农业生产短期行为指的是在农业生产活动中，为获取个人眼前或近期利益，对自然资源采取掠夺式开发利用的一切不良行为。农业短期行为是多年来农业自然资源数量减少、质量下降、生态环境趋于恶化的主要原因。克服、禁止农业生产短期行为，关键在于提高认识，更新观念，增强生态意识，按农业发展的客观规律办事。为此，应着重做好以下工作：第一，通过各种方式向农民宣传、解释可持续发展的涵义和优点，强调可持续发展的重要意义，指出短期行为的弊端和危害，让广大农民从两者的比较中真正认识到可持续发展的重要性。第二，在实践活动方面，要长期坚持不懈地倡导可持续发展的生产方式和生活方式，克服农民落后的生产方式和短期行为，为农民树立可持续发展意识奠定基础。第三，在倡导可持续发展的基础上，还要建立相应的激励机制和惩罚机制。最后，政府机关和有关的政策部门在制定农业政策和经济社会发展规划时，必须从我国的国情出发，坚持以可持续发展为基本方针，制定有利于农业可持续发展的农业政策及有关的农业法律、法规，来约束广大农民，以强化农民的可持续发展意识。

（五）合理开发利用农业资源，加强环境保护

（1）发展生态农业，保护和改善生态环境。实现农业可持续发展应当面向市场合理开发和利用农业资源，按照市场需求安排生产和调整农村产业结构，加快发展生态农业，以实现农业资源的持续利用。生态农业既是实现经济效益、社会效益、生态效益三者统一的基本途径，又是促进农业可持续发展的最佳模式。生态农业既克服了传统农业生产目标单一、生产

技术落后和低投入低产出的自然经济型农业的缺陷，又弥补了石油农业追求高投入高产出而带来的环境恶化和生态系统破坏的弊端。生态农业除有改善生态环境、缓解不可更新资源紧缺方面的重大作用外，更主要的是能派生出一大批新的农业产业，从而促进农村剩余劳动力的充分就业。

（2）改进耕作方式，促进传统农业向现代农业转变。由传统农业向现代市场农业的转变，即要实现由传统粗放型农业经营方式向集约型农业经营方式转变。为此，要在不改变土地家庭承包的基础上实现农业的适度规模经营，适度规模经营是农业现代化的一个基本特征，也是实现农业可持续发展的客观要求。同时，要实现农业由“经验型”管理向“科学型”经营管理的转变。

（3）加强农业可持续发展的政策建设，重视农业环境的保护和治理。在我国，农业发展“一靠政策，二靠投入，三靠科技”，而“三靠”的关键即“一靠政策”。然而，事实上我国在政策制度上的一些问题恰恰成为我国农业可持续发展的主要障碍，我们必须加以解决。农业弱质产业的特性制约着农业在严峻的竞争环境下的生存和发展。各国为了提高本国的农业竞争能力，都采取各种措施进行扶持，其中增加对农业的投入是增强农业可持续发展能力的重要措施。对农业的投入可从三个途径实现：一是增加对农业的补贴，二是优惠贷款，三是税收优惠。另外，政策要有延续性，制定政策和管理农业的人只有真正懂得农业的发展规律才可能制定出正确的农业政策。

（六）建立农业资源持续高效利用的技术体系

开发有利于农业资源持续高效利用的新技术体系，才能实现农业资源要素的优化配置，进而达到增加单产、改进品质、提高农业资源利用效率的目的。

（1）良种技术。农以种为本，良种技术是农民最有能力接受的新技术。其内容包括建立良种选育繁育体系、发展种子加工技术、理顺良种供应渠道及依法进行种子管理等。目前，良种培育科学研究的重点是：开展优异种质资源抗病虫、抗逆、优质、高产等主要性状基因及遗传效应评价、优异种质资源的改良与创新研究；加强基因资源创新和基因改良研究，利用分子标记对优异种质资源进行改造研究，通过外源基因导入技术创造新的种质资源研究；开展作物高产、超高产、优质、多抗等育种亲本材料的创制等。在育种目标上要实现由高产向高产、优质、专用相结合升级，在育种技术上要实现由常规育种技术向常规育种技术和分子育种技术相结合升级。

（2）施肥技术。其内容包括：多途径、多层次开发绿肥资源；改进秸秆还田技术，实行秸秆覆盖与施肥改土相结合；调整化肥施用结构，增加磷钾肥比重；开展土壤养分信息化精确管理、新型缓/控释肥料、有机肥产业化、营养物质高效化的作物遗传资源开发等现代技术研究，建设一个高效、低耗和环境友好的养分管理技术平台。据估算，如果将全国的氮肥利用效率由目前的30%提高到45%左右，就相当于每年节约2700多万吨尿素或420亿元资金投入。

（3）栽培技术。重点开展不同类型区间作、套种及多熟种植制度，农作物高产、超高产种植模式，农作物优质、高产、省工、省力模式化、标准化、规范化栽培技术，农作物集约化种植技术，地膜覆盖和模式化栽培技术，设施农业优质、高效栽培技术，植物营养与肥料高效利用技术，水资源高效利用与作物节水灌溉技术，农作物病虫害防治技术，旱地农业综合生产技术，特色农产品耕作栽培技术等方面研究。同时，积极推广近年来各地研究总结的一系列综合高产栽培技术，如北方小麦/玉米一年两熟高产栽培技术、黄淮海平原地区夏秋粮均衡增产综合技术、长江中下游小麦综合高产技术、杂交水稻高产栽培技术等。

（4）养殖技术。在畜牧养殖方面，重点开展精细规模化养殖技术，现代集约饲养技术，动物营养调控和高效利用技术，新型复合、高效、饲料配制技术，智能化饲养技术，养殖环境监测与改善技术等研究。在水产养殖方面，重点开展不同类型浅海、滩涂、内陆水面等水域的科学养殖技术，海、淡水优质养殖对象工厂化养殖技术及离岸海水养殖技术，水产生态养殖技术，设施化水产养殖技术，渔用饲料开发技术，渔业资源合理高效利用技术等研究。

（5）植保技术。植保技术其重点是：扩大抗性品种的利用，加强推广良种的检疫，加强主要病虫害综合防治技术的示范推广等。同时，积极贯彻有害生物综合防治方针，以生态区为单位，不断开发综合、高效、持久、安全的防治技术体系，推广生物肥料和生物防治技术。

（6）节水技术。节水技术其重点是：由单一节水技术向高度集成的综合技术和发挥整体效益方向发展，蓄水、增水、保水、高效用水并重，农艺节水、生物节水、工程节水“三管齐下”，加强现代生物、信息技术和新材料技术应用等。根本目标是大幅度提升节水农业的科技水平，促进节水农业技术向着定量化、规范化、模式化、集成化和高效持续方向发展。

（7）农机技术。农机技术其重点是：解决农业生产全程所需要的全套装备技术，强化、优化设施环境调控能力，开发节能低耗、清洁生产设备等。

（8）循环农业技术。通过农业废弃物资源化利用技术，强化生态过程，促进农业资源综合利用，使环境治理与资源开发相结合，实现清洁生产和零污染的现代农业目标。

（9）信息技术。运用信息技术改造传统农业，使农业生产、管理、决策和市场逐渐实现信息化，使信息技术成为农业新技术示范推广和应用的主要形式，成为农村教育的主要手段和农业科研的基本方法。

四、中国农业可持续发展的科技纲领

要扫除中国农业可持续发展的障碍，关键是要确立农业科技进步的机制，切实提高农业科技支撑能力。

（一）制定和实施持续农业的科技发展战略

持续农业科技发展战略是整个国家科技发展战略的有机组成部分，它是根据中国农业可持续发展的难点，结合全球和我国农业科技发展现状与特点而制定的符合科技发展规律的一系列科技方针、策略和方法。持续农业科技发展战略的制定，应以农业可持续发展理论及其对科技的需求、世界和我国农业科技发展现状与方向、科技发展内在规律和科技发展战略演变的历史性等为依据。在制定过程中，要遵循科学性原则（制定方法与内容上的科学性和科学家的广泛参与）、系统性原则（战略内容的全面性与层次性）、协调性原则（战略内容的关联性与逻辑性）和效益性原则（制定工作的时效性和战略实施的效益性），要注意拓宽与充实《国家中长期科学技术发展纲领》中确立的农业科技发展战略目标和农业科技发展重点。为确保持续农业科技发展战略的实施，要对实施过程施以严格的科学管理，包括科技管理的机构及人员、方法、制度、激励机制等方面事项的全部落实。

（二）优先发展先进、适用和在农业生产上亟待突破的技术

先进、适用的农业技术是指具有环境保全性的高产高效增收的节水、节地、节能、省时、省工的农业新技术，主要包括节水灌溉技术、配方施肥技术、病虫害综合防治技术、作物和

林木栽培与管理技术，以及农产品贮运、保鲜、加工技术等。这些技术市场需求旺盛，技术发明与技术创新的成功率较大，并能在技术投入后取得“三大效益”的统一。农业上亟待突破的技术指能大幅度增产增收和显著改善生态环境的技术，主要包括农产品优良品种选育技术、基因工程实施技术、病虫害防治机制应用技术、自然灾害综合防治技术、区域农业综合开发技术、农业生态环境保护技术、农产品系列加工与综合利用技术、“绿色”肥料与农药生产技术及现代高科技在农业中应用等。这些技术综合程度高、涉及面广，技术发明与技术创新的难度较大，但技术应用后“三大效益”巨大。另外，要积极引进国外先进技术，并注意吸收、消化和二次技术创新工作。

（三）把农业高新技术研究、开发与应用摆在首位

农业高新技术是当代技术上最新颖的、最先进的、对农业和农村社会经济发展意义重大的技术，主要包括信息技术、能源技术、材料技术、生物技术、空间技术和海洋技术等六大技术群。其中，生物技术已突破了物种界限，极大地缩短了新品种选育时间，提高了育种准确性，它将对生物农药、动植物育苗与生长调节、生物肥料与生物反应器、农业微生物发酵工程等领域产生广泛而深刻的影响；信息技术将有效地克服农业的分散性、地域性、变异性、经验性、不稳定性、高风险性等行业性弱势；材料技术将加速对农业的工业武装，推进农业现代化的进程。高新技术对促成农业第二次科技革命起主导作用，因此要用宏观调控和市场调节相结合的手段，强化农业高新技术研究、开发与应用工作，快速推进中国农业高新技术研究开发基地建设，以保证我国农业高新技术上的重大突破。

（四）确立农业科技推广机制

农业科技推广机制是农业科技推广的动力和源泉，是农业科技向现实生产力转化的助推剂，它对农业可持续发展具有重大意义。农业科技推广机制的确立决定于三个要素：一是农技推广部门或组织的技术“供给欲望”；二是单位或农户对农业技术“需求欲望”；三是“供给欲望”与“需求欲望”的对接。据此，要通过强化农技推广网络建设、修订与完善农技推广法规、加大农技推广经费投入，并辅助以相应的技术产权制度、价格制度、金融制度、税收制度等，刺激农技推广部门或组织的技术“供给欲望”；要通过创新农村土地制度与农业生产经营组织制度、推进土地适度规模经营、加大农业技术信息服务的质与量、建立农业技术应用风险保障制度、大力培养农民科技文化意识等，诱导与激发单位或农户对农业技术的“需求欲望”；推广部门或组织要通过加大农技推广的范围与力度、认真评估与筛选农业技术、提高农技推广应用过程中的服务质量、完善农业技术市场等，完成农业技术“供给欲望”与“需求欲望”的对接。

（五）创新农业科技体制

农业科技体制创新的目的是调动广大农业科技人员的积极性，加快农业科技成果的形成与转化速度，切实提高农业可持续发展的科技支撑能力。农业科技体制创新的内容包括：①农业科技体系联结方式的创新，即把农业科技研究、开发、推广应用相互分割的关系转变为相互衔接配套的关系；②农业科技体系组织方式的创新，即把农科教分离、产学研多主体化转变为农科教相结合、产学研一体化；③农业科技人员激励制度的创新，即把科技人员职务技术职称的评审、物质奖励与产权、专利相分离转变为一定程度上的结合。农业

科技体制的创新既要紧密依靠政府调控手段，又要充分发挥市场调节机制，以充分降低农业科技体制创新的预期成本，获取创新的最大预期收益。

第三节　中国农业可持续发展案例分析

20世纪90年代以来，可持续发展作为我国的国家战略，其发展理念已越来越为人们所接受，各地在农业可持续发展的行动层面上也开展了大量示范工作，取得了明显的进展和成绩。

一、甘肃石羊河流域水资源约束下的农业可持续发展

（一）基本情况

石羊河位于甘肃省河西地区，是中国内陆河流域中人口最密集、水资源开发利用程度最高、用水矛盾最突出、生态环境最为脆弱的流域之一。近年来，由于人为因素和自然、历史等原因，流域水资源被过度开发利用，上中游地区过度发展灌溉面积、下游过量开采地下水，经济和社会发展用水严重挤占了生态用水，区域生态环境急剧恶化。中国政府高度重视这一问题，国务院前总理温家宝多次做出重要批示，强调“决不能让民勤成为第二个罗布泊”。为改善石羊河流域的生态与环境状况，加快该流域综合治理步伐，从2002年开始，甘肃省和国家有关部门组织力量启动了石羊河流域重点治理规划编制及相关治理工作。

（二）发展思路

石羊河流域生态恶化的原因虽然很复杂，但根源和要害是水的问题。因此，在规划思路和治理方案中强调：要加强节水型社会建设和流域水资源统一管理，着力从体制和机制上解决上游过度引水和下游超采地下水的问题；通过确定流域水量分配方案、明晰初始水权、加强用水总量控制和定额管理等措施，形成政府宏观调控、市场引导、公众参与的节水型社会运行机制，完善水资源有偿使用制度，不断提高用水效率和效益，实现水资源的合理配置与统一管理；对全流域经济结构进行战略性调整，特别是调整农业种植结构和灌溉方式，实施强有力的节水和废污水治理措施，控制农业灌溉规模，逐步退还被挤占的生态用水。通过采取合理配置水资源、明晰水权、强化用水管理、调整产业结构、加强灌区节水改造、转移农村富余劳动力等管理措施和工程措施，在节约用水、高效用水的同时，尽快改善全流域尤其是民勤县的生态环境，最终实现生态好转、经济发展、农民增收和社会和谐稳定的多赢治理目标。

（三）取得成效

目前，石羊河流域治理和管理工作取得了一定进展，部分地区生态与环境恶化趋势得到减缓。流域内的武威市是石羊河流域经济、政治、社会发展的重点区域，人口占全流域的78.4%，灌溉面积占70%，GDP占61%，粮食总产量占80%，是河西地区人口最集中、水资源开发程度最高、供需矛盾最突出的地区。2010年，武威市实现农业增加值60.45×10^8元，同比增长6.13%；完成农作物播种面积$24.36\times10^4 hm^2$，较上年下降0.04%；实现畜牧业增加值18.7×10^8元，较上年增长12%。同时，武威市大力推进生态治理，全市累计关闭机井3318眼，累计压减农田灌溉配水面积$4.28\times10^4 hm^2$。这些措施的实施取得了一定的治理效果，民勤北部的青土

湖在干涸了51年之后，到2010年地下水位再度回升至3.6m。这些措施不仅遏制了地下水位下降和生态恶化的趋势，而且使得局部生态环境逐渐好转。

（四）启示

该案例针对我国西北内陆干旱地区，此区由于水资源短缺、农业灌溉用水需求量大，成为我国西北地区人水关系最为紧张的地区，同时该地区生态环境极为脆弱，影响着农业的可持续发展。石羊河流域生态环境恶化是自然和人为因素长期作用的结果，生态环境恢复任务迫切而艰巨。由于该区域水资源的紧缺形势十分严峻，水资源量总体呈下降趋势，且下降幅度呈逐步扩大势头。现有水资源量不能满足当地生态需水要求，已对石羊河流域生态环境建设和农业经济发展造成严重威胁。所以，提出石羊河流域水资源合理利用问题意义重大，节水就成了最根本、最有效的战略措施，也是实现流域综合治理目标的重要保证。

石羊河流域作为西北干旱区人口与水资源关系最为紧张的地区之一，其生态恶化的现状预示着河西地区以至于整个西北干旱区生态系统演变的趋向，预示着人类活动过度干扰所产生的不利环境效应。石羊河流域治理的成功实践可以作为干旱地区农业可持续发展的典范，可为其他干旱地区的生态保护规划、流域治理和生态修复提供重要的参考依据，同时也对西北缺水地区的农业可持续发展具有重要借鉴意义。

二、山东聊城粮食主产区农业生态恢复与可持续发展

（一）基本情况

山东省聊城市地处黄河下游、黄淮海平原腹地。该区地理位置优越，农业资源丰富，水域面积比例大，地势平坦，是国家优质小麦和棉花生产基地。近年来，“三农”问题不断得到重视，农民种地的积极性空前高涨，农业快速发展。同时，区域内还存在社会发展与生态环境之间的诸多矛盾，主要体现在土壤退化有增无减、地表水环境不良、农业面源污染严重、乡镇工业布局混乱、环境污染和生态破坏问题日益突出等方面。

（二）发展思路

粮食主产区农民增收的一个主要途径是增加种植业的产量，且种植业产量的增加又必须靠各种农用生产资料如化肥、农药、地膜等的使用。近年来，为了追求产量的增加，许多农民过量使用这些农用生产资料，导致了农业生态环境的破坏，最终又影响了农民的增产增收。基于这种情况，必须走一条既能保护农业生态环境，又能使农民增收的和谐发展道路。

聊城市为切实保护农业生态环境，促进农业可持续发展，采取了以下措施：一是大力开展测土配方施肥，逐步减少化肥使用量；二是减少农药残留，引导使用高效低毒农药；三是积极回收残留农膜、使用可降解的农膜；四是综合利用农作物秸秆，发展生态家园，积极探索循环农业发展模式；五是改变传统漫灌，提倡节水灌溉。

（三）取得成效

经过多年来的规划和发展，聊城市建立了县域耕地资源管理信息系统，每公顷减少化肥

投入 15kg 以上，节约成本 75 元以上，增收 450 元以上。通过推行农作物秸秆直接还田、腐熟还田、秸秆反应堆等肥料化利用，以及秸秆饲喂牲畜过腹还田和生产食用菌等生物转化，年总综合利用秸秆 567.17 万 t，占秸秆总量的 79.62%。适宜建沼气池农户的普及率达到 18%。沼气用于烧水、做饭、照明，沼液、沼渣施于农田可减少 20% 以上的农药和化肥使用量，使粮食增产 15%～20%，蔬菜增产 30%～40%，并能很好地提高农产品的品质。截至 2010 年，改善恢复灌溉面积 67 133 万 hm^2，新增改善除涝面积 24 800hm^2；治理风沙区水土流失面积 10.5km^2，新增节水灌溉面积 17 800hm^2，改善农村饮水安全覆盖人口 16.16 万。

（四）启示

该案例告诉我们，农业生态环境破坏主要是农业自身引起的，是由于广大农民的环境意识淡薄及农业生产技术水平不高造成的，很难靠一家一户来解决。最有效的解决办法是提高广大农村基层干部和群众的环境意识，发挥各方面的积极性，群防群治，让广大农民知道农业环境污染的影响和危害。农业生态环境与每个人的生活密切相关，处理好人与自然的关系，爱护生态环境，促使生态平衡，是发展生态农业的必由之路。只有高度重视农业生态环境问题，并采取有效措施加以保护，才能为农业和农村经济可持续发展奠定坚实的基础，才能实现农业持续增产、农民持续增收的目标。

三、上海现代都市农业的可持续发展

（一）基本情况

上海市位于北亚热带季风性气候区，四季分明，日照充分，雨量充沛；气候温和湿润，春秋较短，冬夏较长。其境内所辖的崇明、长兴、横沙 3 个岛屿作为上海都市居民的“后花园”，而重点进行都市农业建设。随着上海城市经济和社会快速发展，对农业在提供绿色屏障、调节城乡生态平衡等方面提出了更高的要求，以前的城郊农业发展模式难以满足经济发展和市民对生存环境日益提高的需求。

（二）发展思路

建立现代都市农业的根本途径是优化资源配置，在有限的空间上发展融生产、生态、社会经济等多元化功能为一体的都市型生态农业，提高生产与管理的集约化和现代化水平，积极推进农产品市场流通的高度开放和国际化，实现农业的第二次飞跃。上海都市型生态农业应具备的功能：①生态功能。发展生态农业不仅是改善农村生态环境的需要，也是建设上海生态城市的必由之路。随着上海城乡经济社会的发展和农业现代化水平的提高，农业的生态功能将日益突出。因此，必须充分发挥都市型农业洁、净、绿的特点，建立人与自然、都市与农业和谐的生态环境；依托生态农业进一步净化上海的水质、土壤和空气，使郊区农业成为城市的花园和绿色生态屏障。②经济功能。都市农业是农业与工业融合过程中的农业形态，都市农业可利用现代工业、科技的装备，大幅度提高农业的生产力水平，提高农业的经济效益，实现农业增产、农民增收；通过利用外资和开拓国外市场，大力发展创汇农业，使上海农业成为高产、优质、高效的农业，成为上海农村经济的重要组织部分。③社会文化功能。都市农业具有明显的农业教育、评赏农业文化的社会功能。在市郊建立融教育、娱乐、生产于一体的农业公园，可以满足市民学农、爱农和了解农业的需求，让市民回归大自然，体验农耕与丰收的喜悦，增进情感和身体健康，进而获得新的生活空间。④示范辐射功能。上海具有较强的科技力量和较高的科研水平，充分发挥先进的科技、资金、人才、管理等优势来武装上海农业，发挥上海现代农业的辐射功能，可为全国的农业现代化起到示范带头作用。

（三）取得成效

至 2011 年，上海市一些都市型生态农业园区已经形成，具有一定规模的有：①以设施化+生态技术为主的生态农业发展模式。几年来，园区化的运作方式体现了许多优越性，产生了规模化集聚效应，在硬件和软件上为现代农业科技的运作创造了条件，为上海地区乃至全国的科技兴农起了很好的示范作用，为上海城市提供了较高档的、反季节的蔬果，丰富了市场，并提供了良好的生态环境和休闲、旅游场所，成为培育新一代农业技术人才及农业科技普及的基地。②以集约化+生态技术为主的发展模式。如位于长江入海口的长兴岛的 600 多 hm^2 的柑园、南汇县 3000 多 hm^2 的桃园，以及东海农场、松江九亭和青浦绿色园区等的花卉基地等。③以科技化+生态技术为主的发展模式。如崇明前卫村、孙桥现代农业园区等，是以农业高新技术成果为依托，通过生产高附加值农产品获得高经济效益的农业产业化模式。④市场化+生态技术为主的发展模式。如新桥的花卉生产基地，是以市场带动起来的生态农业区。此外，崇明岛 300 多公顷的森林公园、佘山风景区、淀山湖风景区、奉贤世纪林等绿色景观和绿色产业，组成了绿化产业链。上海每年举办柑橘节、桃花节、风筝节等，成为上海农业文化的缩影。

（四）启示

该案例针对的是上海都市型生态农业，通过不断创新思路，优化发展模式，充分发挥比较优势，走出了一条“以特色产业促进休闲农业，以特色产业带动旅游业，以生态旅游推动都市农业建设”发展之路。从该案例可得出以下启示：①生态优先，尊重自然。无论是何种模式的都市农业，其规划设计应充分利用绿色植物对环境的调节能力，模拟当地的自然植被的群落结构与特性，构建多样性的农业植物群落。②发展可持续农业生产。以实现都市型农业的经济、社会、生态功能为基本方向，对农业布局结构、产业结构和产品结构实施战略性调整，提高森林覆盖率，建立人与自然的和谐关系，发挥小区域、大农业的作用，保持有利于可持续发展的生态平衡能力，在全国率先基本实现农业现代化。

本章小结

农业可持续发展是我国可持续发展战略的重要组成部分。我国是一个拥有 13 亿多人口的农业大国，农业是我国国民经济的基础，没有农业的可持续发展，整个社会和国民经济的可持续发展也就不可能实现。本章首先分析了实施中国农业可持续发展战略的背景，包括：中国农业发展的地域性特征，中国农业在社会、经济和生态 3 个方面面临的主要压力，以及实施中国农业可持续发展战略的意义。其次，从中国农业可持续发展的战略目标、战略重点、战略措施和科技纲领的角度剖析了中国农业可持续发展战略的实施框架。最后，选择了 3 个不同区域特征的农业可持续发展典型案例，对其基本情况、发展思路、主要技术措施、取得成效和启示进行了分析。这些农业可持续发展实践的典型案例，可为其他地区开展生态保护规划、生态环境治理、发展高效农业和促进农村经济可持续发展提供重要参考依据，也对整个中国的农业可持续发展具有重要借鉴意义。

思考与练习

1. 分析中国农业发展在社会、经济和生态方面面临的主要压力。
2. 中国农业可持续发展的战略目标是什么？
3. 中国农业可持续发展的战略重点是什么？
4. 中国农业可持续发展的战略措施有哪些？
5. 中国农业可持续发展的科技纲领涉及哪些方面？
6. 列举一个你所熟悉的农业可持续发展的成功案例，对其基本情况、发展思路、取得成效和得到的启示进行分析。

主要参考文献

白蕴芳，陈安存. 2010. 中国农业可持续发展的现实路径. 中国人口资源与环境，20（4）：117～122
李同华. 2008. 现代科技革命与中国农业的可持续发展. 现代农业科学，15（11）：115～117
刘巽浩. 2001. 论中国农业的强地域性特征. 中国农业资源与区划，22（5）：26～29
宁森，邹秀萍，叶文虎. 2008. 中国农业可持续发展的科技支撑体系及其关键技术. 中国科技论坛，（10）：102～106
盛国勇，陈池波. 2013. 我国农业可持续发展与制度创新互动机制探析. 经济研究导刊，184（2）：11～13
谢钦铭，王世平. 2009. 试论现代科学技术革命与中国农业的可持续发展. 江西农业学报，21（11）：169～172
翟虎渠. 2004. 技术进步与中国农业可持续发展. 作物杂志，（4）：1～3
张丽萍. 2006. 中国共产党对中国特色社会主义农业发展道路的探索. 攀登，25（147）：12～14
郑平建. 2002. 中国农业可持续发展的制度支撑系统探讨. 南京农业大学学报，25（1）：102～106

第十章　中国不同区域农业可持续发展的模式和对策

学习目标

了解中国陆地农业不同类型区域农业与农村的发展现状，熟悉各区域农业生产的优势与制约因素，掌握各类型区农业可持续发展的主要模式与对策，学会运用农业可持续发展的有关理论和知识因地制宜地指导农业生产实践。

我国地大物博，自然资源与生态环境复杂多样，各地农业生产条件和社会经济发展水平差异巨大。因此，实施农业可持续发展战略必须坚持因地制宜、分类指导的原则，只有科学合理地制定适合不同区域的农业发展模式与技术策略，才能确保全国农业与农村经济的快速、协调与均衡发展。为此，本章依据《中国综合农业区划》对我国陆地农业类型的划分，按照东北区、内蒙古及长城沿线区、黄淮海区、黄土高原区、长江中下游区、西南区、华南区、甘新区、青藏区共 9 个类型区（图 10-1），分别对其农业与农村发展现状、农业生产优势与制约因素予以分析，并提出各区域的农业可持续发展的模式和主要对策。

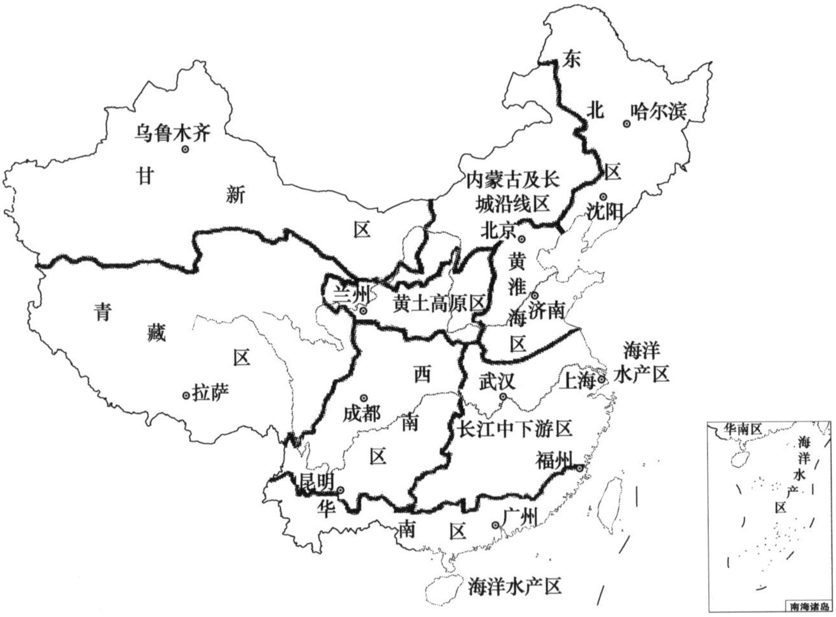

图 10-1　中国综合农业区划图（孙颔，1994）

第一节　东　北　区

东北区包括黑龙江、吉林、辽宁（朝阳地区除外）及内蒙古东北部、大兴安岭地区共 181 个县（市），土地面积 95.3 万 km^2。本区农垦历史较短，可耕地广阔，人均耕地较多，森林资源丰富，是我国重要的商品粮基地、畜牧业基地和农产品加工基地，在保障国家粮食安全与农产品供需平衡中占有重要的战略地位。

一、农业与农村发展现状

东北区北有小兴安岭，西有大兴安岭，东有长白山，地处“两岭一山”之间；在黑龙江、乌苏里江、图们江、鸭绿江、兴凯湖和渤海、黄海等界江、界河及大海环绕中；其间有山环水绕、沃野千里的中国最大平原——东北平原（长约 1000km，面积达 35 万 km^2）。东北平原北起嫩江中游，南至辽东湾，可分为三个部分，东北部主要是由黑龙江、松花江和乌苏里江冲积而成的三江平原；南部主要是由辽河冲积而成的辽河平原；中部则为松花江和嫩江冲积而成的松嫩平原。东北平原土层厚，土地肥沃，耕地广阔，是中国主要的粮食产区。

东北区除了南部的辽东半岛一带为暖温带北缘、最北部的大兴安岭北端为寒温带，夏季温暖多雨外，大部分地区处于中温带，属温带大陆性季风气候。东北地区主要农业区的日平均气温≥10℃，积温在 1500～3800℃，由南向北递减；年降水量为 300～1000mm，由东向西递减。综合气候、土壤、生物的区域差异，大体上可划分为 3 个自然地带，即东部和北部湿润的森林地带、中部半湿润的森林草原地带和西部半干旱的草原地带。从总体看，东北地区具有光照资源丰富、夏季气温高、降水比较适中、雨热同季等特点，适合多种农作物生产，特别是有利于大秋作物生长。东北地区耕作制度以一年一熟为主，配合小面积的间套复种。

东北区现有耕地面积 2145.00 万 hm^2，其中灌溉面积约 772.86 万 hm^2，占耕地面积的 36.0%；全区现有林地面积 3700 万 hm^2，森林总蓄积量 29 亿 m^3，占全国总蓄积量的 45.8%，森林覆盖率达 38.82%，是全国最大的天然林区；草地面积约 1676.28 万 hm^2，其中可利用草地 1369.99 万 hm^2，占草地总面积的 81.7%，草原草质普遍较好，单位面积载畜量较高，是中国优质的草原，其中呼伦贝尔草原是世界最好的草原之一。

东北区粮食产量高、商品量大、外调数量多，是中国粮食市场的“稳压器”和“国家粮食安全的后备战略基地”，目前粮食综合生产能力达 1 亿余吨，粮食年均产量占全国的 18.87% 左右，其中优势农产品玉米年均产量约占全国玉米总产量的 33.07%，大豆年均产量约为全国的 37.52%，水稻约为全国的 15.87%。本区北部耕地面积大、地势平坦、垦区农场多，其化肥、农药、种子供应充足，特别是其生产、经营工具的机械化程度不断提高，因此北部的黑龙江省的农业机械化发展在全国的前列。农业机械化的发展也使东北农村的剩余劳动力数量呈现不断增加的态势。

近年来，本区农业生产结构逐渐形成“粮食-经济-饲料”三元结构。首先，品质高、具有竞争优势的高油大豆，优质粳稻和专用玉米市场需求量和相应的播种面积有增加趋势，增强了农产品的品质和竞争力。其次，畜牧业成为农业新的增长点和最有潜力的产业。另外，农村工业有一定发展，农业产业化发展迅猛，农业产业化体系逐步形成。

二、农业生产优势与制约因素

（一）农业生产优势

1. 广袤的耕地资源和肥沃的黑土土壤　东北区的土地资源十分优越，拥有中国最大的黑土地平原，是世界上三个黑土地平原之一。黑土带土壤肥沃，土层深厚，土壤有机质含量丰富，氮、磷、钾等元素含量高。东北平原的黑土带总面积约 1100 万 hm^2，占东北区土地总面积的 11.5%；黑土耕地约 815 万 hm^2，占全区耕地面积的 32.5%；黑土地的粮食产量占东北地区粮食总产量的 44.4%，其中玉米产量和出口量分别占全国的 1/3 和 1/2。由松嫩平原、辽河平原和三江平原组成的东北大平原，面积约占全国平原面积的 1/3，平原宽广平坦，黑土分布广泛，是东北地区和全国的重要农业地带。

东北区土地后备资源丰富，吉林中部地区有 46.7% 的低洼易涝地和宜农荒地，黑龙江有 520 万 hm^2 荒地。西部松嫩平原和呼伦贝尔草原是中国温带草原中生产力最高、改良条件最好和最适合饲养肉类家畜的天然草地。

2. 较好的生态环境条件 东北区的长白山、大小兴安岭是东北生态系统的重要天然屏障，又是松花江、东辽河、西辽河、鸭绿江等主要河流发源地，具有巨大的经济价值和生态价值。从 1978 年国家批准建设“三北”防护林以来，东北林区坚持造、封、飞相结合，乔、灌、草相结合，到 20 世纪末，共完成了人工造林和飞播造林 1566.7 万 hm^2，封山育林总面积 1033.3 万 hm^2，重点林区完成采伐更新 470 万 hm^2。退耕还林工程的启动，带动东北地区造林步伐加快，造林绿化的发展使局部地区的生态得到明显改善。本区已建立了 21 个国家级自然保护区，40 个省级自然保护区，保护区面积达 478.3hm^2。由于地域辽阔，人口相对较少，广袤的城乡地区空气、水体、土壤基本保持着良好的洁净水平，为生产无污染、安全、优质、营养类的绿色食品创造了生态条件。

3. 良好的农业产业化发展基础 东北区是中国重要的粮食主产区，主要农作物品种有水稻、春小麦、大豆和玉米，产量占全国粮食产量的比重在 15% 左右，生产的集中程度很高，适宜专业化生产。东北区是世界三大玉米带之一，也是全国重要的大豆产区，其大豆产量占全国总产量的 50% 左右，具有生产非转基因绿色有机大豆的优势，其大豆及大豆产品无污染、含油量高、蛋白质丰富，发展潜力巨大。东北区稻米生产也正在形成规模，特别是绿色、有机稻米种植发展迅速，形成了一系列知名品牌，如梅河大米、五常大米、响水大米等，在中国稻米市场上占有重要地位。

近年来，东北区农业内部结构由以种植业为主逐渐向农牧业并重方向转变，牧业产值已占农林牧渔业总产值的 1/3 左右。丰富的农副产品资源不仅为畜牧业提供了强有力的资源保障，而且带动了加工工业的发展，推动了产业优化升级。本区已具备了较好的发展畜产品的基础和条件，生猪、肉牛、奶牛、肉鸡等形成了大批量的专业化生产能力。此外，经济作物生产、特色农产品加工等也形成一定规模，在国内外农产品市场上占有重要地位。

（二）主要制约因素

1. 土地荒漠化日趋严重 东北区土地荒漠化的类型包括沙漠化、盐碱化和水土流失。科尔沁沙地和松嫩沙地处在东北区西部，为周边土地沙漠化的形成与演化提供了物质条件，气候的变化和人类的强烈干预又加速了沙漠化的进程。东北区是中国盐碱化土地重要分布区之一，盐渍化土地面积为 604.13 万 hm^2，占全国盐渍化土地面积的 1/4。东北区夏季降雨量集中、强度大，加上普遍实行顺坡起垄的传统耕作方式，水蚀现象比较严重；而冬季积雪量大，一到春季融雪径流便对解冻的黑土形成冲蚀；此外东北区常年的风力侵蚀对黑土区也构成严重威胁，导致黑土层流失不断加剧。据观测，黑土层厚度由开垦初期的 80～100cm 下降到目前的 20～30cm，每年流失表层黑土 0.7～1cm。

2. 水资源供需矛盾加剧 东北区降水主要集中在 6 月中旬至 8 月中旬，这期间的降水占全年总降水的 70%～80%，降水变率较大，加之不合理的开发利用及缺乏科学论证的拦蓄工程，导致水资源严重浪费，造成旱涝灾害相间发生。同时，本区水资源的空间分布极不均衡，呈现周边水多、中西部缺水的格局，且 2/3 的水流入界河。水质污染已成为本区最严重的环境问题之一，使水资源供需矛盾进一步加剧。由于历史形成的以重化工为主的工业结构及薄弱的城市环保基础设施，导致污染物排放总量大大超过环境自净能力，使松花江和辽河的干支流及部分湖泊水库受到严重污染，水生生态系统遭到破坏，严重影响城市居民集中饮用水源的质量，进而影响河流两岸的地下水，甚至一些流域的土壤及近海海域也已受到污染。

3. 湿地面积萎缩 东北区是我国湿地的重要分布区，其湿地主要分布在三江平原、松嫩平原、辽河下游平原及其滨海地区、呼伦贝尔草原、大兴安岭、小兴安岭、长白山。当前，正面临着平原湿地面积大幅度萎缩、功能退化的生态问题。湿地面积大幅度萎缩，不仅与干旱等自然因素有关，也与有人为因素有关，如过度开垦湿地，并抽取地下水灌溉，造成地面沉降，地下水环境恶化，周边湿地萎缩退化。在本区西部地区，由于一些水利工程的蓄水、引水，下游来水量减少，甚至河流断流，使湿地失去水源补给而萎缩。从整体看，人为因素的影响占主导作用。

4. 森林资源锐减，生态保护功能下降 东北林区是全国最大的林区和木材生产基地，其中大兴安岭、小兴安岭和长白山脉是本区农牧业生产的重要生态保护屏障。然而，多年来森林资源的年采伐量一直超过年生长量，森林资源锐减，不仅影响林业产业的持续发展，更重要的是还会导致生态屏障功能的下降，从而威胁东北乃至华北、西北地区的农牧业生产和生态环境，最终影响中国经济的可持续发展。

三、农业可持续发展的模式

1. 大城市郊区的都市型、高效设施和观光休闲农业模式 沈阳、大连、哈尔滨等城郊农业具有倚靠大中城市和主要交通干道沿线的优势，现代化水平较高，发展以设施农业为主的蔬菜生产与农畜产品加工业，发展城郊型农业与都市型农业，形成城郊-都市农业带，率先建设城乡协调的现代农业，为大城市提供食品供给的同时，也具有旅游观光休闲功能。

2. 中部平原粮食主产区和畜牧业核心区相结合的农业模式 中部松嫩平原为东北地区粮食主产区和畜牧业发展核心区域，粮食生产的专业化和区域优势较强，农业产业化经营初具规模，成为推动地区农业和农村可持续发展的强大动力。

3. 东部山区和半山区生态农业、特色农业和庭院经济为主体的农业模式 东部地区多山，降水量充沛，水资源丰富，农业生产应形成以水稻为中心的粮、猪、禽相结合的产业结构。依托当地丰富的林特产资源、气候和良好的生态环境，形成以生态农业、特色农业和庭院经济为主体的农业发展格局。

4. 西部农牧区生态环境治理与农业综合发展的共生模式 西部地区为半干旱、半湿润地区，属农牧交错带，总的生产方向是从农牧结合以农为主转变为农牧结合以牧为主，实行牧区繁殖、农区育肥，整合区域资源优势；以畜牧业为主导，发展生态复合农业，形成生态环境治理与农业综合发展的共生模式。

5. 沿海地区设施农业、精品农业和海水养殖业为一体的高效立体农业模式 南部即辽中南地区，应巩固水稻生产，提高果业发展水平，发展水产业；依托丰富的海洋资源和区位条件，发展设施农业、精品农业和海水养殖业为一体的高效立体农业。

四、农业可持续发展的主要对策

东北区农业正处在由传统农业向现代农业转变的过渡时期，虽然部分地区、领域的农业机械化有一定的发展，但整体而言，农业生产率较低，经济效益差，农产品竞争力弱。今后，应当在粮食安全保障农产品总量的基础上，发展以市场为导向，以品质优良和结构优化为核心，以农业技术和管理创新为推动力，以提高农民收入、增强东北地区农业和农村可持续发展能力为主要目标，依托地区比较优势，推进生产经营的企业化、基地化、标准化、规模化和专业化，实现传统农业向现代农业转变。

（一）整合农业资源，规划区域布局、合作开发

东北区必须进行农业发展的总体规划和产业专项规划，开展跨地区的农业基础设施建设，进行农业生产布局、产品开发和农产品共同市场建设，开辟新的国际国内市场和合作空间，避免产业结构地区雷同和无序竞争，实现地区合理分工和优势互补，从而形成共同的国际国内农业综合竞争优势。

（二）加强农业基础建设，提高农业综合生产能力

农业基础设施建设是农业高产、稳产的根本保证，它主要包括水利设施建设、农业技术体系建设和农业信息化网络建设等。在水利设施建设方面，应着重加大对农业节水灌溉、人畜饮水、乡村道路、农村水电、灌区改造、中小型水利工程的资金投入和技术体系的构建，因地制宜开展雨水集蓄、河渠整治、牧区水利、小流域治理等小型设施建设，以及完善松花江、嫩江和乌苏里江等大江大河的水利枢纽工程和水利控制性工程建设布局，优化水土资源配置，增强流域水资源的调控能力和防灾减灾能力。在农业技术体系构建方面，依托高校、科研机构和企业，加快农业技术创新、研究、开发与推广，构建合理的农业技术推广体系，提高机耕、机播、机收和机械运输等农机田间作业机械化程度，以现代农业科学技术改造传统农业，加快由传统粗放型农业增长方式向集约高效型农业增长方式转变，提高农业生产效率和农产品市场竞争力。在农业信息化网络建设方面，构建省、市、县和乡镇连接的立体化网络体系，把企业、市场、农民和合作组织等利益主体有效地连接起来，促进农产品的有序流通和农产品市场体系的功能发挥。

（三）农业结构调整与升级，提高农产品市场竞争力

首先，在保障粮食生产安全和储备安全的基础上，切实加强粮食品质安全，即在确保耕地数量和质量的基础上，实行粮食清洁生产，大力发展绿色农业和无公害农业。其次，在粮食安全得到保障的基础上，适当调整种植业结构。根据市场需求，发展农产品专用品种种植，开发农产品特色品种；改变过去小规模分散经营的方式，发展规模化农业生产。最后，大力扶持农产品精深加工，提高农产品的国际竞争力。以食品工业和医药工业为重点，开展以淀粉和豆类制品为主要产品的粮食规模化深加工和集约化经营；发展肉牛、肉羊、生猪、乳制品综合深加工，使畜牧产品加工业成为优势加工和出口产业，把东北区建成北方畜牧基地和外向型畜牧产品深加工基地；加大食用菌、人参、蛙等林特名牌产品的开发与培育。在保持粮食主产区优势的同时，不同区域应形成各具特色的优势农产品产业带，促进农业向专业化、

标准化、特色化和规模化方向发展，提升东北地区农产品的国际竞争力，使东北区的资源优势切实转变为产业优势。

（四）借助科技力量，发展现代农业

充分利用东北区的农业科技资源，加快建设绿色农业、生态农业和特色农业，把东北区建成全国最大的绿色食品和生态食品的生产、加工和出口基地。以玉米和大豆生产为例，应根据市场需求大力开发以玉米为原料生产可降解高分子材料、利用纳米技术生产淀粉糖和采用高新技术降低燃料酒精成本等深加工技术，积极培育适用于饲料和工业原料的高蛋白质和高油量专用品种，研制开发多样化的玉米终端食品；借助东北区生产非转基因大豆的优势，通过生产绿色、有机和无污染的高油高蛋白质的非转基因大豆及其产品，不断开发新型大豆品种，大力推广优质高产栽培技术，推广合理高效的耕作模式，研究推广绿色大豆生产加工的配套技术，重点开发大豆纤维、分离蛋白低聚糖、大豆肽及异黄酮等精深加工技术，来增加大豆产品的附加值。这样，可以提高传统优势产品的市场竞争能力，进而促进东北区农村经济的发展和农民生活水平的改善。

（五）加强生态环境治理，促进水土资源可持续利用

农业可持续发展必须以水土资源可持续利用为基础，要加强基本农田的治理和改造，提高农业生产能力。具体来说，中部黑土区要以生态建设为契机，加强水土流失治理，以基本农田保护和改造为出发点，加强土地治理和农业节水技术应用，通过技术改造把治土与土壤培肥相结合，农田排水、保水与高效用水相结合，因地制宜探索水土资源高效利用模式；松花江、辽河、嫩江及大凌河等是东北区农用水的主要来源，但各流域的水污染严重制约了农产品品质的提高，应采用生物和工程措施加大生态环境脆弱区水土涵养和水土保持，切实改善流域水质和生态环境；西部地区土壤沙化、盐碱化面积大，生态环境脆弱，可利用生物修复技术、农业节水灌溉技术、土壤培肥和深松耕技术等手段涵养水分，保持土壤肥力，改善生态环境。

（六）促进农村城镇化与农业组织制度创新

东北区的城市化水平相对较高，但质量较低，这主要是由历史和政策方面的原因形成的。在新形势下，东北区可以通过实行粮食生产、畜牧业和加工业一体化经营，来促进粮食转化增值，加快小城镇建设和农村剩余劳动力转移，形成产业拉动、城乡互动的协调发展局面，从而在根本上解决东北区的“三农”问题。

第二节 内蒙古及长城沿线区

内蒙古及长城沿线区包括内蒙古自治区包头以东地区（除大兴安岭地区外）、辽宁朝阳地区、河北承德和张家口地区、北京市延庆县、山西晋北和晋西北地区、陕西榆林地区沿长城各县、宁夏盐池和同心县等共 130 个县（旗）市。本区处于东部平原向内蒙古高原过渡及半湿润向半干旱、干旱地区过渡的地带，呈东北—西南走向。土地总面积 60.53 万 km^2，占全国陆地面积的 6.31%。长城横贯其中，长城以北历史上为草原牧区，最北边与蒙古国交界处为

纯牧区，向南为农牧交错带，林地极少。耕地主要分布在平缓坡岗地、陕北的长城沿线等地，大部分耕地分布在长城以南的河谷山间盆地。

一、农业及农村发展现状

本区长城以北为中高原，海拔较高，纬度偏北，气候冷凉；长城以南为低高原，气候温和。本区年平均气温-2～6℃，年≥10℃积温2000～3000℃，年降雨量200～500mm，年降水量从东南向西北递减，由东南部的400～500mm降到西北部的200～300mm，雨量少而变率大，主要集中于七八月份，春旱严重，全区水资源缺乏，并且地区分布不均。无霜期100～150天，农作物只能一年一熟，水热条件不够充足，而草原辽阔，农牧兼营。北部冬季寒冷，不能种植越冬作物，且夏季温度低，不能种植喜温作物，如玉米等不能大面积露地种植，主要为牧区。南部温度渐高，可以种植喜温作物，如玉米、大豆、谷子等。本区主要自然特点是半干旱，年降水量较少，最北部牧区只有100～300mm，年干燥度为1.5～4，南部降水量稍多，年干燥度1.5～3，干旱是农业生产的最严重威胁。

长城以北的土壤多为栗钙土、栗灰钙土和棕钙土等，自然植被以草地为主，东部是温性干草原，林地稀少。内蒙古高原东南部多为栗钙土，以草原、灌草丛为主。天然草地占土地总面积的63%，占全国草地的16.2%，仅次于青藏高原和甘新区，但草地质量最好，适合畜牧业发展。耕地比重小，全区耕地约为731.7万hm^2，占土地总面积的12.1%，耕地质量较差。

本区北部的种植业以喜凉旱作为主，粮食作物主要有春小麦、杂粮（莜麦、谷糜、马铃薯、青稞）、耐寒油料（胡麻等）及甜菜，其他经济作物较少。北部牧区以放牧为主，南部农区以舍饲为主；草地面积较大，多数为干草原和荒漠草原，少数为草甸草原；畜群结构以大牲畜和羊为主。但由于生态环境脆弱，劣质资源较多，草场退化较严重，承载力较弱，在一定程度上影响了作物生产及畜牧业发展。

本区经济欠发达，人少地多，人均耕地面积约2hm^2，但耕作粗放、肥料投入少，机械化水平较低，基本上是人畜力耕作。农田基本建设较差，自然灾害较多。人均纯收入较低，多为贫困地区，农产品商品率低。仅部分区域能承担区内粮食供给功能，主要农产品为羊毛、奶类、玉米、甜菜等，目前粮食总产约1220万t。另外，城市化、工业化对农村就业和生存保障的承担力较弱，土地生产力较低，就业和生存保障压力大，农业的就业和生存保障能力较低。但牧区的主要功能是保护蒙古族游牧文化的传承。

二、农业生产优势与制约因素

（一）农业生产优势

1. 光能资源优势明显，开发潜力大　本区光能资源充足，日照充足，光能利用潜力较大。年日照时数比同纬度的华北平原高10.8kJ/cm^2，属于我国光能资源高值区，光能资源优势明显，开发潜力较大。而且该区域昼夜温差较大，气温日较差11.2～13.9℃。气温日间高，植物光合作用强，夜间低，植物呼吸弱、消耗少，非常有利于作物和果品的糖分和淀粉的积累，具有生产优质瓜果、蔬菜等特色品种的独特气候资源条件。

2.作物类型多样 本区地处农牧交错区，物种和气候资源多样，特色农产品品种繁多。玉米、谷子、高粱、荞麦、豆类、马铃薯、葵花籽、胡麻籽和甜菜的比较优势明显。其中，葵花籽的效率优势最为突出，是强显著性效率优势农作物；荞麦的规模优势最明显，是强显著性规模优势作物，另外葵花籽、莜麦、高粱、谷子等也具有一定的规模优势。同时，本区现代农业物质投入水平较低，土壤和水体污染较少，是生产绿色有机食品的理想基地。

3.草原畜牧业具有相对优势 内蒙古高原北部草地面积 3812 万 hm^2，占土地面积的 77.6%，耕地面积很少。乌兰察布高平原荒漠草原与锡林郭勒高平原草原的纯牧区，降水量较少，草被覆盖度 15%～45%，产鲜草能力较弱。呼伦贝尔大草原和锡林郭勒盟东部年降水量在 400mm 以上，为优良的温性草甸草原，每公顷年产鲜草 4.5t，草被覆盖度为 70%～90%。东南部的农牧交错区年降水量为 250～450mm，包括阴山南北干草原、鄂尔多斯草原，以及锡林郭勒盟、乌兰察布盟、巴彦淖尔盟的半农半牧区，旱生多年生禾草占绝对优势，覆盖度为 30%～50%，每公顷年产鲜草为 3t。晋西北中高原，草场多，牲畜以牛、羊为主，放牧业占较大比重。辽宁西北朝阳地区及冀北地区，草场面积较大，但退化严重，畜牧业以猪、牛为主，其次为羊，牛羊大都放牧，猪为舍饲。因此，基于本区域优良的自然草场优势及农区的舍饲，本区畜牧业在我国占重要地位。如内蒙古自治区 2007～2009 年生产的驼绒、羊绒、牛皮和绵羊皮分别占全国的 77.5%、41.2%、36.4% 和 33.9%，山羊毛、绵羊毛、牛奶和羊肉分别占全国的 28.6%、26.86%、25.9% 和 21.7%。

（二）主要制约因素

1. 农业生产的自然条件脆弱 光能资源较丰富，但热量不足，气温低，无霜期短，植物生长期短，物质积累缓慢，限制了本区域作物复种。另外，受大陆性季风气候影响，内蒙古高原及长城沿线水资源不足，且分布不均，自然灾害严重。该区域降水量少，季节分布不均，变率大，降水相对变率为 17%～29%，以冬季、春季最为突出。干旱是农业生产面临的最大威胁，而且暴雨、大风、冰雹、霜冻等自然灾害发生频率高，对农牧业生产发展造成巨大压力。因耕作粗放、投入少，广种薄收，粮食单产较低。

2. 生态环境破坏，水土流失严重 农牧交错带干旱多风，侵蚀强烈，恶化了环境条件。降水量少而变率大，年内旱期长。干旱年份和季节，牧草发育较差地表植被稀少，土壤水分散失较快，疏松裸露的地表更有利于风蚀作用。人口增加，滥垦、滥牧、滥伐现象普遍，造成生态环境破坏，风蚀严重，水土流失面积扩大。据统计，鄂尔多斯高原 1838～1980 年的 143 年间较大干旱有 30 次，平均 4～5 年一次。陕北长城沿线真正适宜于耕作、肥力相对较高的滩地较少，而且大部分是砂壤土，易漏水漏肥，易遭风沙埋压，抗风蚀、水蚀能力差。

3. 农业生产效益低下，农牧民生活贫困，农业投入严重不足 长期以来本区经济发展滞后，农牧民人均收入较低。农业生产最明显特征是耕作粗放、投入极低的小农规模。农业生产规模小，产业化程度低，社会服务体系和市场体系不健全，农业生产的区域化、专业化尚处于起步阶段，农产品商品率低，限制了农民收入的增加。贫穷使农民很少有能力对土地进行有效地投入，只能沿用传统的粗放式经营方式；较低的财力使地方政府无法大规模地实施生态环境改善工程。农业基础设施落后，对自然灾害的防御能力较差。

三、农业可持续发展的模式

本区域特殊的地理及自然、经济发展条件，客观上要求实行半集约持续农作制度。立足本区域资源优势，加强农业基础设施建设，增加化肥等养分投入，提高作物产量。另外，在牧区及农牧交错带，采取相应措施，合理解决农牧矛盾，强化农牧结合，实现农牧相互促进和协调发展。

（一）生态农业产业化可持续发展模式

根据生态学和经济学基本原理及系统工程方法，因地制宜地利用现代科学技术，并与传统农业精华相结合，通过人工设计和生态工程合理组织农业生产，同时与第二、第三产业有机结合起来，协调经济发展与环境之间、资源利用与保护之间、农业和非农产业之间的关系，形成生态上和经济上的良性循环，实现农业可持续发展。

内蒙古及长城沿线区域农业经营粗放、投入水平低，有效灌溉面积少，而且由于水资源及农田基础设施限制，发展灌溉难度较大，长期以来仍以旱作为主。自然草场面积虽然较大，但根据牲畜数量折算后有机肥量还很少，不能满足草场生长产草的需要。耕地化肥施用量低，农业机械化程度低，基本上以人畜耕作为主。但在有些降水量较高的区域及长城沿线的一些区域，草场产草量及作物产量较高。因此，在退耕还草前提下，将瘠薄农田退耕，在水肥条件和基础设施较好的耕地上加大投入力度，挖掘灌溉农田生产潜力，进行集约化经营是这一区域农业可持续发展的根本途径。

利用此区域中土壤和水体污染少，农业生态环境较好的区位优势，发展绿色无公害农产品，尤其是具有区域优势的杂粮作物。在优化杂粮区域布局、提高产量的基础上，注重产后加工，利用现代杂粮加工技术，根据现代人们生活需求，不断开发新产品，延长产业链，提高附加值。另外，陕北长城沿线的一些区域，由于独特的气候资源，充分利用其日照长、气候冷凉等特点，变以前的劣势为优势资源，充分发挥其光能和水资源相对丰富的优势，进一步提高其耕地的集约程度，开发以设施农业为主的沙漠农业，发展劳动密集型的蔬菜和花卉产业，增加农业就业机会和农民收入，并以此促进农村经济发展。

（二）农牧结合产业发展模式

农牧结合是本区农作制度发展的主要特征。农牧结合将种、养业置于同等地位，从时间和空间上综合利用农业自然资源与社会经济资源，使之形成一个相互促进、共生或相间无害的群落，有利于农业系统内种植业与养殖业之间物质和能量高效利用。农牧结合、种植业与畜牧业并举，是农牧交错区优化产业结构、脱贫致富，实现农业生态环境良性循环和农业可持续发展的必由之路。

本区发展农牧业生产，首先必须合理利用和保护土地、草场资源，制止土地沙漠化的扩展，正确处理农牧矛盾，改变粗放经营和多灾低产状况。其次，要因地制宜地调整农牧业结构和布局。牧区实行以牧为主的方针，严格控制开荒种田。农区进一步稳定耕地面积，在水资源较好的区域加强集约经营，增加投入，加强农田基础设施建设，把条件较好的土地建设成基本农田，建设中小型水利设施，科学地增施化肥，以无机促有机，扩大物质循环，提高作物生产力；水资源较差的区域积极推广旱作农业，采取相应技术措施，如带状种植、少免耕、旱地保墒耕作等，确保粮食生产的持续发展。

本区畜牧业条件优于种植业。在纯牧区，应加强草场管理和投入，充分发挥牧业优势；半农半牧区应以牧为主，强化农牧结合，加强草原建设；在草原过度放牧区，要控制载畜量，逐步达到草畜平衡，巩固畜牧业在全国的地位和作用。

（三）特色农产品开发模式

农牧交错区具有特殊的物种和气候资源优势，特色农产品品种繁多，生产历史悠久，产品品质好，发展潜力大。其中，特色种植业产品（杂粮）、特有园艺产品、草业和草地畜牧业及特色农产品加工业在本区具有明显的地域和规模优势。这些产品大多数为劳动密集型产品，能够大量吸纳农村劳动力就业，增加农民收入。因此，立足本区人均土地与耕地相对较多的优势，在提高粮食单产的基础上，进一步调整农业结构、大力开发特色农业大有可为。

为此，必须根据当地资源优势，调整和优化农产品品种、品质结构，采用优良品种和先进实用栽培技术，改造农产品的传统生产方式，提高产品档次，形成一定的生产规模。另外，要大力发展特色农产品加工业，能够把特色初级产品变为特色加工产品，提高特色农产品的附加值。

四、农业可持续发展的主要对策

保护生态环境、减少水土流失，使自然资源得以永续利用，是本区农业发展的重要目标与战略。在农业发展过程中，生产、经济、生态三个方面协调与统一，是增加农民收入、发展农村经济、实现本区域农业可持续发展的关键。

（一）加强农田基本建设，改变广种薄收的生产方式，缓解农牧争地矛盾

由于受气候及经济条件限制，本区农田基本建设严重滞后，耕作方式粗放、广种薄收。在退耕还草前提下，要加强农田基础设施建设，提高土地生产力。针对干旱、冷凉的气候特点，在有水源的地方修建小型水利工程，增加有效灌溉面积；没有灌溉条件的地区，要大力发展旱作农业，推广旱农技术，如旱地保墒耕作、塑料薄膜覆盖、残茬覆盖、以肥调水等技术，充分利用当地光能资源，加强保土、保水、保肥，同时加大对农田的投入，促进用地与养地结合，提高农田生产能力。

（二）退耕还草，改善生态环境

本区的草原是我国重要的生态屏障，其中内蒙古后山、河北坝上及陕西长城沿线地区风沙多、风蚀严重、草原退化面积逐年扩大，成为京津地区沙尘的重要来源之一。减少风沙和水土流失，必须提高土地的覆盖度。在提高土地生产力的同时，今后在年降水量低于400mm的地方应逐步退耕还草，并加强人工种草技术措施推广，促进畜牧业发展。根据本区降水特点，实施退耕还林还草，应选择低秆、矮冠、叶片小的草灌植物，特别是草本植物是适合本区的首选。这些草原植被分布面积大、适应性强、耐旱、覆盖度高，是其他植被难以替代的良好选择。总之，要采取改善生态环境与发展农业生产相结合的发展战略，合理利用土地资源，扩大植被覆盖，加速沙漠化土地的治理，改善生态环境。

（三）调整农业生产结构，促进农牧业协调发展

本区生态环境脆弱，生态退化严重，粮食产量低而不稳，草场载畜能力低，农牧业经济效益均不理想。根据这种情况，应适时调整农业生产结构，强化农牧结合，大力发展草食畜牧业，促进种植业和畜牧业协调发展。

在牧区，根据草场产草能力，要严格控制载畜量，逐步达到草畜平衡，同时也要扩大改良草地和人工草地面积，提高产草量。在退耕的土地上，可发展永久性自然草地或部分人工种植豆科牧草，如苜蓿、草木樨、沙打旺等。另外，实行以草定畜和划区轮牧，也可与粮食作物进行粮草轮作，为畜牧业提供充足的牧草来源。在牧草的选择上，还应兼顾经济和生态效应，如苜蓿不仅为优良的豆科牧草，而且对培肥地力、保持水土都具有积极作用。除此之外，还要选择水土条件较好地段，建立人工饲草和饲料基地和各种良种牲畜（肉牛、肉乳兼用牛、细毛半细毛牛、肉用羊、良种马等）生产基地，提高畜产品的出栏率和商品率。

在农区，要充分考虑地域、资源特点，在充分发挥劳动力优势、技术优势、规模及效率优势等区域比较优势的前提下，进行特色种植业（杂粮）、园艺产品等农产品的合理布局，促进优势农产品向优势产区集中，并注重提升农产品产后加工功能，逐步形成以加工企业为龙头，连接各种植区域的现代特色农业产业带。

第三节　黄 淮 海 区

黄淮海区位于长城以南、淮河以北、太行山及豫西山地以东，主体为由黄河、淮河与海河及其支流冲积而成的黄淮海平原（即华北平原），以及与其相毗连的鲁中南丘陵和山东半岛。包括北京市的大部、天津市、河北省大部、河南省大部、山东省、安徽和江苏两省的淮北地区，共 375 个县（市），海拔在 50～150m，土地面积 44.4 万 km^2。本区农业生产条件优越，是“北粮南调”的重要粮食生产基地，在保障我国的食物安全方面具有举足轻重的作用。

一、农业与农村发展现状

黄淮海平原是中国最大的平原，占中国平原面积的 30%。黄淮海平原属于温带季风气候区，温度特点是冬冷夏热。年平均降水量从北到南为 500～800mm，从年平均值看，能够维持雨养型农业。但是，黄淮海平原的降水主要受太平洋季风的强弱和雨区进退的影响，地区上分布不均匀，季节间和年际间变化更是剧烈。全年降水的 60%～80% 集中在 6～9 月。季节间的先旱后涝、涝后又旱，年际间的旱涝，多年间的连旱连涝，是长期以来农业生产极不稳定的基本原因。

黄淮海农业在全国中占有重要地位，特别是冬小麦、玉米和棉花的生产具有明显优势。近 10 年，在粮食作物中，小麦播种面积占全国的 36%～40%，产量约占全国的 50%；棉花播种面积占全国播种面积的 32%～42%，产量约占 40%；玉米播种面积占全国的 27%～29%，产量约占全国粮食总产量的 30%；大豆播种面积占全国播种面积的 18%～19.4%；油料和水果产量约占全国份额 30%；肉类占全国 20%。尽管黄淮海地区农业发展近年来存在下滑的趋势，但在全国农业中的重要地位没有动摇，是保障我国未来食物安全的主要区域。

从农业生产的基础条件来看，2007年黄淮海平原人口为22 001万人，人口密度为304人/km^2，是全国平均水平（138人/km^2）的2.2倍。耕地面积为3291.6万hm^2，农村人均耕地少，但垦殖率高，达38. 5%。农民人均纯收入5671.1元，比全国平均水平（4140.4元）高37%。农业的现代化程度较全国平均水平高，如农业机械总动力11.1kW/hm^2，是全国平均水平（6.3kW/hm^2）的近2倍；化肥施用量（折N、P_2O_5、K_2O纯成分）为628.5kg/km^2，是全国平均水平（419.5kg/km^2）的1.5倍；农村用电量达6204kW·h/hm^2，是全国平均水平（1969kW·h/hm^2）的3倍多；农田水利化程度高，有效灌溉面积达67.2%，但地下水资源超采利用问题十分突出。

二、农业生产优势与制约因素

（一）农业生产优势

1. 较好的地理、经济条件　该区地处我国中东部地区，地面坡度平缓，境内气候温和，土层深厚，光、热、水资源丰富，动植物种类繁多，历来是我国重要的农业区。境内大中城市、沿海港口较多，海、陆、空交通便利，农业生产历史悠久，人口稠密，耕作精细，具有以粮棉生产为主、开展多种经营、发展横向经济联系、实行对外开放的条件，在我国中东部经济地带占有重要的战略地位。

2. 巨大的农业开发潜力　不完全统计，本区有中低产田面积1653.3万hm^2，可垦宜农荒地125.9万hm^2，可供养殖水面93.3万hm^2。如果单纯从土地后备资源的潜力来考虑，黄淮海平原未来粮食生产发展的前景还是相当可观的。据调查，中低产田改造后每公顷可增产粮食1500～2400kg，按平均每公顷增产1950kg推算，黄淮海平原中低产田改造后约可增产320亿kg粮食。荒地开发每公顷平均可产粮6000kg左右，荒地开发中若一半种植粮食作物则可增产粮食40亿kg左右。由此可见，黄淮海平原粮食增产的潜力是很大的，特别是中低产地的改造对该平原粮食生产的发展具有决定性的作用。从不同类型区中低产田分布来看，开发潜力最大的是黄淮平原区，其次是海河低平原区和山前平原区；滨海平原区中低产地面积最小，但荒地资源丰富，可开发利用面积大。

3. 优越的自然条件和明显的粮食生产优势　黄淮海平原自然条件优越，适合多种作物种植，其中小麦、玉米等粮食作物的生产在全国占绝对优势。60多年来，黄淮海平原的粮食单产持续增长，土壤养分供应能力加强，农田灌溉及农业机械化发展迅速，有效灌溉面积占耕地面积的61.5%，机耕面积占耕地面积的47.3%，其农业现代化水平与集约程度均高于全国平均水平。已发展成为“北粮南调”的重要粮食生产基地，为我国的食物安全提供了重要保障。

（二）农业生产的制约因素

1. 水资源短缺矛盾突出，水质污染严重　据统计，黄淮海平原水资源总量为1424.7亿m^3，公顷平均水量为7635m^3，人均水量为791m^3，约为全国平均值的29%。据现状水资源供需平衡计算结果，黄淮海地区一般年份缺水98亿m^3，干旱年份缺水175亿m^3。海滦河流域水资源开发利用率已超过90%，主要靠超采地下水来满足工农业对水的需求，致使不少地区出现地下水位下降、机井报废、海水入侵、河流断流等现象，严重恶化了生态环境。

黄淮海地区是水资源污染比较严重的地区之一。其中，黄河水系和淮河水系属中度污染，黄河水系Ⅳ～Ⅴ类和劣Ⅴ类水质的断面比例分别为41%和25%，淮河水系Ⅳ～Ⅴ类和劣Ⅴ类水质的断面比例分别为 51% 和 32%；海河水系属重度污染，Ⅳ～Ⅴ类和劣Ⅴ类水质的断面比例分别为 24% 和 54%。

2. 耕地数量和质量下降 20 世纪 90 年代以来，黄淮海平原区耕地面积总体呈下降趋势。1991 年耕地面积 2447.81 万 hm^2，2001 年减少为 2405.99 万 hm^2，净减少 41.82 万 hm^2。1991～2001 年，黄淮海平原区共有 84.74 万 hm^2 耕地转作他用。在耕地数量减少的同时，由于城镇发展占用耕地的 74% 属于有灌溉条件的优质农田，而补给的土地质量较差，导致耕地质量也呈下降趋势。

3. 土壤盐碱化严重，病虫害频繁 经过持续多年大规模的治理，黄淮海平原土壤盐渍化面积显著减少，但是土壤盐渍化和次生盐渍化危害远未根除，仍存在各种程度盐碱障碍土壤约 3.33 万 km^2，其他面积土壤多不同程度地受到次生盐渍化的威胁。此外，本区农业病虫种类多、危害严重，是严重制约农业持续、稳定、健康发展的重要因素。

三、农业可持续发展的模式

（一）高效农牧渔业可持续发展模式

黄淮海平原农业可持续发展的方向在于建设和发展高产优质高效农业，它是一种资金和技术集约化的农业。高产、优质、高效的农业技术可充分合理地开发利用各种农业资源，提高农产品的产量、品质和效益，使农业由单纯数量型转向数量与质量效益并重，实现农业生产向高产、优质、高效和可持续方向发展。

对于大田种植业生产，要积极推广小麦精播高产栽培技术、以"一选两增"（选用紧凑型玉米高产良种，增加种植密度和肥料投入）为主要内容的玉米高产栽培技术和秸秆还田与配方施肥技术。在蔬菜等园艺作物种植方面，本区是我国较早发展设施农业（主要是冬暖式大棚）的地方之一，设施综合配套技术已达较高水平，今后要进一步发展冬暖式大棚、小拱棚等保护地蔬菜生产技术，配套嫁接种植技术、二氧化碳气体施肥技术、膜下灌溉技术和使用烟雾剂、粉尘剂进行病虫防治技术等。

在畜禽良种选育、疫病防治及规模化高效养殖方面，黄淮海平原取得了不少成功的经验，今后要积极推广牛、羊、猪、鸡等的人工授精技术。在自然条件适宜的地域适当加大饲料作物种植面积，为畜牧养殖业提供部分饲料。同时大力发展畜牧业的后续加工产业，实现其转化增值功能。黄淮海平原作为重要的水产养殖基地，要依靠先进的科技，大力发展集约化高效养殖，开发和推广应用水库网箱投饵养殖及高产配套技术、低洼盐碱地渔业综合开发技术、封闭式海水工厂化养鱼系统等，促进水产业快速健康发展。

（二）农林复合生态系统可持续发展模式

黄淮海平原水热条件较好，农林复合经营是一种能充分利用区域水热资源，提高农作区资源利用率的较好的经营形式。农林复合生态系统就是将树木和农作物通过时间和空间的合理搭配，在同一土地单元上同时经营，不但可以增加农作区的产品效益（木材、薪柴、果实等林副产品），同时也可以起到防风固沙、涵养水源、改善局地小气候、减少自然灾害的发展等保护农田的作用。采用适宜的农林间作方式，可大大地提高农作区的土地生产力。如鲁西、淮北、豫东的桐粮间作，鲁北、冀东南的枣粮间作都是非常成功的范例。鲁西的菏泽地区由于实行了农田林网化、农桐间作化，20 世纪 90 年代同 60 年代相比，农田平均风速由 2187m/s

降到 117m/s，空气相对湿度由 68.14% 提高到 70.12%，干热风减少了 117 天/年；河北献县等地的枣粮间作比纯种粮食每公顷增收 7785 元，取得了良好的经济效益。

（三）果农牧渔结合可持续发展模式

果农牧渔结合可持续发展模式适合在山地丘陵区推广，即根据山丘区的资源特点，以林果生产和林果储藏、加工为突破口，农、林、牧、渔全面发展。按系统组成可分为林果农牧型、林菜瓜果型、果农型、林草牧型等。山东省五莲县是全国生态农业试点县，多年来，该县照此模式建设“山上五莲”，营造了一方“山清水秀，林茂粮丰，农林牧渔全面发展”的喜人景象。

（四）出口创汇农业可持续发展模式

近年来，山东省莱州国家可持续发展实验区在发展出口创汇农业方面积累了不少成功经验。该实验区以市场为导向，根据国际市场的需求，进行了出口创汇蔬菜生产试点，引进了一批出口创汇的蔬菜品种，经过实验栽培种植，已形成批量生产。其中王高镇发展芦笋 $1812hm^2$、日本大叶菠菜 $1313hm^2$、日本黑田五寸胡萝卜 $313hm^2$、山牛蒡 $617hm^2$，出口交货值达 162 万元，取得了很好的经济效益，为发展出口创汇农业提供了经验。大力发展具有价值比较高的出口创汇农产品，对于黄淮海平原农业的可持续发展，增加农民收入，改善人民的生活质量具有重大的现实意义。

（五）种养加结合的贸工农可持续农业发展模式

黄淮海平原具有丰富的农产品资源，而且随着农村产业结构的调整，生产量具有进一步扩大的趋势。大力发展与之相适应的农产品储藏、保鲜、加工技术，逐步建立和完善产前、产中、产后一条龙的服务体系，将使农业生产走上健康的良性发展轨道。淄博市西单村自 1978 年以来，在不断优化种植业结构的同时，发展规模化养殖，并配套建起了一座大型沼气发酵工程，实现了以沼气为纽带的种养良性循环，该村依靠地处城郊工矿区的优势，大力发展以农畜产品加工为主，储藏、运销配套的工副业生产，建有肉、蛋、奶、面粉、饲料、油料加工等十几家村办企业，1994 年工农业总产值即已达到 5053 万元，农民纯收入 2280 元，提前进入“小康”。全村森林覆盖率 30.5%，土壤有机质含量达 1.31%，生态环境和村容村貌显著改善，实现了农业生态系统的良性循环。

四、农业可持续发展的主要对策

1. 走集约可持续发展的生态农业道路　黄淮海平原农业发展目标是高产高效和实现农业现代化。针对本区水资源严重短缺、环境污染加剧、农产品安全问题越来越突出的实际，必须把发展放在第一位，走集约可持续发展的生态农业道路，实现高产高效与可持续发展的统一。

2. 因地制宜，实现农林牧渔各业的良好结合　种植业生产是黄淮海平原的优势，在进行超高产农田建设的同时，也要重视中低产田的开发，不断加强农业综合生产能力和抵御自然灾害的能力，重视畜牧业对粮食的转化及秸秆的利用，走农林牧渔综合发展的道路。

3. 保护生态环境，重视以水、土为中心的资源与环境问题的统一　农业资源的集约高效利用，就是既要节约资源，又要充分利用资源，这是黄淮海平原农业资源利用的基本特点。在抓好农业的节水工程，应用节水技术，发展节水农业的同时，减轻工业污水对农田和农村生态环境的污染。同时，应注重土壤培肥和肥料利用率的提高，增加土壤的肥力。

（1）水资源的集约高效利用。其内容包括节约水资源、保护水资源及管理水资源三方面。针对黄淮海平原农业用水效益较低的现状，应大力开展节水技术系统研究，推进工程节水、农艺节水、结构节水、管理节水等集成化技术的发展，最大限度提高农业用水的利用率和农田水分生产效率，使农业高效用水取得新的突破。

（2）耕地资源的合理利用与保护。黄淮海平原虽然耕地数量庞大，但耕地面积减少较快。未来随着城市化发展的加快，耕地数量的减少是不可避免的，加之本区人口压力巨大，人地矛盾将愈加突出。耕地保护必须是数量和质量的统一，提高土地的综合生产能力尤为重要。同时，政府必须在耕地保护上加大投入，在耕地的非农化过程中，也必须充分保护农民的权益。

第四节　黄土高原区

黄土高原地区指太行山以西、日月山—贺兰山以东、阴山以南、秦岭以北的广大地域，四周被高大的山体所包围，内部还有吕梁山、黄龙山、子午岭、六盘山等大小山脉。涉及陇、晋、陕、青、宁、蒙、豫的 287 个县（市、区），土地面积 62.79 万 km^2；耕地 1900 万 hm^2，约占土地面积的 30%；全区无灌溉条件的旱地面积达 1653.7 万 hm^2，占总耕地面积的 87%。区内水土流失严重、沙尘暴频发、干旱灾害时有发生、水资源日趋紧张，因而生态环境十分脆弱，农业生产水平较低，严重地制约农村经济的发展。

一、农业与农村发展现状

黄土高原是世界上黄土面积分布最广、厚度最大的地区。黄土土层深厚、疏松，透气、透水性好，并含有多达 60 余种矿物成分和植物生长所需要的多种微量元素，加之黄土高原广泛分布着黄土母质发育起来的黑垆土、垆土等适于作物稳产高产的土壤，土壤贮水能力极强，使得黄土高原成为世界古代四大农耕文化的发祥地之一，对中华民族农耕文化的形成和发展有着不可估量的影响。时至今日，黄土高原仍然是我国农业用地的集中区之一。

然而，由于严重的水土流失，黄土高原地区大部分农田地力差，农业生产水平低，当地农民为了解决温饱，广种薄收、广牧薄收，农业生产方式落后、农业结构单一，农民贫穷的问题长期得不到根本改观，一些地区农业生产和供给压力较大。因此，黄土高原地区也是我国贫困人口的集中分布区之一。

新中国成立 60 多年来，国家非常重视黄土高原的综合治理，开展了数以千计的小流域综合治理工作，取得了很大的成效，改善了生态环境和农牧业生产条件，为黄土高原的生态建设积累了丰富的经验，人民群众的生活有了较大的改善和提高。特别是 20 世纪 90 年代以来，退耕还林工程的实施取得了显著的社会和生态效益，使黄土高原地区农民祖祖辈辈垦荒种粮的传统耕作习惯开始转变，促进了生态环境的改善、农村产业结构的调整和农业综合生产能力的提高，改善了农村生产生活条件，为加快黄土高原生态建设奠定了物质基础。农田防护林的营造使基本农田得到有效保护；水土保持措施的实施，使许多水、土、肥流失严重的"三跑田"变成了"三保田"；生态经济林建设，形成了苹果、红枣、花椒等干鲜果品产业带，成为农民增收的主要来源；保护性耕作措施的开展，有效减少了耕地的地表径流，提高了土地生产能力；旱作节水农业的大力示范推广，较大幅度地提高了旱作农田的粮食单产水平，促进了种植业结构调整，长期以粮食为主体的种植业向粮经结合的种植结构转变；通过禁牧舍饲，畜牧业生产方式发生了根本性变化，规模化、集约化的养殖模式初步形成，畜牧业在整个农业经济中的比例和发展速度持续上升。

二、农业生产优势与制约因素

（一）农业生产优势

1. 充足的光热和土地资源　黄土高原属于我国东南半湿润季风气候和西北干旱、半干旱大陆性气候的过渡地带。该区光照资源丰富，具有较大的生产潜力；热量资源基本可满足一年一熟和两年三熟农作制；唯降水少，自然降水的利用效率不高，是农业生产的主要障碍。黄土高原人均耕地可达0.2～0.5hm^2，具有发展多种农业产业的优势。研究和生产实践证明，采取以提高自然降水利用效率为中心的旱地农业综合技术措施，实行农牧结合、农林牧综合发展，其发展潜力巨大。

2. 丰富的生物资源　由于黄土高原地区地域辽阔、特殊的气候条件和复杂多样的地形等得天独厚的条件，生物资源十分丰富，农林（果）牧的名特优品种及产品驰名中外，是我国名特优农产品的重要商品生产基地。黄土高原半干旱偏旱、半干旱和半湿润偏旱区是我国苹果、梨、葡萄及枣、桃、杏的主要产区，产量均占全国的90%以上，而且品质优良，果品及其加工产品在全国市场占主导地位。在黄土高原地区，杂粮、杂豆、薯类作物具有抗旱、耐瘠薄的特性，其分布范围广、种植面积大、生产性能稳定。如谷、糜、荞麦、燕麦、扁豆、豌豆、马铃薯等，作为传统保健食品或农产品加工原料或畜牧业，在国内外市场备受青睐，具有广阔的开发前景。在黄土高原具有广泛适应性和悠久种植历史的多年生豆科牧草——紫花苜蓿，不仅具有良好的水土保持作用，而且对于开发干旱半干旱地区草产业、促进农牧结合、增加农民收入具有重要意义。

3. 洁净的生态环境　黄土高原地貌复杂，全区土地面积90%左右为丘陵山地和沟壑。受长期的传统自给性生产方式影响，区域经济落后，扩大再生产能力有限。较少使用农药、化肥、除草剂等农用化学物质，又远离工矿和城市人口密集地区，缺少现代环境污染源，从而使这些地区成为现代社会环境污染困扰之外的一片净土，具有发展绿色食品、有机食品产业的特殊地域资源优势，是发展旱区效益型农业的又一重要方面。

4. 悠久的传统旱作农业历史　黄土高原是我国传统农业的发祥地，具有至少8000年的农耕历史。早在秦汉时期，黄河流域的农民就创造了代田、区田等耕作法，形成了以耕、耙、耱为中心的抗旱保墒耕作措施，奠定了北方旱地土壤耕作技术的基础。近年来，黄土高原各地科技人员探索总结出许多实用性很强的旱作农业技术措施。研究表明，在先进的农业技术措施下，黄土高原旱作农田的粮食作物水分利用效率可以达到15kg/（hm^2/mm）甚至更高，比目前实际平均水分利用效率[6.0～7.5kg/（hm^2/mm）]高出1倍多。

（二）农业发展的障碍因素

1. 农业投入水平较低，技术水平相对落后　黄土高原旱农地区地力瘠薄，加之第二、第三产业发展滞后，对农业反哺能力差，致使物质能量投入水平低下，农业生产很大程度上靠天吃饭。2009 年，黄土高原地区的陕西、甘肃、山西 3 个主要省份的灌溉农田（含水田和水浇地）占总耕地的比重分别为 26.4%、22.1% 和 22.1%，远低于全国平均水平（45.0%）。3 个省的总耕地面积为 1276.49 万 hm^2，农作物总播种面积为 1181.06 万 hm^2，分别占全国的 10.49% 和 7.44%；但 3 个省的农用机械总动力为 6310.7 万 kw，农村用电量为 231.8 亿 kw·h，化肥施用折纯量为 368.5 万 t，分别占全国的 7.21%、3.80% 和 6.82%。无论从单位耕地面积还是从单位播种面积的平均值看，黄土高原的农业投入水平均明显低于全国平均值。由此表明，对黄土高原农业生产来说，增加物质能量投入量是提高农田生产力的重要环节。

受地域条件的制约和传统农作技术的影响，黄土高原先进农业技术的普及应用率比较低下。该区农业技术水平的落后不仅表现在生产中，产后开发更是严重滞后，使农业生产的开放性不足，信息利用能力差，与现代农业生产的要求大不相符，使农业开发进程受到很大制约。

2. 种植结构单一，农林牧业比例失调　黄土高原地区土地利用结构，首先表现为农、林、牧业比例严重失调。全区农业用地共 4909 万 hm^2，占总土地面积的 78.2%，其中耕地占总土地面积 30.2%，林地（含园地）占 15.5%，牧业用地占 32.5%。2009 年黄土高原地区农业总产值中，种植业比重达 63.9%，林业和畜牧业比重分别只有 5.4% 和 26.2%，与发达国家畜牧业所占比重（50%～70%）相比差距甚大。其次，种植业内部结构表现为“粮-经-饲”结构失衡严重，豆科、饲料、绿肥等传统养地类作物比重不断下降，经济作物也没有得到足够重视，呈明显的谷类单一型。近年来随着产业结构的调整，虽然严重失调的比例关系有了一定程度的改善，但粮食作物播种面积占绝对比例的分配模式仍未改变。这种不合理的产业结构使系统内能流和物质循环受到障碍，资源利用效率低，系统的综合功能难以充分发挥。

3. 生态环境恶化，自然灾害频繁　水土流失和沙漠化是黄土高原最突出的两个生态问题。全区水土流失面积为 53 万 km^2，其中，较为严重的面积为 43 万 km^2，占总面积的 68.5%；严重流失面积为 27.6 万 km^2，占流失总面积的 52.1%。黄土高原平均土壤侵蚀量。黄土高原的平均侵蚀模数达 3720t/km^2，最大侵蚀模数超过 20 000t/km^2，黄土高原每年流入黄河的泥沙量达 16 亿 t，是世界上土壤侵蚀最严重的地区。全区土地沙化面积 11.8 万 km^2，占总面积的 18.8%，其中严重沙化面积 3.57 万 km^2，占沙化总面积的 30.3%。水土流失和沙漠化造成可利用土地面积减少、土壤有机质降低、农作物和草场生产力下降，生存环境与生态安全受到严重威胁，土地人口承载力降低。

黄土高原地区自然灾害频繁，本区地带性气候多为半干旱、干旱区，降水量 400～500mm，且年内变异幅度大，60% 以上的降水集中在 6～9 月，多以暴雨形式出现，其特点是历时短、强度大、范围小、频率高，经常造成涝灾和洪灾。本区的年蒸发量在 1500～2000mm，为降水量的 3～4 倍，所以干旱是本区主要灾害，重旱和次旱灾的发生频率为 66%，旱涝灾害常先后交替或异地发生。另外，还有干热风、冰雹、霜冻及各种病虫害等灾害，威胁着农牧业生产。据统计，本区每年农作物成灾面积达 73.4 万 hm^2，最大成灾面积达 233 万 hm^2，给社会和经济带来严重影响。

三、农业可持续发展的模式

（一）水保型立体农业模式

水保型立体农业是以强化降水就地拦蓄入渗和防止水土流失为核心，建立土地利用结构与布局合理、农林牧副渔全面发展的立体农业体系，达到保持水土、改善生态环境，增加农户经济收入，实现经济、生态、社会的有机统一和良性循环的目标。如陕西绥德县推行的“三带六段”立体农业模式，它以梁峁边线和坡脚线为界，划分为峁、坡、沟（川）3 带，基于带内地形部位的特殊性和土地适宜性再划定 6 个区段。该模式的关键是推广造林实用技术，在各条界线带上营建乔灌混交的生物防护带，防止水土流失和沟岸扩张。在生物防护带内还配以集水窖工程设施（当地称“旱井”），抽蓄水或拦蓄雨水，这是保持水土和解决干旱缺水的两全之策。该模式在小流域空间布局上能够立足于土地适宜性，集生物（林、草、灌）措施、工程（修水平沟、集水窖等）措施和综合调控（规划、政策等）措施于一体，协调生态环境治理、资源开发利用和特色产业布局之间的关系（图 10-2）。

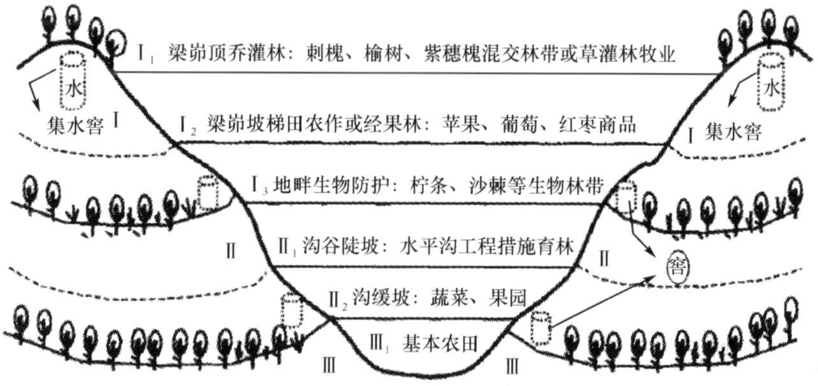

图 10-2　黄土丘陵沟壑区水保型立体农业工程模式（刘彦随等，2006）

（二）草地农业与农牧结合模式

在干旱、半干旱荒漠草原，以及沙化、退化的黄土高原地区，牧草是生态建设的“先行官”。牧草生长快，能迅速覆盖地面，可以有效地防止雨滴直接击溅地面而减少径流；而且牧草具有发达的根系，既涵蓄降水，又保护土壤。据水土保持单位测定，种草拦蓄径流 47.2%，拦蓄泥沙 77.2%；20°坡地的苜蓿地比同样坡度的农田减少径流 88.4%。不仅如此，种草可以调节气候，净化空气，绿化、美化环境。牧草散发出的大量水蒸气可增加空气湿度，降雨时又可有效地拦蓄径流。因此，在生态环境脆弱、水资源有限、农业生产力低下的黄土高原地区，通过实施退耕还草、草田轮作，发展草地农业，建立“粮-经-饲”种植业三元结构，既有利于土地资源的合理利用和防止土壤侵蚀，又增加饲料，为畜牧业的发展奠定良好的物质基础；畜牧业的发展，反过来又为种植业提供大量的有机肥，强化了农牧结合，提高粮食产量，从而形成“草-畜-肥-粮”的物质良性循环体系。宁夏海原县王塘村自 1994 年起实施种植业结构调整，扩种以紫花苜蓿为主的牧草，其占有耕地面积的比例由 1993 年的 2.7% 逐年增加到 1999 年的 9.67%。使该村牛饲养量达 400 余头，比 1994 年增长了 567%；羊饲养量达 4200 余只，净增 213%；畜牧业商品率由原来的 31% 提高到 73%。人均纯收入增长 180.25%，达到 1320 元，高于该县平均收入（780 元）的 69.23%。其中人均农业纯收入增长 193.56%，达到 1048 元；人均牧业纯收入由原来的 80 元增加到 397 元，增长 396.25%；人均牧业纯收入占农业收入的比重由原来的 22.41% 增至 37.88%。

（三）高原特色农业模式

黄土高原地区特殊的土地、气候等环境条件，孕育了丰富多样生物种群，为发挥地域资源优势、开发特色农业提供了有利条件。本区的杂粮、杂豆、薯类作物具有抗旱、耐瘠薄的特性，其分布范围广，种植面积大，生产性能稳定，如谷、糜、荞麦、燕麦、扁豆、豌豆、马铃薯等，作为传统保健食品或加工原料，在国内外市场备受青睐。渭北、陇东旱塬地处黄土高原中部暖温带半湿润气候区，适于苹果、梨等水果生产，现已成为我国最大的优质苹果生产基地。陕北、陇中、宁南半干旱黄土丘陵区，适于发展仁用杏、大枣、沙棘等耐旱型经济林果。此外，苜蓿等多年生豆科牧草，具有抗旱耐瘠薄、适应性广等特点，在旱作农田其生产潜力为 7500～15 000kg/hm^2，灌溉农田可达 20 000kg/hm^2 以上，单位面积蛋白质产出量远高过谷类作物。通过大力扩种紫花苜蓿，建立苜蓿草业生产基地，发展以苜蓿草粉、草捆、草颗粒为主要产品的草产业，不仅能够加快本区畜牧业发展，而且可以满足国内外市场对优质蛋白饲料的强劲需求。总之，黄土高原地区的特色农业产业具有很大的开发潜力。

（四）高原旱区节水农业模式

干旱缺水和水土流失是制约黄土高原地区农业发展最大的两个原因，也是导致农业低产出、低效益的主要原因。因此，大力发展节水农业，充分挖掘有限水资源生产潜力势在必行。甘肃省年平均降水量 301.77mm，属于典型的资源性缺水省份，该省从 20 世纪 80 年代开始推广节水技术，效益十分可观。1995 年开始实施“121 雨水集流工程”，通过政府和社会各界集资 5600 万元，帮助缺水地区每户修建水泥集水场 100m^2、挖水窖 2 眼、发展庭院经济 667m^2（1 亩）。在平凉地区仅渠道防渗技术一项已使渠系利用系数由 20 世纪 80 年代的 0.3～0.4 提高到 1998 年的 0.45～0.55，年节水 1.0 亿～1.5 亿 m^3，同期内限量配水制度使灌水定额从 1500～1800m^3/（hm^2·次）降到 900～1200m^3/（hm^2·次），年节水 1700 万 m^3。定西地区推广使用的沟畦灌、小块灌和渠道除险衬砌技术，使渠系水利用率提高了 3 个百分点。此外，该区还探索推广低压管道输水灌溉、喷灌、滴灌等高新技术，使节水农业步入科学化、规模化的道路。庆阳地区从 2005 年开始试验推广秋季全覆膜双垄沟种植技术，至 2010 年累计推广面积达 28.5 万 hm^2，共增产粮食 75 万 t。

（五）“四位一体”高效设施农业模式

黄土高原区目前推广的日光温室种植-设施畜牧养殖-沼气发酵-厕所的“四位一体”高效生态农业综合配套技术，以太阳能为动力，以沼气为纽带，把蔬菜（水果、花卉）种植技术、畜牧养殖技术、沼气发酵技术、厕所积肥技术有机结合，具有经济效益高、科技含量高、物质和能量循环利用率高等特点（图 10-3）。该模式以农户为单元，建设 1 座“四位一体”日光节能温室，修建 1 个畜禽舍和厕所，修建 1 个 10m^3 的沼气池，变传统的农民放牧为设施养殖，人畜粪便入沼气池，沼气用于做饭、照明，沼液和沼渣供给日光温室蔬菜、水果和花卉生长发育所需N、P、K等养分。沼气燃烧提供日光温室蔬菜等生长所需CO_2和热量，日光温室蔬菜茎叶等可提供部分饲料，形成物质和能量的良性循环利用。该模式有利于黄土高原水土保持、退耕还林还草、封山育林和生态环境保护。据对延安市宝塔区万花镇罗崖村54户“四位一体”高效设施户调查，平均每户年养猪10头，大棚面积（7.5m×40m）～（7.5m×50m），种植大棚纯收入为8000～10 000元，养殖纯收入800～1000元，达到沼气满足全年烧饭用，沼液、沼渣满足大棚蔬菜的养分需要，日光温室蔬菜不再投入化肥，具有显著的经济效益和生态效益。

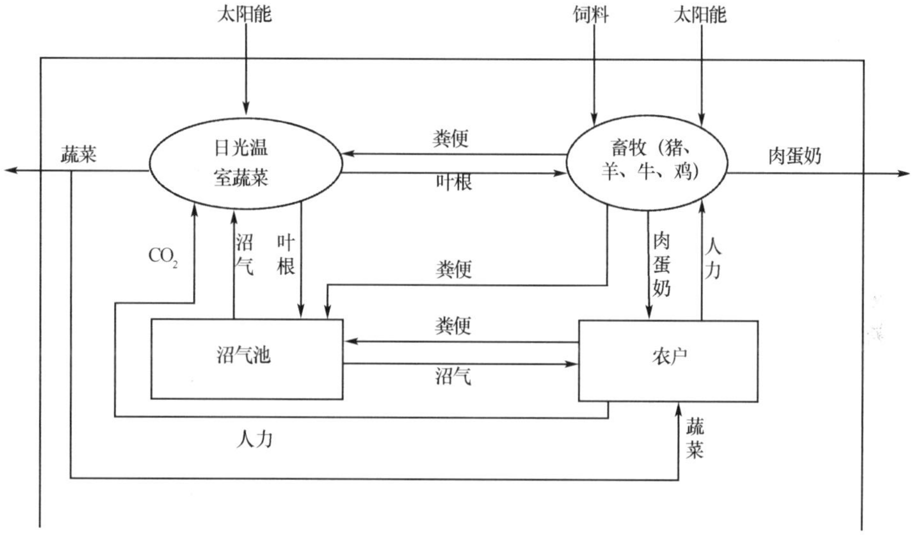

图10-3　“四位一体”高效设施农业结构模式及功能（徐福利和梁银丽，2003）

四、农业可持续发展的主要对策

（一）加强水土保持和农田基本建设

（1）加强水土保持。认真贯彻执行《水土保持法》、《防沙治沙法》等法律法规，推动水土保持监督执法向纵深发展；加强封育保护，促进生态自我修复；大力推进国家水土保持与防沙治沙重点工程建设，加快黄河中游多沙区重点区域水土保持工程和京津治沙工程的进度；抓好水土保持大示范区建设，为区域生态建设提供示范样板；加快小流域治理，促进农民早日脱贫致富。

（2）强化农田基本建设。要重视梯田建设，把缓坡地改造为梯田作为农业发展的重要手段；搞好淤地坝建设，以坝系建设为重点，实现“林草上山，米粮下川”；改造现有中低产田、抓好高产田、主攻中产田，推动低产田向中产田、中产田向高产田转变；合理开发利用水资源，在有条件的地方大力发展灌溉农业，配套建设节水灌溉设施。同时，充分利用当地优越的光照资源，大力发展设施高效农业。

（二）调整农业产业结构，促进农林牧协调发展

针对黄土高原地区农林牧比例严重失调的现状，必须立足不同地区自然资源特点，根据

生物的生态适应性原则，充分发挥地域资源优势，优化农业产业结构，实现农林牧快速协调发展。当前，应重点抓好以下两个方面。

（1）大力推进林业发展。明确林业在区域生态建设中的重要地位，逐步提高林业生产能力，把林业建设成大生态产业；科学地进行人工植被布局，即：沟道、河床边营造用材速生绿化林，沟坡营造水土保持经济林，阴坡营造乔灌混交林，梁峁坡以灌林为主，梯田地埂采用护坡草灌；坚持适水适树的原则，注重不同生境下林木品种、密度和栽培措施的优化；在适生区积极发展苹果、梨、枣、葡萄、桃、杏等经济林，实现生态保护与经济收益双赢。

（2）积极发展草产业和畜牧业。根据各地生态恢复建设规划，加强草场建设，为牲畜提供充足的、优质的饲料资源；选择基础条件较好、有水源条件、劳动力相对充足的地方建设高产饲料基地和人工草地，促进现代草产业开发；以实施牧区人草畜三配套、家庭牧场、牧民新村建设为动力，推动牧区经济和社会的全面发展。

（三）大力发展节水农业，注重防旱减灾

针对本区干旱少雨和水资源短缺的客观实际，综合利用现有水源，采用自然径流、人工产流与集存相结合的途径，实现水分的富集叠加及时空调控和高效利用，解决旱地水分严重亏缺问题；建立保护性耕作、覆盖栽培、水肥耦合等技术相结合的配套农艺措施，提高旱地作物水分利用效率；加强耐旱丰产品种选育，挖掘生物抗旱节水的遗传潜力；合理利用自然资源，积极探索人工增雨技术。

（四）注重土地用养结合，提高土壤肥力

以提高土壤养分贮量为基础，建立科学的农田养护制度，不断改良农田土壤养分环境，增加土壤养分富集层和富集度；合理使用化肥，推广配方施肥和平衡施肥，合理供应有效养分，提高肥料利用效率；积极发展畜牧业，广辟肥源，同时充分利用各种生物资源积极发展粮草轮作、绿肥种植、秸秆还田、沼气发酵等，促进农业系统的养分循环。

第五节　长江中下游区

长江中下游区位于伏牛山、淮河以南，福州—英德—梧州一线以北，西部大致以鄂西山地与雪峰山为界，东抵海洋，长江横贯而过。涉及河南省南部，苏、皖、鄂、湘大部，上海市及浙、赣全部，闽、粤、桂北部，共辖 523 个县（市），土地面积 97.9 万 km^2；耕地 2600 万 hm^2，约占全国耕地总面积的 19.6%。全区人口众多，农业资源条件优越，农业集约化程度和综合发展水平高，农村经济发达，农林牧渔各业生产在全国占有举足轻重的地位。

一、农业与农村发展现状

长江中下游地区是中国农业生产条件最为优越的地区之一。首先，从水、热条件来看，该区属于亚热带季风气候区，大部处于中亚热带与北亚热带，气候温暖湿润。主要农作区，冬季最冷月平均气温多数地区在 0℃以上，一般有利于越冬作物的生长。全年≥10℃年积温 4500～6000℃，无霜期 210～350 天，农作物可一年 2～3 熟。由于丰富的热量资源，大部分地区可以发展双季稻，实施麦（薯、油）-稻-稻一年三熟制。其次，从耕地条件来看，长江

中下游地区耕地以水田为主，水田面积占耕地总面积的63.1%。耕地土壤质量较好，全区质量好、肥力高的一级耕地面积占耕地总面积的64.3%，较全国平均水平高出23个百分点。再次，长江中下游地区是中国耕地生产力最高的地区。区域内的湖南、浙江、江西和上海是中国耕地年生产力水平最高的地区，其年生产力水平分别较全国平均水平高出90%、84%、76%和71%。

长江中下游地区是中国重要的农产品主产地。全区粮食产量占全国粮食总产量的31%，其中稻谷产量占全国稻谷总产量的53%，居全国第一；棉花产量占全国棉花总产量的30%以上，是中国优质棉集中产区；油料产量占全国油料总产量的39%，其中油菜籽产量占全国油菜籽总产量的64%，居全国第一；肉类产量占全国肉类总产量的29%，其中猪肉产量占32%，为全国猪肉集中产区。另外，包括茶叶、柑橘、蚕茧、蜂蜜和淡水产品产量占全国总产量的比重均为全国第一。据统计，仅在长江中下游平原区域200个县市中，就分布着141个国家级商品粮生产基地、63个国家级优质棉生产基地和15个国家级油料生产基地，分别占了中国国家级商品粮、优质棉和油料生产基地总数的6.9%、26.3%和34.9%，充分体现了本区对全国农产品市场稳定发展的支柱性作用。

二、农业生产优势与制约因素

（一）农业生产优势

1. 充沛的水资源 长江中下游地区属亚热带季风气候区，大部分处于中亚热带与北亚热带，水资源丰富。由北而南，区域内年降水量1000～1400mm以上，生长季节（4～9月）内降水量占全年的70%～80%。由此可见，不论全年或生长季的降水，堪称丰沛。另外，长江中下游地区是中国水系最密集、水域最广阔的地区。区内各地河网密度多在0.3～0.4km/km^{2}以上，其中长江三角洲高达6.38～6.70km/km^2，是中国河网密度最大的地区。由于水系发达，水源充沛，地表径流深一般在500～1200mm以上。该区主要水系都由长江支流发展而来，如洞庭湖水系的湘、资、沅、澧水，鄱阳湖水系的赣、修、抚、信水，以及北岸支流汉水，水量都非常丰富。由于这些支流的汇入，长江入海口的年径流量达9793亿m^3，为全国河川径流总量的36%。另外，本区也是中国湖泊最多的地区，洞庭湖、鄱阳湖、巢湖、洪泽湖和太湖等中国五大淡水湖均分布于本区，还有众多的湖泊群。正是由于河川径流丰富，河网密集，开发利用条件较好，可通过提引长江及其支流水，或通过修建库、塘拦截径流并输送到附近的岗地和丘陵，扩大灌溉面积，解决易干旱土地的缺水问题。

2. 适宜的气候条件，丰富的光照资源 由于本区全年≥10℃积温4500～6500℃，无霜期210～350天，北部的热量能充分满足稻麦一年两熟的需要，中部及南部也可以种植双季稻和越冬作物一年三熟，并适宜于多种亚热带林、果生长。全年日照时数1800～2300h，夏秋作物生长旺盛和结实期日照充分。正是光、热、水较好地配合，成为农作物高产稳收的重要因素。另外，梅雨是本区气候的一个重要特征，其发生季节通常在初夏时节，因北方冷空气与南来暖湿气流相遇于长江附近而形成，并往往连绵一个月以上。夏季，台风常伴着暴雨袭击本区东北及东南沿海，造成雨涝和风灾，但对夏秋降水补给具有重要作用。

3. 平原土壤肥沃，丘陵山地开发潜力大 长江中下游地区有平原、盆地、岗地、丘陵、低山、中山等多种类型的地貌。平原占土地面积的1/3，主要有洞庭湖平原、江汉平原、鄱阳湖平原、太湖平原、长江下游沿江平原、苏北里下河平原，以及长江各支流的河谷平原，多属湖积或洪积冲积平原，土层深厚，土质肥沃，耕地连片，是本区农业的精华所在。

本区丘陵山地面积大、分布广，主要有：①桐柏山、大别山丘陵山地。山脉机密相连，呈西北至东南走向，构成淮河与长江的分水岭，岭脊海拔 1000m 以上的山峰连绵分布，向南北两侧依次降为低山、丘陵、岗地和平原。②江南丘陵山地。由南岭和湘西、湘赣、浙赣等山系构成“山”字形骨架，而以南岭为主体。地貌类型以丘陵为主，盆地次之。红色岩系构成的丘陵和盆地相间分布，红砂岩丘陵海拔一般在 200m 以下，低于周围其他岩石所构成的高丘和低山，呈现出“盆地式”丘陵景观。在较大河流两岸，普遍发育有阶地与河谷平原。③浙闽丘陵山地。位于南岭与武夷山外侧，地势起伏较大，山地、丘陵约占总面积的 85%，河谷平原和盆地只占 15%。与海岸平行的几列山脉与众多的支脉交织形成连绵不断的峰岭，山地周围分布着低缓的丘陵和大小不等的山间盆地，近海部分有一些面积不大的台地和海积平原。在这些丘陵山地，目前仍有大面积的疏林地、草地、荒山及草坡未被利用，且这类地区土地的自然生产力高，更新能力强，如开发与治理相结合，利用得当，发展经济林果、用材林、草食家畜及山区多种经营具有巨大的发展前景。

4. 区位条件优越，工业基础好，经济发展水平高　本区具有沿江、沿海的区位优势，对外开放历史较早。人口稠密、文化科学事业发达、人口素质较高、能工巧匠多。城镇密集、工业基础好，早在 100 多年前就在发达的农业基础上，兴起了以轻纺、食品加工为主的工业。随着改革开放的加快，本区城市和工业发展更加迅速，同时带动着农业的发展，促进了农业商品生产及农村工业的蓬勃发展，使得农村经济发展水平逐渐升高，成为全国农村经济最发达的地区。

（二）主要制约因素

1. 耕地减少，旱涝危害严重　长江中下游地区在经济不断发展的过程中，随着农业结构调整和城市化进程的推进，耕地资源大幅度地减少，与此同时，耕地质量普遍下降。本区属亚热带季风气候，因降水年际、年内变化率大，地处江河中下游，地势低洼，干支河道淤塞，是历史上水旱灾害频发的地方。在 14～19 世纪，淮河流域发生大水灾 350 次，大旱灾 280 次。新中国成立以来，国家把治淮作为水利建设重点之一，修建了苏北入海的灌溉总渠、淮河入江水道、分淮入沂等工程，以及山区一系列水库、中下游蓄洪区和下游入江水道等工程。同时，大力开展以治水改土为中心的农田基本建设，综合治理旱涝盐碱，推行沤改旱、旱改水，发展稻麦两熟，改革耕作制度，改进耕作技术，农业生产条件得到改变。但是，现有工程存在防洪排涝标准不高、工程不配套、抽排工程老化失修等问题。因此，进一步加强水利建设，提高防洪、排涝、抗旱能力，仍然是长江中下游地区农业可持续发展急需解决的问题。

2. 水土流失严重，影响水生态安全　由于对土地的不合理利用，加之农村工业的快速发展和农用化学品投入的大量增加，本区农业环境日益恶化，主要表现在水土流失加剧和污染日益严重。以江西省为例，20 世纪 50 年代初水土流失面积为 1.1 万 km^2，到 20 世纪 80 年代剧增到 4.62 万 km^2，后经过治理缩小至 3.35 万 km^2。本区的土壤以红壤为主，约占土地总面积的 70%，水稻土和其他类型土壤分别约占 20% 和 10%。红壤广泛分布于海拔 500m 以下的丘陵岗地，是在亚热带湿热淋溶条件下长期发育形成的一种土壤类型，富铝化过程极为明显，pH 在 4～5，理化性质较差，易于发生水土流失。同时，农业生产中施用的大量氮、磷、钾等无机肥和农家肥及农药、重金属等也随水土流入江河湖库，造成严重的水质污染。水土流失和水体污染，成为农业可持续发展的重要障碍。

三、农业可持续发展的模式

（一）外向型现代农业发展模式

以太湖为中心的太湖平原，地势低平，水土资源优越，河网密集，并有长江水可供调用，水资源丰沛，是农产富饶的江南鱼米之乡、丝绸之府。这里地处滨海、沿江开放地带，水陆交通方便，更有上海作为沟通海内外的枢纽。这些有利因素正好为本区农产品提供了广阔的消费市场，便于加工和运销到国内外。

在深化改革、发展农业现代化的新形势下，太湖平原以上海和长江沿江经济带的区位优势为契机，加快外向型、现代化农业发展，带动整个长江中下游地区农业的可持续发展。主要表现在：一是土地利用率高，在苏锡常地区普遍实行水稻与小麦、油菜等越冬作物一年两熟，在其南的杭嘉湖地区盛行双季稻与越冬作物一年三熟。二是农田的投入水平高，太湖平原单位耕地面积的农机总动力、单位播种面积的化肥用量和用电量分别是长江中下游地区的1.8倍、1.45倍和4.2倍，分别是全国平均水平的2.36倍、1.63倍和7.6倍。三是农业生产水平高，粮食平均单产比长江中下游全区平均高19.7%，比全国平均水平高38.3%。四是农业劳动生产率高，农林牧副渔劳动力人均农业总产值和劳动力人均净产值分别为长江中下游地区平均的1.98倍和1.74倍，为全国平均的2.14倍和1.92倍，是全国范围内土地生产率和劳动生产率最高的地区。另外，太湖平原是中国以工业为主的乡镇企业发展最早和规模最大的地区，这使该区域农村产业结构发生了根本性变化，农村工业一跃成为农村经济的支柱产业。农村劳动力大部分转到第二、第三产业，整个区域农村工业化、城乡一体化发展水平在全国领先。因此，应进一步发挥沿江、沿海区位条件和工农业基础好的优势，加强与港、澳、台和国外企业的合作，走外向型现代化农业发展之路。

（二）城市化背景下都市农业发展模式

现代农业是用现代科学技术经营理念和组织方式经营管理，追求专业化、高效益的市场化、规模化、集约化和社会化的农业运营模式。长江中下游地区因经济社会发展处于全国领先地位，具有发展现代农业的优势，通过新型农业发展所产生的社会效益有助于解决国家粮食安全问题，有助于推动生态文明和社会主义新农村建设。这一区域内的上海、南京、武汉等城市在发展都市农业的道路上探索积累了许多经验。

以上海为例，该市是中国省市一级行政区中最早提出以建设都市农业为目标的城市，其在空间上表现出近、中、远郊结构功能渐次的格局，形成三个农业区：①近郊生态、休闲农业区。大致位于已城市化地区及外环线两侧8km地带，包括宝山、嘉定和浦东新区部分地区。该区域分布有80%以上的蔬菜地和51%的畜禽大中型基地，以园艺性、观赏性较强的农业类型为主。②中部环状基地密集区。包括嘉定西北部、青浦、松江、奉贤、南汇、金山大部分地区。该区域突出都市农业的副食品生产功能，以生产大宗粮油为主。生产经营上，积极采用现代农业科技，以规模化为基本生产方式，着重于发展高产、优质、高效农业。③远郊综合农业区。包括崇明、长兴、横沙三岛，浦东新区、南汇、奉贤、金山的滨海地带和松江、青浦西部。该区是上海市都市农业开发后的后备区，以发展综合性、多样化农业为方向。

四、农业可持续发展的主要对策

（一）以防洪排涝为重点，加强洪涝旱滞及水土流失的综合治理

本区平原农区经过多年水利建设，灌溉条件得到较大改善，水源也得到充分保证，但洪涝与滞害仍是本区的严重威胁，尤其是沿湖、沿江平原，多年来湖底泥沙淤积，围湖造田引起湖泊缩小甚至消亡，调蓄能力下降，洪水出路不畅，以至于难以抵御较大的洪涝灾害。所以，必须立足全局，着眼于抗大洪、大涝，按流域系统统筹解决，进一步加强长江中下游地区尤其是中游平原的综合治理，增强抗洪能力。对低洼地区的涝滞危害，主要是要加高加固圩堤，完善农田排水系统，增强机电排水能力。丘陵岗地的春旱、伏旱也经常发生，主要应从增强蓄水、引水、提水能力入手，努力扩大保证灌溉面积。丘陵山区的自然灾害大多和水土流失有关，如山洪、泥沙淤积农田、泥石流、滑坡等，因植被遭破坏，旱涝灾害加剧。应以生物措施为主，营造各种水土保持林、水源涵养林，防治水土流失。严重水土流失区，虽土层很薄，但植被的再生能力很强，封山育林和抚育灌丛和草被也有积极作用，并配合适当的工程措施，以有效地控制水土流失。此外，为了有效地保持和改善本区的农业环境，应严格控制工业“三废”的超标排放，特别是要尽可能减少“三废”对农田和水域的污染。

（二）巩固提高两湖、两江以商品粮为主的农业综合商品生产基地

湖南洞庭湖平原、江西鄱阳湖平原、湖北江汉平原和苏皖江淮地区是国家重要商品粮基地。巩固提高两湖、两江的农业商品生产，对全区、全国经济发展都有重要作用。主要途径是：第一，这些地区多年来农业生产重视数量，忽视品种质量，已经不能适应商品生产发展的需要，经济效益也不高。应根据市场需求和资源特点，积极发展优质稻米、优质棉、双低油菜籽、瘦肉型猪、高档鱼等各种优质农产品，向优质、高产、高效方向发展，提高市场竞争能力，扩大经济效益。第二，两湖、两江地区和太湖平原相比，农业生产水平相对较低，地区之间发展也很不平衡，有大量中低产田，主要是由于不同程度地受洪涝旱滞危害和投入水平较低。应从加强以水利为中心的农田基本建设入手，增加资金、物资和技术投入，努力使低产变中产、中产变高产。第三，两湖、两江地区拥有丰富的粮食及农副产品饲料资源，有宽广的内陆水域、湖滩草地和沿海滩淤，应充分开发利用这些资源优势，加快发展畜禽饲养和水产养殖，强化农牧、农渔结合，发挥农田生态系统的综合生产潜力。在保持粮食生产稳定增长的同时，努力提高牧业和渔业的比重，实行农牧渔业全面发展。

（三）加快丘陵山区资源开发，改善农业生产环境

本区丘陵山区面积广阔，资源开发程度不高，潜力很大，但林草植被不断遭到破坏，以水土流失为主的生态问题突出。因此，对于丘陵山区的资源开发，必须进行全面规划，坚持开发与治理相结合。首先，要立足于沟谷的基本农田建设，将70%左右的中低产田改造为高产田，使粮食得到基本保证，这是对山区资源环境进行有效保护的重要前提。其次，以综合开发山丘荒地为重点，深层次开发丘陵山地，并要根据不同海拔高度气候垂直差异及坡度大小，确定适宜的开发利用方式：海拔500m以下，坡度在10°以下的岗地、缓坡及山麓坡地，

宜辟为梯田、梯地，种植粮食及经济作物，以及以柑橘为主的果园和茶园；海拔 500～800m 低山区、坡度在10°～30°的坡地，多有轻度或中度水土流失，应以营造油茶、油桐等经济林，杉木、松木等用材林和薪炭林为主，在林下或林间空地人工种草，建设人工草场，发展以养牛为主的畜牧业；海拔 800～1000m 以上、坡度在 30°以上的中山陡坡地，只宜封山育林或人工营造水源涵养林和防护林。此外，还要加强山区交通建设，开展多种经营，发展以林果特产加工为主的乡镇企业，促进山区商品经济的发展。

（四）立足区域优势，建立不同特色农产品生产基地

本区地区类型多样，农业资源与社会经济条件有很大差别，应根据各地的资源优势大力开发特色农业产业。不同地区的发展重点是：①太湖平原。发挥沿海、沿江优势，发展外向型乡镇企业和为城市服务的副食品生产，进一步促进农村经济的综合发展和农业现代化。②江淮地区。加强区域水土治理，立足平原，进一步开发丘陵岗地、内陆水面积和沿海滩淤，扩大优质稻米、优质棉、畜禽、水产、蚕桑为主的商品生产。③长江中游平原。致力于高产、优质、高效，巩固提高洞庭湖平原、鄱阳湖平原、江汉平原的粮、棉、油菜籽、肉类、水产品商品生产基地。④湘赣红壤丘陵盆地。立足沟谷的基本农田建设，综合开发红壤丘陵荒地，建成为国家亚热带经济林果和区域性粮食商品生产基地。⑤南岭山地。加强森林资源的保护、抚育，着重营造以速生丰产林为主的用材林，建成为国家南方木材生产基地。

第六节　西　南　区

西南区位于秦岭以南、青藏高原以东的四川盆地与云贵高原，包括陕西南部、甘肃东南部，四川、云南大部，贵州全部，湖北、湖南西部及广西北部，共 432 个县（市），土地面积约 100.8 万 km²，占中国土地总面积的 10.5%。全区近 95% 的面积是丘陵山地和高原，大部分海拔在 500～2500m，河谷平原和山间盆地约占 5%，其中成都平原为 7500km²，成为本区主要农业基地，但广大的高原山区农业生产水平较低，贫困人口比重较大。

一、农业与农村发展现状

西南区地势西高东低、北高南低，川西、滇西山地自北而南的走向清晰地反映了山脊线、高原面和谷地海拔沿同一方向递降的特点。地势起伏之大也为其他各区所罕见，最大高差近 7500m。因北回归线横穿云南南部和广西中部，西南区大部分处于副热带高压带范围。高原季风、东亚季风和西南季风都是西南区重要的水汽来源。云贵高原的隆起使云贵与四川盆地间出现了热量南北倒置现象。秦巴山地阻碍北方冷空气南下，使西南区少受寒潮影响。

西南区是全国年太阳总辐射量最低的一个区，峨眉山以 3300MJ/m²成为全国最低。低辐射的必然结果是短日照，四川盆地西部至东南的弧形地带仅有 1000～1200h，盆地边缘及贵州大部不超过 1400h。川西北山地高原、横断山地及昆明以北地区年日照时数在 2400～2600，这是西南区唯一的日照较丰富的地区。

西南区耕地面积占全区土地总面积的 11.12%，全区人均耕地占有量为 0.061hm²，略低于全国平均水平的 0.083hm²。耕地数量有限和低产田较多，是长期以来困扰西南农业发展的难题。西南区种植业以粮食作物居主导地位。水稻分布于四川盆西平原、盆南长江沿岸及岷江、

沱江、嘉陵江下游浅丘区，广西盆地特别是桂东南地区，滇中、滇南亚热带及热带坝区，黔中盆地和黔东河谷坝区，四川和重庆的水稻产量占全国的 11.6%；小麦主要分布于中国五大产地之一的四川盆地北部和西部；玉米主要分布于贵州西半部和四川、重庆的丘陵山地等地；薯类主要分布于黔西、黔东北和黔中温凉山区。这一区域经济作物种类极多，以油料、甘蔗、烤烟、麻、蚕桑、茶叶、橡胶、热带亚热带水果和名贵药材为主。四川盆地是中国最大的油菜籽生产基地，商品率超过 80%。

西南区山多山高平坝少，是中国自然条件和农业资源最为复杂多样的地区，同时又是少数民族种类和数量较多的区域，虽然这里具有丰富的农业资源和较适于农业生产的自然环境，但是除四川盆地外，高原山区农村经济贫困落后，生态环境恶化，是中国农业相对落后的地区之一。

二、农业生产优势与制约因素

（一）农业生产优势

1. 丰富的水资源 西南区河川众多，地面水资源丰富，全国的主要河流如黄河、长江、伊洛瓦底江、怒江、澜沧江、元江和珠江 7 大水系大多发源于或流经西南区，并有着大量的湖泊及水库等水利设施，国内水力发电工程也大多在西南区。西南区年径流总量为 $8237\times10^8m^3$，占全国年径流量的 30.38%，仅次于长江中下游地区；每平方公里的单位面积产水量达 56 万 m^3，高于全国平均值 1 倍，人均径流量 $2970m^3$，高于长江中下游地区。同时，西南区雨水充足，全年的降水量是全国平均水平的 3 倍。降水量的空间分布明显呈自东南向西北和由南向北递减的趋势，但海拔高度和地面坡向变化也造成降水量的局部差异。云南南部（1000～2500mm）、贵州大部（1100～1400mm）和四川盆地（1000～1300mm）是区内降水高值区。长江、珠江两水系共占全西南区面积的 81.28%，居于主导地位。因此，西南水能资源具有巨大的开发前景，水能资源本身的开发也是西部大开发中的一项重点。

2. 显著的水热垂直差异和多样化的农业生物类型 西南区气候类型多样，海拔落差悬殊，垂直气候差异显著，是中国自然条件最为复杂且较为优越的地区。世界独有的气候条件和地质结构，形成了多种不同的植被群落和生态自然景观。与此同时，以山地为主的地貌条件，引起了水热分配的垂直变化，农业生产布局相应地出现了明显的垂直差异，且农业生物多样性丰富。在一般低山区，山脚和河谷大多是以水田为主的耕作带，山腰多为旱作农业或农林交错地带，山顶则以林木为主。在中、高山区，以凉山州南部为例，海拔 1300m 以下为干热河谷灌溉农业，以双季稻、甘蔗及南亚热带作物为主，一年三熟，林木都为稀树灌丛；1300～1800m 的宽谷盆地，水田较多，作物以水稻、小麦、玉米、烤烟为主，一年两熟，林木以常绿阔叶林居多；1800～2400m 林地较广，多为落叶阔叶林，耕地中旱地多、水田少，以玉米、水稻、马铃薯为主，一年一至两熟；2400～3000m 以林地、草地为主，牧业比重较大，林木多为针阔混交林，耕地甚少，且均为旱地，以马铃薯、荞麦为主，一年一熟；3000～3500m 地带，均为草地和林地，居民主要务牧，林木为暗针叶林；3500m 以上为亚高山灌丛草甸带，只有季节性的放牧业。

3. 林牧业较为发达，并具有地方特色 西南区有林地面积 3084 万 hm^2，占全国林地总面积的 24.7%，仅次于东北区，森林覆盖率达 31.8%，高出全国平均将近 1.5 倍。其中人工营造的经济林居全国首位，是中国蚕桑、茶及亚热带果树的集中产区。全区桑园约 22 万 hm^2，茶园 66 万 hm^2，柑橘近 46.7 万 hm^2，分别占全国的 65%、63% 和 53%，油茶、油桐、乌桕等油料经济林也是全国的大宗产区。

另外，这一区域畜牧业十分发达，川西北高原及横断山地以放牧牦牛、犏牛为主，农区则普遍圈养猪、黄牛、水牛、马、山羊、绵羊和家禽。本区畜牧业以人工饲养为主，养猪业居全国首位，且饲养水平高，出栏率达 97%，高出全国平均 22.2 个百分点。拥有许多优良的畜禽品种，如荣昌猪、金华猪、九斤黄鸡、细毛乌骨鸡、狮头鹅等。发达的种植业为畜禽饲养提供了充足的饲料，畜禽粪便则为种植业的主要有机肥料，农牧相互促进，结合较好。

（二）主要制约因素

1. 农业环境支持系统脆弱　西南区地处中国自西向东的三级地貌台阶的第二级台阶上，山高坡陡，大部地区海拔 500～2500m。全区土地总面积中，山地约占 70%，丘陵与高原占 23%，平坝只占 7% 左右，最大的成都平原面积也不过 $7500km^2$。由于山高坡陡，坡耕地面积大，加之新构造运动强烈，地表物质稳定性差，因而这一区域是全国水土流失严重地区之一，区内仅长江流域的土壤年侵蚀量即达 14 亿多吨，占整个长江流域年侵蚀总量的 60%，不仅使本区生态环境恶化，并且严重威胁中下游安全。与此同时，滥垦、乱伐、粗放经营耕作方式使农业生态环境支持系统十分脆弱。长期以来由于不合理的耕作、草地过牧和大量采伐森林，水土流失日益严重。滇、黔等石质山区降雨量大，滑坡、泥石流灾害频繁，不少地区因土地“石化”导致贫困。

2. 水资源开发利用难度大　西南区虽然水资源丰富，但是受山区地貌条件限制，开发条件较差。大部分河道下切很深，水低田高，就地利用十分困难，若从上游自流引水，也因地势崎岖，渠道工程艰巨。在广大石灰岩分布区，则因岩溶发育，地表水漏失严重，有的地方地上河变成了地下河，更加难于利用。这也是西南区旱地多、水田少的主要原因。地表径流主要靠降水补给，降水的季节分布不匀使河川洪枯流量变幅很大，在夏秋多雨季节常使山洪暴发成灾，还易造成山体滑坡、泥石流等自然灾害。12 月至翌年 4 月为枯水期，径流可利用量很少，加剧了冬干春旱对农业的威胁；重庆、四川东部等地还常常遭受夏旱、伏旱的危害。

3. 农业基础条件差，生产水平低　西南区耕地质量普遍较差，不仅旱地大多是土层薄瘦的坡耕地，水田中也有相当一部分是冷浸田、烂泥田、下湿田、返硝田等低产田，如四川省低产水田占水田总面积的 29%，贵州省低肥型土壤占耕地的 55%。本区除四川盆地灌溉条件略好外，大部分地区水利条件很差，旱地基本上无灌溉，水田中也有 30% 左右为缺乏灌溉条件的所谓“冬水田”、“望天田”、“雷公田”。全区有效灌溉面积只占耕地的 39.2%，低于全国的平均水平，只相当于长江中下游地区的一半。除四川盆地外，多数地区农田施肥水平较低。

本区人均耕地少，而又受水、肥等生产条件限制，土地利用率不高，且大多经营粗放。在缺乏灌溉条件的水田，为了蓄水保证播种、插秧，一年只种一季水稻的冬水田为数不少；低山、丘陵地区不少可以间套复种三熟的旱地只种了两季，广大山区则有大量冬闲地，还有数量可观的轮歇地。如云南省轮歇地占旱地的 30% 左右，基本上仍按“刀耕火种”方式生产。在上述各种因素的制约下，西南区除四川盆地外，大多数地区单位面积的农产品产量普遍较低。

4. 农村人口比重大，文化素质较低，山区交通闭塞　人口问题一直是制约本区经济发展的主要障碍。西南区农村人口占总人口的70%左右，是全国各个一级农业区中农村人口比重最大的一个区。全区农村文盲、半文盲占农业人口的1/3，不少山区达50%左右，农民的文化素质远低于全国平均水平。

另外，西南区有重庆、成都、昆明、贵阳等大中城市，宝成、成渝、襄渝、成昆、贵昆、川黔、焦枝等铁路干线纵横分布，还有长江及部分支流可以通航，对外交通已大有改善。但是，广大山区交通仍然闭塞，公路等级低、路况差，通行能力小，不少山乡至今尚无公路，严重阻碍了与外界的联系，成为农村商品经济不发达的重要原因之一。

三、农业可持续发展的模式

（一）“林-果-桑-草-加-沼-粮-畜-菜”山地立体型生态农业模式

立体农业相对于平面农业而言，是利用农业生产过程各种生物生长的“空间差”和“时间差”，合理利用时、空、光、热、水、土等资源建立多物种共处、多层次配置、多能级循环、多功能的立体种养的高效农业生产系统。立体农业是建立在传统的间、套作和多种经营的基础上，探索农业转向资源节约化、生产集约化，防止生态破坏、保护生态平衡的现代化可持续农业模式。其主要特征是“立体式”，即：空间利用是三维的，时间利用是重叠的，同区域是多物种的。该模式适宜部分陡坡、土地贫瘠、田地块小、水土流失严重、粮食产量较低的地区。具体做法是：以修建石坎梯田为重点，大抓植树造林，停止陡坡耕作，发展经济林木，进行农村能源建设，构建“林-果-桑-草-加-沼-粮-畜-菜”山地立体型生态农业模式（图10-4），构成一个分层利用的生物群体结构，充分利用生物生长过程中的“空间差”和“养分差”，实现了能流、物流和养分流的多级增值，改善生态环境，形成生态良性循环的格局。

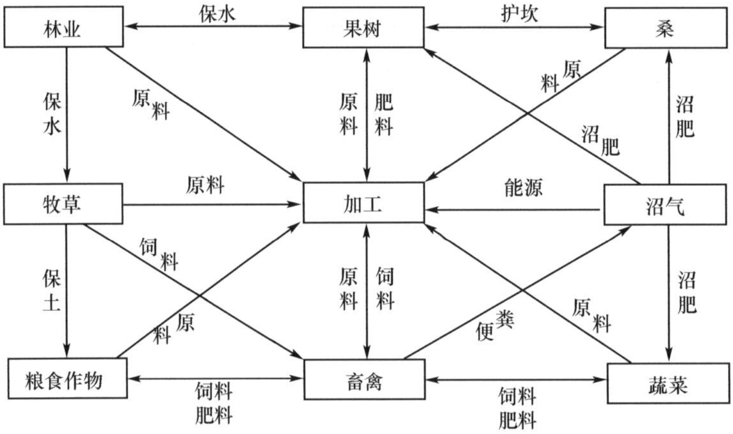

图10-4　“林-果-桑-草-加-沼-粮-畜-菜”山地立体型生态农业模式（刘志文，2005）

（二）“粮-经-果-鸡-猪-沼-桑-蚕-鱼”物质循环型模式

粮-经-果-鸡-猪-沼-桑-蚕-鱼”物质循环型模式适合丘陵区，发挥西南区气候温和、雨量充沛、生物资源丰富的优势，通过调整产业结构和作物布局，大力发展养殖业和经济作物，同时开发农村能源，推广节柴灶和沼气池，构建物质循环利用型生态农业模式（图10-5），实现物质再生、能量多重利用、效益层层增值。

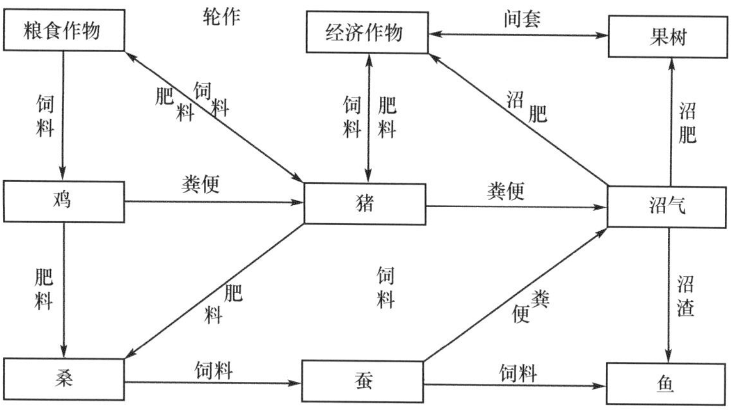

图 10-5 “粮-经-果-鸡-猪-沼-桑-蚕-鱼”物质循环型模式（刘志文，2005）

四、农业可持续发展的主要对策

1. 加强人口控制，缓解人地矛盾 与全国比较，西南区的人口问题是相当严重的。人口多、素质低，这是农业“马太效应”形成的重要因素，也是农业可持续发展的主要障碍。所以，严格控制人口增长，提高人口素质，优化人口结构，合理开发人力资源，使人口与经济社会和环境发展相适宜，是相当长的时期内西南区的重要任务。

2. 强化科技创新与推广 科技进步和创新是农业持续发展的原动力。要使西南区农业走出困境，不仅要合理开发已有的自然资源，还要更有效地利用科技进步和创新来开发知识资源，积极应用现代农业技术，调整农业结构，增强农业的竞争力。针对本区农业生产条件差、生产水平和效益不高的实际，各级政府要增加对农业的投资，让科学技术进入千家万户。

3. 积极发展生态农业 西南区地貌复杂，大多属于亚热带多雨多雾气候，抗御自然灾害的能力很差，靠天吃饭的局面至今仍未得到根本改变，农业生产效益低下的问题非常突出。这种现实决定了必须大力改善西南区的农业生产条件和生态环境，积极发展生态农业，转变经济的增长方式，努力提高资源利用率和产出率，走精种高产、集约经营、内涵挖潜的可持续发展道路，这也是农业和农村经济发展的战略选择。

4. 大力发展特色农业 西南区拥有独特的资源、环境等条件，适宜发展特色农业。以云南省为例，在生物物种方面，仅野生植物资源已查明具有食用、药用、工艺、观赏等用途的植物就有 30 000 多种，稀有植物 5000 多种。在环境方面，西南区大气环境、水环境、土壤环境等状况明显优于中国其他地区，这是西南地区发展特色农业特别是无公害特色农业的优势所在。在劳动力方面，西南区农村劳动力价廉且丰富。在空间方面，西南区地形复杂、气候多样，对于农业尤其是对于以资源、气候等条件为基础的特色农业而言具有特殊作用。可以说，全国特具优势的主要植物和水果类中，四川蜜橘、奉节脐橙、云南甜角等都是在国内具有明显竞争优势的品种。同时，西南区还拥有中国最大规模的养殖业。这些优势都是进一步发展西南区特色农业的良好基础。

5. 注重开发旅游休闲观光农业 旅游休闲观光农业以其古朴淳厚的田园之美，满足了都市人返璞归真、回归自然的愿望，具有不可抗拒的独特魅力。随着中国城市化的进一步发展，在发达地区的一些大中城市如上海、北京、深圳等城市周边交通便利的农村地带，旅游休闲观光农业已形成一定规模。近年来，旅游休闲观光农业在西南区也开始兴起，如成都市龙泉驿区的赏桃花、摘枇杷和桃子等项目，已深深地吸引了都市人们。

西南区具有丰富的旅游农业资源，表现在：一是自然地理环境的多样化，有利于发展旅游休闲观光农业；二是基于多民族传统的各种农业模式，极有利于吸引游客；三是丰富的农业植物，特别是丰富的水果资源，极有利于休闲农业的发展。因此，西南区发展旅游休闲农业还大有潜力可挖。

第七节　华　南　区

华南区位于中国最南部，西北倚山，东南面海，沿海岛屿环布，陆域形状狭长，北界东起福建闽江口南岸，西至云南西部边陲盈江的羯羊河，包括福建东南部、台湾、海南、广东中部及南部、广西南部及云南南部，共有 191 个县（市）（缺台湾资料），土地面积 49.6 万 km^2，耕地面积 562.36 万 hm^2。全区处于南亚热带及热带，水热条件居全国之冠，是中国最适宜发展热带作物的地区。另外，华南区地理位置优越，是中国沟通海外的南大门。

一、农业与农村发展现状

华南区地形复杂多样，河谷、平原、山间盆地，浅、低、中山交错分布。全年平均气温在 20℃以上，≥10℃积温 6500～9000℃，无霜期均在 350 天以上，适合作物生长。该区北界是南亚热带与中亚热带的分界线，这条界线以南的华南地区，最冷月平均气温≥10℃，极端最低气温≥-4℃，日平均气温≥10℃的天数在 300 天以上。夏季高温多雨，冬季干燥温暖，热带风暴、台风等气候灾害较频繁。这一区域大部分地区年降雨量 1500～2000mm，部分地区可达 2500mm。因降水季节分配不均，夏秋降水强度大，易造成洪涝灾害。这一区域植物生长茂盛，种类繁多，有热带雨林、季雨林和南亚热带季风常绿阔叶林等地带性植被，多为热带灌丛、亚热带草坡和小片次生林。另外，地表侵蚀切割强烈，丘陵广布。在长期高温多雨的气候条件下，丘陵台地上发育有深厚的红色风化壳。在迅速的生物积累过程同时，还进行着强烈的脱硅富铝化过程，成为中国砖红壤、赤红壤集中分布区域。

丰富的热量资源使华南区的农林牧渔生产具有其他地区所没有的独特优势。热带水稻一年可种三季，热带和南亚热带的南部甘薯可以越冬，可种冬玉米，偏北地方仍可种冬烟和冬季蔬菜，甘蔗可秋植和种宿根蔗。桑叶生产期比其他蚕区一年长 30～80 天，可多养 2～3 造蚕。树木生长快，造林和封山育林易见成效。饲料作物四季生长，有利于发展养畜业，畜禽生长发育也较快。

本区山多田少，人多地少，近 90% 的土地是丘陵山地，宜农的平原盆地有限，丘陵山地的生物资源很丰富，有不少热带、亚热带珍贵的用材林、经济林和动物，全区平均森林覆盖率在 30% 以上。本区农、林、水产业在全国均占重要地位，甘蔗种植面积约占全国 70%，是全国最大的蔗糖生产基地；本区是热带和亚热带水果（香蕉、菠萝、荔枝、龙眼和柑橙）等主要产区，是橡胶等热带经济作物的唯一产区；珠江三角洲是商品粮、甘蔗、蚕丝、淡水水产的重要生产基地。

华南区是中国典型的南方集约农区，耕地主要集中在珠江三角洲及其他河谷平原区。由于人口稠密，人均耕地面积非常小，如广东省人均耕地仅 0.032hm^2，远低于全国平均水平 0.083 hm^2。农业集约化生产水平和农村经济发展在中国处于领先水平，土地生产力水平很高，也是中国最先起步的经济增长带。这一区域农业发展存在区域不平衡的现象，除广东、福建以外，广西、海南和云南等地农民人均纯收入都低于全国平均水平。在长期人多地少的集约农业发展过程中，作为农业发展载体的水土资源出现了许多新问题：耕地日益减少，土壤和水域严重污染、质量下降，水土流失严重等，成为这一区域农业可持续发展的重要障碍因素。

二、农业生产优势与制约因素

（一）农业生产优势

1. 中国唯一适于热带作物种植的地区　闽东南、粤东潮汕平原、粤西雷州半岛、海南省、桂南和云南南部的西双版纳、红河等地，是中国唯一一片适于热带作物种植区（简称热区）。这一片热区面积共 2967 万 hm^2，仅占全国土地总面积的 3.1%，但却是很宝贵的资源，能生产其他地区不能生产而又为国计民生所不可缺少的热带农产品。本区生产热带作物的经济价值也较高，如种 1hm^2 橡胶树或咖啡的收入相当于 3～4hm^2 水稻的收入；种植胡椒的收入，相当于水稻收入的 20～30 倍。中国天然橡胶和干胶产量分别居世界第四位和第五位。目前，世界上几十种热带作物除少数几种之外，在本区都有种植，最主要的是天然橡胶、椰子、咖啡、胡椒、龙舌兰麻、腰果和油棕 7 种。这 7 种主要热带经济作物在本区适宜的种植面积共有 283.5 万 hm^2，年实际种植面仅占宜植面积的一小部分，进一步发展还有很大潜力。

2. 以鲜活农产品为重点的创汇农业比重大　华南区属农业生产多宜性地区，甘蔗、花生、桑、麻、茶、水果、蔬菜等经济作物一向占有重要地位，甘蔗产量占全国的 80% 以上。改革开放以后，华南区利用其农业生产多宜性的特点和优越的地理位置，因地制宜调整农业生产结构，变封闭的“粮油型”自给性生产为开放的商品性生产，开展多种经营，发展创汇农业。尤其是沿海地区，针对国内、国外两个市场需要，积极开拓农业生产新领域，把增产鲜活农产品作为农业发展的重点，满足本地市场对蔬菜、肉食、水产品、水果、鲜奶等的需要，同时扩大以港澳市场为主要对象的鲜活农产品出口。通过对农业生产结构的调整，华南区粮食作物播种面积比例由 1988 年的 71.3% 降低到 2005 年的 55.9%，经济作物播种面积上升 17.2%，经济作物的发展使整个种植业产值按不变价格计算增长了 1 倍。与此同时，猪和家禽饲养业有较大发展，猪的出栏数比 1978 年增长了 79.2%，活鸡销售量占港澳市场的 63%。淡水及海水养殖均有较大发展，名贵鱼类和虾、蟹、贝类比重增加，成为全国渔业比重最高的地区，年人均占有水产品高出全国 1.71 倍，居各个一级农业区之首。

3. 热带、亚热带生物资源富集　北回归线横穿华南区中部，世界上同一纬度的其他地区如中东、北非都是干旱荒漠地区，被称为回归沙漠带。唯独中国华南受太平洋、印度洋季风环流影响，温暖湿润，宜于各种生物生长繁衍，古生物群延伸演变至今，成为热带、亚热带生物富集地区。自然植被分布着亚热带常绿阔叶林、季雨林和热带季雨林、雨林，内中不乏珍贵树种如望天树、红椿、坡垒、石梓等。野生动物种类也较丰富，不少是珍稀孑遗动物，如华南虎、黑长臂猿、海南岛坡鹿、西双版纳犀鸟、野象、懒猴、叶猴等。栽培植物中也有不少热带、亚热带生物特性，如木薯、甘蔗、苎麻、荔枝、龙眼、橡胶树、椰子、咖啡等。

在本区特殊的水热生态条件下，经过长期人工选育，有不少驰誉中外的地方良种，如增城“私苗”优质米，柳橙、红江橙、椪柑、蕉柑、沙田柚等柑橘，“糯米糍”、“桂味”荔枝，福建“东壁”、“福眼”和广东“石峡”龙眼，福建“天宝”和广东高州、东莞香蕉，安溪“铁观音”、潮安“凤凰水仙”和云南勐库大叶茶等。家畜家禽的著名地方品种有福建泉州丝羽乌骨鸡、龙海金定鸭、广东清远麻鸡、潮州狮头鹅、广西陆川猪、德保矮马、容县霞烟鸡等，在国内外市场均深受欢迎。

4. 优越的地理位置，有利于发展外向型农业　华南区地处中国沟通海外的南大门，厦门与台湾一水之隔，深圳、珠海毗邻香港、澳门，黄埔、湛江等大港同五大洲多个港口有航运往来。内陆交通有京广、广深、昆河等铁路线路，全境公路干线基本形成，县级公路初具规模，内河航运也较发达，具有较好的发展对外经济交往的内外交通条件。沿海人口稠密，远涉重洋的华侨众多，仅广东、福建两省居海外的华侨及外籍华人总数就达 2100 万人以上，成为沟通海外的重要社会基础。中国实现改革开放政策以后，华南区相继建立起的厦门、汕头、深圳、珠海、海南等经济特区，开辟了技术开发区、开放城市和开放地带，形成了多层次、多功能的对外经济交往关系，便于利用外资、引进技术和开展对外贸易，为发挥资源优势、发展创汇农业和外向型经济提供了良好条件，有力地促进了地区经济的发展。

（二）主要制约因素

1. 农业自然灾害多发　华南区的农业自然灾害主要包括旱、涝、低温、台风等，本区是自然灾害的多发区，平均每年发生 20～30 次。其中，发生频率最高、危害最严重的是旱灾和涝灾，旱灾约两年一遇。华南区处于季风气候区，受季风环流的影响，气候不稳定，降雨时空分布不均匀，一年有明显的干、湿季交替，全年有 80% 的降雨集中在夏秋季期间。因此，在夏季风暴发盛行期间为多雨季节，由于季风的进退、停留时间及其发生强度不同，这时期极易发生洪涝灾害。如果气候发生异常，导致雨季推迟到来或提前结束，就会造成春旱或秋旱。

2. 农业环境污染严重　因为经济社会发展较快，华南区的工业化程度和城市化程度居全国领先水平，与此同时，工业和城市发展产生的“三废”等环境污染源逐渐向农村地区蔓延。工业和城市污染转嫁到农村，加大了农业环境的压力。尤其是星罗棋布的农村工业企业，数量巨大、布局分散，技术、设备落后，治污能力低，其中不少是从城市转移到农村的重污染行业。大量“三废”未经处理直接排放，造成严重的水、大气和土壤污染，不少农田和农用灌溉水也受到污染，导致农作物减产和品质下降，污染严重的农田甚至不得不弃耕，给农业生产造成严重的经济损失。此外，农用塑料薄膜造成的残留、过量施用化肥造成的养分流失、大中型猪场排放的粪便等废弃物也是农村水体和土壤污染的重要源头。

3. 耕地面积不断减少　华南区是一个人多地少的区域，人口、资源与环境的矛盾历来就非常突出。在耕地减少、人口剧增、消费总量增加、消费质量提高的背景下，农业环境容量的压力越来越大。随着经济建设的发展，农业内部结构调整、弃荒、非农建设等导致耕地面积不断减少，使人地矛盾更加突出。据统计，广东省自 1980 年以来，全省实有耕地面积一直呈下降趋势，人均占有耕地面积从 1980 年的 $0.053hm^2$ 下降到 21 世纪初的 $0.032hm^2$。由于人均耕地面积少，为了满足人们对物质的需求，往往过度开发利用资源，如加大耕作强度、扩张农事活动范围及规模、过度砍伐森林、不合理地开发地下水资源、盲目开垦陡坡荒地、围湖造田、毁草种粮、追求多熟制等。这些行为虽然短期内得到明显收益，但由于违背了自然规律，导致森林覆盖率降低，水土流失加重，土壤有机质减少，土壤沙化、碱化、贫瘠化，自然灾害发生频率加大，农业生态平衡失调，农业资源衰竭等一系列的农业环境问题。

4. 地区间发展极不平衡　在农业生产条件和水平方面，东部沿海地区土地利用率高，耕作先进，复种指数一般为 200%～250%，粮食播种面积单产稳定，平原地区不少县市单产达 4500～6000kg/hm^2，高者达 7500kg/hm^2。而西部如雷州半岛南端，海南大部，广西左、右江流域及滇南丘陵峡谷地带，农业生产条件差，有的地方有相当面积的坡耕地，耕作粗放。云南思茅、临沧地区毁林开荒的轮歇地甚至还沿用“刀耕火种”的原始耕作方法，生产水平很低，复种指数只有 130% 左右，粮食单产长期停留在 1875～2250kg/hm^2。

在农村经济发展方面，沿海地区商品经济发达，如闽南泉州、漳州地区的县（市），农副产品收购额一般占农业总产值的 45%～50%，广东澄海、番禺、中山、南海、顺德、东莞等地达 60%～80%。这些地方的农村工商业繁荣，乡镇企业也很发达，农民收入水平高。但是，内陆偏僻地区如广西右江流域、归西南石山岩溶地区及滇南山原峡谷地带等，生态环境恶化，生产发展缓慢，基本上还处于半自给经济状态，农产品收购额只占农业总产值的 15%～20%，有的地方不到 10%。这些地方乡镇企业不发达，很多农民还处于未脱贫状态。

三、农业可持续发展的模式

（一）农业生态经济循环模式

农业生态经济的良性循环，就是在农业生产过程中产品数量和经济效益能持续增长，生态环境能持续改善，再生产资本和生态资本存量的积累都增加，构建能节约资源、物质循环利用好、产出高的农业生产结构模式。为此，必须根据生态系统中各生物种群之间“互利共生”的原则，建立食物链和食物网的营养结构，使各生物种群从空间分布和时间上紧密衔接，各层次协调发展。对于不同地区应该因地制宜，选择适用的模式：①基水地区适宜选择渔、牧、农综合经营模式，即以鱼塘为中心，通过现代科技投入和改良养鱼结构，提高塘鱼单位面积产值；在鱼塘水面上建舍饲养畜禽，在鱼塘周围的基面土地上种植农作物，与水果、蔬菜、花卉、甘蔗、牧草、鸡、猪等配置成多种结合形式（渔牧果、渔牧菜、渔牧花、渔牧蔗等）。②平原区适宜以水稻为主体的稻菜牧渔综合经营模式，即以稻田为中心，并建立养猪场、养鸡场，形成以种稻为主的农牧复合系统。③丘陵区适宜稻果牧渔综合经营模式，即采用畜牧业提供的大量有机肥改造山坑田和果园土壤，可使水稻和果树单产大幅度上升。④山区适宜林果草牧渔结合的立体综合经营模式。

（二）可持续发展的农业产业化经营模式

农业可持续发展，需要农村经济的持续发展和良性循环，最根本的问题是农民成为真正合格的市场主体。农业产业化经营组织越发展，市场化的程度就越高。华南区在探索农业产业化经营的实践中，创造了多种组织模式，其中运行效果较好的有 3 大类共 12 种模式。

（1）龙头企业带农户组织类，包括 4 种模式：一是一体化企业（公司）带农户模式，即从事种养加、产供销、贸工农一体化经营，为农民提供产前、产中、产后服务的营利性实体，以经济关系为纽带，用经济合同或股份合作等形式，把千家万户的小生产和千变万化的大市场连接起来，形成“市场+公司+基地+农户”的经营方式。较典型的有养鸡业的温氏食品集团、水产业的潮州金曼集团等。二是社会化服务组织带农户模式，即各种产前、产中、产后的社会化服务组织和专业大户，通过为农民传递信息、开拓市场、运销产品、加工贮存、技术开发、供应农资等方面的服务，带动商品基地和支柱产业发展，形成区域化的“中介服务+基地+农户”的种养加、产供销一体化经营方式。三是流通企业带农户模式，如广州江南农副批发市场等。四是加工企业带农户模式。

（2）一体化企业组织类，即把农业生产本身同农用生产资料的生产和供应，或农产品的加工与销售过程的若干环节，纳入到一个统一的经营体内，融合为一个企业，形成企业化经营方式，包括：专业性的一体化现代农业企业模式、综合性的一体化现代农业企业模式、家庭农业企业模式、观光农业企业模式和科技产业化企业模式共 5 种。

（3）专业合作经济组织类，是农户以合作经济组织为载体在流通环节、加工环节以至产销全过程发展产业化经营。包括：股份合作制一体化组织模式、农产品流通专业合作组织模式和农产品加工专业合作组织模式共 3 种。

（三）生态旅游农业模式

华南区整体经济社会发展水平较高，对农产品的需求逐步转向高档、安全农产品与农业休闲、旅游产品等方面。在此社会需求的影响下，可以以农业科学研究机构等技术单位为依托，推行生态旅游农业模式，开发优质高值农产品。建立于 1999 年的东莞市农业新技术综合开发功能区集中运用了这一模式。该区总面积 560.33hm^2，以农业高新技术研究开发、农业新品种示范推广、农业教育培训、农业旅游观光为主要内容，划分为农科园、植物园、水果园、畜牧区、旅游度假区等五大功能区。区内建成的项目包括绿色大道、标准化果园、百果园、无公害果蔬生产基地、温室奇观、科普长廊、科研实验综合楼、重点实验室、优质芒果基地、珍稀植物园、中草药园、农业引智示范基地、生态公益林林分改造示范基地、地方猪种资源保护场、饲料加工厂、污水处理厂、绿色世界、生态乐园、中小学教育基地等。这种模式大力加强农业资源保护，积极推行农业生态技术，不断优化农业生态环境，把生态农业与休闲、旅游密切结合，促进了生态与经济之间的良性互动。

（四）都市农业模式

都市农业是指地处都市及其延伸地带，紧密依托城市的科技、人才、资金、市场优势，进行集约化农业生产，为国内外市场提供名、特、优、新农副产品和为城市居民提供良好的生态环境，并具有休闲娱乐、旅游观光、教育和创新功能的现代农业。以广东省为例，珠江三角洲已有较好的都市农业建设基础。通过发展都市农业，可以使广东山区与珠江三角洲发达地区按各自资源禀赋分工，带动山区农产品销售，提高农业经济效益，拉动山区农业经济发展；同时可以将农业产业拓展至第二、第三产业，转移农业劳动力，解决就业问题，促进城乡协调发展。

四、农业可持续发展的主要对策

1. 树立人与自然、资源、环境协调发展的理念　华南区部分地区由于极力追求高度集约化及其所带来的较高土地生产率和劳动生产率，不注重农业可持续发展的生态目标，走“先污染后治理”的道路，付出了沉重的代价。因此，应树立可持续发展的理念，以生态可持续发展为基础，使社会经济发展建立在生态良性循环的基础上，既要保证满足当代人发展对生态环境的需要，又要保证后代人发展所需的资源及生态环境基础。

2. 依据科技进步，加快循环经济发展　实施科技创新和体制创新，把经济增长方式转变到依靠科技进步和提高劳动者素质的轨道上来，改变经济发展对资源和能源的依赖，减轻对环境的压力。要加大循环经济的替代技术、减量技术、再利用技术、资源化技术、系统化技术等五类技术的研究和推广应用力度，使科学技术成为促进循环经济发展的推进器。

3. 合理开发利用土地资源 一方面，要加强耕地保护和建设力度，严格控制非农建设占用耕地，加快中低产田改造，努力提高耕地质量；另一方面，要加强土地资源综合开发。根据不同地域的自然和社会经济条件及发展特点，选择具有优势的农业发展项目，如发展以林、果、特、菌、药材，以及高山蔬菜等为重点的特色农业和农产品加工业，提高农业综合开发的水平和效益。另外，应突破华南区陆域空间和资源配置上的局限性，加强海洋资源和海洋环境的保护，积极开发海洋经济，加大科技兴海工程力度。

4. 优化农业生产结构，发展外向农业 华南区充分利用发达的经济特区、独特的热带生物资源、“七山一水二分田”的土地资源等农业优势，以国际、国内市场为导向，大力发展南亚热带、中亚热带经济作物，同时积极发展水产业和畜牧业。本区农业生产结构的优化调整基本思路：一是稳定粮食生产，主要是稳定粮食播种面积，努力提高单产，减轻粮食进口的支出负担；二是把畜牧业和肉类、水果和水产品生产作为重要优势产业，积极开拓国际市场，实现资源的有效转化。

5. 加强基础设施和生态环境建设，提高农业防灾抗灾能力 进一步加强水利基础设施建设，全力推进防灾减灾工程建设，抓好城乡防洪工程、江海堤围和大中型水库的除险加固，科学开发、合理利用和配置水资源，实现水资源的可持续利用。同时，坚持不懈地搞好农业生态环境建设，重点加强工业污染和农业面源污染的综合治理，为农业可持续发展奠定基础。

第八节 甘 新 区

甘新区位于包头、盐池、天祝一线以西，祁连山、阿尔金山以北，包括新疆全部、甘肃河西走廊、宁夏中北部及内蒙古西部地区，共131个县（旗、市），土地面积225.4万km^2，总耕地面积618.47万hm^2，是少数民族聚集区和祖国的西北边疆。合理开发西北干旱区农业资源，大力发展内陆干旱区特色农业产业，对于本区农业和农村经济可持续发展，促进社会稳定、民族团结和边防巩固具有重要意义。

一、农业与农村发展现状

由于本区深居内陆，气候十分干旱，天然降水十分稀缺，年降水量一般在200mm以下。黑河下游和塔里木盆地东部降水量分别为50mm和25mm，吐鲁番盆地的托克逊仅6.9mm。由此再向西，降水有所增加，塔里木盆地内部和准噶尔盆地边缘分别为 80～200mm，而山区降水在300～600mm。除山区外，平原年平均气温 7～11℃。≥10℃积温 3000～4500℃，光照热量比较丰富。河流除额尔齐斯河注入北冰洋外，河流多是内陆河，地表水年平均径流量954亿m^3。

本区农业类型主要是绿洲农业。人类在荒漠地区的自然绿洲或非绿洲土地的基础上，进行灌溉从事农业生产活动的生态——经济系统，称为绿洲农业（oasis agriculture）。由于高山与盆地相间的地貌，绿洲农业主要分布在冲洪积扇及冲积平原等处，并且不同部位在坡降、土壤质地、土壤盐分含量、地下水埋深及矿化度等方面又有很大差别，影响着农业生产。加之绿洲农业系统被大片沙漠戈壁包围，受风沙、干旱、盐碱等不利因素影响较大，因而农业生物种类相对单调，农业生态系统比较脆弱、稳定性差。

我国西北内陆干旱区的绿洲农业生产规模，几乎相当于为数不多的几个具有亿亩耕地的农业大省的生产规模。绿洲是我国农业精华之区，如新疆在全疆 4% 土地面积的绿洲之中生活着 95% 的人口；河西走廊绿洲区农业的耕地不足全省的 20%，生产出 80% 商品粮、90% 的棉花、40% 的油料和 30% 的肉类；位居宁夏银川平原和内蒙古土默特平原的黄河河套绿洲农业区，以其稳定的生产力和丰富的农产品著称于世，自古就有“黄河百害，唯富一套”的美誉，充分显示出我国绿洲农业在西部大开发和西部旱区社会主义新农村建设中的地位和作用。

建国 60 多年来，甘新区农业发展已取得了巨大成就，农业生产规模不断扩大，农业生产水平不断提高。农牧民生活水平显著提高，农产品产量大幅度增加，为国家作出了巨大贡献。尤其是改革开放后，在市场经济的驱动下，农业产业结构有了较大幅度的调整，优势资源和优势产业显化，粮、棉、油、糖、畜已成为当地农村经济的主导产业和支柱产业。

二、农业生产优势与制约因素

（一）农业生产优势

1. 广袤的土地资源和相宜的绿洲农耕土壤　甘新区总土地面积约 225.4 万 km^2，约占我国陆地疆域的 23.5%，全区包括林地、草地、园地、农田等在内的绿洲农业用地面积已逾 6500 万 hm^2，其中总耕地面积为 618.47 万 hm^2，仅相当于绿洲区农业用地总量的 9.5% 左右。据估计，绿洲区现有的农用地中有 10%～15% 比重的地形平坦、土质较好、土层深厚的土地，一经灌溉、稍加改良即可变优良的农耕地。而在绿洲区以外，还有约 984 万 hm^2 土地具有农业开发价值，其中新疆约 884 万 hm^2，河西走廊约 100 万 hm^2。可见，本区具有较为丰富的后备耕地资源。

绿洲土壤的突出特点是具有一定深度的由冲积和灌溉形成的淤泥层，经过耕作与培肥，熟化度高，富含有机质和植物生长所需的矿质营养物质。发源于山区的河流由山后进入山前倾斜地带，流速减慢，所携带的泥沙及风化物等成土物质逐级沉积，依次成为冲积洪积扇—泉水溢涌区—冲积平原—湖滨平原—湖沼、湿地等逐渐和缓平坦的地貌，利于土壤发育、水分存留和植物生长发育。其中以出山河流至山前平原的扇形地和冲积平原区土壤条件最为优越，这些区域地势平坦、土层深厚、地下水矿化度较低、盐碱害轻、有机质含量高，是天然绿洲和农业绿洲的适宜场所。

2. 丰足的光、热条件　甘新区的西北内陆型气候特征十分显著，因为雨日少、晴天多、日照长、云量少、大气干燥，使绿洲区太阳辐射强度和辐射量明显优于同纬度的半干旱、半湿润和湿润地区。干旱绿洲区春、秋季节短促，暖季升温快速，有效积温高，这种气候条件有利于多种喜温作物生长，植物光合产物积累、光合效率及第一性生产力高居全国之上，也为本区生产长绒棉、哈密瓜、葡萄干等特色农产品提供了十分难得的自然条件。

3. 相对稳定的水源条件　甘新区绝大部分区域的降水虽不足绿洲形成的需要，然而在内陆干旱区范围内，以及周边却矗立着大量的高过雪线水平的众多山系和高山山地，可以相当稳定地截获高空云层较多的水汽。发端于太平洋的东南季风、印度洋的南亚季风、地中海的环流西风，以及高空侵入的北冰洋极地气团等水汽资源，使天山、阿尔泰山、昆仑山和青海境内的巴颜喀喇山等山区成为我国内陆干旱区的降水中心。这些山区降水中心有 300～900mm 年降水量的补给，发育成为现代冰川。在温暖的植物生长季节，冰雪消融成为地表径流，顺势而下，这既是山前平原绿洲的主体水源，也是诸多内陆河流乃至外流河的补给水源，更是荒漠之中的井泉和湖沼湿地赖以存在的水源条件。本区河流流量的年偏差系数只有 0.1～0.2，在国内属于特别稳定区，很少出现水源性旱灾。此外，绿洲农区已建成的水利设施可贮存夏洪、春洪等多余的水资源，以及冬季非作物生长期的水资源，供农业生产需水期应用，通过人为措施的“削峰填谷”，维系了水资源供应的稳定性。

4. 极具特色的农业生物资源　我国西北内陆旱区地域辽阔、海拔悬殊、地形复杂，拥有世界主要干旱地区所不及的众多生物种群。已查明的脊椎动物有 700 多种、植物近 4000 种，其中包含大量具有药用价值的珍稀动植物资源，以及具有防风固沙和耐旱、耐碱等特殊地域适应性的众多植物遗传资源。本区栽培植物种类虽不繁多，却极富绿洲农业特色，诸如新疆的长绒棉、哈密瓜、香梨、葡萄干、啤酒花、加工番茄，河西走廊的马铃薯、大棚蔬菜、制种业，内蒙古河套的油葵等，已成为当地重要的特色支柱产业。同时，绿洲地区广袤的天然草地资源和逐步扩大的人工草地，为特色畜牧业发展提供了有利条件，以牛、羊为主体的民族畜牧业生产优势开始显现，并打造出如蒙牛、伊利、夏进和天山等著名奶业品牌。

（二）主要制约因素

1. 不断蔓延的土地沙漠化　由于大规模不合理地开垦荒地，许多地方出现了严重的土地沙漠化。据统计，新疆、甘肃的河西走廊、内蒙古的阿拉善高原等绿洲区沙化面积占绿洲区土地面积的 12.7%。近半个世纪来，甘南河西走廊绿洲区因流沙埋压和风沙侵害的农田面积 12.7 万 hm^2。目前，西北旱区绿洲边缘区有约 4566km^2 面积的土地存在明显的沙漠化迹象。由于农业绿洲不停顿地沿着河流下游向中、上游纵深扩展，下游地段补给水量明显减少，许多根系较浅的荒漠型植被逐步衰退，从而导致沙化面积扩大。地处甘肃石羊河下游的民勤绿洲区的 7.8 万 hm^2 固沙植被已有 70% 的面积迅速消亡，致使周边固定的沙丘被覆度由 44% 下降到 15%，7.3 万 hm^2 梭梭林已有 70% 被沙化。黑河下游的内蒙古额济纳旗原先保存完好的胡杨林和红柳林，50 年间分别减退了 54% 和 33%。石羊河和黑河下游的草场沙化面积达到 40 万 hm^2，产草量已由 20 世纪 50 年代的 225～300kg/hm^2 下降到 90 年代的 150kg/hm^2 左右，载畜量从 0.5 羊单位/hm^2 减少到 0.27 羊单位/hm^2。广布南北疆绿洲区的成片芨芨草草甸、芦苇沼泽和草滩湿地，也以前所未有的速度退缩。

2. 严重的土壤次生盐渍化　西北旱区绿洲土壤次生盐渍化固然与含盐的成土母质、地势低平、地下水位高、蒸发强烈及壤质易于盐化的土壤质地等因素有关，然而人为的因素，特别是超过土壤持水能力的过量灌溉，则是绿洲土壤次生盐渍化的主要助推因素。新疆生产建设兵团在原来土壤盐分含量高、改良条件差的盐碱荒滩上垦殖，先后建成100多个国有农场，开垦66.7万hm^2的荒地。由于欠缺相应的土壤改良措施，开垦后灌溉不当，地下水位由原来埋深 4～9m 很快升到 1.5～2.5m，垦区范围因次生盐渍化危害，已经陆续弃耕 13.3 万 hm^2。在新疆已有近 126 万 hm^2 的绿洲农田土壤程度不等地次生盐渍化，约占全疆绿洲耕地面积的 30%。宁夏、内蒙古的引黄灌区由于水源矿化度高，生产中重灌轻排、灌排失调，区内普遍存在土壤次生盐渍化问题。其中，内蒙古引黄灌区许多地方因土壤盐分含量高，不得不把玉米等谷类作物改作耐盐性好的甜菜和油用向日葵；宁夏银川平原虽有洗盐排碱之便，仍有 1/3 面积农田发生次生盐渍化。

3. 日益紧张的水资源供需格局　绿洲区农田灌溉依托于冰川融水的补给源是比较丰富和稳定的，但水资源总量仍然是有限量的。随着绿洲规模的扩大，以及工业用水、居民生活用水的迅速增长，西北内陆区水资源供需矛盾日趋突出。以地处塔里木盆地区的南疆农区为例，全区水资源总量为 430.5 亿 m^3，占自治区 883 亿 m^3 的 48.8%。依照国际上认同的内陆河流区水资源 40% 利用率的合理限度，南疆应予开发的水量为 172.2 亿 m^3，而实际已开发 280 亿 m^3，利用率达到 65% 的高度。其中农业灌溉量为 275.4 亿 m^3，占已开发水量的 98.4%。再如北疆著名的绿洲农业区——玛拉斯河流域垦区，1949 年该流域人口仅 3.3 万人，绿洲耕地 1.3 万 hm^2，产粮 1.9 万 t。到 2002 年，人口增至 97.7 万人，增加 30 倍；耕地扩大到 28.8 万 hm^2，增加 22 倍；产粮 39.5 万 t，增长 20.6 倍。由于耕地扩大、生产发展，水资源耗用量增加不言而喻，如果再考虑 30 倍新增人口的生活用水、国民经济其他部门耗水及生态用水，水资源需求的增加则相当惊人。面对气候干暖化所导致的雪线上升、冰川退缩、荒漠化有增无减的干旱发展趋势，发展节水型农业在本区显得尤为重要。

三、农业可持续发展的模式

（一）山地-绿洲-荒漠耦合发展模式

干旱区绿洲依托于山地、荒漠系统而存在，因此绿洲农业的稳定及持续发展不仅要依靠绿洲内部的合理开发，还要从山地森林草地和荒漠草原的合理利用与保护入手，促进山地、绿洲、荒漠的互动协调发展，由此保证绿洲农业系统的可持续发展。要依据环绿洲生态经济带区域的分异协调规律构建山地-绿洲-荒漠耦合发展模式，即依据不同地段绿洲农业系统的生产效率、生态稳定性、水经济效益的差异及彼此间功能上的关联性，确定不同农业生态地域类型区的建设方向，制定合理的农业开发战略，高效利用水土资源，实行功能性的综合开发，充分化解山地、绿洲与荒漠间的利益冲突，最大限度地保护农业生态环境，推动农业生产力的提高（图 10-6）。

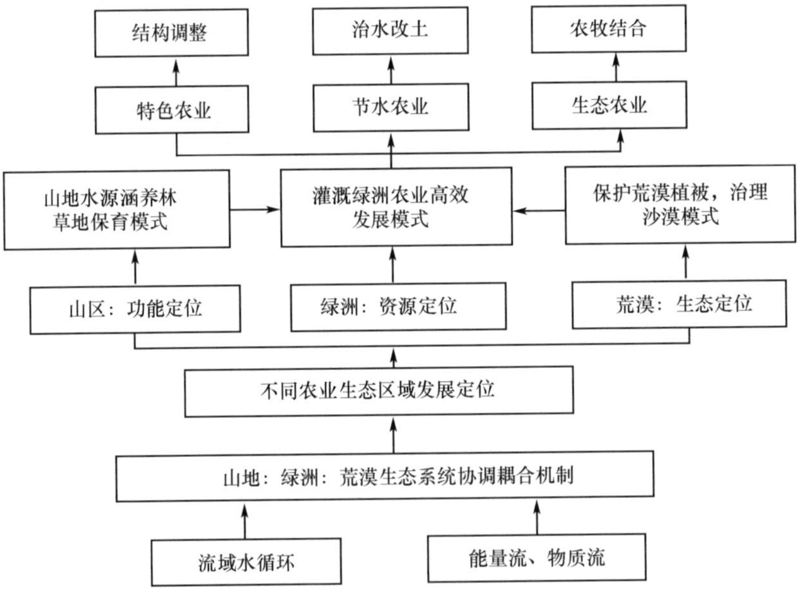

图 10-6　山地-绿洲-荒漠耦合发展模式（吕新等，2005）

（二）农牧业生态循环发展模式

基于绿洲地缘特征，围绕人居、农业种植、畜牧生产三维互动，将能源技术、农牧生产技术进行综合集成，建立农牧业生态循环发展模式，以农养牧，以牧促农，实现人居、生产、生态的和谐发展，对于荒漠绿洲环境保护和产业发展有极大的应用价值。自“十五”以来，农八师 149 团通过加快奶牛业的发展，推动种植业结构调整，以农区畜牧业带动饲草、饲料种植业的发展，实现种植业粮-经-饲“三元结构”，促进农业资源的优化与利用（图 10-7）。该模式围绕人居、棉花种植和奶牛饲养，设计规划经济、合理的循环路线：奶牛饲养的废弃物牛粪，通过沼气池转换成清洁能源和生物肥料；有机生物肥料用于棉花种植，有助于改善土壤肥力、提高棉花品质；而棉花、棉籽加工产生的棉壳、棉粕等副产品，又是养牛的优质饲料。人居、棉花种植和奶牛饲养形成良好的循环系统，既降低了生活、生产成本，又保护了生态环境。

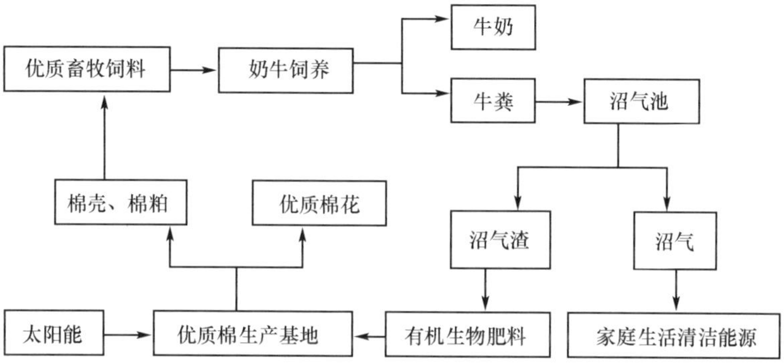

图 10-7 荒漠绿洲农牧业生态循环发展模式（尚豫新和祝宏辉，2009）

（三）绿洲节水农业模式

水是干旱区绿洲农业赖以存在和发展的基础。当前绿洲农业区水资源紧缺的原因有三个方面：一是绿洲规模不切实际地的盲目扩大，用水量增加；二是农用灌溉水利用率低下，超量灌溉；三是节水意识还很淡薄，以水代管粗放生产境况尚未根绝。对此，提高认识并积极推行高效节水农业模式势在必行。当前，绿洲农区重点推进的节水灌溉技术虽然种类繁多，但以膜下滴灌最富成效。以新疆绿洲棉田为例，膜下滴灌较棉田沟灌省水近一半（节水 2800m^3/hm^2），增产 1/3（增产皮棉 1350kg/hm^2）。运行费用虽然较高（3000 元/hm^2），但与节约的水量和产量的增值相比，膜下滴灌的生产效益值得肯定。膜下滴灌技术 1996 年由新疆天业集团试验成功，2001 年推广 3.85 万 hm^2，现已广布天山南北，主要用于棉花、制酱番茄及瓜菜等作物。此外，比较先进的膜上灌溉、波涌灌溉、调亏灌溉等技术正在通过各地试点、示范逐步推广。

（四）绿洲设施农业模式

设施农业借助于农业工程的方式，相当程度地把植物置于可控的环境中，使植物的生活要素得以强化。设施农业可以充分发挥西北绿洲农区丰富的日照和太阳辐射资源优势，依托温室、大棚的增温效应，使寒冷季节的光热资源得到有效利用，使设施条件下的土地生产力显著高于传统的田间生产水平。近年来，甘新区的设施农业发展迅速，已成为当地的重要特色产业之一。截至 2002 年年底，河西走廊累计发展各类设施面积约 4 万 hm^2，其中日光节能温室面积 2 万 hm^2，塑料拱棚面积 1.8 万 hm^2，其他设施面积 0.2 万 hm^2；2011 年新疆设施农业面积已达 6.85 万 hm^2，其中温室面积 4.31 万 hm^2，拱棚 2.54 万 hm^2。随着设施农业潜力的进一步挖掘，绿洲地区设施农业的覆盖面积将稳步增加。

甘新区设施农业除在蔬菜、花卉生产中得到广泛应用和推广外，目前正向林果业、食用菌和畜产养殖业方向延伸。将温棚应用于绿洲地区的畜牧业，发展暖棚养畜，有助于减少寒冬季节的畜禽体能耗散，利于饲料报酬提高和动物产品的季节均衡供应。另外，随着设施农业在甘新区的蓬勃兴起，设施节水灌溉也得到了大力发展，目前在设施内采用的灌溉系统主要有管道灌溉系统、温室滴灌系统、温室微喷灌系统、温室行走式喷灌系统、温室多孔管微灌系统、温室渗灌系统等。

（五）精确农业模式

精确农业技术是由信息技术支撑的根据空间变异、定位、定时、定量地实施一整套现代农事操作技术与管理手段，以期在维护环境安全前提之下，以较少的投入和最节省的资源耗用获取更高的效益。甘新区的绿洲农业区地势平坦，耕地分布集中、面积较大，拥有大型国有农场群，种植规模、机械化程度等条件符合实施精准农业的需要。在“3S”技术、智能化计算机软件开发等方面，已有相当的工作基础。新疆生产建设兵团的“智能化农业信息技术应用示范工程”于1999年开始列入国家863计划，现已形成了基于Internet的开放式智能化农业专家网络，并建立了棉花、小麦等作物的专家决策系统。研究人员研发的涵盖多种作物栽培技术规程的“农福星”掌上电脑专家系统，已配发至新疆的示范兵团。

近年来，新疆生产建设兵团已推行精准播种、精确施肥、精确灌溉、精确田管、精确植保、精确收获等六大精确技术。仅2003年一年，共完成农作物播种面积91.20万hm^2，其中精量半精量播种面积56.49万hm^2，智能化滴灌面积16.51万hm^2，智能化平衡施肥面积12.62万hm^2，取得了明显的省工、节肥、节种、节水，以及减少地下水渗漏、及时防控病虫危害和减少收获损失的成效，为进一步扩大精准农业技术应用范围、提升绿洲农业区的现代化水平奠定了基础。

四、农业可持续发展的主要对策

1. 加强绿洲的防护林和防护性植被的建设 要加大植树造林力度，保证农田林网化，搞好“三北”防护林体系建设和平原绿化，防止土地沙漠化。同时，全面实施天然林保护工程，提升山区森林、平原人工林、荒漠林、河谷林的生态功能，在继续改善绿洲内部生态环境的同时，减缓绿洲外部生态环境恶化的趋势。以不断扩大林地面积和森林覆盖率为目标，在保护好现有森林资源的基础上，大力建设丰产林基地和防护林工程，不断提高森林资源质量，实现永久持续利用。

2. 优化农业结构，实现绿洲农业产业多元化、特色化 农业产业结构调整的总方向是以生态保护为中心，优化农、林、牧三者之间的比例关系，加强加大生态畜牧业的发展，同时大力发展哈密瓜、白兰瓜、葡萄、长绒棉、甜菜、籽瓜、枸杞、苜蓿草业等“名、优、特、新”高效特色农产品，获得最佳环境效益和经济效益。

3. 合理开发利用水资源，大力发展节水农业 推行合理调配、以水定地、节约用水、科学用水，提高水资源的利用率。改变传统落后的灌溉方式和灌溉定额偏大的现状，适时适量灌溉，把先进的高新滴灌、喷灌节水技术与适合西北特点的地膜覆盖、生物覆盖等常规节水技术结合起来，建立节水型绿洲，实现绿洲水土资源平衡发展。同时，要注重排灌结合，加强次生盐渍化防治。

4. 强化草场建设，促进畜牧业发展　在广大牧区要调整季节牧场，对滥垦的草场进行退耕还牧，积极实施围栏放牧，并利用一切可利用的水源灌溉草场。农区要加强种草养畜，实行农牧结合，以水、草为中心，以冬春草场为重点，建立人工饲草饲料基地，为畜牧业持续、快速发展奠定基础。

5. 加强农田培肥与养护　应大力推行平衡施肥技术，提高化肥利用率；积极实施秸秆还田，注重有机培肥，增加土壤有机质，改善土壤理化性状；建立与完善适应绿洲农业特点的土壤耕作（如少耕、免耕等保护性耕作）及轮作等农田土壤养护制度。

6. 积极开发可再生能源，加速农村能源结构调整　充分利用甘新区丰富的太阳能、风能等天然能源优势，积极发展农村太阳能发电、风力发电、太阳能灶、太阳能热水器，同时大力发展沼气等农村生物质能源，逐步形成电能、太阳能、风能、生物质能等多能互补的农村能源结构。

第九节　青　藏　区

青藏区地处中国西南部，位于横断山脉以西，喜马拉雅山以北，昆仑山、阿尔金山、祁连山以南，包括西藏自治区、青海省大部、甘肃省甘南自治州及天祝藏族自治县和肃南县、四川省西部、云南省西北角，共 155 个县（市），土地面积 226.9 万 km^2。这一地区面积广，自然环境差异显著，既有水热条件优越、生产力高的亚热带森林生态系统景观，也有生境恶劣、生产力低下的高寒或荒漠生态系统景观，形成了青藏独特的宗教文化、生产方式及社会经济运行模式，其农业生产和经济发展滞后。探索适合本地区实际的农业可持续发展模式和技术对策，对于促进高原经济快速发展、加强民族团结、保持边疆稳定具有重要意义。

一、农业与农村发展现状

青藏区地形上的第一个特色是地势高亢。该区所处的青藏高原是中国也是世界上海拔最高、面积最大的高原，位于中国自西向东三级地貌台阶的最上一级台阶，平均海拔 4387m，最高峰——珠穆朗玛峰海拔 8844m，素有“世界屋脊”之称。在土地总面积中，海拔 5000m 以上的约占 30%，4000～5000m 的约占 40%，3000～4000m 的约占 18%，3000m 以下的仅占 12%。青藏区在地形上的另一个重要特色就是湖泊众多。两组不同走向的山岭相互交错，把高原分割成许多盆地、宽谷和湖泊，其中面积在 1km^2 以上的湖泊有 1126 个，总面积达 36 889km^2。这些湖泊主要靠周围高山冰雪融水补给。

青藏区气候资源的特点是太阳辐射强度大、热量不足、空气稀薄。青藏区有丰富的太阳能资源，是全国太阳辐射量最多的地区。由于高大山体屏障作用，青藏区迎风面喜马拉雅山南坡及横断山区南部和东部边缘年降水量 1000～2000mm，甚至达 3000～4000mm；而背风面高原主体部分降水量在 500mm 以下，并呈越往西越少的趋势，地形封闭的柴达木盆地和羌塘高原西北部年降水量在 50mm 以下。

土地资源的构成比例中，以草地为主，林地次之，耕地极少但分布相对集中。青藏高原草地辽阔，草地类型主要有高寒草甸、高寒草原和高寒荒漠（其中高寒草甸是优质牧场），面积共 1.33 亿 hm^2，占土地总面积的 58.6%，其中可利用草地 0.96 亿 hm^2，占全国可利用草地的 43.4%，高于甘新区居全国首位。而且草质相对较好，草甸草地占一半以上，适合于牦牛放牧，草原草地占 40%，适合于藏绵羊放牧，是仅次于内蒙古、新疆的重要牧区。森林主要分布在自喜马拉雅山南坡经横断山区到祁连山地的弧形地带，面积 0.13 亿 hm^2，占土地面积的 5.6%，占全国森林面积的 10.2%，蓄积量 24.5 亿 m^3，占全国的 27.2%。森林面积虽少于西南区，而蓄积量则超过西南区，仅次于东北区而居全国第二位。青藏区有耕地 71.55 万 hm^2，只占土地面积的 0.3%，是全国耕地最少的农区，主要分布在最热月均温 10～12℃以上、水土条件较好的江河谷地及湖盆地带。

青藏区农林牧业都具有高寒地区的共同特点，主要牲畜、作物和树种对低温与低氧的高原环境均具有很强的适应能力，高产性能也很突出。牲畜以耐高寒的牦牛、藏绵羊和藏山羊为三大主要畜种，农作物以青稞、小麦、豌豆、马铃薯、油菜等耐寒性强的作物为主，而森林多属以云杉、冷杉为主的暗针叶林。在东南部地势较低的河谷地区则有喜温的动植物种类，如牲畜中的黄牛，作物中的玉米、水稻，森林中阔叶林比重也有增加。放牧畜牧业在农业中占主导地位，人均占有粮食只及全国平均水平的一半，农业资源开发利用不充分，经营粗放，生产水平低。

独特的地形、气候等自然环境对当地的经济发展和人民生活都有极其深刻的影响，其主要特点就是地广人稀、交通闭塞、商品经济水平低、农村经济发展滞后。但是，近年来随着青藏铁路的开通和西部大开发战略的实施，本区经济发展速度加快，人们的生活水平也在不断提高。

二、农业生产优势与制约因素

（一）农业生产优势

1. 在国家发展战略中的重要地位　青藏区社会经济发展水平的高低及生态环境的优劣，对于东部乃至全国都具有重要的影响。青藏区的地理位置比较特殊，是少数民族的聚居区，如西藏自治区的少数民族人口占全自治区总人口的 93.48%，青海省少数民族人口占自治地方总人口的 61.75%。着力发展当地经济，提高人们生活水平，对于民族和睦团结、巩固国防、维护国家安全具有重要意义。由于青藏区战略地位的重要性，增强了开发的紧迫感。如果青藏区农业和农村可持续发展问题不能得到解决，则区域性资源配置的优化、产业结构的调整、产业的升级、工业化进程的加快、生态环境的改善、国民素质的提高、国家的安全与稳定、中国可持续发展目标的实现等一系列问题就难以得到解决。因此，青藏区的发展在我国国民经济中的地位和作用越来越重要。

2. 独特的农业资源优势　青藏区海拔高、地域辽阔，是中国主要的江河源头，蕴涵的总水量 53 186 亿 m^3，实际输出水量为 3369 亿 m^3。实际输出的水量主要贮存在海拔 3000～5000m，与高原周围地区相比，平均势差高 2000～4000m，水体具有巨大的势能，向周边地区汇集输送，从而具有显著的“水塔”功能。

青藏区具有丰富多样的生态系统类型，不仅生产了大量的产品，而且提供了巨大的生态服务功能，如调节大气、涵养水源、森林净化等。独特的生态环境、生态资源和生物资源为青藏区的农业可持续发展提供了基础和保障。畜牧业尤其是草地畜牧区发达，牧场广阔，草地资源丰富，天然草场占全区总面积的 60%，其中高原东部和东南部半湿润地区以草甸为主，覆盖度大，产草量高，为优良牧场。牲畜种类主要为耐高寒的牦牛、藏绵羊和藏山羊等三大畜种。本区是中国“五大牧区”中的重要牧区，是全国重要的畜牧业生产基地。

青藏区农业生产虽然以牧为主，但种植业仍占有重要地位。在种植业区划中属于青藏高原青稞、小麦、油菜区，农作物以青稞、小麦、豌豆、马铃薯、油菜等耐寒性强的作物为主。虽然耕地面积占土地面积不到0.3%，但种植业产值约占农业总产值的40%。藏南雅鲁藏布江河谷地带是小麦最适宜生长的地区，小麦产量高、质量好。特殊的自然资源有利于油料、马铃薯、蚕虫、蔬菜、中（藏）药材、花卉、制种、乳品、牛羊肉、水产养殖、草业、名特畜禽等特色产品的开发。此外，处于长江、黄河源头区的天然林对涵养水源、保持水土有重大作用，在生态屏障中起着核心作用。

（二）主要制约因素

1. 农业生态环境恶化 青藏区生态环境条件较差，主要表现在水土流失严重、土壤沙化、草原退化等。如青海省水土流失面积占土地面积的46%，省内年平均输沙量11 195万t，其中长江源头平均输沙量1303万t，黄河流域平均8814万t。由于涵养水源能力下降，近20年来，流入黄河青海段的水量减少了23.2%，而且呈继续加剧趋势。冰川出现大面积消退，平均每年减少147.36km^2。24年来，乌兰乌拉湖面积萎缩了10.62%，青海湖面积减少了60.6km^2，水位平均每年下降10cm。黄河源头第一县——玛多境内过去有湖泊4077个，现在有2000多个已经干涸。西藏高原地区植被也在急剧减少，长江源头金沙江及澜沧江含沙量急剧增加，拉萨市的拉鲁湿地已退化成荒草滩。在藏南和藏北地区，超载放牧已经导致高原草场大面积退化和沙化，不少低洼河谷地带的流沙在风力作用下已将周围的低山完全覆盖。

2. 经济发展滞后 青藏区人口与资源、经济匹配不当，多项承载力不足，构成高原持续发展的巨大负担。地方财政自给率低，大中型基本建设基本完全依靠中央或外来投资。农牧业和工业基础薄弱，能源、交通成为经济发展的重要瓶颈。经济结构属于以农牧业为主体的自然经济，市场经济意识普遍不高，农业产业化水平低下。因此，本区经济发展滞后，农牧民收入水平低且增长缓慢。

3. 农业资源开发利用不充分，经营管理粗放，生产水平低 青藏区自然条件严酷，社会经济技术条件落后，严重制约着农业资源的开发利用和生产的发展。羌塘高原北部10多万km^2的高寒草原受缺水限制，基本上尚未开发利用。已开发的草地中，冷季牧场长期超载25%～40%，草畜矛盾日益加剧。由于劳力缺乏，放牧牦牛群与绵羊群群体很大，分别达100～150头和300～500头；而且畜群结构不合理，犍牛、羯羊比重大，适龄母畜比重小，因而繁殖率低，畜群周转慢，畜产品产出量少。

青藏区宜农土地资源少，大部地区开垦过度，但利用又很不充分，轮休与撂荒面积大。有效灌溉面积只占耕地的35.2%，其余大部为坡旱地，气候资源赋予的高产优势远未得到发挥。

青藏区山高谷深，天然森林的采伐更新很困难。20世纪50年代以来，重点开发了横断山东部林区，其余广大林区则为处于原始状态的过熟林，自然枯损而得不到开发利用。已开发林区则长期停滞在采伐型林业经营阶段，忽视更新造林与抚育管理，导致森林面积不断减少，水土流失、滑坡与泥石流加重。

4. 交通信息闭塞，商品经济发展缓慢 青藏区地势高亢，道路建设难度大、投资多，交通设施落后。虽然已经建成数条铁路干线，但广大山区交通仍十分困难，公路等级低、路况差、通行能力小，严重阻碍与外界的交流；现代电信设施普及率低，信息流通不畅，阻碍农村商品经济的发展。本区的农业是以放牧畜牧业为主、种植业仍占重要地位的传统自给性农业，其农畜产品的商品率很低，除了毛、绒、皮张等商品率达 70%～90% 以外，肉、奶的商品率只有 10%～20%，粮食商品率仅 7%～10%，生产水平低、商品经济不发达是贫困落后的关键所在。

5. 科技文化素质低，科技推广难度大　青藏区为少数民族聚集区，少数民族则以藏族为主，由于语言交流障碍与经济发展水平的限制，农民文化教育水平落后，文盲和半文盲劳动力比重远高于全国平均水平。对当地经济发展最大的制约莫过于系统运行的惰性及人才的缺失。由于科技文化素质低，对新技术接受吸收的难度大、使用率低，长期沿用传统的粗放农作方式，以人力和畜力为主要动力，农田施肥甚少或不施肥，广种薄收，靠天养畜，生产水平十分低下。生态环境保护观念淡薄，商品经济意识不强，缺乏按照市场经济规律办事的新思想、新观念。同时，宗教文化对社会经济现代化具有较大的负面影响，也是本区域农业可持续发展的重要制约因子。

三、农业可持续发展的模式

（一）设施农牧业发展模式

设施农牧业是青藏区为适应当地日照时数长、太阳辐射强、气温低、无霜期短的气候特点而采取的重大措施，具有巨大的发展潜力。近年来，随着设施农业的发展，花卉和蔬菜大多采取设施栽培，种类花样迅速增加，几乎可以栽培温带、亚热带地区所有的蔬菜和花卉品种，资源相对比较丰富。今后，应重点研究开发和推广适应青藏区特殊资源条件的日光节能温室、牧区种养两用温棚的建造技术，以及设施环境条件下的种植、养殖技术，逐步建立标准化的设施农牧业技术体系。

（二）特色农牧业发展模式

发展特色农牧业是青藏区发挥区域优势和提高效益的必然选择。本区的青稞、油菜、蚕豆、马铃薯、球根花卉、中（藏）药材、牦牛等特色农产品具有很强的市场竞争力，应积极建立特色农业的品种培育和优质高产生产加工技术体系，为推进特色农产品规范化、标准化、产业化生产和增产增效提供技术保障。

（三）节水农牧业发展模式

青藏区有效灌溉面积只占耕地的 35.2%，其余大部分耕地是旱作农田。针对广大农区水资源供需矛盾日益突出的实际，应积极推行集水节灌、滴灌、渗灌、地膜覆盖、保护性耕作、轮作倒茬、选育抗旱品种等节水农牧业技术，最大限度地做到聚集天上水、截住地下水，合理利用水资源，充分提高有限水资源的利用效率。

（四）生态农牧业发展模式

农牧区种养业与农村能源项目有效结合，为发展生态农牧业创造了有利条件。通过建立厕所、猪圈、沼气池、日光温室或种植业的“四位一体”生态农牧业模式，同时建立退牧还林还草、农牧结合等生态农牧业技术体系，对促进种养结合，增加农牧民收入，解决农村能源，保护生态环境，实现农村家居温暖清洁化、庭院经济高效化、农业生产无害化将起到重要作用。

（五）绿色农牧业发展模式

当前农业已从追求数量和产量转向追求质量和效益。青藏区广大农牧区工业污染甚少，现代化学物质也较少使用，因而生态环境清洁程度得天独厚。充分发挥这一优势，积极发展无公害、绿色或有机农牧产品，提高产品质量，是增强市场竞争力、提高效益的重要途径。其重点是研究推广清洁生产技术，建立产地环境、生产、检测、销售为一体的标准化农牧产品管理技术体系，实施优质绿色、有机品牌战略，为人民健康和食品安全提供保障。

四、农业可持续发展的主要对策

青藏区目前发展态势可概括为：地势与生态资本的“高原”、社会经济发展的“盆地”。要改变这种状况，必须实现该区域生态资源和社会经济的平衡发展。从青藏区的自然条件、资源特点、现有生产基础和国家需要来看，农牧业生产发展方向应该是：以牧为主，农、牧、林并举，大力建设全国性的牧业和林业基地，发展区内自给性的粮食生产。

（一）加强生态环境保护

青藏区作为大江、大河的发源地，其生态环境保护意义重大。为此应采取以下措施：①加强林业建设，保护源头生态环境；②建立和完善基本草地保护制度，即把人工草地、改良草地、重要放牧场及草地自然保护区等具有特殊生态作用的草地划作基本草地，实行严格的保护制度；③实行草畜平衡制度，为合理有效利用草原，在牧区推行草原划区轮牧和休牧制度，在生态脆弱区和草原退化严重的地区实行围封禁牧；④对不适宜耕种的已垦草原实施退耕还草。

（二）提高牧、农、林的生产水平

（1）注重牧草基地建设，优化畜牧业结构。草场建设是畜牧业进一步发展的关键性措施，人工草料生产基地的建设是摆脱“靠天养畜”，并使其向稳定、优质、高产发展的必要条件，二者缺一不可。本区天然草场由于高寒、大部分较干旱、无霜期短，牧草生长缓慢，一旦遭到破坏，引起退化，就不易恢复，故要特别注意合理利用与保护。除创造条件发展人工草料生产、加强冬春补饲以解决牧场季节不平衡外，要尽可能把冬春牧场分开，加强冬春牧场管理，严禁超季节乱牧，实行分片逐段的合理轮牧。目前已有不少地方因地制宜和有计划地封山、封沟、封滩育草，建立打草基地和备荒草场，在解决冬春缺草和接羔需要的问题上成效显著，值得推广。

本区牲畜数虽大，而畜产品产量不高，商品率也较低，其原因主要是家畜生产性能不高、畜群结构不合理。目前区内主要牲畜——牦牛、藏绵羊、藏山羊的毛、肉、奶产量不高，繁殖成活率也较低。畜群结构不合理主要表现在公畜比例大、老弱畜多、适龄母畜比例小等三个方面。为了尽快改变这种局面，今后必须努力优化畜群结构，提高牲畜质量，增加生产效益。具体措施包括：大力开展牦牛和藏绵羊品种选育及更新复壮工作，提高其毛、奶、肉生产性能，因地制宜地开展以毛肉兼用半细毛羊和地毯毛羊为方向的藏绵羊改良工作；改善牧区运输条件，逐步压缩公畜（驮牛、驮羊）数量，及时淘汰老弱畜，提高适龄母畜比例；改善饲养管理条件，提高放牧畜牧业生产水平，逐步建设畜产品加工工业，发展商品性畜牧业；通过调整优化草原畜牧业区域布局，逐步形成牧区繁育、农区和半农牧区育肥的生产格局。

（2）积极发展种植业，建立区内商品粮基地。本区东南部河谷种植业已初具规模，形成了区内商品粮产区，主要分布在长江上游各分支流谷地、雅鲁藏布江中游谷地及黄河上游谷地三大地区。存在的主要问题是：大部分地区农田基本建设较落后，耕作、栽培、施肥和田间管理水平低，经营粗放，广种薄收，粮食产量低，丰年、歉年产量差别很大。因此，今后应以提高单产为主，着重挖掘现有耕地潜力，大力建设高产稳产农田，注重改良作物品种，改粗放经营为集约经营，努力提高区内粮食自给率。

（3）建设林业生产基地。本区东南部森林资源丰富，宜林荒地面积广阔，目前已成为中国西南地区首要的木材供应基地。但由于境内山高谷深，地势较陡，森林又多分布在几条大河的水源地区，对水源涵养及水土保持有重大作用。因此，在开发建设用材林基地的同时，必须重视森林涵水作用，应划定必要的保护林带，禁止采伐；坚持合理采伐与抚育更新相结合，改变目前部分伐区只采不育、采近留远、采好留坏、滥伐过伐等现象，并积极创造条件，促使森林资源的尽快恢复；合理经营和开发天然森林，建立营林、采伐、加工与综合利用于一体的林区经济体系。

（4）建设中草药产业化基地。青藏区是中国名贵中药材集中产区，然而由于产业化程度低，中草药生产并未成为青藏区的支柱性产业。为了发挥本区中草药生产优势，必须加快本区中草药产业化基地建设步伐，使其成为新的重大支柱产业。

（三）合理开发利用资源

青藏区是中国农牧资源、生物资源、能源和其他矿产资源富集的地区。因此，既要借助国家实施西部大开发的有利时机，着力搞好各种基础设施建设（包括农牧业基础设施建设），又要充分发挥当地的资源优势，加大资源特别是可再生资源（生物资源、地热、太阳能、风能、水能等）的开发力度，为本区社会经济的全面发展创造条件。

（四）大力发展科技和教育，提高农牧民的文化素质

大力发展科技和教育，提高农牧民的文化素质是改造和繁荣青藏区农业的百年大计。要积极研究和引进农牧业先进技术，加快科技成果的转化和推广应用；要确保教育优先发展，特别要加快贫困地区教育的发展，提高劳动者素质；要千方百计使用好现有人才，采取有效措施从国内外引进人才，大力培养各类人才；国家继续采取必要的倾斜政策，为青藏区创造良好的环境条件，通过财政补贴等政策，为农业和经济发展吸引资金和人才。

本章小结

针对我国自然资源与生态环境复杂多样、各地农业生产条件和社会经济发展水平差异巨大的实际，在实施农业可持续发展战略时必须坚持因地制宜、分类指导的原则，制定适合不同区域的农业发展模式与技术策略。本章依据《中国综合农业区划》，把我国陆地农业类型划分为东北区、内蒙古及长城沿线区、黄淮海区、黄土高原区、长江中下游区、西南区、华南区、甘新区、青藏区共 9 个类型区。从自然资源、种植模式和农业生产结构等方面介绍了中国 9 大类型区各自的农业与农村发展现状，深入分析了各类型区的农业生产优势与制约因素，结合近年来的研究与生产实践总结了各类型区主要的农业可持续发展模式，进而提出了各类型区农业可持续发展的主要对策，为实现中国农业的可持续发展提供理论依据和技术支撑。

思考与练习

1. 简述中国农业和农村发展的主要地域特征。
2. 试述东北区农业发展的优势、制约因素及农业可持续发展的路径。
3. 试述内蒙古及长城沿线区农业发展的优势、制约因素及农业可持续发展的路径。
4. 试述黄淮海区农业发展的优势、制约因素及农业可持续发展的路径。
5. 试述黄土高原区农业发展的优势、制约因素及农业可持续发展的路径。
6. 试述长江中下游区农业发展的优势、制约因素及农业可持续发展的路径。
7. 试述西南区农业发展的优势、制约因素及农业可持续发展的路径。
8. 试述华南区农业发展的优势、制约因素及农业可持续发展的路径。
9. 试述甘新区农业发展的优势、制约因素及农业可持续发展的路径。
10. 试述青藏区农业发展的优势、制约因素及农业可持续发展的路径。
11. 结合某一县（市、区）实际，谈谈实现农业可持续发展的主要模式与对策。

主要参考文献

蔡昉. 2007. 中国人口与可持续发展. 北京：科学出版社

蔡运龙. 2007. 中国地理多样性与可持续发展. 北京：科学出版社

常欣，程序，刘国彬，等. 2005. 黄土高原农业可持续发展方略初探. 科技导报，23（3）：52～56

陈顺，陈才. 2006. 东北地区农业产业化发展路径与地域发展模式研究. 人文地理，（2）：82～84

陈叶青，张平宇. 2006. 东北地区农业可持续发展问题探讨. 经济地理，26（2）：300～303，317

陈印军，侯向阳，高旺盛. 2000. 长江中下游地区农业科技发展之战略. 中国农业科技导报，2（4）：72～75

成升魁. 2007. 中国土地资源与可持续发展. 北京：科学出版社

傅小锋，郑度. 2000. 论青藏高原人口与可持续发展. 资源科学，22（4）：22～29

高旺盛. 2002. 中国农业可持续发展理论与策略. 北京：中国农业出版社

郭洪海，宫志远. 2011. 黄淮海区域循环农业发展的认识与思考. 中国农业资源与区划，32（2）：27～33

郭勇飞，千怀遂. 2011. 华南坡耕地土地利用问题以及对策探讨. 广东农业科学，（2）：207～208

何龙娟，詹慧龙. 2012. 城乡协调发展下青藏地区农业农村发展研究. 安徽农业科学，40（21）：11117～11118，11127

侯满平，郝晋珉，丁忠义，等. 2005. 黄淮海平原资源低耗生态农业模式研究. 中国生态农业学报，13（1）：189～191

侯美亭，毛任钊，吴素霞. 2006. 黄淮海平原不同生态类型区农业可持续发展策略研究. 干旱地区农业研究，24（3）：156～159

黄国勤. 2007. 农业可持续发展导论. 北京：中国农业出版社

姜文来，唐华俊，罗其友，等. 2007. 黄淮海地区农业综合发展战略研究. 农业展望，（3）：34～37

赖先齐，蔺海明. 2005. 中国绿洲农业学. 北京：中国农业出版社

李俏. 2011. 现代农业模式的社会效益. 山西农业大学学报（社会科学版），10（5）：468～472

刘巽浩，陈阜. 2005. 中国农作制. 北京：中国农业出版社

刘彦随，靳晓燕，胡业翠. 2006. 黄土丘陵沟壑区农村特色生态经济模式探讨——以陕西绥德县为例. 自然资源学报，21（5）：738～745

刘志文. 2005. 西部大开发中生态经济与农业可持续发展. 北京：中国环境科学出版社

吕新，杨磊，张风华，等. 2005. 荒漠绿洲区农业特征及其可持续发展策略. 中国沙漠，25（4）：599～603

马强. 2012. 内蒙古自治区现代特色农业发展研究. 北京：中国农业科学院博士学位论文

毛跃一. 2005. 我国西南地区农业持续发展的对策研究. 农村经济，（1）：103～105

齐永华，杨丽原，张祖陆. 2001. 黄淮海平原生态农业发展模式研究. 国土与自然资源研究，（3）：19～21

邱建军，王道龙. 2002. 华南地区水土资源可持续利用与管理研究. 中国农业科技导报，4（3）：27～31

任建宏. 2005. 陕北长城沿线风沙区农业自然资源与土地承载力分析. 西安：西北农林科技大学硕士学位论文

尚豫新，祝宏辉. 2009. 荒漠绿洲农业可持续发展模式探析——以新疆兵团农八师149团为例. 新疆农垦经济，（3）：11～14

申让平. 2005. 农牧交错区农业可持续发展战略研究. 西安：西北农林科技大学硕士学位论文：

孙颔. 1994. 中国农业自然资源与区域发展. 南京：江苏科学技术出版社

孙瑛，刘呈庆. 2003. 可持续发展管理导论. 北京：科学出版社
唐华俊，罗其友. 2008. 农业区域发展学导论. 北京：科学出版社
陶黎新. 2004. 论青藏地区资源开发利用与可持续发展. 内蒙古科技与经济，（4）：16～17
万洪富. 2004. 我国区域农业环境问题及其综合治理. 北京：中国环境科学出版社
万忠. 2008. 广东省农业可持续发展研究. 北京：中国农业科学技术出版社
王立祥，王龙昌. 2009. 中国旱区农业. 南京：江苏科学技术出版社
吴大付，高旺盛，陈红卫，等. 2000. 黄淮海平原农业集约化与可持续化的对立统一. 农业现代化研究，21（3）：134～137
吴凯，黄荣金. 2001. 黄淮海平原水土资源利用的可持续性评价、开发潜力及对策. 地理科学，21（5）：391～395
伍国勇，王秀峰，雷睿勇. 2004. 中国农业的区域可持续发展能力评价研究——以西南地区为例. 安徽农业科学，32（3）：580～582，602
徐福利，梁银丽. 2003. 黄土高原区“四位一体”高效设施农业模式研究. 中国生态农业学报，11（3）：139～141
杨瑞珍，肖碧林，陈印军，等. 2010. 黄淮海平原农业气候资源高效利用背景及主要农作技术. 干旱区资源与环境，24（9）：88～93